VIERTELJAHRSCHRIFT FÜR
SOZIAL- UND WIRTSCHAFTSGESCHICHTE

BEIHEFTE

HERAUSGEGEBEN VON
WERNER CONZE, HERMANN KELLENBENZ,
HANS POHL UND WOLFGANG ZORN

Nr. 73

FRANZ STEINER VERLAG GMBH · WIESBADEN
1983

WOLFGANG HARTUNG

SÜDDEUTSCHLAND IN DER FRÜHEN MEROWINGERZEIT

STUDIEN ZU GESELLSCHAFT, HERRSCHAFT, STAMMESBILDUNG BEI ALAMANNEN UND BAJUWAREN

FRANZ STEINER VERLAG GMBH · WIESBADEN
1983

CIP-Kurztitelaufnahme der Deutschen Bibliothek
Hartung, Wolfgang:
Süddeutschland in der frühen Merowingerzeit : Studien zu Gesellschaft, Herrschaft, Stammesbildung bei Alamannen u. Bajuwaren / Wolfgang Hartung. – Wiesbaden : Steiner, 1983.
(Vierteljahrschrift für Sozial- und Wirtschaftsgeschichte : Beih. ; Nr. 73)
ISBN 3-515-03418-8
NE: Vierteljahrschrift für Sozial- und Wirtschaftsgeschichte / Beihefte

INHALT

VORWORT

Mit der vorliegenden Arbeit möchte ich einen Beitrag zur Diskussion um Prozesse der Formierung von Gesellschaft, Herrschaft und politischer Organisation im zeitlichen Vorfeld des Mittelalters leisten. Diesen Prozessen liegen zeit-, raum- und gruppenspezifische Denk- und Verhaltensweisen zugrunde, die einerseits ganz wesentlich die Gesellschaftsstrukturen mitbestimmen und andererseits von diesen bestimmt werden.

Der Versuch, solche Prozesse nachzuzeichnen, machte es notwendig, auf kleinräumige und enge gegenständliche Begrenzung zu verzichten, um im Sinne vergleichender Landes- und Strukturgeschichte weiterreichende Fragen und Antworten zu ermöglichen. Deshalb steht nicht die alamannische oder die baierische Frühgeschichte, sondern die des Süddeutschen Raumes und die sich darin formierende Gesellschaft zur Diskussion. Beide können nur mittels des sie umschließenden kulturellen, gesellschaftlichen und politischen Umfeldes Kontur gewinnen.

Analysen dieser Strukturen sind bisher überwiegend mit den Methoden und Quellen der jeweiligen Fachgebiete vorgenommen worden. Der Historiker hat sich auf die schriftlichen, größenteils erzählenden Quellen, der Archäologe auf die sächlichen Quellen seines Fundstoffes beschränkt. Es gilt heute weitum als verbindlich, diese getrennten Vorgehensweisen zu beachten. Ich habe mich bewußt davon abgewandt. Die Frage nach einem bestimmten Sachverhalt, nach Einstellungen und Verhaltensweisen von Menschen dieses oder jenes Status, nach Wanderungsbewegung und räumlichem Verharren, nach gleichzeitigen und ungleichzeitigen Ereignissen, Merkmalen und Strukturen macht es erforderlich, Antworten und Erkenntnisse dort zu suchen, wo sie die quellenarme Epoche erwarten läßt. Gerade das ineinandergreifende Gefüge aus verschiedenen Quellengattungen kann ein sinnvolles Bild des zu erforschenden Gegenstandes darstellen helfen.

Daher möchte ich mich Fernand Braudel anschließen, der entsprechende Freizügigkeit empfiehlt:

> „Au risque d'être taxé de libéralisme impénitent, je dirai au contraire que toutes les portes me paraissent bonnes pour franchir le seuil multiple de l'histoire"[1].

1 L'histoire et les autres sciences de l'homme. In: Fernand Braudel, Ecrits sur l'histoire. Paris 1969, S. 191.

R. Wenskus hat jüngst ebenfalls, und zwar unmittelbar auf das Verhältnis Geschichtswissenschaft – Archäologie bezogen, Legitimität und Fruchtbarkeit der Synthese ihrer Methoden überzeugend hervorgehoben und den Imperativ „Getrennt marschieren, vereint schlagen!" in Frage gestellt[2].

Erste Anregungen zu diesen Studien empfing ich in Seminaren meines verehrten Doktorvaters Prof. Dr. Karl Bosl im Institut für Bayerische Geschichte der Universität München. An dieser Stelle gestatte ich mir aus einem Brief Marc Blochs an Lucien Febvre zu zitieren:

> „Mehr als eine der Ideen, die ich vertreten will, habe ich sicher geradeswegs von Ihnen. Von vielen anderen könnte ich nicht mit Bestimmtheit angeben, ob sie von Ihnen, von mir oder von uns beiden stammen. Oft, ich darf es hoffen, werden Sie mir zustimmen. Gelegentlich werden Sie mich tadeln: Das alles wird uns nur noch mehr verbinden"[3].

Mein Dank gilt auch Herrn Prof. Dr. Friedrich Prinz, München, für guten Rat und gleichermaßen wertvolle Kritik, Herrn Prof. Dr. Hermann Kellenbenz für die Aufnahme dieser Arbeit in die Beihefte der VSWG, Herrn Gregor Hoppen, Herrn Vinzent Sieveking, Franz Steiner Verlag GmbH, für die zuvorkommende Druckbetreuung.

Ich möchte nicht versäumen, der Universität Duisburg meinen Dank für einen Druckkostenzuschuß abzustatten.

Die vorliegenden Studien wurden im Wintersemester 1979/80 vom Fachbereich 1: Philosophie – Religionswissenschaft – Gesellschaftswissenschaften der Universität Duisburg als Habilitationsschrift angenommen.

Sie sollen meinen Eltern, Edith und Wilhelm (†) Hartung gewidmet sein.

Scheidegg im Allgäu — Wolfgang Hartung

im Frühjahr 1982

2 Randbemerkungen zum Verhältnis von Historie und Archäologie, insbesondere mittelalterlicher Geschichte und Mittelalterarchäologie. in: H. Jankuhn/R. Wenskus (Hgg.), Geschichtswissenschaft und Archäologie (= VuF XXII) 1979, S. 637 ff.

3 Apologie der Geschichte oder Der Beruf des Historikers, Stuttgart 1974, S. 24. (Apologie pour l'histoire ou métier d'historien. Paris 1949.)

EINLEITUNG

Meine Untersuchungen gelten Prozessen der Stammesbildung, die in der Ausformung und Wandlung gesellschaftlicher Merkmale sichtbar und zugänglich werden. Entsprechende Aspekte hat R. Wenskus[1] vorgeführt. Damit hat er zugleich ein Spektrum von Ansatzmöglichkeiten zur Analyse archaischer Gesellschaften angeboten, die im Hintergrund auch meines Vorhabens stehen. Sein Vorgehen ist gekennzeichnet durch die Kombination soziologischer, insbesondere ethnosoziologischer, sprachwissenschaftlicher und archäologischer Fragestellung auf dem Boden historischer Grundlage und Methode. Die Anwendung seiner so erzielten allgemeinen, auf breitem Quellenmaterial stehenden Ergebnisse auf die Erforschung der Stammesbildung konkreter „Stämme", namentlich die der Alamannen und Baiern, gelangt jedoch über die Darstellung der Forschungslage nicht weit hinaus.

Die entsprechenden Quellen, die schriftlichen und die archäologischen, müssen, anders als bei Wenskus, allerdings unter Zugrundelegung seines Ansatzes, in engem Zusammenhang neu ausgewertet und zueinander in Beziehung gesetzt werden. Die schriftlichen Quellen haben sich nicht vermehrt. Die archäologischen Zeugnisse wachsen jedoch dergestalt an, daß ihre Aufarbeitung dem Spaten hinterherhinkt. Noch bedeutsamer sind die systematischen Fortschritte, die die frühgeschichtliche Forschung erbringt. Ich spreche damit die rege Auseinandersetzung um die merowingerzeitliche Chronologie an, die eine erste umfassende Systematik von J. Werner[2] erfuhr und seither ständig in der Diskussion stand[3].

1 Stammesbildung, S. 14 ff.

2 Münzdatierte austrasische Grabfunde (1935).

3 K. Böhner, Trierer Land; ders., Chronologie, S. 999 ff.; H.-J. Eggers, S. 189 ff.; J. Werner hat neben den Münzen – anders als er im Titel verspricht – auch historische Ereignisse zur Datierung der Funde herangezogen. Datum der Schlußmünze und Ende der jeweiligen Gruppe liegen bei Gruppe I ca. 80 Jahre, bei Gruppe II ca. 60 Jahre auseinander. Nach seinem Schema endet
Gruppe I um 520 – Schlußmünze 441 n. Chr.
Gruppe II um 550 – Schlußmünze 491 n. Chr.
Gruppe III um 600 – Schlußmünze 565 n. Chr.
Gruppe IV um 650 – Schlußmünze 602 n. Chr.
Gruppe V um 700 – Schlußmünze 630 n. Chr.
ebd. S. 190.

Für unsere Untersuchung gewinnt die archäologische Chronologie vor allem in der Frage der Stammesbildung in Südostdeutschland am Ende des 5. und in der ersten Hälfte des 6. Jhs. an Bedeutung. In dieser entscheidenden Phase süddeutscher Stammesbildung, die in unmittelbarem funktionalem Zusammenhang mit der fränkischen Großreichsbildung steht, hängt jede historische Argumentation vom Grad der Synchronisierung historischer und archäologischer Datierung ab. Die wichtigsten Aussagen der schriftlichen Quellen finden sich bei Cassiodor, Ennodius Panegyricus, Geographus Ravennas, Gregor von Tours, Fredegar, Agathias, Prokop. Eine solche Synchronisierung ist bisher nicht gelungen, welche Konstruktionen namentlich der „bajuwarischen Landnahme" auch geschöpft worden sind. Zwei Ansätze versuchten in den letzten Jahren eine entsprechende historische und archäologische Kongruenz herzustellen: B. Svoboda, der den Abbruch böhmischer Gräberfelder und den Neubeginn baierischer Reihengräber in Zusammenhang bringen wollte, was ihm letztlich nicht gelang[4] und J. Werner[5], der in Verbindung mit seiner Abhandlung über die Langobarden in Pannonien[6] die Mobilität politischer und ethnischer Gruppen minutiös aufzeigt und doch nur die Hypothese der Einwanderung und Landnahme „der Bajuwaren" in Altbayern weiterverfolgt. Demnach seien Stationen der „Auflösung des östlich-merowingischen Reihengräberkreises" die Jahre 531, 540 und 568.

Dem steht in Südostdeutschland eine quantitativ geringe Beigabenprovenienz aus den entsprechenden Räumen entgegen, und es ist zu fragen, ob die zwar immer erwähnten, jedoch in unserer Fragestellung nur unzulänglich herangezogenen Beigaben „alamannisch-fränkischer" Provenienz nicht doch quantitativ und qualitativ einer erneuten Auswertung bedürften, ganz besonders hinsichtlich der chronologischen Fragestellung. Gerade der Datierungszeitraum des 6. Jhs. (Werner, Gruppe III) hat inzwischen eine allgemeine, auch von J. Werner anerkannte Korrektur erfahren, und zwar eine Vorverlegung um mindestens 30 Jahre. Einem chronologischen Neuansatz unter Zugrundelegung neugewonnenen archäologischen Materials und entsprechender Fundveröffentlichungen stehen so der alten Chronologie anhängende Ergebnisse als Barrieren entgegen[7]. K. Böhner hat der Gruppe III (520–600) von J. Werner seine Stufe III (525–600), die nicht allein auf münzdatierten Grabfunden beruht, an die Seite gestellt[8]. K. Böhner hat als beachtlichen methodischen Ansatz seine Chronologie in Auswertung eines relativ eng umrissenen Raumes erstellt.

4 B. Svoboda, Zum Verhältnis (1967); ders., Böhmen (1965).
5 Herkunft (1962).
6 Ders., Pannonien (1962).
7 U. Koch, Merowingische Grabfunde (1969).
8 Trierer Land (1958).

Für die Archäologie Südwest- und damit auch Südostdeutschlands wurde es wichtig, Merkmale der Bodenfunde herauszufiltern, die auf Außenräume verweisen. Das gilt ganz besonders für die Bestattungssitte der Reihengräber überhaupt und daneben die Arten und Formen der Beigaben. Daran knüpft sich die Frage von ethnischer Trägerschaft und Importware, von Ausbreitung und Übernahme von Grabkult und Selbstverständnis gesellschaftlicher Gruppen bzw. Schichten in Diesseits und Jenseits, was evtl. kongruent sein kann. Für ein Ausholen in den mittel- und linksrheinischen Raum hat H. W. Böhme das archäologische Material vorgestellt und z. T. für den Gesellschaftshistoriker aufbereitet. Für Südostdeutschland fehlt es nicht an Versuchen, Funde östlicher Provenienz im Sinne östlicher Einwanderungshypothesen seit C. Zeuß, 1839, vorzustellen und aufzuwerten, wobei negative Ergebnisse nur selten wahrgenommen werden wollen.

Es ist vor allem das Verdienst K. Bosls, die Grenzen dieser gegenseitigen Befruchtung von Historie und Archäologie gezogen zu haben[9]. Es mag unangenehm berühren, daß der bisher einzige großangelegte Versuch, die Stammesentwicklung in Süddeutschland von Alamannen ausgehen zu lassen, von A. Helbok[10] vorgeführt wurde und damit z. T. im Rahmen des seinerzeitigen offiziellen Zeitgeistes steht.

> „Sozialgeschichte ist geschichtlich gesättigtste Soziologie, ist Geschichtsbetrachtung unter soziologischem Aspekt, ist aber nicht Soziologie. Sie kann deren Allgemeinbegriffe, die durch Typisierung aus jeweilig-gegenwärtigen Zuständen abgeleitet sind und darum oft noch Momente enthalten, die nur für eine bestimmte geschichtliche Lage charakteristisch sind (Modelle), nicht unbesehen übernehmen; dies um so weniger, als die Soziologie dem steten Wandel der Situation verhaftet ist. Die Geschichte muß jeden Begriff, den sie der Soziologie entnimmt, am geschichtlichen Urmaterial, den Geschichtsquellen, prüfen. Wenn aber Geschichte „wirken" will, muß sie ihre Erkenntnisse in Beziehung zur Gegenwart setzen, der von der Soziologie rational erfaßten und gedeuteten Gegenwart. Wenn Geschichte alles objektive Material zum Verständnis der Gegenwart und der in ihr wirkenden Kräfte bereitet, und zwar in der bewußten Zielsetzung der Deutung des Jetzt aus dem Vergangenen, dann ist die größtmögliche Annäherung erreicht. Sehweisen und Begriffe (Typen) für die Sichtung und Ordnung des aufbereiteten Materials, ihre Diagnose liefert die Soziologie"[11].

Unter diesen Gesichtspunkten möchte ich zunächst den Begriff „Struktur" für das folgende festlegen, wie ihn auch E. Weis nach G. Hartfiel verwendet:

> „Struktur. . . , ‚Ordnung', ‚Bauart', ein relativ stabiles, bestimmten Gesetzmäßigkeiten unterliegendes Gefüge im Aufbau und Ablauf der Beziehungen zwischen theoretisch unterscheidbaren Elementen eines aufgrund dieser Beziehungen nach ‚außen' hin abgrenzbaren Systems. Der Begriff Struktur bezieht sich immer auf

9 Bayerische Geschichte, S. 20 ff. (1971).
10 Volksgeschichte (1937).
11 K. Bosl, Soziologie, S. 480.

einen Zusammenhang von variablen Elementen, die nur (theoretisch) ausgewählte Abschnitte der Wirklichkeit repräsentieren. Damit zwingt er die Analyse zu einer systematischen Unterscheidung über Bereich, Inhalt und Interdependenzen, die gerade interessieren"[12].

Die vertikale Gliederung einer Gesellschaft bestimmt wesentlich deren Struktur; diese Aussage ist auch umkehrbar. Zur Darstellung der vertikalen Gliederung, also auch von Gesellschaftsstrukturen dient der Begriff der Schicht. Das Verständnis von „Schicht" geht dabei in der Literatur weit auseinander. Für den Zeitraum des Mittelalters, insbesondere des Frühmittelalters ist er jedoch relativ leichter zu fassen, als für Kulturen oder Epochen mit besonders komplexen und differenzierten Gesellschaften wie z. B. in der europäischen Gegenwart. K. M. Bolte definiert Schicht als eine Vielzahl von Menschen, „die sich

a) im Verhältnis zu anderen Menschen ihrem sozialen Rang nach als eine eigenständige Gruppierung und jenen gegenüber als höher oder tiefer stehend empfindet, sich
b) entsprechend verhält und
c) auf der Grundlage dieses Verhaltens klar von jenen anderen Menschen abgegrenzt werden kann"[13].

Wir müssen wohl dazu ergänzen, daß die außerhalb dieser Schicht existierenden Menschen sich ebenfalls jeweils einer (von mehreren) Schicht(en) zuordnen lassen.

Die Schicht ist also von spezielleren Merkmalen bestimmt als die Gruppe, die von der Beziehung von mindestens zwei Individuen ausgeht. Die Gruppe ist nicht nur von Bestimmungsmerkmalen geprägt wie die Sozialkategorie, sondern setzt Beziehungen zwischen den Gruppenmitgliedern und u. U. die Existenz, bzw. Schaffung eines Gruppenzieles voraus. Je dichter die Gruppe strukturiert erscheint oder im gesellschaftlich-historischen Prozeß Strukturen herausbildet -- gleichgültig, ob der Prozeß gruppenintern oder -extern in Gang gesetzt oder kontinuierlich gefördert wird – desto eher haben wir eine Schicht vor uns.

Eine Gruppe kann Angehörige verschiedener Schichten in ihren Mitgliedern erfassen. Das läßt sich an der Zusammensetzung einer Gefolgschaft zeigen: der oder die Anführer und die ihnen gesellschaftlich annähernd gleichgestellte engere Gefolgschaft, also der kriegerische Kern. Darunter stehen Abhängige, Knechte, der Troß mit untergeordneten Funktionen, auch wenn sie am Kampf beteiligt sind („Knappen", Schild- und Waffenträger).

12 K. Bosl/E. Weis, S. 12, S. 131 ff.; G. Hartfiel, Art. „Schichtung".
13 K. M. Bolte, S. 386; K. Bosl/E. Weis, S. 132.

Auch die Angehörigen einer Schicht können verschiedenen Gruppen zugehören, so z. B. gehört ein Alamanne der Adelsschicht aus dem Breisgau einer anderen Gruppe an wie einer aus dem Neckarraum, ein adliger Franke aus der Umgebung des Königs wie ein solcher in einem süddeutschen Kloster[14].

In unserem Zusammenhang werden besonders Schichten angesprochen, deren Mitglieder einen hohen Status innehaben, nämlich die Ober- und die Führungsschicht, wobei die Führungsschicht als Sonderform sich aus der Oberschicht entwickelt, gewissermaßen sich „abschichtet".

Welches sind nun die Bestimmungs- und Strukturmerkmale der im folgenden auftretenden Ober- und Führungsschicht in einem terminologischen Bezugsrahmen, der im weiteren an historische Fragestellungen und Ergebnisse angelegt werden soll?

1. KOLLEKTIVBEWUSSTSEIN

Das Kollektivbewußtsein wurde von E. Durkheim als die „Gesamtheit der Anschauungen und Gefühle, die der Durchschnitt der Mitglieder derselben Gesellschaft hegt" bezeichnet. In unserem Zusammenhang ersetze ich „Gesellschaft" durch Schicht.

Mit Kollektivbewußtsein der Oberschicht verbinden sich Kollektivvorstellungen (Funktion und Rolle im gesellschaftlichen Leben, Fortleben und Rolle nach dem Tod; Begräbnis- und Beigabensitte), kollektive Ideen, Kollektivgefühle, Solidarität, Kollektiveinstellungen (Feindbild, Abschnürung der Schicht, Ausbildung von Mobilitätsbarrieren, Abstammungsglaube).

A. Vierkandt hat dazu in Verschmelzung von Kollektivbewußtsein, Wirbewußtsein und Gruppenbewußtsein das „Wir" an die Stelle des „Ich" als Subjekt des Kollektivs, hier der Schicht, gesetzt im gemeinsamen Erleben, z. B. Kampf, Sieg, Kultgelage, aber auch Niederlage und sogar Tod[15].

Das Kollektivbewußtsein kann schichtspezifisch, aber auch schichtübergreifend sein (Wir-Gefühl gegenüber dem römischen Staat, verbunden mit Feindbild, Abstammungsglaube).

14 Siehe auch R. Schmidt-Wiegand, besond. S. 226.
15 Siehe W. E. Mühlmann, S. 165 ff.

2. STATUSMERKMALE

Die Angehörigen der Oberschicht besitzen einen annähernd gleichen gesellschaftlichen Status. Der Status bezeichnet im Rahmen der Schichtungstheorie eine mehr oder minder hohe Position in der Schichtungshierarchie der Gesellschaft in der entsprechenden Epoche.

Merkmale und zugleich Kriterien für die Zuschreibung eines näher bestimmten Status und damit für die Zuordnung zur Oberschicht sind: Kriegstüchtigkeit, Kriegsglück, Reichtum, Herkunft, gehobene politische, gesellschaftliche und militärische Funktion (Reiterkrieger), Verhalten als leisure class.

Die Angehörigen der Oberschicht sind auf stetige Erhaltung und Demonstration ihrer Statusmerkmale bedacht (Symbole). Das äußert sich in den Bestattungs- und Beigabensitten, in der Qualität der Beigaben, in Kleidung und Tracht, militärischer Ausrüstung (s. Chnodomar; Reihengräber, Fürstengräber, Prunkgräber). Ebenso statuserhaltend sind Teilnahme an politischen Entscheidungen und an deren Umsetzung in die Tat, ganz besonders im Krieg. Reichtum kann als eminent bedeutsames Statusmerkmal angesehen werden, weil die Oberschicht sich diesen Reichtum durch Kriegstüchtigkeit und Kriegsglück erwirbt. Zugleich damit können spezielle Kampfmethoden quasi als Monopol angenommen werden (Reiterkrieger). Solche schichtspezifischen Merkmale treten in der Schlacht von Straßburg auf und erst recht später in der Entwicklung der gepanzerten Reiterheere (8. Jh.). „Reichtum“ ist es auch, der eine Lebensform als leisure class gewährleistet, wobei Reichtum und Macht unter Beweis gestellt und zur bewußten oder unbewußten Darstellung und Abgrenzung des Status benützt werden.

3. WERTVORSTELLUNGEN

Die Etablierung der Oberschicht ist vor allem darauf zurückzuführen, daß andere Mitglieder der Gesellschaft, andere Schichten, in etwa gleiche Wertvorstellungen besitzen, wie in einer archaischen Gesellschaft kaum anders zu erwarten. Dazu stellen wir einen hohen Grad von Statuskristallisation fest. D. h., daß in der jeweiligen Schicht gesellschaftlicher Status und Lebensformen, rechtliche Stellung, Grad der Freiheit (bei den Unterschichten Grad der Unfreiheit), materieller Wert (Wergeld oder Sühne in anderer Form) gleich hoch eingestuft werden. Mit wirtschaftlichen statusbegründeten und -erhaltenden Merkmalen verbunden sind gesellschaftlich-herrschaftliche Verhaltensformen in der Herrschaftsausübung über Angehörige der Unterschichten, also über Hörige (agrarische Schicht(en), handwerkliche Schicht(en)) und

Sklaven. Sie werden sichtbar in der Herrschaft über Land und Leute, in der Hausherrschaft, in der Munt, ggf. im Gericht.

In der Oberschicht sind Status und Selbstverständnis identisch. So auch in übernommenen oder in ihrem Bereich und Milieu ausgeformten Traditionen, die wesentlich von der vorliterarischen Überlieferung mitgetragen werden (Skalden, Heldenepos), in denen ihre Ideale und Rollen dargestellt werden. In der Verknüpfung von Statusmerkmalen, Wertvorstellungen und Traditionen spielt die Herkunft (Familie, Sippe) eine besondere Rolle für die Zugehörigkeit zur Oberschicht. Die Herkunft aus der Oberschicht begründet eine entsprechende Mitgliedschaft. Im Ablauf von Generationen muß sie jedoch ständig neu begründet werden, namentlich durch Kriegstüchtigkeit und -glück (Charisma).

4. LEGITIMATION

In diesem Zusammenhang steht die Absicherung und Erhaltung des gesellschaftlichen Status des Angehörigen der Oberschicht. Nach Max Weber ist Legitimation die Bezeichnung für den Nachweis der Herrschenden, daß sie die geforderten Bedingungen rechtmäßiger Herrschaft erfüllen. Diese Definition kann in unserem Zusammenhang nur bedingt gelten, weil die Wertvorstellungen der Beherrschten nur denen der Oberschicht identisch sind und verbindlich gelten. Wir haben es also i. w. mit charismatischer Legitimität (M. Weber) zu tun, in der die Legitimationsgrundlage der Glaube an charismatische Eigenschaften eines Führers oder einer Schicht und die Geltung von Tradition und religiösen Vorstellungen sind. Die Unterschicht besitzt auch in dieser Hinsicht Objektcharakter, der sich mit einem passiven Rollenverständnis in der Gesellschaft deckt.

Eine Legitimierung durch untere Schichten ist daher von weit geringerer Bedeutung als die durch übergeordnete Institutionen, z. B. die Institution des Königtums. Dieses kann besonders in Zeiten gesellschaftspolitischer Kreativitat, wie unter Chlodwig, Theudebert u. a. den Status von Schichten verändern, so daß z. B. die Funktionen der Angehörigen der Oberschicht nicht mehr nur ihrem vorherigen Status korrelieren.

5. ELITEBILDUNG. ELITE IN DER ELITE

Elite kann im Rahmen dieser Untersuchung definiert werden als Gruppe, die die höchsten Rangplätze auf der Macht- und Prestigeskala einer Gesellschaft innehat. Ihre Mitglieder besitzen von der Gesellschaft anerkannte Qualifikationen, die sie zur Herrschaft befähigen.

So wie die Oberschicht nach unserem Verständnis eine Elite darstellt, die sich als Gruppe strukturiert und nach obigen Bedingungen als Schicht ausgeformt hat, kann sich auch innerhalb der Oberschicht eine Elite – in der Elite – bilden. Solchen Prozessen soll unser Augenmerk besonders gelten.

Die Ausformung einer Elite kann sich auf Individuen oder Gruppen beziehen. In jedem Fall wirken in archaischen Gesellschaften individuelle Eigenschaften und Momente elitebildend (s. auch oben).

a. *Besondere Leistung*

Kriegstüchtigkeit, politische Fähigkeiten, die sich in politischen und gesellschaftlichen Funktionen erweisen wie z. B. Verhandlungsgeschick, List, ggf. Verschlagenheit, Weitsicht, Skrupellosigkeit, Erfahrung, die über die Norm bedeutend hinausgehen (Leistungselite).

b. *Charisma*

Auch die Statusmerkmale der Oberschicht sind charismatisch bestimmt. Charisma ist die „Qualität einer Persönlichkeit, um derentwillen sie als mit übernatürlichen oder übermenschlichen oder mindestens spezifisch außeralltäglichen, nicht jedem anderen zugänglichen Kräften oder Eigenschaften oder als gottesgesandt oder als vorbildlich und deshalb als ‚Führer' gewertet wird"[15a]. Der hieraus gebildeten Elite werden charismatische Eigenschaften in besonders hohem Maße zugeschrieben. Ganz besonders das kriegerische Charisma läßt den damit Begabten im Status innerhalb der Oberschicht aufsteigen (charismatische Elite). Er wird Anführer, ggf. Gefolgschaftsführer.

Leistungselite und charismatische Elite sind in der Frühzeit nur begrifflich, nicht jedoch real zu trennen. Aus der Leistung wird charismatische Begabung geschöpft, so wie herausragende Leistung nur auf Charisma beruhen kann. „Nach germanischem Glauben konnte vorbildliche, ruhmschaffende Leistung nur vollbringen, wer ein besonderes göttliches Heil besaß. Dem aber erkennt man eine besondere Führerstellung zu"[16].

15a M. Weber, S. 140.
16 K. Bosl, Reges, S. 67.

6. FÜHRUNGSSCHICHT

Max Weber hat drei Typen legitimer Herrschaft herausgearbeitet, von denen uns die „Herrschaft mit charismatischem Charakter" interessiert. Diese Herrschaft erwächst aus dem Glauben an die außeralltägliche Heiligkeit einer Person, die in germanischer und frühmittelalterlicher Zeit in den Merkmalen der Elite erkennbar ist. Je deutlicher sich eine Führungsschicht vom gesellschaftlichen Umfeld, besonders von der Oberschicht abhebt, desto mehr versucht sie sich nach unten abzuschichten. Dabei können Konflikte mit Angehörigen der Oberschicht entstehen, die sich dem Trend der Monopolisierung von Herrschaftsrechten, politischen und institutionellen Funktionen und Positionen widersetzen. Aus zeitlich begrenzter Rolle und Funktion (Gefolgschaftsführer, dux, u. U. Heerkönig) erwächst durch Perpetuierung, evtl. Institutionalisierung sowie Erfüllung der Erwartungen aus einer Gruppe oder einzelnen Individuen eine ausgeprägte Führungsschicht. Dabei wirkt die Ausweitung von Merkmalen der Führer auf die Sippe, auf die Verwandtschaft, die Familie, insbesondere die Nachkommen mit.

Als „Führer" kann bezeichnet werden, insbesondere für die Analyse kleiner Gruppen, wie wir sie im Auge haben, jemand, der die Macht besitzt, Aktivitäten innerhalb einer Gruppe, einer Schicht einzuleiten, anzuführen. Notwendig dazu ist namentlich in archaischer Zeit ein hoher Status in der Gesellschaft, der nicht allein auf dessen Merkmalen ruht, sondern eine zumindest ihm zugeschriebene Steigerung und Überhöhung dieser Merkmale fordert. Auf Charisma und Mythos des Führers bzw. der Führer, ausgeweitet auf Sippe, Familie und Nachkommenschaft, verbunden mit extremer Statuskristallisation, beruht die Ausformung einer Führungsschicht[17].

Je deutlicher sich eine Führungsschicht vom gesellschaftlichen Umfeld und auch von der Oberschicht abhebt, desto mehr versucht sie sich nach unten abzuschichten, sich mit politischen und ggf. kultischen Funktionen zu identifizieren.

Für den Abschluß solcher Schichtungsprozesse können drei Möglichkeiten gedacht werden.

1. Die Führungsschicht sondert eine Person und Familie aus, die repräsentativ und aktiv der Führungsschicht und damit auch der Oberschicht vorsteht und mit zunehmender Verfestigung der Schichten später, im Verbund mit zusätzlichen Prozessen und Elementen, Institutionalisierung, Herrschaft ausübt. Kampf, Sieg, Unterwerfung, Landnahme, Übernahme von römisch-staatlichen (Rest-) Strukturen und ideologisch-religiös-anstaltlichen Institutionen und zusätzliche Legitimierung durch

17 Zu „Führer", „Führung", „Herrschaft" siehe R. Wenskus, Stammesbildung, S. 339 ff.

eine entsprechende Rechtsnachfolge sind, neben großer geographischer Reichweite, solche neue herrschaftsbildende Elemente.

2. Eine Führungsschicht als solche kann nicht weiter ausgebildet werden. Der Prozeß bleibt bei der Bildung einer oder mehrerer Gruppen stehen oder wird durch Außeneinwirkung abgeblockt (Niederlage, Unterwerfung). Auch das geographische Moment kann hier abschließend wirken, wenn einzelne räumlich getrennte Gruppen einer Gesellschaft sich isoliert entwickeln. Zwar kann sich auch hier Führertum entwickeln, bleibt aber in seiner Reichweite funktional und bezüglich seiner Anerkennung beschränkt.
3. Status und Macht von Angehörigen der Führungsschicht sind abhängig von der Anerkennung durch die Beherrschten, also der darunter stehenden Schicht (horizontale Legitimierung als Voraussetzung für vertikale Legitimierung). Die Anerkennung durch die Beherrschten wird besonders aufgegriffen bei O. Brunner[18]. Bei Ausbleiben der Bewährung der Ober-, ganz besonders der Führungsschicht bzw. einzelner Individuen aus der Schicht schwindet die charismatische Autorität. Königsopfer, Widerstand, Gehorsamsverweigerung, Wahl eines neuen Anführers, Auflösung der Gefolgschaft sind Äußerungen des verlorenen Charisma.

Charisma ist in der behandelten Epoche Vorbedingung für Macht. Macht ist „eine durchgängige Erscheinung der gesellschaftlichen Ordnung auf allen Seiten ihrer Entwicklung und in allen Bereichen menschlicher Gesellung und sozialer Organisation. Die Attribute der Macht – Überlegenheit und Einfluß, Führung und Gehorsam, Überordnung und Unterordnung, Prestige und Autorität – sind in allen sozialen Beziehungen und Gebilden festzustellen“[19].

„Macht“ ist nach M. Weber „soziologisch amorph“. „Herrschaft“ bedarf einer Präzisierung, sie ist ein Sonderfall von Macht[20]; sie bedeutet institutionalisierte Machtausübung, die zur Differenzierung einer Gesellschaft in Herrschende und Beherrschte führt.

Das germanische Königtum ist ein Produkt, gewissermaßen ein Endprodukt der Elitebildung in den Schichten, namentlich der Führungsschicht. Herausragende Merkmale des Königs sind bei Tacitus festgehalten worden: „reges ex nobilitate, duces ex virtute sumunt“[21].

Rex und dux als Phänomen können, solange diese Begriffe nicht institutionelle Verfestigungen erfahren, auch noch in der Merowingerzeit

18 Siehe O. Brunner, Land und Herrschaft.
19 O. Stammer in W. Ziegenfuß, Handbuch der Soziologie, Art. „Macht“.
20 M. Weber, S. 28 ff.
21 Germania, c. 7.

ineinander verfließen. Sakralkönigtum und Heerkönigtum beinhalten mehrere gemeinsame Merkmale. Beiden wohnt Charisma als „göttliches Heil mit magisch-sakralem Gehalt" inne[22].

Status und Funktion des dux zeigen die Tendenz, Macht und Herrschaft zu etablieren. Er und seine Nachkommen nehmen für sich das Recht „des Herrschers als Mitglied einer erbcharismatisch begabten Sippe"[23] in Anspruch. Er übernimmt zunehmend Funktion und Rolle des Sakralkönigs, bleibt jedoch primär Heerkönig.

„Erbrecht, sakrale Weihe, Mythos des Blutes, Heilskraft, alle Ordnungen der hausrechtlichen Sphäre wie Reichsteilung, Thronbesteigung, Krönungsmantel, Königsumritt (Eriksgata) hat das alte Königtum in die neue Form eingebracht. Wahl, Schilderhebung als abschließender Akt, Absetzbarkeit aber entstammen dem Gefolgschaftskönigtum. Beide Formen verschmolzen durch den Sieg, der den dux zum rex machte"[24].

Zeitliche Eingrenzung

Der zeitliche Rahmen unserer Untersuchung wird zum einen vom Auftreten der Alamannen in Süddeutschland bestimmt, und zwar insbesondere von dem Zeitraum an, der bei den alamannischen Gruppen gesellschaftliche Strukturen erkennen läßt (4. Jh., Ammianus Marcellinus). Die Erkennbarkeit hängt ab von Gegenstand, Qualität und Anzahl der schriftlichen und der archäologischen Quellen. Damit ist jedoch nicht die Genese der Gesellschaftsstrukturen festgelegt. Vielmehr können von da aus gesellschaftliche Entwicklung und auch Verhaltensweisen auf eine frühere Zeit rückprojiziert werden, bis die Verdichtung der Quellenlage eine Kontrolle dieser Rückprojektion erlaubt (z. B. Tacitus, Germania). Die dazwischenliegende Zeitspanne ist zwar quellenarm, nicht jedoch quellenlos[25]. Stammesbildung, verbunden mit gesellschaftlicher Strukturierung, ist weitgehend bestimmt von exogenen Prozessen und Einflüssen politischer, gesellschaftlicher und kultureller Natur und geschieht nicht im abgeschlossenen politischen, gesellschaftlichen und kulturellen System. Diese Prozesse und erkennbaren Merkmale überschreiten geographische und politische Räume, so daß eher eine mitteleuropäische als z. B. eine alamannische oder fränkische „Kultur" erkennbar ist. Das schließt zeit-

22 K. Bosl, Reges, S. 67.
23 O. Hintze, S. 15.
24 K. Bosl, Reges, S. 68.
25 Zum Beisp.: Mitteldeutsche Grabfunde; Cassius Dio, Asinius Quadratus u.a.m.; siehe K. F. Stroheker, Alamannen, S. 20 ff.; J. Werner, Hassleben-Leuna, S. 1 ff.

liche Differenzen nicht aus. Im Gegenteil: Beeinflussung, Nachahmung – so vage diese Begriffe zunächst sein mögen – bis hin zur Aufoktroyierung von Kult-, Gesellschafts- und Rechtsformen im Zusammenhang mit Hegemonie oder Unterwerfung (z. B. Einführung des Christentums, gesetzgeberische Eingliederung) machen nicht nur zeitliche, sondern auch graduelle und qualitative Unterschiede sichtbar.

Der Abschluß unseres Untersuchungszeitraumes ist mit der Errichtung des fränkischen Großreiches, wie es sich in der Mitte des 6. Jhs. darstellt, gegeben. Daß diese vordergründig politische Zäsur sehr viel mehr umfaßt, braucht hier wohl nicht erläutert zu werden.

Gleiches gilt für Südostdeutschland zwischen Alpen und Nordrand des Donautales, zwischen Iller und Salzach. Diese Abgrenzung soll keineswegs Überlegung, Analyse und Darstellung substantiell in ihrer Reichweite einschränken, so daß zahlreiche Ausgriffe, namentlich in mittel- und norddeutsche sowie linksrheinische (Hoch-, Ober-, Niederrhein) Räume notwendig sind.

Namentlich die politischen Grenzen, wie sie sich seit dem Beginn des 19. Jhs. auf der politischen Landkarte, aber auch im Kartenmaterial von historischen und archäologischen Darstellungen niederschlagen, sollen die Unbefangenheit von Fragestellung und Antwort nicht einengen.

FRAGESTELLUNG

I. Der erste Fragenkomplex gilt der Ausbildung von Strukturmerkmalen der alamannischen Gesellschaft vom Zeitraum des Vordringens in den südwestdeutschen Raum an:

1. Ist es gerechtfertigt, von „alamannischer" Gesellschaft zu sprechen? Gibt es vor der Unterwerfung unter fränkische Herrschaft einen alamannischen Stamm?
2. Besonderes Augenmerk liegt auf den Merkmalen der festzustellenden Schichten. D. h., daß vor allem Merkmale von Funktion, Status und Selbstverständnis, damit auch von schichtenspezifischen Verhaltensweisen, soweit erkennbar, erschlossen werden sollen, wobei das räumlich-politische Umfeld wie auch demographisch-wirtschaftliche Faktoren gesehen werden müssen.
3. Wir sind heute, dank den Arbeiten von K. Bosl, W. Schlesinger, R. Wenskus u. a. weit davon entfernt, die Ausbildung solcher Merkmale in einem geschlossenen gesellschaftlichen System anzunehmen. Deshalb ist auch bei der alamannischen Gesellschaft zu fragen, aus welchen geographischen, politischen und kulturellen Räumen Ver-

haltensformen, gruppen- bzw. schichtenspezifische Merkmale, u. U. Gruppen- bzw. Schichtenbildung selbst beeinflußt oder gar übernommen worden sind. Damit sind folgende Räume und ihre Gesellschaftsstrukturen zu befragen: das Herkunftsgebiet der „Alamannen“, der Mittelelbraum i. w. S.; die limesnahen römischen Provinzen, in denen, namentlich im Dekumatenland, das keltoromanische Substrat nicht vergessen werden darf; der Wanderungskorridor und der spätere Niederlassungsraum der Bevölkerungs- und, zunehmend erkennbar, politischen Gruppen, die uns seit der Mitte des 3. Jhs. als Franken entgegentreten und eine räumliche Spannweite von der Elbmündlung bis nach Nordostgallien vorgeben. Dieser letztere geographische und politische Raum – soviel kann vorweggenommen werden – zeitigt besonders dichte und intensive Wirkungen auf die geographisch anschließenden Wanderungs- und Siedlungszonen alamannischer Stammesgruppen.

4. Daran anknüpfend gelten die Untersuchungen den Zusammenhängen von horizontaler Mobilität, gesellschaftlicher Gruppierung, Schichtung, Faktoren und Prozessen der Stammesbildung. Allerdings ist dabei fast ausschließlich die Ober- bzw. Führungsschicht anhand der schriftlichen und archäologischen Quellen für uns erkennbar.

   Aus der horizontalen Verbreitung von groben schichtenspezifischen Merkmalen – Indikatoren sind hierbei von der Archäologie erarbeitete Beigabentypen – sollen Ausbildung und Ausbreitung gesellschaftlicher Strukturen, schichtenspezifischen Selbstverständnisses, Motive und Ansätze von Stammesbewußtsein bei den Alamannen Südwestdeutschlands herausgearbeitet werden.

1. Wie stellen sich ab der zweiten Hälfte des 4. Jhs. Stammesbewußtsein, Gesellschaftsstruktur, Status und Selbstverständnis der Ober- bzw. Führungsschicht dar? In diesem Zusammenhang sind herrschaftliche Erfassung und Besiedelung der alamannischen Gebiete – gemeinhin als „Landnahme“ bezeichnet – die Aufteilung der Herrschafts- und Siedelräume unter verschiedenen Stammesgruppen sowie Verhaltensweisen, Merkmale und Kategorien der gesellschaftlichen Schichten zu untersuchen und miteinander in Beziehung zu setzen. Die Bedeutung der Vorbevölkerung, der infrastrukturellen Vorbedingungen für herrschaftlich-politisch-gesellschaftliche Strukturierung der Alamannen soll auch mit benachbarten politischen Räumen, namentlich mit dem entstehenden Frankenreich verglichen werden. Dieser Vergleich mündet in die Gegenüberstellung der gesellschaftlichen und poli-

tischen Strukturen bei Franken und Alamannen überhaupt, wobei die mehr oder weniger weit gediehene Ausbildung von politisch-staatlicher Organisation, auch die Entstehung des Königtums, Existenz und Begriff des Adels auf ihre Wirkung überprüft werden.

2. Damit im Zusammenhang steht die Eingliederungspolitik des fränkischen Großkönigtums, das gravierende Eingriffe in Rechtsleben und Gesellschaftsstruktur nicht nur der Alamannen vornimmt. Die besondere Frage gilt den Zielen und den Methoden des fränkischen Vorgehens.

III. Süddeutschland erfährt in der Erforschung und Darstellung der Stammesgeschichte eine Zweiteilung: es wird heute i. W. zwischen Alamannen und Bajuwaren unterschieden, und zwar von ca. 500 an. Ich frage nach der Berechtigung einer solchen Aufteilung Süddeutschlands in politische und ethnische Bestimmungskategorien, als deren Produkt Alamannen und Bajuwaren – mit geringfügigen Überschneidungen – gemeinhin am Lech voneinander geschieden werden. Die Thesen von der „Landnahme“ der Bajuwaren – oft behauptet und nie nachgewiesen – sollen hierbei in ihrer Tragfähigkeit durch meine Thesen, die auf enger Verbindung des schriftlichen und archäologischen Quellenmaterials und damit der entsprechenden Chronologien beruhen, in Frage gestellt werden.

Hierzu dient die Untersuchung der Provenienz des Beigabenstromes, der in den Reihengräbern des süddeutschen Raumes zutage tritt. Mit das wichtigste Kriterium soll die Möglichkeit der Synchronisierung mit den schriftlichen Quellen, die erste Hälfte des 6. Jhs. betreffend, darstellen (Cassiodor, Ennodius Panegyricus, Ravennater Geograph u. a.). Wertung, Gewichtung, Datierung und Quantität des Fundgutes östlicher Provenienz können die Herkunft der Bajuwaren aus dem „östlich-merowingischen Kreis“ im Zusammenhang damit verifizieren oder falsifizieren. Das typisch „bajuwarische“ Element in den Bodenfunden könnte hierbei – wenn überhaupt vorhanden – ebenfalls festgestellt werden.

Der Kontrolle der gefundenen Ergebnisse dienen Sprache, Namengebung, der Versuch der Festlegung auf Fremd- oder Eigenbezeichnung von „baiuwarii“. Eine Zusammenfügung der Einzelergebnisse soll erbringen, ob nicht große Teile Südostdeutschlands, ganz besonders Südbaierns unter Einbeziehung auch heute österreichischen Raumes, alamannisches Bevölkerungssuperstrat beinhalten und entsprechende politisch-gesellschaftliche Formierung erfahren haben.

IV. Die Summe dieser Ergebnisse läßt erwarten, daß politische und ethnische Strukturen in Südbaiern sich nicht nur vom 8. Jhs. (F. Prinz, W.

Störmer u. a.), sondern auch vom 6. Jhs. her erarbeiten lassen. Bedeutende Faktoren sind hierbei das quantitativ und gesellschaftlich qualitativ bisher oft unterschätzte keltoromanische Substrat und die, wenn auch z. T. indirekte Herrschaftsausübung des fränkischen Großkönigtums. Damit stellt sich die Frage nach dem Stellenwert der Eingliederung des süddeutschen Raumes in das Merowingerreich im Prozeß der Stammesbildung bei Alamannen und Bajuwaren.

I. VORAUSSETZUNGEN UND AUSFORMUNG VON MERKMALEN DES ALAMANNISCHEN STAMMES UND SEINER GESELLSCHAFT

1. DER NORDOSTGALLISCHE RAUM ALS AUSGANGSPUNKT GESELLSCHAFTSBILDENDER KRÄFTE. AUSWIRKUNGEN AUF DIE ALAMANNEN

Der „archäologische Niederschlag" der merowingerzeitlichen Kultur findet sich überwiegend in der Reihengräbersitte. Denkformen und Verhaltensnormen einer Epoche, geknüpft an enger oder weiter bestimmbare gesellschaftliche Gruppen und Schichten, spiegeln sich in der Art der Bestattung – Gruppierung, Lage des Grabfeldes, Qualität der Grabform (Sarkophag, Holzkiste, Grube) – und in den Beigaben – Beigabenqualität, spezifische Beigaben wie Waffen, Schmuck, Werkzeug, Gegenstände mit magischer Qualität etc.

Seit dem ausgehenden 4. Jh. finden sich in Nord- und Nordostgallien Bestattungen, die reiche Beigaben an Waffen und Schmuck aufweisen. Diese Gräber unterscheiden sich eindeutig von denen der benachbarten Galloromanen und nehmen sich daneben fremdartig aus. Die Verbindung zur Grab- und Beigabensitte des endenden 5., 6., 7. und 8. Jhs. drängte sich auf[26]. Neben der Frage nach dem Zusammenhang mit Gräbern und damit nach ethnisch-kulturellen Verbindungen in das rechtsrheinische Gebiet, wo entsprechende Funde zutage getreten sind, rückte die Diskussion um die Zuordnung der Waffengräber zu bestimmbaren gesellschaftlichen und politischen Gruppen und Schichten in den Vordergrund[27]. Die archäologischen Belege für die Ausbreitung einer Kultur aus dem nordostgallischen Raum, die wohl hauptsächlich von germanischen, ethnisch-stammesmäßig nicht einheitlichen Gruppen getragen wurde, häufen sich in den letzten Jahren. Die Untersuchungen und Darstellungen Roerens und besonders Böhmes verdichten den Eindruck einer von Führungsgruppen getragenen Kulturentwicklung, die europäische Ausdehnung und Bedeutung gewinnt. Die „soziale Oberschicht" als dynamisches Moment dieser Entwicklung wird von Böhme ganz eindeutig herausgeschält. Der fundierten Entscheidung für die Foederaten als Trägergruppe kultischer und kultureller Formen wurde schon von R. Günther[28] vorgear-

26 So schon E. Brenner 1912, S. 253 ff.

27 R. Günther, Laeti, Foederati, S. 39 ff.; ders., Gallien, S. 11 ff.; ders., Die sozialen Träger, S. 268 ff.; K. Böhner, Entstehung, S. 283 ff.; ders., Laetengräber, S. 139 ff.; J. Werner, Bewaffnung; ders., Kriegergräber, S. 372 ff.; ders., Reihengräberzivilisation, S. 285 ff.

28 R. Günther, Laeti, Foederati, S. 56 ff.

beitet. Er lehnt lediglich den Begriff „Foederaten" in diesem Zusammenhang ab und nennt die tragende Schicht „Gentilen". Nachhaltiger hat K. Böhner[29] in dieser Richtung vorgearbeitet. Die Ausbildung einer Waffengräberkultur ist räumlich an die Verbreitung germanischer Föderaten gebunden. Am Beispiel der dafür typischen germanischen Frauengräber mit Fibel und Haarpfeil als auch der germanischen Waffengräber mit verschiedenen Schnallen- und Gürtelformen läßt sich eine relativ exakte Südgrenze erkennen[30];

Diese Südgrenze ist fast kongruent mit den spätrömischen Verwaltungsbezirken Lugdunensis II bis IV, Belgica I und II sowie Germania I und II[31].

Die Existenz größerer Gruppen, wie in einem Föderatenverband zu erwarten, zeigt sich in der dichten Belegung von Gräberfeldern durch diese Gruppen. Die früher angesprochenen Laeten wurden schnell romanisiert durch Integration im Heeresdienst zusammen mit den Romanen[32]. Der Ursprung der Waffenbeigaben und die Ausbildung einer Waffengräberkultur ist durch Böhme für das nordostgallische Reichsgebiet systematisch nachgewiesen worden. Historisch-gesellschaftlicher Ausgangspunkt sind also die kriegerischen Gruppen in Foederatenorganisation und Foederatenstatus und ein in diesem Zusammenhang neu herausgebildetes, sich wohl mit gesellschaftlichem Denken und Verhalten verknüpfendes Elitebewußtsein.

Sicher hat der enge Kontakt der mit den Römern in Berührung kommenden Germanen ein neues Gruppenbewußtsein geschaffen, woraus die Waffenbeigabe sich herleitet. Die Alamannen – wenngleich sie (vielleicht) früher den Rhein erreicht haben (213) als die „Franken" (ca. Mitte des 3. Jhs.) – haben den Rhein jedoch nur in qualitativ und zeitlich unbedeutendem Umfang überschritten, um Foederatenfunktionen zu übernehmen. Die von Böhme genannten Daten fränkischen Eindringens sind sehr spät angesetzt. Die Möglichkeit früherer politischer und militärischer Berührung germanischer Gruppen mit dem römischen Reich im Nordabschnitt (etwa Alamannen 213), auch wenn der Name „Franci" noch nicht erwähnt ist[33], muß offen bleiben. Böhme[34] kann nicht „entscheiden, ob von einer größeren ‚stammesmäßigen' Ansiedlung" von Alamannen „als Föderaten gesprochen werden kann". Die ausdrücklich überlieferte Nachricht der Übernahme in das Reichsheer macht zwar gesellschaftlich gegliederte Gruppen wahrscheinlich, nicht jedoch

29 K. Böhner, Laetengräber, S. 139 ff., Karte nach S. 160. Ders., Entstehung, S. 293 ff.; siehe auch RGA, Art. „Bewaffnung", „Adel"; J. Werner, Reihengräberzivilisation, S. 285 ff.; ders., Kriegergräber, S. 372 ff.

30 H. W. Böhme, S. 191 und Abb. 66, 67, 68.

31 Ebd., S. 191.

32 Ebd., S. 196; K. Böhner, Laetengräber, S. 161 ff. und Anm. 65–67.

33 E. Zöllner, Franken, S. 1 ff.

34 H. W. Böhme, S. 206.

den Foederatenstatus eines Stammesteils[35]. Wenn Alamannen in größerem Umfang als Foederaten auf römischen Reichsboden geholt worden wären, so hätte dieser Umstand einen breiteren Niederschlag in der spätantiken Historiographie gefunden; gerade die Alamannen galten als Hauptfeinde, als besonders berüchtigte Gegner der römischen Heere.

Während Joachim Werner in den 60er Jahren mit Nachdruck die Herkunft des überwiegenden Bevölkerungsanteils in Bayern aus dem östlich-merowingischen Kreis herleitet[36], weisen die neueren archäologischen Ergebnisse und breit gestreutes Fundmaterial auf Wanderungsbewegungen aus dem Nordwesten[37]. Alle Versuche, eine geschlossene Einwanderergruppe aus dem politisch-geographischen Kräftefeld zwischen Thüringer- und Lombardenreich unter Einbeziehung fränkischer Interessen zu konstruieren, haben nicht ausgereicht, die Vorstellungen von einer „bajuwarischen Landnahme" aus den östlichen Gebieten, gar aus Böhmen, aufrecht zu erhalten oder gar auszubauen[38].

Heute hat sich weitgehend die Auffassung durchgesetzt, daß man mit der Landnahme „nicht mehr den einmaligen, von einem solchen schon festgefügten Stammesverband vollzogenen Vorgang erblicken, sondern in der Entstehung des bayerischen Großstammes eine vielschichtige und komplizierte politische Entwicklung sehen" müsse, „die sich erst im endgültigen, anfänglich aber in kleinere Herrschaftsbereiche zerfallenen Siedlungsraum abspielte"[39].

An den Hypothesen intensiver Einwanderung östlicher Gruppen als künftig bevölkerungsmäßig und politisch-herrschaftlich tragendes Superstrat wird festgehalten und der Nachweis „östlicher" Beigaben deshalb hervorgehoben und überbewertet[40].

Die Entwicklung von Stämmen in Süddeutschland geht jedoch auf politische, gesellschaftliche und kultisch-kulturelle Ausstrahlungskraft des nördlichen links- und des mittelrheinischen Raumes zurück. Letzterer ist ein Kreuzungspunkt der Ost-West- und Nord-Süd-Beziehungen[41]. Dieser Kultur-

35 K. F. Stroheker, Alamannen, S. 20 ff.; ders., Reichsdienst, S. 30 ff.

36 J. Werner, Herkunft, S. 12 ff.

37 W. Sage, Altenerding, S. 212 ff.; ders., Reihengräberfeld, S. 254 ff.; U. Koch, Merowingische Grabfunde; dies., Alamannische Gräber, S. 162 ff.; siehe auch W. Sage in BVBll. 36, 1971, S. 193 ff.

38 Literatur bei K. Reindel, Agilolfinger, S. 79 ff.

39 W. Sage, Reihengräberfeld, S. 276; siehe auch K. Bosl, Geschichte Bayerns, S. 22 ff.; K. Reindel, ebd.

40 K. Reindel, ebd.; U. Koch, Merowingische Grabfunde, S. 117 ff.; J. Werner, Pannonien, S. 131 ff.; siehe dagegen W. Sage, ebd., S. 254 ff. und ders., Rezension zu U. Koch, Merowingische Grabfunde, in BVBll. 36, 1971, S. 193 ff.

41 Siehe R. Roeren, S. 214 ff.

raum mit vergleichbaren Bräuchen, vergleichbaren politisch-gesellschaftlichen Strukturen und Entwicklungsstadien beinhaltet die dynamischen Momente, die eine über Jahrzehnte anhaltende Expansion in westliche, südliche und auch südöstliche Richtung auslösen und unterhalten.

Diese wird getragen von Gefolgschaftsverbänden, die zahlenmäßig ebenso variieren wie in den Motiven des Zusammenschlusses (Raub- und Kriegszug, Siedlungsunternehmung, Vorhut eines Siedlungsverbandes etc.) und der Reichweite ihrer primär kriegerischen Aktivität[42].

Auch die Foederatengruppen, die Böhme der Bevölkerung und Gesellschaftsschicht der ausgeprägten, neuen Bestattungssitte zuordnet, müssen wir uns als gefolgschaftlich organisierte Verbände vorstellen. Diesen Gefolgschaftsverbänden, die im nordostgallisch-linksrheinischen, römischen Hinterland bis weit in den Südwesten, bis zur Loire Funktionen als Foederaten ausübten, waren vermutlich auch über den reinen Kriegerverband hinaus, bei länger dauernden Unternehmungen, Familien und Gesinde im weitesten Sinne (Sklaven, Kriegsgefangene) angeschlossen.

Die zahlreichen, über weite Räume des römischen Gallien zerstreuten Foederaten, denen zumindest im politisch-gesellschaftlichen Kern gefolgschaftliche Organisation zugrunde liegt, erweisen sich als horizontal mobile Verbände, die über große geographische Distanzen und über lange Zeiträume hinweg kulturelle und wohl auch persönliche Bindungen untereinander und zum Altsiedelland aufrecht erhalten. Die Hauptgrundlagen der sicher vielschichtigen Beziehungen können wir nur annähernd erschließen. Wichtige Indizien für Kohäsion und ständige Beeinflussung von politisch-gesellschaftlichen Verhaltensformen sowie für kontinuierlichen Austausch von Bevölkerung und materiellen Gütern liefert die Vergleichbarkeit der entsprechenden Grabfunde, von der gleichförmigen Bestattung in Körpergräbern über Trachtzubehör, Schmuck- und Gebrauchsgegenstände zu den Waffen. Die chronologische Gliederung Böhmes der diesem „Kulturkreis" zugeordneten Fundgruppen unterstreicht die im untersuchten Raum – rechts- und linksrheinisch – gleichförmige Entwicklung. Der von Böhme behandelte Raum mit kennzeichnenden Merkmalen kultureller und gesellschaftlicher Verhältnisse und Strukturen berührt Süddeutschland nur wenig. Wir können jedoch eine Ausstrahlung auf diese Landschaft mit gleichförmigen Verhaltens-, Kult- und Gesellschaftsformen feststellen. Das umso mehr, als auch die archäologische Forschung die enge Beziehung zwischen der Bevölkerung in Südwestdeutschland – überwiegend

42 R. Wenskus, Stammesbildung, S. 346 ff.; W. Schlesinger, Herrschaft und Gefolgschaft, S. 9 ff.; H. Kuhn, S. 1 ff.; J.-P. Bodmer, S. 58 ff.; J. Werner, Reihengräberzivilisation, Nachtrag 1972, S. 323.

Alamannen – und dem Mittelelbraum über Jahrhunderte hinweg, seit dem erstmaligen Auftreten von Alamannen am Mittelrhein bei Mainz, gesichert hat[43]. Die enge, zumindest geographisch enge Beziehung zwischen den als „Alamannen" erfaßten und den im Norden anschließenden Bevölkerungsgruppen, die sich namentlich nur unzulänglich erfassen lassen (Franken), reicht, grob skizziert, von Mittel- und Niederelbe bis zum Mittelrhein[44]. Dabei können durchaus ethnische, kultische, gesellschaftliche und politische Verflechtungen, wenn auch von wenig gefestigter und kurzzeitiger Konsistenz, entstanden sein. Die kulturelle und politische Abschließung und innere Strukturierung größerer Verbände ist häufig erst ein Phänomen frühestens des ausgehenden 5. und des 6. Jhs., wenn nicht in manchen geographisch-politischen Räumen eines noch späteren Datums[45].

Für den zeitlichen Rahmen unserer Untersuchung ist die Stufe III (ca. 400 –450, 500) nach Böhme[46] die Ausgangsbasis für die Frage nach der Existenz und dem Beginn einer eigenständigen Entwicklung kultureller Formen im weitesten Sinn im süddeutschen Raum.

Die von Böhme herausgearbeiteten Stufen sind nicht nur zeitliche Stadien der Entwicklung bestimmter Merkmale. Sie sind auch an Stadien geographischer Ausdehnung geknüpft. Entlang der ost-westlichen Achse der Ausbreitung großer Bevölkerungsgruppen von Norddeutschland nach Nord- und Mittelfrankreich verliefen auch die Verbreitungszonen der sich entwickelnden Gräber- und Beigabenkulte.

Die quer zu dieser „Achse" verlaufenden ethnischen und gesellschaftlichen Verbindungsstränge leiten in einen zweiten ost-westlichen „Korridor" vom Mittelelbraum zum Mittelrhein[47] einerseits und schwerpunktmäßig nach Südwestdeutschland (nach 260 Gewinn des Dekumatenlandes).

43 J. Werner, Hassleben-Leuna, S. 1 ff.; ders., Bronzegeschirrdepots, S. 259 ff.; W. Schulz, Hassleben; ders., Leuna.

44 E. Zöllner, Franken, S. 1 ff.; R. Wenskus, Stammesbildung, S. 494 ff. und 512 ff. In Anlehnung an Böhme lassen sich zwei Ost-West-Korridore erkennen:
1. im Norden: Niederelbe → Nordostfrankreich: Franken
2. im Süden: Mittelelbe → Mittel- und Oberrhein: Alamannen.

45 So bei Franken bzw. Alamannen und Bajuwaren.

46 Siehe auch Stufe I (ca. 330–400), den Berichtszeitraum Ammians; H. W. Böhme, S. 155.

47 Seit 213; Aurelius Victor, De Caes, 21, 2; Cassius Dio, 77, 13, 4. J. Werner, Bronzegeschirrdepot, S. 259 ff.; ders., Hassleben-Leuna, S. 1 ff. Die von Schoppa vorgestellen „fränkischen" Friedhöfe von Weilbach (Maintaunuskreis) geben zahlreiche Hinweise auf Kontinuität der Beziehungen der im Mainmündungsgebiet nach 330 sich dicht niederlassenden Alamannen zum Altsiedelland in Mitteldeutschland. H. Schoppa, Die fränkischen Friedhöfe, S. 51 ff.

2. HORIZONTALE MOBILITÄT – GEFOLGSCHAFT – STAMMESBILDUNG

Die großen Distanzen, die von den nach Westen ausgreifenden germanischen Gruppen überwunden werden mußten, erforderten adäquate politische und gesellschaftliche Formierungen[48]. Nicht nur Bevölkerungsverschiebungen wegen heute kaum greifbarer Umstände haben den Trend zur Westwanderung ausgelöst, sondern die kriegerischen Heerhaufen, die zunächst über weite Entfernungen hinweg von der römischen Kultur und primär von ihrem Reichtum im weitesten Sinne angezogen wurden. Beute, Kriegsruhm und kriegerische Selbstbestätigung sind Ziele germanischer Gefolgschaften und bestimmen u. a. ihre Verhaltensformen[49].

Die römischen Reichsgrenzen werden zum Objekt mehr oder weniger ausgeprägter Bereicherungsaktionen im weitesten Sinn. Die Skala reicht vom Raubzug über das Eingreifen in innerrömische Kämpfe in den Provinzen (gallische Kaiser), wobei Beute und Sold, aber auch „Ehrengeschenke" von nicht zu unterschätzendem Wert[50] zugleich erwartet wurden, bis hin zur Übernahme militärischer Funktionen und zum Bündnis als Foederaten[51].

Die übermaterielle Bedeutung von Ehrengeschenken oder Sold in der Form von Goldmünzen zeigt sich u. a. in den Grabbeigaben an der Mittelelbe, in den Skelettgräberfeldern im Raum Hassleben-Leuna, wo Münzen, die wohl auf solchen Erwerb zurückgehen, als Graboboli Verwendung fanden[52].

Erst die Funktion als Foederaten läßt das Nachrücken der zugehörigen Bevölkerungsgruppen erwarten. Und sogar dann werden relativ enge Verbindungen mit dem Altsiedelland und der dort verbliebenen Bevölkerung aufrecht erhalten[53].

Die Organisation des Föderatenwesens wurde von den vorgegebenen Formen des Gefolgschaftswesens mit bestimmt. Die Gefolgschaft ist das einzige militärisch-funktionale Gebilde und der einzige gesellschaftliche Rahmen, der sich dazu anbot. Nicht die Eingliederung in die „regulären" römischen Heere, sondern das geschlossene, nach dem Gefolgschaftsführer ausgerichtete

48 J. Fleckenstein, S. 26 ff.

49 Siehe Tacitus, Germania c. 13, 14.; R. Wenskus, Stammesbildung, S. 314 ff.; ders., Ethnosoziologie, S. 19 ff.; W. Schlesinger, Herrschaft und Gefolgschaft, S. 9 ff.; K. Bosl, Reges, S. 62 ff.; H. Kuhn, S. 1 ff.; J. Fleckenstein, S. 28 ff.; J.-P. Bodmer, S. 70 ff.

50 J. Werner, Bronzegeschirrdepots, S. 259 ff.; ders., Hassleben-Leuna, S. 1 ff.

51 K. F. Stroheker, Alamannen, S. 20 ff.; ders., Reichsdienst, S. 30 ff.; E. Zöllner, Franken, S. 16 ff.

52 Siehe W. Schulz, Leuna, S. 46 ff.; J. Werner, Bewaffnung, S. 326 ff.

53 H. W. Böhme, S. 195 ff.; J. Werner, Bronzegeschirrdepots, S. 259 ff.; ders., Hassleben-Leuna, S. 1 ff.

Auftreten im Kampf, wohl im Rahmen des römischen Verbandes, ist uns aus spätantiken Quellen überliefert.

Die Aufnahme von Germanen in den Verband des römischen Heeres wirft größte Probleme militärischer und politischer Art für die römische Kriegsführung auf. Auxiliar-Truppen sind viel mehr auf ihren Gefolgschaftsführer, auf Spontaneität kriegerischer Aktionen ausgerichtet als auf militärische Disziplin und Taktik römischer Ausprägung[55]. Foederaten- und Auxiliar-Truppenfunktion haben zum einen gefolgschaftliche Formen – in Absetzung von der römischen Truppe und besonders der galloromischen Bevölkerung, wie die Entwicklung der Waffenbeigaben auch nachweist – beibehalten und Verfestigt, sie zum anderen sicher auch weiter geformt[56].

Die Entwicklung der spätrömischen Waffenbeigabensitte ist eng an die kriegerischen germanischen Foederaten und ihr gesellschaftlich-politisches Selbstverständnis gebunden, und so wie das dementsprechende kulturelle Merkmal sich verbreitet, kann auch die Verbreitung und Rückkoppelung gesellschaftlichen Verständnisses und gesellschaftlicher Strukturierung beeinflussend wirken. Es gibt manche Anzeichen, daß die Berührung und Verflechtung germanischer Bevölkerung im Rahmen des Foederatenwesens im linksrheinisch-römischen Gebiet sich auf die gesellschaftliche Struktur germanischer Gruppen rechts des Rheins auswirkte. Die seit der Mitte des 4. Jhs. erkennbare Herausbildung von Ober- und Führungsschicht bei den Alamannen ist davon sicher beeinflußt. Zusammenhänge werden deutlich, wenn wir „die römische Vergangenheit" germanischer, in diesem Zusammenhang alamannischer Angehöriger der Führungsschicht heranziehen[57]. Diese Männer gehören den obersten gesellschaftlichen Schichten an, die auch untereinander, über die regional zerstreuten Stammessplitter hinweg, versippt sind (Ammianus Marcellinus). Wir können sicher sein, daß sie nicht nur als Einzelpersonen Dienst im römischen Heer leisteten, sondern im gefolgschaftlichen Verband, der beileibe nicht die gesamte Stammesgruppe, in der sie zur führenden Schicht gehören, darstellt. Wie weitreichend die Verwendung solcher Auxiliar-Truppen im römischen Reich war, zeigt Stroheker[58]. Das Auftreten in Gefolgschaften spiegelt sich wohl auch in der militärischen nominalen Gliederung, wenn die Rede z. B. von „ala alamannorum" ist oder, noch deutlicher von den „Raetobarii", womit die geographische Herkunft von sicher geschlossen gefolgschaftlich auftretenden Auxiliar-Truppen angesprochen ist. Der Gefolgschaftsführer steht an der Spitze dieser Truppen in römischen Diensten.

55 Vgl. auch Ammianus Marcellinus, 16, 12, 36–51. J.-P. Bodmer, S. 122 ff.
56 H. W. Böhme, S. 195 ff.
57 K. F. Stroheker, Reichsdienst, S. 30 ff.
58 Ebd.

Die ausstrahlende Wirkung gesellschaftlicher Prozesse, die in Nordostgallien ihre Ausgangspunkte haben, ist hinlänglich nachgewiesen. Gleichzeitig weist die kartographisch dargestellte Verbreitung von typischen, einer Führungsschicht zuzuordnenden Beigaben eine besonders starke Ausrichtung nach Süden, zum Oberrhein und nach Südwestdeutschland auf, aber auch, besonders 450–550/600, nach Südostdeutschland[59]. Die Ausbreitungsrichtungen folgen den Flüssen – damit auch weitgehend römischen Heerstraßen – dem Rhein und der Donau, was ganz ausgeprägt die Verbreitung z. B. der kerbschnittverzierten Gürtelgarnituren demonstriert[60].

Gerade die den Führungsschichten als typisch beigeordneten Gegenstände der bei Böhme als Stufe I und II (330–420) gekennzeichneten Epoche zeigt diesen Trend ganz deutlich. Die kerbschnittverzierten Gürtelgarnituren und ihre späten Formen[61] stellen beispielhaft den Fundhintergrund des historisch belegten Ausgreifens von aus dem süddeutschen Westen stammenden Alamannengruppen in gefolgschaftlichen Verbänden dar.

Auch am Beispiel punzverzierter Gürtelschnallen als spätere Formen des 5. Jh.[62] zeigt sich diese Expansionsrichtung (gleichzeitig ist eine starke Handelsbeziehung anzunehmen). Wenn wir den Einwänden von Mildenberger[63] folgen, die den chronologischen Ansatz Böhmes namentlich für das 5. Jh. kritisieren – Böhme folgt demnach zu sehr dem Trend der rückverschobenen merowingerzeitlichen Chronologie[64] –, so ergibt sich eine noch ausgeprägtere Kongruenz der historischen, schriftlichen Quellen und des archäologischen Befundes (im Zeitraum um 500). Die Systematik der Kartenfolge bei Böhme[65] zeigt eindeutig die Verbreitung von Fundgütern und damit von Kulturgütern und kulturell-gesellschaftlichen Strukturmerkmalen, die von einer zentralen Kulturlandschaft ausgehen, nämlich vom ehemals römischen Nordostgallien. Ein zweites Zentrum ist im Mündungsgebiet von Elbe und Weser als besonders ausgeprägt dargestellt. Die Wechselwirkung zwischen beiden ist bewiesen. Das Ausgangszentrum für die Süd- und Südostverbreitung in der Folgezeit aber ist eindeutig Nordostgallien und das Mittelrheingebiet.

Das erklärt, warum die Alamannen Südwest- und Südostdeutschlands in ihrer ethnischen Vielfalt zwar überwiegend aus dem größeren Umkreis des

59 W. Sage, Reihengräberfeld, S. 254 ff.; ders., Altenerding, S. 212 ff.; U. Koch, Merowingische Grabfunde; Dies., Alamannische Gräber, S. 162 ff.; M. Franken; H. Ladenbauer-Orel, Linz-Zizlau.
60 Siehe Karte 11 bei Böhme.
61 Siehe ebd., S. 155 und Karten 11 und 12.
62 Ebd. Karte 15.
63 Germania 53, 1975, S. 256 ff.
64 H. W. Böhme, S. 155.
65 Karten 1–19.

Mittelelberaums stammen, kulturell und gesellschaftlich jedoch eine deutliche, grundlegende Prägung von dem „Kulturkreis", den Böhme abgesteckt und charakterisiert hat, erfahren haben. Diese Prägung verdichtet sich zusehends, so daß die materiell-künstlerische Hinterlassenschaft nur in wenigen typisch gestalteten Gegenständen typisch „alamannischen" bzw. südwestdeutschen Charakter zeigt. Diese alamannischen Sonderformen scheinen jedoch nicht auf erhaltenen, gar auf das Herkunftsgebiet zurückverweisenden Traditionen zu beruhen, sondern vielmehr auf regionalen Weiterentwicklungen der nordostgallischen, „fränkischen Basismodelle"[66]

Wenn wir also den Komplex Stammesbildung und Bevölkerungsexpansion im südwestdeutschen Raum untersuchen, müssen wir die Bevölkerung in ihrer ethnischen Herkunft und die Fundgegenstände in ihrer kulturräumlichen Provenienz auseinanderhalten. Dieses Problem spiegelt sich in der Auswertung der Reihengräberfunde, wenn die Fundberichte zum Behelf „fränkisch-alamannischer Provenienz" greifen. Diese Typisierung ist inhaltlich, kulturkreisbezogen, völlig richtig. Hinsichtlich der ethnischen, stammesmäßigen Herkunft der damit in Verbindung zu bringenden Bevölkerung ist sie jedoch wenig sinnvoll; um so weniger, als sich seit der zweiten Hälfte des 5. Jhs. eine politische Abgrenzung zwischen „Alamannen" und „Franken" zunehmend deutlich abzeichnet, die nicht zuletzt und ganz besonders nach 497 eine Ausweichbewegung (Flucht, Emigration) nach Südostdeutschland bewirkt. Die in den süddeutschen Reihengräbern vermuteten „Franken" passen also nicht in das Bild der recht eindeutig überlieferten politischen Verhältnisse[67].

3. BEIGABEN, SELBSTVERSTÄNDNIS, REPRÄSENTATION DER OBERSCHICHT

Die als gesellschaftliche Elite in den Waffen- und Reihengräbern zu identifizierenden Gruppen sind Komponenten und Produkte zugleich des religiösen, gesellschaftlichen und mentalen Hintergrundes ihrer Kultur. Die Führungsschicht entwickelt äußere Formen der Repräsentation, wie sie sich extrem in Königsgräbern (Tournai, Sutton Hoo) aber auch vergleichbar in reichen Waf-

66 So hat schon H. Zeiß, Burgunderreich, S. 101 ff., festgestellt, daß in der archäologischen Hinterlassenschaft sich Stammesgebiete kaum abgrenzen lassen. Vielmehr können Werkstatträume festgestellt werden, die politische Grenzen überschreiten; siehe dazu J. Werner, Metallarbeiten, S. 65 ff.; H. Roth, S. 323 ff.

67 U. Koch, Merowingische Grabfunde; im 1969 erschienenen Aufsatz „Alamannische Gräber der 1. Hälfte des 6. Jhs." werden nicht nur Korrekturen der Chronologie, sondern auch der Terminologie vorgenommen, wie schon im Titel erkennbar ist. Siehe dazu W. Sage, Rezension U. Koch, Merowingische Grabfunde, BVBll. 36, 1971, S. 193 ff.

fengräbern darstellen. Diese äußeren Formen sind jedoch unübersehbar verknüpft mit dem Selbstverständnis dieser Schicht als gesellschaftliche Oberschicht mit ausgeprägten religiösen Grundlagen. „Religion ist gesellschaftsbildender Faktor allerersten Ranges“[68]. Religion und gesellschaftliche Kultformen sind wiederum verknüpft mit gruppenspezifischen Ausformungen und Verhaltensweisen[69].

Die kriegerischen Eliten, die im Umkreis des Gefolgschaftskönigtums und in der Gefolgschaft schlechthin existieren, tragen deshalb ihre Heilsabzeichen, realistische Symbole, ja das Werkzeug, mit dem sie den Anspruch und die Verwirklichung herausragender Stellung demonstriert und erkämpft haben – ihre Waffen also – über den Tod hinaus bei sich. Überwältigend ist diese Repräsentation und die Jenseitsvorstellung bei den Königsgräbern. Zu Lebzeiten hat diese Selbstdarstellung bei Kultfesten und ähnlichem ebenso demonstrativ-verinnerlichten politischen Stellenwert. Standarten, Halsringe, Maskenhelme, Kultspeere, Ahnenstäbe etc. werden von den Trägern als Zeichen der Nähe zum Gott aufgefaßt[70].

In den Männergräbern mit Waffenausrüstung sieht Werner[71] grundlegende Vorläufer der merowingerzeitlichen Kriegergräber im Rahmen der Reihengräberzivilisation. Ebenso kommt dieses Selbstverständnis als kriegerische schwerttragende Führungsschicht und die innere Verknüpfung mit der Sitte der Waffenbeigabe deutlich zum Ausdruck im Befund der Gräber von 6–12 jährigen Knaben, die mit Waffen, vornehmlich Äxten, z. T. in Miniaturausgaben, ausgestattet waren[72]. Auch diese Jugendlichen sind als Angehörige einer gesellschaftlich führenden Schicht einzuordnen[73].

4. HORIZONTALE AUSBREITUNG VON BESTATTUNGSKULT UND FÜHRUNGSGRUPPEN

Auch wenn diese gefolgschaftliche Führungsschicht stark rezeptiv ist in der Übernahme von Brauch und Kult, in den sie umgebenden Gegenständen und handwerklich-künstlerischen Formen und entsprechenden mythischen Inhalten dieser Formen, so drückt doch auch die Übernahme von Verhaltensweisen

68 K. Bosl, Reges, S. 66.
69 Siehe W. Schlesinger, Herrkönigtum, S. 53 ff.; R. Wenskus, Stammesbildung, S. 305 ff.; K. Bosl, ebd.
70 K. Bosl, ebd.; G. Kossack, S. 3 ff.
71 Reihengräberzivilisation, S. 285 ff.; siehe auch R. Günther, Laeti, Foederati, S. 56 ff.; K. Böhner, Laetengräber, S. 139 ff.
72 Äxte als Fundgüter, s. u.; H. W. Böhme, S. 104 ff.
73 I. Ottinger, S. 387 ff.; RGA, Art. „Bewaffnung“.

und Inhalten des Selbstverständnisses von Fremdgruppen den Stand der eigenen gesellschaftlichen Situation aus. Die neue Grabsitte als Ausdruck eines sich wandelnden bzw. neu entstehenden Selbstverständnisses, zuerst und vor allem der Ober- und Führungsschicht, stellt eine neue kulturelle Phase dar, die aufs engste mit den politisch-gesellschaftlichen Entwicklungen verknüpft ist. Die stufenweise fortschreitende Ausbildung der Waffengräber und die damit in Zusammenhang zu bringende gesellschaftliche Strukturierung und Differenzierung, die rechts- und linksrheinisch parallel verläuft, bringt zeitliche Verschiebungen in der räumlichen Ausbreitung. Die Ausbreitung, und so sind die Ergebnisse Böhmes dargestellt, geht primär vom römischen Reichsgebiet aus und, in ständiger Wechselwirkung zwischen den links- und rechtsrheinischen Räumen, sekundär auch vom Mittelrheingebiet etwa um Mainz, wie die Fundverdichtung in diesem Raum, namentlich von Gegenständen, die der Stufe III (ca. 400 bis 450, (500)) zugeordnet sind, hervorhebt[74].

Böhme sieht in diesem Zusammenhang zwei „archäologische Fundprovinzen, die nur im Mittelrheingebiet bedeutende Überschneidungen aufwiesen“ und „sich auch in den ersten Jahrzehnten bzw. der ersten Hälfte des 5. Jhs. noch unterscheiden“[75].

Eine Aufteilung in Fundprovinzen kann m. E. nur insofern vorgenommen werden, als die massive Übernahme von Gütern auch die Fortentwicklung übernommener Formen mit sich brachte. Daneben werden noch Anlehnung an Formen und Provenienz von Beigaben aus dem Mittelelbraum festgestellt. Ansonsten stellt sich die südliche Fundprovinz als kulturelle, kultische und gesellschaftliche Anschlußzone an die nördliche vor, wie im folgenden herausgearbeitet werden soll.

5. DIE AUSBREITUNG VON KULT- UND GESELLSCHAFTSFORMEN IN DEN SÜDDEUTSCHEN RAUM. BEIGABENTYPEN ALS INDIKATOREN

Die Fundkonzentrationen im engeren mittelrheinischen Gebiet, wie sie auf den Karten bei Böhme dargestellt sind, zeigen in der Verbreitung der entsprechenden Gegenstände ganz ausdrücklich eine Tendenz nach dem Oberrhein, nach Südwestdeutschland und Südostdeutschland. Dort verdichten sich die Funde in siedlungsfreundlichen Räumen entlang den Flußläufen. Dieser Zusammenhang zwischen mittelrheinischem Fundschwerpunkt und Verbreitung nach Süden und Südosten entspricht der kulturell-künstlerischen Aus-

74 Siehe Kartenteil bei H. W. Böhme, Karten 1–19; entsprechend schon J. Werner, S. 296. Werner geht allerdings noch von Laetenzivilisation aus (1950).

75 Ebd., S. 189.

strahlung, die ganz eng verbunden ist mit extensiver horizontaler Mobilität von Bevölkerungsgruppen, namentlich von herausragenden Ober- und Führungsschichten, an deren kriegerisch-politisch-gesellschaftliche Vorrangstellung auch kultischer Brauch und qualitativ bedeutende Beigabensitte, deren Objekte wir eben behandeln, geknüpft sind.

Das ist ein wichtiger Unterschied zu den Funden östlicher, donauländischer Herkunft, die auch hunnische Einflüsse, besonders in der ersten Hälfte des 5. Jhs., erkennen lassen. Diese „östlichen" Beigaben lassen sich nur selten eindeutig und quantitativ beachtenswert entsprechenden Bevölkerungsgruppen aus diesen Räumen zuordnen[76], wohingegen die Bevölkerungsgruppen mit westlichem Beigabengut sich mehr und mehr auch in ethnisch-politischer Herkunft und gesellschaftlichem Status zu erkennen geben (s. Karten bei Böhme); zum Einwand: Beigaben = Handelsware, kann auf die englischen Funde hingewiesen werden, wo wir der Trägerschaft der Bevölkerung sicher sein können.

Diese Zusammenhänge werden deutlich bei Böhme[77]. Die Zuordnung von Verbreitung und Datierung typischer Fundgegenstände sollte die von Mildenberger[78] angesprochene, in Anlehnung an die verschobene merowingerzeitliche Chronologie verfrühte Tendenz u. U. berücksichtigen. Karte 11 stellt die Verteilung kerbschnittverzierter Gürtelgarnituren vor[79]. Solche Kerbschnittgarnituren werden auch noch in den ersten Jahrzehnten des 5. Jhs. beigegeben[80], wenn nicht gar bis in die Mitte des 5. Jhs.[81]. In der Mitte des 5. Jhs. beginnt die Belegung des Gräberfeldes von Bittenbrunn, Landkreis Neuburg/D., das die Schnalle einer Kerbschnittgarnitur aufweist und die direkte, wenn auch vereinzelte Beziehung zum Mittelrhein herstellt[82]. Das Vorkommen der kerbschnittverzierten Schnallen[83] in Kombination mit entsprechenden Riemenzungen[84] gestattet die Annahme von entsprechenden Beziehungen[85]. Die Ausbreitung der kerbschnittverzierten Gürtelbeschläge, namentlich vom Typ

76 J. Werner, Gotterbarmweg; ders., Attilareich.

77 Karten 11, 14, 15, 17, 18.

78 In: Germania 53, 1975, S. 256 ff.

79 Siehe auch Textband, S. 55 ff. und besond. 79 ff.: Chronologie der Gürtelbeschläge; letztes Drittel des 4. Jhs.

80 Ebd., S. 84.

81 Ebd., S. 85.

82 Mainz-Greiffenklaustraße; 2.–3. Drittel des 5. Jhs.; H. W. Böhme, S. 83 und 85; R. Christlein, Bittenbrunn, S. 97 ff.

83 H. W. Böhme, Karte 11.

84 Ebd., Karte 17.

85 W. Sage, Reihengräberfeld, S. 254 ff.

B ist eindeutig nach Süden und Südosten – Raetien, Noricum, Pannonien – ausgerichtet[86].

Auch bestimmte Formen von punzverzierten Tierkopfschnallen (Stufe II, um 400) zeigen eine Südostausbreitung, die beim Vergleich mit der kartographischen Darstellung (Typ Verigenstadt) über Oberrhein und Südwestdeutschland weit hinausgehen und ihre östlichsten Exemplare nicht in Raetien, sondern in Enns/Lorch an der Donau aufweisen[87].

Südwestdeutschland zeigt eine besonders dichte Aufnahme vor allem von Scheibenriemenzungen (punzverziert)[88]. Ein besonderes Augenmerk der Beziehungen und Kulturausdehnung in Hinblick auf Heraus- und Weiterbildung gesellschaftlicher Strukturen im Zusammenhang mit einer kriegerischen Führungselite verdient die Verbreitung der Waffen.

a) Spathen

Die uns bekannten zweischneidigen Langschwerter, die Spathen, sind typische Waffen „reicher" Bestattung und somit einer gesellschaftlich gehobenen Schicht zuzurechnen. J. Werner bezeichnet für die Zeit bis zur Mitte des 6. Jhs. die Goldgriffspatha als „repräsentative Waffe des fränkischen und alamannischen Adels"[89]. Die Entwicklung der Spatha der Merowingerzeit scheint von den spätrömischen Schwertern ausgegangen zu sein[90]. Die Darstellung der Verbreitung der Waffengräber des 4./5. Jhs. zeigt unter anderem auch Schwerpunkte der Spathabeigaben und legt damit wohl auch den Ursprung und den Entwicklungsraum dieser Waffe im römischen Nordostgallien fest. Darüber hinaus war sie zunehmend in ganz Norddeutschland, in Dänemark, England, aber auch in Süddeutschland, wo die Funde deutlich zunehmen, gebräuchlich[91]. Die Spatha wird im von Böhme untersuchten Raum in den meisten Fällen auf der rechten Seite des Beigesetzten vorgefunden[92].

86 H. W. Böhme, Karten 11 und 17 mit Abbildungen.
87 Ebd., S. 91, S. 368, Fundliste 15, Nr. 100.
88 Ebd., Karte 18; siehe auch Halsring, ebd., S. 118 ff.
89 J. Werner, Schwerter, S. 43.
90 Ebd., S. 97.
91 Ebd., S. 97 ff.
92 Ebd., S. 100; Agathias II, 5 berichtet, daß im Heere Butilins, also wohl bei Franken und Alamannen, das Schwert links getragen worden sei. Daraus ist jedoch nicht zu entnehmen, ob es sich um Spatha oder Sax gehandelt hat.

b) Äxte

Äxte stellen im Rahmen der Waffengräber eine Beigabengruppe dar, die in ihrer Vielfalt relativ leicht zu gliedernde Merkmale aufweist. Böhme stellt 3 Typen von Äxten neben kleineren Sonderformen und der Franziska vor[93]. Der Typ A ist eine Schaftlochaxt, deren Bestimmungsmerkmal die „gerade Oberkante senkrecht zum Schaft und Nacken" ist. Dieser frühe Axttyp ist im Mittelelbraum zu finden wie im Nydam (Dänemark) und besonders im Mündungsgebiet von Main und Rhein. Er ist besonders „langlebig" und tritt bis in das 5. Jh. in Erscheinung[94]. Daß diese Äxte linksrheinisch nicht gefunden wurden, ist ein weiteres Indiz dafür, daß die Stammesgruppen mittelelbischer Herkunft, wohl Alamannen, sehr lange Beziehungen (Zuzug) zum Altsiedelland aufrecht erhalten haben und am Foederatenwesen auf römischem Gebiet, linksrheinisch, kaum beteiligt waren.

Der Typ B besitzt eine schwach gewölbte Oberkante. Er gelangt nur in Ausnahmen[95] nach Süden, über Belgien und Nordfrankreich hinaus. Auch Typ C mit leichter Schweifung und dadurch Vergrößerung der Schneide ist hauptsächlich von der Côte d'Or bis Bremen verbreitet.

Dieser Axttyp steht schon in der Nähe der Franziska, die sich durch die besonders stark geschwungene Oberkante und die parabelförmige Unterkante auszeichnet. Die Übergangs- und Frühformen sind wohl auf den niederrheinisch-belgischen Raum zurückzuführen. In frühmerowingischer Zeit finden wir eine „echte" Franziska in Köln/St. Severin in der Mitte des 5. Jhs.[96].

Überwiegend von hier aus fand die Franziska im 5. Jh. eine weite Verbreitung in Süddeutschland. Die süddeutschen Vorkommen von Franzisken unterstreichen deutlich die starken Einflüsse aus dem Nordwesten[97].

Auch die Bartäxte[98] scheinen einen Ausgangspunkt im römischen Gallien zu besitzen[99]. Im 4. Jh. ist dieser Typ in Stockstadt (Landkreis Aschaffenburg), im 4./5. Jh. bei Schwäbisch-Gmünd und in Tuttlingen nachgewiesen, im 5. und Anfang des 6. Jhs. in Basel-Gotterbarmweg; Hemmingen, Landkreis Leonberg; Breuy, Rittersdorf, Landkreis Bitburg; in Altenerding und anderswo auch über Süddeutschland hinaus. Äxte als Grabbeigabe spielen neben anderen Waffenbeigaben eine große Rolle in Knabengräbern. In den

93 H. W. Böhme, S. 105.
94 Mainz-Kostheim; siehe J. Werner, Kriegergräber, S. 397, Abb. 20; H. W. Böhme, S. 104.
95 Groß-Gerau, siehe R. Roeren, S. 270, Abb. 6, 8; H. W. Böhme, S. 105 ff.
96 H. W. Böhme, S. 107 und Anm. 421.
97 Für Klettham/Altenerding siehe W. Sage, Reihengräberfeld, S. 254 ff.
98 Die Breitaxt spielt in Süddeutschland keine Rolle, siehe H. W. Böhme, S. 108.
99 St. Rimay, Dép. Loir-et-Cher; Vert-la-Gravelle, ebd., S. 107.

Reihengräbern der zweiten Hälfte des 4. und Anfang des 5. Jhs. sind Knaben zugeordnete Miniaturäxte zu finden[100]. Kinderäxte als Grabbeigaben hören ca. Mitte des 6. Jhs. auf[101]. Neben wenigen Funden in Mitteldeutschland liegt der Fundschwerpunkt im 5. und 6. Jhs. im Siedlungsraum fränkischer Foederaten[102] und im Mittelrheingebiet. Von dort aus scheint sich diese Bestattungssitte nach Südwestdeutschland verbreitet zu haben, wenn nicht mittelelbische Vorbilder zu suchen sind.

Zur gesellschaftlichen Stellung der mit einer Axt bestatteten Knaben läßt sich nur anhand der übrigen Beigaben eine annähernde Aussage machen. Ungeklärt ist auch die Bedeutung von Waffenbeigaben in solchen Gräbern - bei Waffen in „Normal"- oder Miniaturausführung. Man kann wohl Symbol und Übungswaffe zugleich annehmen. Die Kennzeichnung als „Spielzeug"[103] wird nur am Rande zutreffen. Der Brauch der Waffenbeigabe „dürfte rangbestätigende Funktion gehabt haben, da man daraus wohl entnehmen kann, daß den Angehörigen bestimmter Sippen oder Familien Fähigkeiten wie etwa die, eine Streitaxt oder eine Lanze erfolgreich zu führen, von Geburt an zugeschrieben wurden"[104].

c) *Pfeilspitzen*

Bei den Pfeilspitzen sind solche mit gestuftem Querschnitt besonders auffällig. Neben den Räumen von Vert-la-Gravelle, Rhonen und Krefeld-Gellep finden sich diese merkmalstypischen Pfeilspitzen auch in Südwestdeutschland in Lampertheim (Landkreis Bergstraße), Böckingen (Landkreis Heilbronn) im 4. Jh., sowie in spätrömischen Festungen wie z. B. in Epfach[105]. Auch Pfeilspitzen mit Widerhaken gelangen nach Süden (Hemmingen, Kreis Leonberg, Hammelburg in Unterfranken), wo sie nach 450 belegt sind[106]. Pfeilspitzen als typische Beigaben finden sich schon in Brandgräbern der Mittelelbe[107].

100 J. Werner, Reihengräberzivilisation, S. 285 ff.; ders., Bewaffnung, S. 331; ders., Kriegergräber, S. 372 ff. Weitere Literatur bei R. Günther, Laeti, Foederati.
101 I. Ottinger, S. 401.
102 Ebd., Abb. 3, S. 404.
103 R. Moosbrugger-Leu, Schweiz, S. 237 ff.
104 F. Irsigler, Frühfränkischer Adel, S. 193.
105 J. Werner, Epfach, S. 409 ff.
106 H. W. Böhme, S. 110.
107 J. Werner, Hassleben-Leuna, S. 1 ff.; ders., Pfeilspitzen, S. 38 ff.; W. Schulz, Hassleben; ders., Leuna.

d) Angonen

Die Verbreitung der Angonen hat ihren Ausgangspunkt in den fränkischen Kerngebieten in Nordostgallien, im Moselgebiet sowie am Mittelrhein. Damit reicht ihr Vorkommen in den Raum der alamannischen Herrschaft und Siedlung[108]. Die Herkunft des Ango war zunächst nicht geklärt. Eine Ableitung vom römischen Pilum lag nahe. Von Schnurbein vertritt mit guten Gründen die germanische Entstehung der Waffe[109].

Der Ango scheint ähnlich wie die Franziska zunächst eine typisch fränkische Waffe zu sein[110]. Dem archäologischen Befund entspricht der literarische. Daß diese Waffe auch bei Alamannen geführt wurde, geht aus Agathias hervor, wenn er die militärischen Unternehmungen Butilins und Leutharis' in Italien schildert[111]. Unklar ist, ob Agathias Alamannen oder Franken meint, wenn er er die Handhabung der Waffe anspricht. Das Heer war sicher nicht ausschließlich aus Alamannen zusammengesetzt.

Mit dem Ango Bestattete gehörten gehobenen Gruppen der Franken bzw. Alamannen an. Der älteste Fund ist auf die erste Hälfte des 5. Jhs. datiert[112], in der zweiten Hälfte des 5. Jhs. und um 500 sind die Angogräber zahlreich.

e) Schwertortbänder

W. Menghin hat einen Versuch der Aufgliederung verschiedener Ortbandformen der frühen Merowingerzeit unternommen[113]. Neben Skandinavien und England stellt er im selben Zeithorizont – zweite Hälfte des 5. Jhs. und um 500 – das Rheinland und Südwestdeutschland als Schwerpunkte der Fundverbreitung vor[114]. Ortbänder mit langen schmalen Schenkeln (Typ 2) sind in der zweiten Hälfte des 5. Jhs. noch vorwiegend in Nordostgallien zu finden; am Mittelrhein und in Südwestdeutschland erscheinen sie erstmals in der ersten Hälfte des 6. Jhs., sind also mit großer Sicherheit aus dem fränkischen Raum hereingetragen. Donauländische Verbindungen von Gräbern mit den entsprechenden Ortbandbefunden haben sich nicht erwiesen[115]. Vielmehr ist eine gemeinsame römische Tradition der U-förmigen Ortbänder

108 S. von Schnurbein, Zum Ango, S. 419 und Beilage 3.
109 Ebd., S. 424 ff.
110 Agathias, I, 21; II, 5.
111 G. Gottlieb, S. 152 ff.
112 Ausgrabungen von Helle; J. Werner, Bewaffnung, S. 101.
113 Schwertortbänder, S. 435 ff., Karte S. 461, Abb. 18.
114 Ebd., S. 460 und 461, Abb. 18.
115 Ebd., S. 460 und 462.

wahrscheinlich. Um 400 schon kamen in Gundremmingen Ortbänder in den Boden, die als typologische Vorläufer späterer Formen angesehen werden können[116]. Insgesamt läßt sich auch bei den Ortbändern die Verbreitung aus dem fränkischen Raum nach Südwestdeutschland eindeutig erkennen.

f) Halsringe

Bronzene Halsringe finden sich auch in Kriegergräbern. So in Vermand, im Main-Mündungsgebiet drei Exemplare, in Mainz-Kostheim, Wiesbaden-Schwalbacher Straße, in Lampertheim drei Exemplare. Ein punzverzierter facettierter Goldhalsring aus Pouan (Dép. Aube) scheint der Mitte des 5. Jhs. zuzugehören und eine Sonderstellung einzunehmen[117]. Die Exemplare von Pezon (Dép. Loir-et-Cher) und von Sceaux-du-Gâtinais (Dép. Loiret; ein Exemplar im Museum von Evreux) unterscheiden sich durch die runde bzw. birnenförmige Öse. Eine birnenförmige Öse an einem Bronzering fand sich auch am Mont Herapel bei Folkburg (Dép. Moselle)[118]. Die bei Böhme aufgeführten Halsringe werden als typisch germanisch gedeutet. Seit dem 3. Jh. werden solche Ringe rechts des Rheins getragen. Diese Bronzereifen zeigen also auch Schwerpunkte der Verbreitung. Sie liegen jedoch nicht in Frankreich, sondern eher im Dreieck Mittelelbraum-Mainmündung-Südwestdeutschland. Darüber hinaus sind sie ausgestreut in Norddeutschland, Nordostgallien, Bayern und Oberitalien[119]. Das Merkmal der birnenförmigen Öse bei süddeutschen Bronzeringen weist ausdrücklich auf Herkunft aus dem Norden und Nordosten, nämlich aus dem Mittelelbraum hin. Diese Provenienz deckt sich mit den ebenfalls in Altenerding aufgefundenen „Elbefibeln“. Auch der im halben Kreisbogen plattgehämmerte Bronzehalsring der Altenerdinger Dame aus dem Masurischen (Grab 421) kann eine Ähnlichkeit nicht verbergen[120].

116 J. Werner, Ortbänder, S. 134 ff.
117 Siehe E. Keller, in: Germania 45, 1967; attilazeitlich.
118 Siehe auch G. Behrens, S. 17 ff.; Zusammenstellung der Funde aus dem Mittelrheingebiet. Aus Samson und Tongern stammen ähnliche, mit raffinierteren Verschlüssen versehene Bronzeringe; siehe H. W. Böhme, S. 119 ff.
119 W. Sage, Reihengräberfeld, S. 254 ff.; V. Bierbrauer, Oberitalien, S. 559 ff.
120 W. Sage, ebd., S. 274 und Abb. 27. Zur Verbreitung der Silberlöffel siehe Böhme, S. 130 ff.; und ders., Löffelbeigabe, S. 172 ff.; der Glasgefäße siehe Böhme, Tafel 79, 8; siehe Sage, Reihengräberfeld, Abb. 11; Altenerding Grab 343, 7.

6. AUSBILDUNG VON STAMMESBEWUSSTSEIN BEI ALAMANNEN UND FRANKEN. GEGENSÄTZE, GEMEINSAMKEITEN, GEGENSEITIGE GESELLSCHAFTLICHE FORMUNG

Von besonderer Auffälligkeit ist die immer wieder erkennbare, zeitgenössisch erwähnte Feindschaft zwischen Alamannen und Franken. Eine Lösung dieser Frage soll und kann hier nicht angestrebt werden. Nur Ansätze einer Erklärung dieses Gegensatzes möchte ich herausarbeiten.

Die Arbeit von Böhme, die einen ausgedehnten Fragenkomplex mit einer Reihe von teils kontroversen Vorergebnissen grundlegend und systematisch beantwortet, zeigt uns, wenn auch nicht überall scharf eingegrenzt, einen in der kulturell-gesellschaftlichen Entwicklung extensiv zusammenhängenden Raum zwischen Niederelbe und Loire, wobei dem Rhein Brückenfunktion zukommt. Diesem „Korridor" schließt sich im Süden, vom Mittelelbraum bis zum Mittel- und Oberrhein, die auch schon oben angesprochene Wanderungszone an, die den unter dem Namen „Alamannen" erfaßten Volksgruppen zugeordnet wird.

Um 213 n. Chr. werden erstmals kriegerische Gruppen aus diesem „Südkorridor", die bei Mainz auftauchen, als „Alamanni" bezeichnet[121]. Der Frankenname begegnet, sicher belegt, in der zweiten Hälfte des 3. Jhs. erstmalig. Die „Franken" werden heute zum Teil wieder als „Stammes-" und als „Frankenbund" verstanden[122], was nicht unbedingt als Fortschritt im Prozeß dieser Begriffsdeutung gesehen werden mag[123]. Für das 3. und die folgenden Jahrhunderte wird die Schwierigkeit einer Deutung in der Terminologie der schriftlichen Quellen widergespiegelt. Als wesentliche Teile der Franken werden immer wieder angesprochen: Salier[124], Chamaven[125], Amsivarier[126], Chattuarier[127], Chatten[128].

Auch wenn die Zugehörigkeit dieser und anderer Volksgruppen zum fränkischen Stammesbund nicht in allen Punkten und einhellig geklärt ist[129], steht die Vielfalt ehedem wohl irgendwie geschlossener Volksgruppen, Stämme oder Stammesgruppen fest. Die Unsicherheit der Zu-, Unter- und Überordnung bis in die merowingische Zeit als Problem für spätantike Autoren und

121 Aurelius Victor, De Caes. 21, 2; Cassius Dio, 77, 11, 4; 6; 14, 2.
122 E. Zöllner, Franken, S. 2 ff.
123 Vgl. R. Wenskus, Stammesbildung, S. 514 ff.
124 Zosimus, III, 6; Ammianus Marcellinus, 17, 8, 3.
125 Tabula Peutingeriana: „Chamavi qui et Franci"; Greg. Tur. II, 9.
126 Greg. Tur. II, 9.
127 Ammianus Marcellinus 20, 10, 2.
128 Greg. Tur. II, 9.
129 Siehe R. Wenskus, Stammesbildung, S. 518 ff.

für die moderne Forschung[130] entspricht der Labilität der ethnischen, gesellschaftlichen, politischen und kulturellen Strukturen. Der Sammelbegriff „Franken“ steht bei der Erwähnung spätantiker Autoren seit dem ersten Vorkommen in Konkurrenz zum Sammelbegriff „Germanen“. Das mag an der erst beginnenden Kenntnisnahme neuer ethnisch-gesellschaftlich-politischer Gebilde durch die römische Welt liegen, deutet aber auch auf Vielfalt der Zusammensetzung und die Problematik der terminologischen Unterscheidung hin[131].

So, wie für die aus dem nördlichen „Korridor“ an und über den Rhein ausgreifenden Völkergruppen ein Sammelbegriff geschaffen wurde, der zwar sprachlich germanisch ist, von dem wir jedoch nicht eindeutig entscheiden können, wer ihn ausschlaggebend verwendet hat, ob Römer oder Germanen, ob er Fremd- oder Eigenbezeichnung ist, finden wir etwas früher (213) aber fast gleichzeitig den Alamannennamen. Wir stoßen in den Quellen nirgendwo auf einen Hinweis, daß die Alamannen sich selbst mit diesem Namen belegt hätten. So ist es wahrscheinlich, daß die Verbreitung des Sammelbegriffs von außen erfolgte. Dieser scheint bei der ersten Berührung alamannischer Gruppen mit der römischen Reichsgrenze um 200 am Mittelrhein aufgekommen zu sein. Es ist denkbar, daß er zunächst nur für eine kleine Gruppe, etwa berittene Kriegerscharen, gegolten hat[132].

Die Problematik der vielgliedrigen Zusammensetzung der alamannischen Stammesgruppen und ihre Kenntnis durch die Römer kennzeichnet die spätantike Etymologie, die uns Agathias von Asinius Quadratus überlieferte. Demnach sind sie *Ξυνήλυδές εἰσιν ἄνθσοωποι χαὶ μιγάσες, χαὶ τοῦτο δύναται αὐτοῖς ἡ ἐπωνυμία*, zusammengelaufen und gemischt[133].

Der Sachverhalt der ethnischen Vielfalt ist damit richtig wiedergegeben. Herabsetzende Absicht und Deutungsversuch sind als literarischer Topos zu beurteilen, selbst wenn die Auslegung germanischer Herkunft sein mag. Dieser Topos reicht zurück in die klassische griechische Geschichtsschreibung[134]. Es gibt keinen Anlaß, schon um bzw. vor 213 die Existenz eines Großstammes der Alamannen anzunehmen. Erst im 3. Jh. wird der Alamannenname extensiv angewandt für germanische Gruppen aus dem Mittelelbraum, die vom östlichen Mittelrheingebiet aus die Reichsgrenze bedrohen und sie gelegentlich überschreiten. Dem Alamannennamen hat sich noch die Tradition des Suebenbegriffs aus caesarianischer und taciteischer Zeit in Anlehnung, jedoch sicher

130 Siehe E. Zöllner und R. Wenskus, a. a. O.
131 Agathias I, 2; Prokop, b. Goth. I, 12; b. Vand. I, 3 u. a.
132 Aurelius Victor, De Caes. 21, 2; Cassius Dio, 77, 13, 4; 6; 14, 2.
133 Agathias, I, 6, 3; Asinius Quadratus, Fr. 21; R. Wenskus, Stammesbildung, S. 505; G. J. Wais, Die Alamannen I, S. 16 ff.; RGA, Art. „Alemannen“.
134 Thukydides, 7, 5, 4; siehe K. F. Stroheker, Alamannen, S. 22 und Anm. 3.

nicht identifizierend, an den mittelelbischen Herkunftsraum erhalten. Zu diesem Gebiet blieben die Verbindungen vom Mittelrhein und Südwestdeutschland in beiden Richtungen mindestens bis zum Ende des 5. Jhs. erhalten, wobei jedoch die Bevölkerungsverlagerung seit dem letzten Drittel des 3. Jhs. zunehmend sich von Osten nach Westen bewegte. Diese Bevölkerungsbewegung spiegelt sich in den Grabfunden der Zeit[135]. Die teilweise offizielle Evakuierung des Dekumatenlandes zeitigte eine Sogwirkung auf die alamannischen Gruppen, die sich vor und hinter dem Limes in mehr oder weniger friedlicher Absicht, mehr oder weniger seßhaft, aufhielten[136]. Der Umstand, daß die nach Westen wandernden Gruppen sich von den Stammesstrukturen, evtl. von Sippenverbänden, von kultischen Zentren räumlich gelöst hatten, förderte sicher die Bereitschaft, ein Wir-Gefühl zwischen den Gruppen durch die Sammelbezeichnung „Alamanni" zu akzeptieren bzw. zu unterstreichen.

Es ist ebenfalls denkbar, daß auf römischer Seite „Alamanni" seit 213 zunehmend zur Unterscheidung von „Franci" verwendet wurde[137]. Wie gering noch im 4. Jh. der Grad der Identifizierbarkeit alamannischer Gruppen mit ihrem Sammelbegriff war, zeigen die landschaftsbezogenen Namen wie Lentienses, Brisigavi, Raetobarii und die mit Personenamen gebildeten Herrschaftsräume wie pagus Vadomarii, Hortarii regna etc.[138].

Es fällt auf, daß, bezogen auf norddeutsche Völkergruppen, die alten Stammesnamen der taciteischen Zeit zwar Verwendung von römischer Seite finden, aber politisch nicht zum Tragen kommen und vom Sammelbegriff „Franken" zurückgedrängt werden[139].

Auch im daran südlich anschließenden Bevölkerungsraum findet also ein Sammelname Verwendung, ohne daß alte, traditionsreiche Stammesgruppen, z. B. die Semnonen, anhand der Quellenaussagen namentlich zum Tragen kommen, ja nicht einmal erwähnt werden[140]. Nur der seit Caesar am Rhein überlieferte Name Sueben wird teilweise als Synonym für Alamannen im Sinne eines Sammelbegriffes gebraucht, was die Unsicherheit ethnischer und

135 J. Werner, Hassleben-Leuna, S. 1 ff.; W. Sage, Reihengräberfeld, S. 254 ff.; R. Roeren, S. 214 ff.

136 Neuere Versuche, die spätkaiserzeitliche, archäologische Chronologie für Funde Baden-Württembergs zu verfeinern, ergaben einen Widerspruch zur bisherigen Annahme, daß das Dekumatenland erst im Laufe des 4. Jhs. besiedelt worden wäre. E. Keller, Chronologie, S. 276; gegen K. Weidemann, Denkmäler, S. 46.

137 Vgl. R. Wenskus, Stammesbildung, S. 110, S. 502 f.

138 Ebd., S. 498.

139 E. Zöllner, Franken, S. 1 ff.; R. Wenskus, Stammesbildung, S. 512 ff.

140 RGA, Art. „Alemannen", S. 137 ff.; R. Wenskus, Stammesbildung, S. 494 ff. – Eine Ausnahme ist der Königsname Semnon, der allerdings nur auf eine Person zu beziehen ist.

politischer Zuordnung auf Seiten der römischen Autoren belegt[141]. Ähnlich wie der alte Oberbegriff „Sueben" die realen Verhältnisse nicht mehr wiedergibt, können auch die taciteischen Stammesnamen, die seit dem 3. Jh. Elemente des „Frankenbundes" bezeichnen, Anachronismen darstellen.

Linksrheinisch erscheinen diese Stammesnamen bei den Franken kaum mehr. Ihre wie auch immer geartete Tradition besaß keine größere Tragweite. Das zeigt deutlich die Diskontinuität des Brukterernamens im linksrheinischen Kölner Raum, wiewohl einzelne Landschaftsnamen bis nach Gallien hinein mit solchen Namen verbunden werden[142].

Die Zeit um 260 erlebt die durchschlagenden Franken- und Alamannenstürme, die politisch größte Auswirkungen zeitigten (Verlegung des Limes, Vordringen der Germanen bis nach Oberitalien, bis nach Tarragona, Besiedlung des Dekumatenlandes). Die westgermanischen Völker scheinen sich um 300 i. w. in zwei „Großstämmen" zu präsentieren. Beiden ist jedoch ethnische Vielfalt und politische Gruppenvielfalt der inneren Strukturen gemeinsam[143]. Während beim fränkischen „Stammesbund" einzelne Gruppen namentlich bekannt sind und wir hieraus auch eine gewisse Differenzierung ablesen können, erfahren die Alamannen erst nach bzw. mit den Niederlassungen in Süddeutschland Benennungen für einzelne Gruppen von außen, nämlich von der einheimischen, zurückgebliebenen keltisch-römisch-germanischen Vorbevölkerung[144].

Die alamannisch-fränkischen Gegensätze beruhen also bis in das 5. Jh. wohl nicht auf ethnisch bedingten Gegensätzen oder auf dem Aufeinanderprallen gesellschaftlich-politischer Systeme. Diese Feindschaft, die nach den schriftlichen Quellen frühestens seit dem 4. Jh. einsetzte, ist in ihren Ursachen noch nicht geklärt.

Ein Hauptgrund für die alamannisch-fränkische Gegnerschaft besteht wohl in den verschiedenen politischen Beziehungen von Franken und Alamannen zu den linksrheinischen Provinzen, die im Laufe der Jahrzehnte zwar nicht absolut, aber generell sich herausbildeten.

Die Kontinuität der Feindschaft gegenüber Rom manifestiert sich nicht nur im Verhalten der Alamannen, sondern kommt auch in der spätrömischen Historiographie und der Siegestitulatur römischer Kaiser als historisch-politische Grundkomponente zum Tragen. „Alamannicus" gehört zu „den

141 Zum Beispiel Geographus Ravennas, IV, 26: „Patria Suavorum quae et Alamannorum patria". Die Bezeichnung der Bucinobanten als „Alamannen" bei Ammianus Marcellinus 29, 4, 7 ist fragwürdig.

142 Eine Ausnahme: Chattuarier; siehe R. Wenskus, Stammesbildung, S. 536; E. Zöllner, Franken, S. 2 ff.

143 Siehe F. Steinbach, Frankenreich, S. 2 ff.

144 Zur germanischen Komponente siehe R. Nierhaus.

hervorragendsten Siegertiteln römischer Herrschaft" seit Anfang des 4. Jhs.[145] Dieser Titel wird vor dem Hintergrund der ständigen Alamannengefahr zur Tradition, um im 6. Jh., nach der fränkischen Eingliederung, sinnentleert weiterzuexistieren[146].

Die Alamannen waren der Hauptfeind Roms an den germanischen Grenzen des römischen Reiches und werden als solche bewußt schwerpunktmäßig bekämpft[147]. Kaiser Probus wendet sich persönlich gegen diese Hauptgefahr, während er den Kampf an Mittel- und Niederrhein gegen fränkische Einfälle den Unterfeldherren überläßt[148].

Die „Alamannia" und die Alamannen werden von Rom entgegen der tatsächlich existierenden Divergenz der alamannischen Stammesgruppen nominell als einheitlich dargestellt. Diese nominelle Zusammenfassung und Kollektivierung ist auch eine vereinfachende Hilfskonstruktion zur Schaffung und Beschreibung eines konkreten Feindes und eines Feindbildes[149].

Während gefolgschaftlich gegliederte Gruppen des Frankenbundes sich in großer Zahl, bisher oft unterschätzt[150], in Foederatenverbänden auf römischem Provinzboden niederließen, scheinen solche Unternehmungen alamannischer Gruppen selten zu sein. Die Nennung von Laetenpräfekturen in den Notitia Dignitatum und in der Gesetzgebung des Honorius[151] muß vor dem Hintergrund der militärisch-politischen Funktion und dem gesellschaftlichen Status der Laeten im Gegensatz zu den Foederaten gesehen und darf nicht überbewertet werden.

Die Foederatenfunktion fränkischer Gruppen führt – quasi notwendig – zu politischen Gegensätzen und zu über Generationen aufrecht erhaltenen Blutfeindschaften (Blutrache!) zwischen den kämpfenden Parteien, die zu einer Art von „Erbfeindschaft" wurde. Es ist sogar anzunehmen, daß bei den Alamannen „Foederaten" und „Franken" weitgehend gleichgesetzt wurden[152].

Dem steht die Entwicklung von ähnlichem, analogem Brauchtum nicht unbedingt entgegen, wie auch die Ausformung vergleichbarer gesellschaftli-

145 Konstantin II., 331; siehe K. F. Stroheker, Alamannen, S. 21 f. und Anm. 1 und 2.
146 Ebd.
147 365/66; die Alamannen sind die Feinde des ganzen römischen Erdkreises; siehe Ammianus Marcellinus, 36, 5, 13; K. F. Stroheker, ebd., S. 38 und Anm. 35.
148 Ebd., S. 25.
149 Ebd., S. 28.
150 Siehe hierzu: R. Wenskus, Stammesbildung, S. 512 ff.; K. Böhner, Laetengräber; E. Zöllner, Franken, S. 29 ff.; R. Günther, Laeti, Foederati, S. 39 ff.; ders., Reihengräberkultur, S. 268; H. W. Böhme; H. Kuhn; W. Schlesinger, Herrschaft und Gefolgschaft.
151 K. F. Stroheker, ebd., S. 31 und Anm. 19.
152 Siehe R. Sprandel, Merovingischer Adel, S. 83.

cher Gruppen- und Schichtungsmerkmale dennoch plausibel ist[153]. „Maßnehmen" am Gegner, die Konkurrenz vergleichbarer gesellschaftlicher Normen, wie z. B. kriegerische Tüchtigkeit von Angehörigen dieser Führungsgruppen, verbunden mit Präsentation, die eben an äußere Zeichen wie Tracht, Schmuck, Waffen, insgesamt also Reichtum und kriegerische Symbole, evtl. auch körperliche Merkmale wie Haar- und Barttracht geknüpft waren, hatten entsprechende Wirkungen[154].

Daß die Situation Verteidiger-Angreifer, die durch die Existenz des Foederten gegeben war, Feindschaften ausbildete, wird in den schriftlichen Aussagen der spätantiken Historiographie deutlich[155]. Bei Ammian wird das Bild eines fränkischen Königs, eines Foederaten von offenbar herausragender Stellung, nämlich das des Mallobaudes, gezeichnet. Mallobaudes ist der einzige Franke in römischen Diensten, der im 4. Jh. als König bezeichnet wird[156]. In ihm sehen wir einen hervorragenden Gefolgschaftsführer im Sinne eines Angehörigen der gesellschaftlichen Elite, eines politisch-militärischen Führers[157] einer führenden gesellschaftlichen Schicht, die sich mehr und mehr als „Adel" herausformt[158]. Er ist zugleich gesellschaftlich-politischer Exponent einer germanisch-fränkischen Großgruppe, Stammesgruppe und Vertreter einer gesellschaftlichen Führungsschicht, die neben ethnisch-germanischem Selbstbewußtsein römische Verhaltensweisen kopiert, weiterbildet und internalisiert. Ihm steht Macrian als Typus des alamannischen, grundsätzlich römerfeindlichen Gefolgschaftsführers von offenbar ebenfalls herausragender Bedeutung gegenüber[159]. Ewig stellt schon für ca. 380 einen „scharfen Gegensatz" zwischen Franken und Alamannen fest. Dem entspricht die gelegentliche Ausspielung des alamannischen Gegners und des fränkischen Bundesgenossen (Foederaten) durch Rom. Machtpolitisch zu stark

153 H. Zeiß, Burgunderreich, S. 101 ff.

154 Siehe Ammianus Marcellinus, Schlacht v. Straßburg, 16, 12; H. Zeiß, Fürstengrab, S. 281 ff.; J.-P. Bodmer; K. Bosl, Reges, S. 66 ff.; G. Kossack, Prunkgräber, S. 21: „Sind solche wirtschaftlichen Maßnahmen aber bloß als Spiegel sozialer und politischer Verhältnisse aufzufassen oder wurde die Disposition gewisser Sozialverbände, ihren Status zur Schau zu stellen, erst durch psychisch begründete Extremlagen aktiviert, wie sie beispielsweise Kriegsglück, Begegnung mit fremdartig empfundenen Einrichtungen und Meinungen oder andersartige Auseinandersetzung mit der historischen Umwelt hervorzurufen vermag?"

155 Ammianus Marcellinus, 29, 4, 7.

156 E. Ewig, Civitas Ubiorum, S. 410; siehe auch Position und Verhalten von Arbogast; F. Steinbach, Frankenreich, S. 5.

157 Definition von „Führer" s. o. S. 12.

158 F. Irsigler, Frühfränkischer Adel; H. W. Böhme; Grahn-Hoek; RGA, Art. „Adel"; W. Schlesinger, Herrschaft und Gefolgschaft, S. 9 ff.; Lexikon des Mittelalters, Art. „Adel".

159 Siehe auch E. Ewig, Civitas Ubiorum, S. 411 und Anm. 27.

wachsende Foederatenführer, wie König Mallobaudes, werden mit solchen politischen Regulativa abgelenkt bzw. aufgerieben. Nur vereinzelt weisen Verträge mit alamannischen Führern, z. B. mit Juthungen, schon vor 270 (Aurelian), auf das Zustandekommen eines Foederatenverhältnisses hin, ebenso wie Subventionen Roms und Niederlagen dieser Gruppen bzw. Einschüchterung durch militärische Großunternehmungen der Römer[160]. Foederatenfunktionen, wie bei den in gallischen Provinzen angesetzten, überwiegend fränkischen Gruppen, stehen hier nur „auf dem Papier". Es ist bezeichnend, daß wir von der Existenz entsprechender Foederatenverträge mit den Alamannen überwiegend „im Zusammenhang mit ihrem Bruch durch die Alamannen" erfahren. Foederatenverträge auf linksrheinischem Boden sind nur unter Constantinus II. bekannt. Das Scheitern erweist sich in den römisch-alamannischen Auseinandersetzungen in der Mitte des 4. Jhs.[161].

Die letzte Nachricht von alamannischen Foederaten im römischen Dienst erhalten wir für die Zeit um 410/13 unter den gallischen Gegenkaisern Konstantin III. und Jovinus in den Jahren 410 bis 413[162]. Auch hier waren die Alamannen eher Söldner, Verbündete, als Foederaten im engeren Sinne. Hätten Alamannen in größerer Zahl und längerfristig als verläßliche Foederaten auf römischem Reichsboden, d. h. innerhalb der faktisch existierenden Grenzen angesiedelt werden können, wären sie gewiß nicht global als „Feinde des ganzen römischen Erdkreises" bezeichnet worden.

Der über lange Zeit hinweg (3. bis 5. Jh.) kontinuierliche Gegensatz zwischen römischem Reich und alamannischen Gruppen hat bei letzteren ein Wir-Gefühl unterhalten und immer wieder erneuert, das auch im Namen „Alamanni" zum Ausdruck kommt. Die überwiegend fränkischen Foederaten und damit die Franken insgesamt wurden mit den Römern als Antigruppe identifiziert.

Bei den Franken ist spätestens seit der Ausbildung der Waffengräber und der damit angezeigten weiteren Ausformung von gesellschaftlichen und kriegerischen Führungsschichten römische Beeinflussung festzustellen, die sich auf ethnisches und gesellschaftliches Selbstverständnis, sowie auf Bräuche (Totenkult), namentlich der Ober- und Führungsschicht, auswirkte[163]. Diese „Romanisierung" im Zusammenhang mit der Foederatenexistenz wirkt sich noch in der Politik Chlodwigs aus[164]. Den Alamannen wurde nach 260 breiter Raum für ihre Expansion im Dekumatenland gelassen. Dort liegt ihr

160 K. F. Stroheker, Alamannen, S. 23 ff.; A. Alföldi, S. 21 ff.
161 K. F. Stroheker, ebd., S. 30 und 33 f.
162 K. F. Stroheker, ebd., S. 41 f.
163 E. Ewig, Teilreiche, S. 654; H. W. Böhme, S. 158 ff.
164 K. Bosl, Grundlagen I, S. 57.

primäres Siedlungsgebiet. Die Übergriffe auf linksrheinisches Gebiet, besonders in der Zeit Julians und Chnodomars, reißen jedoch nicht ab. Namentlich Rheinhessen und das Elsaß sind Räume alamannischer Niederlassung[165].

Die Alamannen in Südwestdeutschland werden wie die anderen rechtsrheinischen Germanengruppen von der aufkommenden Waffengräber- und später der Reihengräbersitte erfaßt. Die archäologischen Funde zeigen eindeutig den breiten Strom der Gebrauchs- und Kultgegenstände, der überwiegend aus dem nordostgallischen und dem Mittelrheingebiet herrührt und nicht nur als Handelsware, sondern auch als mitgeführtes Gut den Trend der Südwanderung von Bevölkerungsgruppen mit Beigabengräbern (Reihengräbern) ausdrückt.

Die vor allem auf gesellschaftlicher Ebene analogen Entwicklungen bei Alamannen und Franken, die im Gegensatz zur politischen stehen, scheinen ein Widerspruch zu sein. Die Ausformung von Kult und Brauchtum, besonders hervorgehoben in der Entwicklung der Waffengräber, ist bei der Weitergabe kein ethnisch-spezifisches, sondern vielmehr ein gesellschaftlich-gruppenspezifisches Merkmal. Die gleichförmige Entwicklung (von zeitlichem Verzug und regionalen Sondermerkmalen abgesehen) der Reihengräbersitte/Reihengräberzivilisation wird im Zeitpunkt der entscheidenden Auseinandersetzungen zwischen Alamannen und Franken um 500 ebenfalls nicht gestört. Und gerade das ist eine Phase, in der der politische Gegensatz am stärksten ist. In eben dieser Phase sind Bestattete der jeweiligen Führungsschicht – ob Franken oder Alamannen – an ihren Beigaben nicht zu unterscheiden. Ganz typisch für diese Situation sind die Ergebnisse der Auswertung für die Adelsgräber von Flonheim (Rheinpfalz) durch H. Ament[166]. Seine Entscheidung für Franken in den frühen Gräbern des Childerich-Horizonts (ca. 480–500) ist nur schwach, i. w. auf dem Geographus Ravennas begründet[167]. Es gibt einige Gesichtspunkte, die für Alamannen sprechen. In diesem Grenzraum zwischen alamannischem und fränkischem Interessen- und Herrschaftsgebiet zeigt sich die Assimilierung von Selbstverständnis, von Repräsentation der Führungsschicht nach gleichem Muster und, nicht zuletzt, des Lebensstandards, der auf gleichen wirtschaftlichen Voraussetzungen basiert.

Sogar die neu aufkommende und sich im ganzen Frankenreich verbreitende christliche Religion verändert den Bestattungsbrauch im Reihengrab zunächst nur wenig, obwohl „der Übergang vom Heidentum zum Christentum. . . voll und ganz in die Benutzungsdauer der Reihengräber" fällt[168]. Die Ausdrucksformen der Ober- und Führungsschichten der Merowingerzeit und

165 Ammianus Marcellinus, 16, 12, 3.
166 Flonheim, S. 178 ff.
167 IV, 24; IV, 26.
168 J. Werner, Reihengräberzivilisation, S. 287.

ihr Selbstverständnis sind so ausgeprägt, daß sie von christlichen Gegenvorstellungen zunächst nicht berührt werden. Wenn es erst der intensiven kirchlichen Organisation gelingt, christliche beigabenlose Begräbnisse in Friedhöfen durchzusetzen, so wohl nur, weil der adeligen Führungsschicht weiterhin eine Repräsentation ihres gesellschaftlichen, quasi sakralen Status ermöglicht wird. Anders sind die früh einsetzenden Bestattungen mit Beigaben unmittelbar bei oder in Kirchen – ad sanctos – seit dem 7. Jh. nicht zu deuten. Der Adel ging darin voraus[169]. Die abhängigen Gruppen ließen sich ebenfalls in der Nähe, auf den Friedhöfen in unmittelbarer Umgebung der Kirche nieder[170]. Das alles unterstreicht die Annahme, daß die Bestattung mit Beigaben auch und besonders in der Zeit der entwickelten Reihengräber als Denkmäler des Selbstverständnisses und der Selbstdarstellung vor allem der gesellschaftlichen Ober- und Führungsschicht, eines „Adels" gelten können. Diese Repräsentation über den Tod hinaus gilt einerseits Vorstellungen eines Jenseitsglaubens, andererseits ist sie in ihrer Reichhaltigkeit eine Demonstration von Statussymbolen einer kriegerischen Elite im Diesseits[171]. Dem widerspricht die Nachahmung durch nicht statusgleiche Gruppen in keiner Weise. Sie bekräftigt diese Sachverhalte.

Das gesellschaftlich-gruppenspezifische Merkmal ist somit nicht jeweils an Alamannen, Franken, Elbgermanen etc. gebunden, sondern ist im ethnisch übergreifenden, analogen gesellschaftlichen, kultischen und jenseitsbezogenen Denken und Verhalten der Eliten begründet.

Die Gegnerschaft zwischen Franken und Alamannen ist keine vom „Volk" getragene „Erbfeindschaft", sondern primär ein politischer Gegensatz dieser gesellschaftlichen Eliten im Kampf um des Kampfes willen, um Beute und Prestige, nur zum Teil um Siedlungs-, aber noch mehr um Herrschaftsräume, um Menschen für die Produktion[172].

Vor diesem Hintergrund ist die Expansion der Alamannen nach Südwestdeutschland, in das Elsaß und in die burgundische Pforte, in die Schweiz, entlang der Donau nach Osten und in das Voralpenland zu sehen, die ver-

169 R. Christlein, Kirche von Staubing, S. 51 ff.; V. Milojčić, Oratorium, S. 117 ff., ders., Christentum, S. 231 ff., H. Dannheimer, Christentum, S. 182 ff.; F. Irsigler, Frühfränkischer Adel, S. 76 f. und 211 ff.; E. Salin II, S. 24 ff.

170 Siehe W. Schlesinger und J. Werner, Adel, S. 545; K. Bosl, Kontinuität, S. 89 ff.

171 R. Wenskus, Stammesbildung, besond. S. 314; K. Bosl, Reges, S. 62 ff.; G. Kossack, S. 21; H. Zeiß, Fürstengrab, S. 281 ff.; G. Fingerlin, Güttingen und Merdingen, S. 8, S. 150; H. Ament, Flonheim, S. 114 ff.; H. Mitteis, Adelsherrschaft, S. 231 f.; O. Brunner, Land und Herrschaft, S. 483 .

172 J.-P. Bodmer, S. 58 ff.; zu Kriegsgefangenen: siehe Ammianus Marcellinus, 18, 2, 18; 17, 10, 7. Vita Severini, c. 15; Eunap. fr. 19; Lex. Burg. Tit. 56; zu Sklaven: siehe H. Grunert; E. A. Thompson; F. Graus, Gefangenenbefreiung, S. 61 ff.; L. Schmidt, Westgermanen, S. 293 f.

stärkt seit der Mitte des 5. Jhs. einsetzt. Diese Expansion ist eine Ausgleichsbewegung vor dem fränkischen politisch-militärischen Druck, der primär auf die alamannische Führungsschicht zielte. Der Druck hat seinen Ausgangspunkt in der am mächtigsten ausgeformten fränkischen Führungsschicht, die das merowingische Königtum hervorbringt. Dessen politisch-herrschaftliche und gesellschaftliche Dynamik setzt in der zweiten Hälfte des 5. Jhs. zur Errichtung eines Großreiches an[173].

Wie die konkurrierende fränkische Führungsschicht, so muß auch die alamannische mit ihrem Gefolgschaften, z. T. mit ihren zugehörigen Bevölkerungsgruppen ausweichen, sich anschließen oder sich unterwerfen. Letzteres beinhaltet das Risiko, die gesellschaftliche und herrschaftliche Führung und damit auch die Elitestellung zu verlieren.

Eine Kulmination dieses Gegensatzes wird in dem Zeitpunkt herbeigeführt, in dem der durch militärische Macht, durch erwiesenes Königsheil, auch durch die Optik der herrscherlichen Repräsentation gefestigte Ansatz einer Großreichs- und Großkönigtumsideologie durch die christliche Komponente zusätzliche fundamentale Legitimierung erfährt[174].

Der umfassende Zusammenstoß von zentraler Macht und ihrem totalen Anspruch – gesellschaftlich, gesetzgeberisch, weltanschaulich, kultisch – läßt die gefährdeten Gruppen der alamannischen Führungsschicht eine großangelegte Verteidigungsaktion unternehmen. Es gelingt jedoch nicht, dem fränkisch-merowingischen Großkönigtum und seinen Legitimations- und Machtgrundlagen, verbunden mit militärischer und politischer Stärke, etwas auch nur annähernd Gleichwertiges entgegenzusetzen. Der alamannische „König", von dem die Rede in den Quellen ist[175], ist ein Heerkönig, der sicher einer der angesehensten, reichsten, mächtigsten, der Elite angehörigen Führer bei den Alamannen ist. Sein politischer, militärischer und gesellschaftlicher Status ist jedoch nirgendwo hinlänglich als institutionalisiert belegt. Zahlreiche Indizien weisen auf das Gegenteil hin[176].

173 H. Löwe, Deutschland, S. 107 ff.

174 Taufe Chlodwigs ca. 497; Konsulswürde, angebl. Übersendung von Diadem etc. durch Anastasius; Literatur bei H. Löwe, Deutschland, S. 113, Anm. 17.

175 Greg. Tur. II, 30; Cassiodor, Var. II, 41, 2; Ennodius Panegyricus, c. 15, 72.

176 Siehe K. F. Stroheker, Alamannen, S. 48 und Anm. 62; B. Behr, S. 31 ff.; dagegen O. Feger, Herzogtum, S. 135 f.; RGA, Art. „Alemannen", S. 140; siehe auch R. Straub, Alemannen, S. 23.

ZUSAMMENFASSUNG

Als ein Ausstrahlungszentrum des neuen Bestattungsbrauches wird von Böhme mit großer Sicherheit der nordgallische Raum festgestellt und zugleich die Darstellung chronologischer Einteilung und zeitlicher Abläufe in diesem Raum fixiert. Die Sitte der umfangreichen Waffenbeigabe hat ihr Vorbild nicht im rechtsrheinischen „freien Germanien", sondern links des Mittel- und Niederrheins im Gebiet des römischen Reiches. Auch dort sind schon anhand der Grabbeigaben Mitglieder der „wirtschaftlich und sozial führenden Schicht" zu erkennen. Die Charakteristik der Beigaben kennzeichnet auch z. T. die ethnische Herkunft.

Auch dem linksrheinischen Gebiet strahlte diese Grabsitte der Waffen- und Gerätbeigaben nach dem rechtsrheinischen Germanien aus. Die bisher nicht geklärte Frage, ob die Beigabengräber der späten römischen Kaiserzeit, die der gallo-römischen Provinzbevölkerung als Brauch unbekannt waren, aus dem rechtsrheinischen Gebiet nach Westen oder umgekehrt übertragen wurden, ist somit recht eindeutig entschieden. Die untersuchten Räume reichen von der Loire bis an die Elbe, von der Nordsee bis zum Mittelrhein.

Daran knüpfen Fragen nach der gesellschaftlichen Stellung der Träger dieser Beigabensitte. Infrage kamen Laeten oder Foederaten. Böhme belegt eindeutig, daß es nicht die Laeten waren, die die Gräber germanischen Charakters in Nordgallien aufbrachten. Die Waffen- und Gerätbeigabe (Fibeln!) in den Gräbern beginnt ungefähr in der Mitte des 4. Jhs.. Laeten hingegen sind schon fast zwei Generationen früher in diesen Räumen in den historischen Quellen erwähnt. Diese Beigabengräber entwickeln sich links, dann auch rechts des Rheins, wobei rechtsrheinisch keine Laeten eine solche Entwicklung mitgetragen haben können. Daß diese Laeten dem Beigabenbrauch fernstehen, beleuchtet auch der Reichtum der Germanengräber. Armut und gesellschaftliche Stellung der Laeten sind in den spätantiken Quellen hinlänglich belegt[177].

Die Erklärung Böhmes für das Entstehen dieses Gräbertypus[178] zielt auf kriegerisches und ethnisches Selbstbewußtsein, das zu einer bewußten Absetzung in der Bestattungssitte durch Selbstdarstellung über den Tod hinaus von den gallo-römischen Provinzialen führt.

Auch Böhner sieht den Entstehungsansatz der merowingerzeitlichen Reihengräbersitte in den germanischen Beigabengräbern, die Merkmal der mit den rechtsrheinischen Gebieten und ihrer Bevölkerung in regem Kontakt stehenden Foederaten auf gallo-römischem Boden sind. Die Tendenz der

177 K. Böhner, Laetengräber, S. 199 ff.
178 H. W. Böhme, S. 158 ff.

Ausbreitung dieses Brauches wird später unterstrichen von den vielleicht für verschiedene gesellschaftliche Schichten typischen Beigaben: Goldgriffspatha, Franziska und Knickwandtopf.

Bestattungsbrauch und Benutzung von Gerät- und Waffentypen haben unter fränkischem Einfluß sich über weite Gebiete Mitteleuropas verbreitet, ganz besonders in Süddeutschland, aber auch in Sachsen und Thüringen, wo Böhme den Nachweis germanischen Ethnos' anhand der Verbreitung gleichförmiger Fundstücke rechts und links des Rheins erbringt, wobei er die Fundkarten zur germanischen Bevölkerung in Nordostgallien interpretiert[179]. Entwicklungstendenzen der Grabsitte und besonders die übereinstimmenden Trachten und ihre besonderen Bestimmungsmerkmale ließen die einschlägigen Parallelen nachweisen.

Die chronologische Gliederung weist der Stufe III die Zeit von 400 bis 450 nach Christus zu, wobei Frauengräber dieses Typus bis zum Ende des 5. Jhs. reichen. Die Brücken zu Gräbern mit vergleichbaren Bestattungssitten im süddeutschen Raum sind somit räumlich und zeitlich geschlagen. Der Anschluß an die Reihengräberzeit ist hergestellt[180].

Die horizontale Mobilität größerer und kleinerer Gruppen im rechtsrheinischen und damit auch im alamannischen Gebiet legt die Übernahme und auch die Verbreitung der in Nordostgallien ausgeformten Grabsitte nach Süddeutschland, in die Schweiz usw. nahe. Gerade die kriegerischen Gruppen, die die maßgebliche Rolle im Foederatentum Galliens und in der Ausbildung der charakteristischen Beigabensitte spielten, besitzen in ihren Unternehmungen einen weiten Radius.

Von besonderer Bedeutung ist die Verbreitung der Beigabengräber rechts des Rheins bis in den Elberaum. Die Beziehungen aus den linksrheinisch-römischen Gebieten Nordostgalliens dorthin sind schon durch die Aurei-Funde des späten 3. Jhs. nachgewiesen worden[181].

Das Gebiet des Mittelrheins läßt sich als Angelpunkt der Verbreitung kultischer und gesellschaftlicher Formen und Verhaltensmerkmale herausarbeiten. Von dieser Drehscheibe gehen entsprechende Impulse und Beeinflussungen aus, die äußere Erscheinungsformen und, damit verbunden, verinnerlichende Verhaltensmaßstäbe weitertragen.

179 H. W. Böhme, S. 187 ff.

180 W. Sage, Reihengräberfeld, S. 254 ff. Nach J. Werner, Reihengräberzivilisation, S. 286, setzen die Reihengräberfelder Ende des 5 Jhs. ein (Forschungsstand von 1950)

181 J. Werner, Hassleben-Leuna, S. 1 ff.; R. Roeren, S. 214 ff.

Die Ausbildung von spezifischen Merkmalen bestimmter gesellschaftlicher Gruppen wird von daher ganz besonders gefördert. Konkurrenz und Erkenntnis ähnlichen Status' bei den Oberschichten des nördlichen und des südlichen Wanderkorridors – verkürzt, bei Franken und Alamannen – erzeugt eine relativ gleichförmige „Oberschichtenkultur", wie sie analog in der Neuzeit, bei Adel oder gehobenem Bürgertum, über politische Grenzen hinweg, zu erkennen ist.

Die Ausbildung von gesellschaftlichen Strukturen in den südwestdeutschen Stammesgruppen kann also nicht länger isoliert in diesem Raum betrachtet werden. Die „Mischkultur" des gallo-romanisch-fränkischen Nordostgalliens prägt gerade durch die politischen Gegensätze zum alamannischen Süden die alamannische Ober- und Führungsschicht und damit die ganze Gesellschaft.

Indikatoren für die Ausbildung vergleichbarer Verhaltensweisen und Mentalität sind i. w. Beigaben aus Waffen- und später Reihengräbern, die insgesamt durch ihre Verbreitung und insbesondere durch die persönliche Kennzeichnung des Trägers Symbol und Mittel zur Demonstration eines Status und des Selbstverständnisses sind. Deshalb war einzelnen, statusbegründenden oder -repräsentierenden Beigaben gesondert nachzugehen. Die Verbreitungskarten Böhmes zeigen eindeutig den Weg dieser Beigabentypen. Damit wird ein Trend deutlich, der nicht mehr abreißen sollte bis in das 6. Jh. und über unseren Untersuchungszeitraum hinaus.

Eine Feingliederung gesellschaftlicher Schichten anhand des archäologischen Materials ist immer wieder versucht worden. Über grobe Differenzierungen, etwa die Erkennbarkeit einer Oberschicht mit daraus hervorragender Elite, gehen sichere Aussagen nicht hinaus. Unterschichten entziehen sich z. T. völlig dem Zugriff über das archäologische Material, was nicht heißen kann, daß sie nicht existiert hätten. Vielmehr zeigen sich typisch archaische Strukturmerkmale: Eine breite Unterschicht steht unter einer dünnen Oberschicht und wird von dieser leisure class beherrscht.

Die Ausbildung gesellschaftlicher und politischer Strukturen im fränkischen Raum Nordostgalliens ist der des alamannischen voraus. Die Integration römischer Staatlichkeit im weitesten Sinn, verbunden mit der Entstehung eines fränkischen Großkönigtums, stellt die politischen, kulturellen und gesellschaftlichen Weichen in der Beziehung zwischen Franken und Alamannen.

II. GESELLSCHAFTLICHE STRUKTURIERUNG UND HERRSCHAFTLICHE ERFASSUNG DER ALAMANNISCHEN SIEDLUNGSRÄUME IN SÜDWESTDEUTSCHLAND. DER FRÄNKISCHE EINGRIFF ALS ZÄSUR

1. ALAMANNISCHE GESELLSCHAFTSSTRUKTUREN IM 4. JAHRHUNDERT. OBER- UND FÜHRUNGSSCHICHTEN

Ein-Königtum, verbunden mit Herrschaftsbildung über größere gegliederte Räume hinweg, konnte sich bei den Franken viel früher herausbilden als bei den Alamannen. Die Franken hatten wesentlich früher intensiv Kontakt mit dem römischen Reich, d. h. mit seinen politisch-militärischen Institutionen, mit infrastrukturellen Gegebenheiten, mit den gesellschaftlichen und politischen Strukturen des Reiches, mit religiösen und geistigen sowie kulturellen Vorstellungen. Fränkische Volksteile, Gefolgschaftsverbände, aber auch Siedlergruppen, Laeten und Foederaten, wurden in die Struktur der römischen Grenzbereiche eingegliedert, wenn auch nie integriert (Gefolgschaftsverbände als Auxiliartruppen; Siedler; Militärkolonen).

Die zeitlich und strukturell begrenzte Eingliederung hat auf die gesellschaftliche Ordnung dieser Völkergruppen gewirkt. Von dieser Wirkung waren gesellschaftlich-hierarchische Ordnungsvorstellungen sowie Funktionszumessungen an die vorhandenen Oberschichten beeinflußt. Deren Angehörige erlernten in dieser Phase der Seßhaftigkeit politisches Denken, Staatsdenken in bezug auf innere Herrschaftsorganisation, aber auch auf geographische Herrschaftsräume und Außenpolitik, d. h. Vertretung und Durchsetzung des Herrschaftswillens nach außen[1].

Die Alamannen, die um 213 wohl erstmals in größerer Zahl, im geschlossenen Verband einer, wie wir mit Sicherheit annehmen können, gefolgschaftlich organisierten Reitergruppe mit dem römischen Limes-Gebiet in direkte Berührung kommen[2], besitzen nicht die Erfahrung und Formung durch den römischen Einfluß. Das bedeutet also eine Phasenverschiebung gegenüber dem künftigen Gegner, die Franken, die nicht zuletzt die Niederlage um 500 und die künftige politische Konstellation in Süddeutschland und Mitteleuropa für die Zukunft mit sich gebracht hat.

1 K. Bosl, Grundlagen I, S. 57; R. Buchner, Königtum, S. 147 ff.

2 Aurelius Victor, De Caes. 21, 2: „Alamannos, gentem populosam ex equo mirifice pugnantem, prope Moenum amnem devicit"; siehe auch Cassius Dio, 77, 13, 4; 6; 14, 2.

Die frühere politische Organisation der Franken, ausgedrückt in intensiverem Herrschaftsausbau, Herrschaftszusammenfassung, Einbeziehung römisch-staatlicher Verwaltungspraxis in rudimentärer Form, einem in jeder Bezeihung nach innen und außen dynamischen Königtum, war den alamannischen Stammesgruppen, ihrer Organisation, die gesellschaftlich und politisch nach innen und außen erst im Anfangsstadium einer Konsolidierungsphase standen, weit überlegen[3]. Wohl haben wir schon seit dem 3. und 4. Jh.[4] zahlreiche Belege für die Existenz von Alamannen und zwar von Alamannenführern im römischen Heer (Namen wie Serapio, alias Agenarich, Hortarius, Ursicinus, Vestralp, Suomar, Urius). Serapio ist der Sohn des Mederich. Mederich war Geisel in Gallien und „lernte griechische Geheimlehren kennen". Mederich war wiederum der Bruder von Chnodomar. Auch können wir in den Zeiten eines „Staus" im Vorfeld des Limes (213–260), in den Zeiten zwischen den sogenannten Alamannenstürmen, eine intensivere, wirksamere Berührung mit dem römischen Bereich annehmen. Wir erfahren bei Ammianus Marcellinus von der Existenz barbarischer Laeten, von denen Seyfarth[5] annimmt, es handele sich um Alamannen im Raume Lyon-Rauracum[6], somit nicht um freiwillige Siedler.

Die geringe Tendenz zur Seßhaftigkeit kommt durch „sollertes" deutlich zum Ausdruck. Mommsen[7] vermutet, daß diese „Laeti barbari" Zwangskolonisten, also wohl Deportierte seien, die sich in ihre Heimat, in den romfreien Raum durchschlagen wollten. Dieses Beispiel kann nicht verallgemeinert werden. Es ist jedoch eines von vielen Indizien für die geringe Integrationsbereitschaft der Alamannen im Reich.

Die Anwesenheit alamannischer Krieger als Auxiliaren im römischen Bereich wird nicht zuletzt durch die Grabbeigaben in „Adelsgräbern" im Mittelelbraum gezeigt[8]. Aufenthalt, Führerfunktion, Sold und Ehrengaben (Goldmünzen), verbunden mit dem Erfolg des Gefolgschaftsführers, den er nicht als statusbegründend, sondern statusausbauend in seine Heimat mitbrachte, wirkten dort besonders hinsichtlich neuer Gefolgschaftsunternehmungen charismatisch und damit herrschaftsbildend für die folgenden Phasen von gefolgschaftlich organisierten Raubzügen, die Nachfolge von Siedlern aus dem Herkunftsgebiet sowie für die Niederlassung im Rahmen der gefolgschaftlichen Gruppierung.

3 K. F. Stroheker, Reichsdienst, S. 30 ff.
4 J. Werner, Hassleben-Leuna, S. 1 ff.; K. F. Stroheker, ebd.
5 W. Seyfarth, Erläuterungen zum 16. Buch, S. 298, Anm. 143.
6 „Laeti barbari ad tempestivo furta sollertes", Ammianus Marcellinus, 16, 11, 4.
7 Gesammelte Schriften, 7, S. 426.
8 J. Werner, ebd.; W. Schlüter; W. Schulz, Hassleben; ders., Leuna.

Die Zeit der Treckbewegungen findet erst nach 500 einen Abschluß. Die Siedlungsströme muß man sich als einen in kleinen Gruppen aufgeteilten Vorgang denken. In dieser Phase überwiegen zentrifugale Kräfte, die in der Vielzahl von reges, reguli sowie den diesen beigegebenen separaten Landschaftsbereichen = Herrschaftsbereichen nach der Niederlassung zum Ausdruck kommen[9]. Konsolidierende Elemente im alamannischen Siedlungs- und Herrschaftsraum finden wir einerseits stark ausgeprägt, andererseits erst in den Anfängen:

1. Der Alamannenname, gleich wie er etymologisch gedeutet wird, ist ein Sammelbegriff; er besitzt integrierende Wirkung[10].
2. Gegnerschaft gegen Rom.
3. Gemeinsame Religion, nach mehreren Quellenaussagen sehr resistentes Heidentum (s. Agathias u. a.), abstammungsmythische Vorstellung und Tradition (s. Tacitus).
4. Gegnerschaft gegen Franken; Feindbild (vergleiche Beziehung zu Rom).

Ansätze eines alamannischen Königtums sind nur in ersten Entwicklungsstadien greifbar (Chnodomar). Die Stellung Chnodomars steht in einer Vorstufe von Heer-Königtum, die in ihrer herrschaftlich-politisch-militärischen Wirkung strukturell und zeitlich eindeutig begrenzt ist auf militärische Funktion und den Ablauf eines Kriegszuges (Ammianus Marcellinus). Der Vorgang der Siedlungs- und Herrschaftsorganisation erfolgte in relativ kleinen, durch die Natur abgetrennten Räumen, die eine großräumigere Kommunikation, Herrschaftsverknüpfung, Herrschaftsausdehnung nicht leicht zuließen[11]. Die kleinräumigen Herrschaftsgebiete haben ihre Entsprechung in kleindimensionierten Wirtschaftsräumen. Ein Beispiel dafür bietet u. a. die Töpferproduktion und ihre Absatzgebiete, wie sie noch für das 6. und 7. Jh. dargestellt wurden[12]. Die Absatzgebiete sind regional, meist von geographisch-naturräumlichen Gegebenheiten begrenzt. Die sehr dünne Besiedelung mit großen, oft urwaldartigen Zwischenräumen (z. B. Schwarzwald, Spessart, Alb) tat ein übriges, um organisatorisch-politische Kommunikation, in die ich hegemoniales, usurpatorisches, also insgesamt großräumiges Machtdenken und Machtpolitik einbeziehe, auf niederer Intensität zu halten. Diese Umstände stehen in starkem Gegensatz zu den staatlich-gesellschaftlich-wirtschaftlichen Strukturen, die die fränkischen Eroberer auf römischem Boden vorfanden und, wenn auch nicht in vollem Umfang, übernahmen. Während die Reste römischer Staat-

9 W. Schlesinger, Herrschaft und Gefolgschaft, S. 24; R. Wenskus, Stammesbildung, S. 498; A. Bauer, S. 17 u. S. 47 ff.

10 Siehe oben und R. Wenskus, Stammesbildung, S. 494 ff.

11 Bei Ammianus Marcellinus als „pagus“ oder „regnum“ bezeichnet. Späterhin „Baaren“ und „Huntaren“. K. Weidemann, Siedlungsgeschichte, S. 99 ff.; R. Roeren, S. 214 ff.; G. Fingerlin, Siedlungsgeschichte, S. 45 ff.; A. Bauer, S. 47 ff.

12 W. Hübener, Absatzgebiete, S. 149 ff.

lichkeit – Verwaltungsorganisation, Schriftlichkeit der Verwaltung, gallo-römischer Senatorenadel – und römerzeitlicher Infrastruktur – Straßenwesen, Existenz von Städten, Öffnung der nordgallischen Landschaften zum Meer, Existenz von Häfen – den fränkischen Herrschaftsbereich grundlegend mittrugen, finden wir im alamannischen Bereich wesentlich andere Voraussetzungen vor. Auch im baierischen Raum lassen sich Produktszentren mit regional eingegrenztem Absatzmarkt feststellen. Die gefundenen Gegenstände – es handelt sich hauptsächlich um Metallarbeiten wie Gürtelgarnituren, Armreifen und Ohrringe – sind jedoch zeitlich erst dem 7. Jh. zuzuordnen[13].

Das Dekumatenland war nur relativ kurz unter römischer Herrschaft[14]. Die Verteilung der Schatzfunde aus dem 3. Jh. belegt eine geringere römische Besiedlung als außerhalb des von Rhein, Bodensee und Iller begrenzten Raumes[15]. Der überwiegend agrarische Charakter dieses Grenzlandes wird ebenfalls aus dem offensichtlich geringen Umlauf von Edelmetall (Münzen bzw. Geräte) unterstrichen[16].

Wie unterschiedlich die kulturellen und staatlichen Verhältnisse zwischen rechtsrheinischem und gallischem Gebiet des Frankenreiches waren, beleuchtet umfassend die Anwendung des Begriffes „Francia“ und „Regnum Francorum“, „Frankenland“ und „Frankenreich“[17]. Bis um 500 wird die Francia in der spätantiken Literatur außerhalb des römischen Gallien lokalisiert. Als Beispiele nennt Zöllner den Panegyricus des Eumenius für Konstantin, Ammianus Marcellinus, Hieronymus, Ausonius, Sulpicius Alexander, Claudian und Agricola[18]. Diese Autoren trennen also ein römisch orientiertes Frankenreich, das römisch-staatliche, römisch-gesellschaftliche und römisch-wirtschaftliche Strukturmerkmale aufweist, vom „typisch“ germanisch ausgerichteten rechtsrheinischen, fränkischen Herrschaftsbereich. Das heißt, daß die Romanisierung der fränkischen Herrschaft, die Kontinuität römischen Kulturlebens im weitesten Sinne, von Verwaltung und Infrastruktur, dem 5./6. Jahrhundert so gewärtig waren, daß aus dieser Quellenlage und ihrem Sprachgebrauch nicht nur die Tendenz folgt, „die fränkischen Neuerwerbungen auszuschließen und den älteren Herrschaftsbereich (in verschiedenen Begrenzungen) als spezifisch fränkisch zu charakterisieren“[19], sondern auch, daß der

13 H. Bott, Bajuwarischer Schmuck, S. 297 ff.; ders., Körbchenohrringe, S. 203 ff.

14 Siehe Th. Mayer, Grundlagen und Grundfragen, S. 17 ff.

15 R. Roeren, S. 214 ff.; W. Hübener, Methodische Möglichkeiten, S. 5.

16 Zusammenfassende archäologische Fundberichte bei W. Hübener, ebd., S. 1 ff.; siehe auch R. Straub, Kontinuität, S. 49 ff.; R. Roeren; K. Weidemann, Siedlungsgeschichte; G. Fingerlin, Siedlungsgeschichte.

17 E. Zöllner, Franken, S. 111; E. Ewig, Descriptio Franciae, S. 143 ff.

18 E. Zöllner, ebd. und Anm. 4.

19 E. Zöllner, ebd., S. 112.

Umfang politischer und kultureller Assimilation westlich des Rheins als bedeutsam erkannt wurde.

Weitere dynamische Momente der römisch-fränkischen Assimilation waren die Verzahnung der Siedlungsräume, später die im weitesten Sinne kommunikative, wenn auch über lange Zeit hinweg formale Glaubenseinheit und nicht zuletzt das mit beiden zusammenhängende Konnubium im fränkisch-gallorömischen Raum. Auch die Namengebung, die z. T. ethnische Divergenz von Namensherkunft und Namensträger, insbesondere das Vorkommen fränkischer Namen bei Galloromanen, die Existenz eines, wenn auch gelichteten, Senatorenadels in Nordgallien, von dem längst nachgewiesen ist, daß er keine „quantité négligeable“ war, wie Zöllner behauptet[20], sind bekannte und ausreichende Belege für die viel intensiveren römischen Reststrukturen im Frankenreich im Gegensatz zu den Verhältnissen in den alamannischen Siedlungsräumen. Die gallo-römische Verwaltungspraxis war beispielhaft für die Franken. Nach dem fränkischen Sieg über Syagrius treten die Franken zunehmend die Nachfolge Roms an in der Abschöpfung der Dienst- und Abgabeleistungen der neuen Untertanen, die kaum ihr Los und ihre soziale Stellung wechseln[21].

Schlesinger weist auf die Macht hin, die auf dem Boden des Römerreichs den germanischen Königen zuwächst[22]. Besondere Beachtung verdienen Erscheinungen von gallisch-römischen politischen Strukturen, die über die Völkerwanderungszeit hinaus grundlegende herrschaftliche, politische und gesellschaftliche Institutionen und das politische Denken mitgeformt haben, wie z. B. die gallo-römische Vasallität, die sicher nicht erst in spätmerowingischer oder karolingischer Zeit wiederentdeckt, sondern schon in den Zeiten des Funktionierens römischer Staatlichkeit funktional und bewußtseinsmäßig auf die germanische – hier fränkische – Herrschaft wirkte, wobei die Stellung des Gefolgschaftsführers gestärkt wurde. Für das 3. Jh. (um 260) hat Werner[23] die Anwesenheit alamannischer Auxiliartruppen in Gallien aufgrund von Goldmünzfunden (Oboli, Charonspfennig) im Elbraum nachgewiesen und die historisch-geographische Verbindung zwischen diesen Räumen eindeutig hergestellt. Die Goldfunde weisen auf die Funktion der Goldmünzen als Heilsträger, als Amulette, als symbolisch-mythische Abzeichen, die das im erfolgreichen Gefolgschaftskrieg – in diesem Fall als Auxiliartruppen römischer Parteien (Tetricus) – erworbene Ansehen, ihr Charisma, verstärken, in das

20 E. Zöllner, ebd., S. 119; siehe dagegen K. F. Stroheker, Der senatorische Adel; H. Dannenbauer, Gallorömer, S. 94 ff.

21 H. Dannenbauer, ebd.; F. Irsigler, Frühfränkischer Adel, S. 221 ff.; Th. Mayer, Königsfreie, S. 21 ff.; R. Schützeichel, Das westfränkische Problem, S. 597 ff.; A. Bergengruen stellt Kontinuität weitgehend in Abrede, so z. B. S. 57 f., S. 98 ff.

22 Herrschaft und Gefolgschaft, S. 29; ebenso R. Schützeichel, S. 600; E. Ewig, Institutionen, S. 551 ff.; R. Buchner, Königtum, S. 167 ff.

23 Hassleben-Leuna, S. 25 f.

Herkunftsgebiet übertragen und zeitlich verlängern. Adels- und Herrschaftsbildung sowie neue Unternehmungen, mit oder gegen Rom, werden dadurch gefördert.

2. KÖNIGTUM UND GEFOLGSCHAFT BEI DEN ALAMANNEN DES 4. JHS.

Die Strukturen des alamannischen „Stammes", wie sie uns im 4. Jh., im Berichtszeitraum von Ammianus Marcellinus, entgegentreten, sind durch immer wiederkehrende zentrifugale Momente gekennzeichnet. Niemals tritt der Stamm der Alamannen als solcher auch nur in annähernd geschlossener und einheitlicher Form auf. Die Siedlungsgebiete der Alamannen sind ein Agglomerat von Kleinräumen, denen ein Agglomerat von Herrschaftsräumen entspricht[24]. Diese Herrschafts- und Siedlungsräume erscheinen in den schriftlichen Quellen als „pagi", „regna" unter jeweiliger Zuordnung zu einem „rex" – „pagus Vadomarii", „pagus Hortarii", „regio Suomarii"[25]. Das Zusammenspiel der verschiedenen pagi und regna, die beide als gleichbedeutend aufgefaßt werden können, erfolgte von Fall zu Fall. Anlässe waren Kriegs- und Beutezug, Abwehr eines gemeinsamen Feindes – Römer, Franken, Burgunder – wobei die Motive verschieden erklärt werden (Sold, Bündnis, Verwandtschaft, Kriegslust, Beutegier).

Die Exponenten der verschiedenen alamannischen Stammesgruppen auf kriegerisch-politisch-gesellschaftlicher Ebene sind die reges, reguli, regales. Das zeigt sich zum einen in der namentlichen Zuordnung zu geographischen und Herrschaftsräumen, zum anderen in ihrer politischen und militärischen Führungsposition. Daran schließt sich unsere Fragestellung nach Entstehung, Voraussetzung, Grundlage und Qualität ihres gesellschaftlichen Status sowie der Intensität und Reichweite ihrer Funktion und ihrer Macht an. Das Bild, das Ammian von den alamannischen „reges" zeichnet, rückt sie in unmittelbare Nähe (Identität) zum Typ des Gefolgschaftsführers, wie ihn Schlesinger im Rahmen seiner Untersuchungen zum Gefolgschaftswesen herauspräpariert hat[26]. Situation und Verhalten des Gefolgschaftsführers treten in allen Konfrontationen mit dem Römern hervor. Als symptomatisch und stellvertretend

24 Zum folgenden siehe auch L. Schmidt, Westgermanen, S. 291 ff.

25 R. Wenskus, Stammesbildung, S. 498.

26 W. Schlesinger, Herrschaft und Gefolgschaft, S. 9 ff.; siehe auch K. Bosl, Reges, S. 62 ff.; R. Wenskus, Stammesbildung, S. 346 ff.; H. Kuhn, S. 1 ff.; B. Behr, S. 18 ff.

können die Ereignisse im Zusammenhang mit der Schlacht bei Straßburg[27] angesehen werden.

Gefolgschaftliches Verhalten und gefolgschaftliche Strukturen finden wir vom ersten Auftreten der Alamannen unter diesem Namen an, so zum Jahre 213: „alamannos, gentem populosam ex equo mirifice pugnantem,“[28]. Die Juthungen rühmen sich starker Reiterheere nach Dexippos[29]. Besonders hervortretend finden wir „Chrocus, alamannorum rex“, der 259/60 in Gallien einfällt[30]. Die Gruppenvielzahl, die er anführt, drückt sich aus durch „collectam alamannorum gentem“[31]. Chrocus führt seine Gefolgschaftsheere nach Südfrankreich, wo er umkommt (bei Arles). Das Heer zieht weiter nach Oberitalien (Ravenna), bedroht Rom und wird bei Mailand geschlagen[32]. Das geschilderte Unternehmen von größtem geographischen Ausmaß hatte keine Landnahmeabsichten. Es war ein Beutekrieg, eine Heerfahrt unter einem sieggewohnten, sieg- und beuteversprechenden Gefolgschaftsführer aus der gesellschaftlichen Führungsschicht. Die ihm angeschlossenen Gefolgschaften entstammten verschiedenen Stammesgruppen, wobei sicher auch Nicht-Alamannen beteiligt sind. Auch die Unternehmungen der Juthungen, die ebenso wie die Alamannen herkunftmäßig auf den Mittelelbraum festgelegt werden können und in der Folgezeit – bis zum 5. Jh. – sich an alamannische Stammesgruppen angelagert haben, können nicht anders als gefolgschaftlich organisiert angesehen werden[33]. Diese Juthungen, über deren ethnische Zugehörigkeit schon im 3. Jh. wenig Klarheit besteht – sie werden teils als Alamannen, teils als Sueben, als Sarmaten, Markomannen und Skythen bezeichnet[34] – zielen in ihren Unternehmungen auf das Voralpenland südlich der Donau und nach Oberitalien (270 und 271). Zeitweise leben sie an der oberen Donau[35] friedlich neben den Römern, dann wieder gehen von ihren Siedlungsgebieten

27 Ammianus Marcellinus, 16, 12, 4–60. Literatur zu Ammianus Marcellinus: O. Seeck; W. Klein; W. Ensslin: E. Neuscheler; W. Seyfarth.

28 Aurel. Vict., De Caes. 21, 2.

29 De bell. Scyth. 1.

30 Die historische Identität von Chrocus ist nicht sicher. Siehe L. Schmidt, Westgermanen, S. 234, Anm. 3. Unabhängig von der Identifizierbarkeit gibt Gregor v. Tours gefolgschaftliche Verhältnisse wieder. Sieher dazu R. Wenskus, Sächsischer Stammesadel, S. 406 f. S. Anm. 31.

31 Greg. Tur. I, 30.

32 Aurel. Vict., De Caes. 33; Greg. Tur. I, 30, 32 und 34; Fredegar, II, 60; vgl. Aurelius Vict., De Caes. 41, 3.

33 Ammianus Marcellinus, 17, 6, 1 (zum Jahr 368), spricht von „Juthungi Alamannorum pars“.

34 Zu den Juthungen siehe E. Schwarz, Germanische Stammeskunde, S. 168 ff.; ders., Juthungen; J. Cramer, S. 15; R. Wenskus, Stammesbildung, S. 509, Anm. 533.

35 Dexippos, de bell. Scyth. 1.

Kriegszüge aus. Von entsprechenden Landnahmeaktionen wird hierbei nie berichtet. Die ihnen zugeschriebenen Zahlen, z. B. 40 000 Reiter, 80 000 Mann Fußvolk, sind übertrieben. Die vermuteten Siedlungsgebiete hätten solche Massen, wenn man eine entsprechende Bevölkerungszahl dazuzählt, nicht aufnehmen können[36]. Besonders bedeutsam ist der Versuch der Juthungen, die Vindeliker herrschaftlich zu überlagern. Diese werden nicht ausgerottet und nicht vertrieben. Das wäre sicher erwähnt worden. Es heißt hingegen: „Vindelicos absidione barbarica liberavit“[37] und „Vindelicis jugum barbaricae servitutis amovit“[38], wobei ich die „barbari“ als Juthungen ansehe[39].

Ein Vorspiel zur Schlacht von Straßburg und damit vielleicht ein Anlaß zum Zusammengehen mehrerer Stammesgruppen war eine römische Vergeltungsaktion auf dem rechtsrheinischen Ufer gegen Alamannen[40]. Günther nimmt an, daß zu diesem Zeitpunkt das westliche Rheinufer bis tief in den Elsässer Raum von Alamannen beherrscht und zum Teil schon besiedelt gewesen sei[41]. Es kommt zu einer „Koalition“ alamannischer Stammesgruppen: „. . . alamannorum reges Chnodomarius et Vestralpus, Urius quin etiam et Ursicinus cum Serapione et Suomario et Hortario in unum robore virium suarum omni collecto bellicumque . . . “[42]. Aus den genannten reges wird vor allem und mehrmals Chnodomar hervorgehoben, der „agitabat autem miscebatque omnia sine modo ubique sese diffunditans et princeps audendi periculosa . . ., ardua subrigens supercilia ut saepe secundis rebus elatus“[43]. Wenn wir diese Aussage übertragen und loslösen vom negativen Standpunkt des Verfassers[44], so erfahren wir daraus und aus dem folgenden von Eigenschaften und Voraussetzungen Chnodomars, die typisch und zugleich Voraussetzung für einen Gefolgschaftsführer sind[45].

Chnodomar scheint demnach beständig in kriegerischer Auseinandersetzung mit den Römern zu stehen. Seine Erfolge sind rechts und links des Oberrheins bekannt. Sein Charisma bringt ihm den nötigen Zulauf (Gefolgschaft). Nicht nur der militärische Erfolg, sondern auch persönliche, militärisch-kriegerische, sogar vom Feind hochgelobte Eigenschaften („et prin-

36 Im übrigen fehlt dafür jeglicher Anhaltspunkt im archäologischen Fundbild.
37 Vopisc. Aurel. 35, 4.
38 Ebd., 41, 8.
39 J. Cramer, S. 17.
40 Ammianus Marcellinus, 16, 11, 8–10.
41 „ . . . ut terris abscederet, uirtute sibi quaesitis et ferro“. Ammianus Marcellinus, 16, 12, 3. Siehe auch Libanius, Orationes, XVIII, 52. R. Günther, Feudalismus, S. 428; auch B. Behr, S. 5 ff.; H. Büttner, Elsaß I, S. 20.
42 Ammianus Marcellinus, 16, 12, 1.
43 Ebd., 16, 12, 4. Zu Chnodomar siehe B. Behr, S. 7 ff.
44 Siehe Einführung bei W. Seyfarth, S. 31; K. F. Stroheker, Alemannen, S. 31 ff.
45 Siehe oben Anm. 26. W. Schlesinger, Herrschaft und Gefolgschaft, S. 24.

ceps audendi periculosa") heben ihn über andere empor. Kriegsglück und gehobenes Selbstvertrauen = Selbstbewußtsein, „. . . fiducia roboranda"[46], lassen ihn Erfolge einbringen, die seine Führungsstellung ständig bestätigen und aufs neue erhöhen[47]. Chnodomar ist nicht nur Heerführer, sondern auch politischer Führer. Er hat den Krieg nach Ammian provoziert. „Chnodomarius quidem nefarius turbinis totius incentor"[48]. Er ist ein in jeder Hinsicht herausragendes Mitglied der alamannischen Führungsschicht. Nicht nur durch sein bekanntes Charisma und seine Macht als Anführer ragt er hervor. Seine Macht und die seines Brudersohnes Serapio überragte die aller anderer Könige „. . . Chnodomarius et Serapius, potestate excelsiores ante alios reges"[49], ohne jedoch über sie Herrschaft auszuüben. Der Heerführer Chnodomar ist versehen mit den Symbolen seiner Macht, den Abzeichen seines Status: „. . . cuius uertice flammeus torulus aptabatur". Der flammenrote Wulst oder Helmbusch und der furchterregend lange Wurfspeer „. . . erectus in iaculum formidandae vastitatis . . ."[50] hoben ihn heraus aus der gesellschaftlichen Umgebung, gaben ihm optische Größe und erhöhten seine einerseits furchtbare, andererseits Kriegsheil versprechende Wirkung. Seine glänzende Rüstung vor allem war es, die ihn als sieggewohnten Krieger und Heerführer auszeichnet: „. . . armorumque nitore conspicans ante alios, et strenuus miles et utilis praeter ceteros ductor"[51]. Eine ganz ähnliche Beschreibung erfährt Totila vor seiner letzten Schlacht bei Taginae: „Er hatte darum eine ganz von Gold blitzende Rüstung angelegt, und purpurfarben und auch sonst königlich – ein wunderschöner Anblick – hing ihm der Kriegsschmuck von Helm und Lanze herab"[52]. Das Bedürfnis der Führungsschicht nach ‚Ostentation' im Sinne Max Webers[53] wird damit veranschaulicht.

Mit Chnodomar haben wir einen Angehörigen der gesellschaftlichen Führungsschicht vor uns, die uns auch in den Gräbern, genauer gesagt in den Waffengräbern und später in den Reihengräbern, den sogenannten Adelsgräbern,

46 Ammianus Marcellinus, 16, 12, 5.

47 „fuga ducis (= Barbatio) accessit numero praestantis et viribus", ebd.

48 Ebd., 16, 12, 24; vgl. W. Schlesinger, Herrschaft und Gefolgschaft, S. 27.

49 Ammianus Marcellinus, 16, 12, 23.

50 Ebd., 16, 12, 24.

51 Ebd.: „et Chnodomarius quidem nefarius turbinis totius incentor, cuius uertici flammeus torulus aptabatur, anteibat cornu sinistrum, audax et fidus ingenti robore lacertorum, ubi ardor proelii sperabatur, immanis, equo spumante sublimior, erectus in iaculum formidandae uastitatis, armorumque nitore conspicuus ante alios et strenuus miles et utilis praeter ceteros ductor".

52 Prokop, b. Goth. IV, 31.

53 S. 828.

begegnet[54]. Die „reiche" Ausstattung mit Waffen und Abzeichen hoher gesellschaftlicher Stellung und gesellschaftlich-militärischen Führertums dieser Gräber und die Ausrüstung Chnodomars entsprechen sich. Und so, wie Ober- und Führungsschicht der sich von Nordostgallien her ausbreitenden Waffengräber als Angehörige gefolgschaftlich organisierter Verbände angesehen werden, gilt gleiches für Organisation, Verhalten und gesellschaftlichen Status der alamannischen Anführer, aus denen Chnodomar besonders hervorragt. Chnodomar genießt zwar eine bevorzugte Stellung, kann jedoch nicht als „Großkönig" oder „Ein-König" angesehen werden[55]. Sein Brudersohn Serapion gehört seiner gesellschaftlichen Schicht an. Ihr Gefolge, 5 „reges", 10 „regales" und eine große Zahl von „optimates", rangiert nur organisatorisch, nicht jedoch im gesellschaftlichen Status unter ihnen.

Diese fünf Könige und die zehn regales stellen ebenso Exponenten der alamannischen Führungsschicht dar wie Chnodomar. „Hos sequebantur potestate proximi reges numero quinque regalesque decem et optimatum series magna . . . "[56]. Ob die „regales" Königssöhne sind, ist wohl nicht so sicher wie Seyfarth in seiner Übersetzung annimmt. Feger[57] kennzeichnet die „regales" als Angehörige der königlichen Sippe bzw. als Familien von königlichem Rang[58]. Die weiter gefaßte Bedeutung nach Feger ist wohl eher zutreffend: Vielleicht gehörten diese „regales" der Familie im engsten Sinne des jeweiligen rex gar nicht an, sondern waren vielmehr Mitglieder eines engen, intimen Kreises einer „Kerngruppe" der Gefolgschaft des rex. Diese Kerngruppe mag aus Waffensöhnen[59] und Mitgliedern einer „Tafelrunde" bestanden haben[60]. Es ist auch möglich, daß wir mit den „regales" in ihrer Herkunft und gesellschaftlichen Stellung ranggleiche „Jungmannen aus dem Kreis der Verwandten" vor uns haben, die im „Zusammenhang der Eliteformation" operieren[61]. Denn gerade die „Schar auserlesener Iuvenes" verleiht „dem Führer Würde und Macht"[62].

54 H. W. Böhme, S. 158 ff.; K. Bosl, Reges, S. 62 ff.; G. Kossack, S. 22 ff.; J. Werner, Kriegergräber, S. 372 ff.; ders., Reihengräberzivilisation, S. 285 ff.

55 Julian nennt Chnodomar βασιλεα; Letter to the Athenians, p. 271. Bei Libanius wird er als ἄρχοντα bezeichnet; Oratio XVIII, 61 und 62.

56 Ammianus Marcellinus, 16, 12, 26.

57 Herzogtum, S. 154.

58 Ebd., Anm. 7.

59 R. Wenskus, Stammesbildung, S. 362.

60 Gleichwohl meint Ammianus Marcellinus an anderen Stellen mit „regales" Königssöhne, von denen ihm dann allerdings Namen und Lebensumstände bekannt sind. Dazu liegen die Umstände dieser Erwähnung nicht in unserem behandelten Raum; siehe z. B. 16, 10, 16; 17, 12, 9; 17, 12, 21.

61 R. Wenskus, ebd.

62 W. Schlesinger, Herrschaft und Gefolgschaft, S. 19.

Neben der eben behandelten Führungsschicht ist noch eine andere Schicht greifbar: „... et optimatum series magna ...“[63]. Diese optimates stehen eindeutig in ihrem Rang und auch in ihrer Funktion unter der Führungsschicht der „reges“, „reguli“ und „regales“. Auch die optimates nehmen gesellschaftlich eine Sonderstellung ein. Ihr Status ist mehr als der eines Freien. In ihnen greifen wir Gefolgschaftsführer, die sich einem charismabegabten Anführer, evtl. einem Heerkönig, zu- und untergeordnet haben und damit dessen Gefolgschaft angehören. In unserem Zeitraum können wir damit rechnen, daß die geschlossenen gefolgschaftlichen Verbände sich schon zu zerstreuten Gefolgschaften in den pagi bzw. regna aufzulösen begonnen haben[64]. Die relativ große Anzahl von optimates im Verhältnis zu den reges macht eine solche Zuordnung und eine entsprechende gesellschaftliche Abschichtung wahrscheinlich[65].

Das alamannische Heer setzt sich also aus einer Summe von Gefolgschaftsverbänden zusammen, deren Gefolgschaftsführer Chnodomar an die Spitze des Gesamtaufgebotes gesetzt wurde. Zum anderen wird das alamannische Aufgebot von Verbündeten „ex variis nationibus“[66] gestellt, wobei es wahrscheinlich ist, daß alle Angehörige alamannischer Gruppen waren. Die Behauptung, daß sie durch Sold geworben wären, gehört in die negative Tendenz der Berichterstattung des Ammianus Marcellinus. „... armatorumque milia triginta et quinque ex variis nationibus partim mercede, partim pacto uicissitudinis reddendae quaesita“[67]. Gleichwohl haben dem Heer bzw. den verschiedenen Gefolgschaften wandernde Berufskrieger mit größerem oder kleinerem Anhang zugehören können, wie sie schon bei Tacitus erwähnt werden: „prout ad quemque venere, aluntur“[68]. Die gefolgschaftlichen Strukturen der alamannischen Stammesgruppen in der zweiten Hälfte des 4. Jhs. werden ganz offensichtlich, wenn Ammian die Situation der zwei königlichen Brüder Gundomad und Vadomar darstellt, die jeweils Anführer eines „populus“ bzw. einer

63 Ammianus Marcellinus, 16, 12, 26. Siehe auch ebd., 16, 12, 49: „Exsiliuit itaque subito ardens optimatium globus, inter quos decernebant et reges“; und 18, 2, 13: „... Hortarius rex nobis antea foederatus ... reges omnes et regales et regulos ad convivium corrogatos ...“.

64 Zur zerstreuten Gesellschaft siehe K. Bosl, Staat, S. 707 f.; R. Wenskus, Stammesbildung, S. 350 f.; W. Schlesinger, ebd., S. 27, mit Verweis auf Beowulflied. Zerstreute Gefolgschaft – Veralltäglichung des Charisma, siehe M. Weber, S. 140 ff.; siehe auch H. Dannenbauer, Adel, S. 108 und Anm. 97, S. 125 ff.

65 Zu Versuchen, Schichten und Schichtungsmerkmale aus dem archäologischen Befund aufzustellen, siehe W. Schulz, Leuna, S. 35 ff. und W. Schlüter, S. 117 ff.; J. Werner, Hassleben-Leuna, S. 1 ff.; ders., Bewaffnung, S. 328 ff. R. Christlein, Besitzabstufung.

66 Ammianus Marcellinus, 16, 12, 26.

67 Ebd.

68 Germania, c. 31; R. Wenskus, Stammesbildung, S. 365.

„plebs", also Gefolgschaftsführer und reges in regna bzw. pagi, sind[69]. Ihre Friedensvereinbarungen mit Kaiser Constantius vom Vorjahr (356) scheinen dem „populus", der Gefolgschaft, im Wege gewesen zu sein. Gundomad wird ermordet, wahrscheinlich in Auseinandersetzung mit seiner Gefolgschaft. Der „populus" zieht in den Krieg[70]. Wir haben hier ein typisches Wesens- und Verhaltensmerkmal der Gefolgschaft, wenn auch in einer extremen Situation, vor Augen. Der Wille Gundomads zum Frieden, sein Taktieren, werden als mangelnde kriegerische Haltung gewertet, der vorhergehende Mangel an Kriegsglück – ohne römische Überlegenheit wäre es wohl nicht zu einem solchen Vertrag gekommen – haben sein Charisma und damit seinen gesellschaftlichen Status untergraben. Die Anerkennung von Seiten seiner Gefolgschaft bleibt aus. Vadomar steht in einem ähnlichen Dilemma. Nolens volens fügt er sich dem Willen der Gefolgsleute, was auch den römischen Gegnern als plausible Rechtfertigung einleuchtet[71]. Typisches und zugleich atypisches gefolgschaftliches Verhalten wird zu Beginn der Schlacht von Argentoratum offensichtlich: Der gefolgschaftliche Wille zwingt die Anführer – Ammianus

69 Ammianus Marcellinus, 16, 12, 17. Die von Ammianus Marcellinus als „populus" bezeichneten Gruppen sind als Gefolgschaft(en) anzusehen. Die Aktivitäten, die Mitsprache in politischen Angelegenheiten und die Willensdurchsetzung sprechen dafür. Siehe auch Ammianus Marcellinus 16, 12, 34 und 35. J. O. Plassmann hat für das 10. Jh. in sächsischen Quellen, besonders bei Widukind von Corvey, die enge Nachbarschaft bzw. Identität von „populus" und Gefolgschaft nachgewiesen (S. 15 ff.). Auch Th. Mayer, Ausbildung, S. 466, sieht im Begriff „populus" die führenden Schichten der Ottonenzeit. Eine gewisse Analogie zwischen dem 10. und dem 4. Jh. ist nicht von der Hand zu weisen. Siehe auch das Edikt Chilperichs I. (561–584): „cum uiris magnificentissimis optimatibus uel antrustionibus et omni populo" (Pactus Legis Salicae, c. III, tit. 106). K. A. Eckhardt übersetzt „populus" mit „Gefolgsmann" (Gesetze des Merowingerreiches I, S. 115). Siehe auch F. Irsigler, Frühfränkischer Adel, S. 229.

70 Es trifft also nicht zu, wenn K. Bosl, Reges, S. 67, vom Gefolgschaftskönig aussagt, daß er zwar verlassen, aber nicht abgesetzt werden kann.

71 Ammianus Marcellinus, 16, 12, 17: „alio itidem modo res est aggrauata Romana ex negotio tali; regii duo fratres uinculo pacis astricti, quam anno praeterito impetrauerant a Constantio, nec tumultuare nec commoueri sunt ausi; sed paulo postea uno ex his Gundomado, qui potior erat fideique firmioris, per insidias interempto omnis eius populus com nostris hostibus conspirauit et confestim Vadomarii plebs ipso inuito, ut asserebat agminibus bella cientium barbarorum sese coniunxit." „Ein weiterer Umstand erschwerte ebenfalls die Lage der Römer, und zwar durch folgende Angelegenheit: Zwei königliche Brüder waren durch das Band des Friedens gebändigt, den sie im vorhergehenden Jahr von Constantius erhalten hatten. Sie wagten weder Unruhe zu stiften noch überhaupt sich zu regen. Wenig später wurde jedoch der eine von ihnen, Gundomad, der mächtigere und in seiner Treue festere, hinterhältig ermordet, und sein gesamtes Volk verschwor sich mit unseren Feinden. Unverzüglich schloß sich auch das Volk des Vadomar, obwohl gegen seinen Willen, wie er versicherte, den Scharen der zum Kriege drängenden Barbaren an."

Marcellinus spricht von den „regales“, womit, wie wir aus dem Verhalten Chnodomars ersehen, nicht „Königssöhne“ gemeint sind – vom Pferd zu steigen, um das Risiko von Kampf, eventueller Niederlage und Flucht gemeinsam zu tragen[72]. Die gegenseitige Verpflichtung und Angewiesenheit als grundlegende Merkmale kommen hierin zum Ausdruck, die „Gemeinschaft im Kampf“[73]. Die Treuebindung als weiteres Merkmal wird in obiger Situation mit Nachdruck, wenn nicht mit Gewalt, betont und äußerlich hergestellt. Zugleich zeigt sich ein Krisenmoment des gefolgschaftlichen Phänomens. Die Wechselseitigkeit des Treueverhältnisses ist in Gefahr. „Wer widerwillig treu ist, der hat die Treue schon gebrochen, denn Handlungen und Unterlassungen werden erwartet, ohne daß Befehl oder Verbot ergehen“[74]. Die „murrenden“ Fußtruppen verhielten sich unisono mit ihren Anführern, den optimates, die ihre Einwände vorbrachten, gegen die „regales“. Die optimates, Gefolgschaftsführer also, setzten hier ihr „Maß von Freiheit“[75] um in Kritik und Mitsprache.

Die „optimates“, in der Literatur auch als „Adlige“ bezeichnet[76], waren zahlreich. Dem entspricht eine große Zahl von Gefolgschaften. Die große

72 Ammianus Marcellinus, 16, 12, 34 und 35: „Haec aliaque in eundem modum saepius replicando exercitus partem primae barbarorum opposuit fronti et subito Alamannorum peditum fremitus indignationi mixtus auditus est unanimi conspiratione uociferantium relictis equis secum oportere uersari regales, ne, si quid contigisset aduersum, deserta miserabili plebe facilem discedenti copiam repperirent. hocque comperto Chnodomarius iumento statim desiluit et secuti eum residui idem fecere nihil morari. nec enim eorum quisquam ambigebat partem suam fore uictricem.“ „Solche und andere Ermunterungen wiederholte er öfter in gleicher Weise und stellte den größeren Teil des Heeres der vordersten Linie der Barbaren entgegen. Plötzlich war ein mit zornigen Ausrufen gemischtes Geschrei bei den alamannischen Fußtruppen zu vernehmen. Einstimmig riefen sie, die Königssöhne sollten von den Pferden absitzen und bei ihnen bleiben. Im Falle einer Niederlage sollten sie das gemeine Kriegsvolk nicht verlassen können und keine Möglichkeit finden, sich mühelos aus dem Staube zu machen. Chnodomar saß sofort ab, als er dies erfuhr, und alle übrigen folgten seinem Beispiel und taten dasselbe, ohne zu zögern. Denn niemand von ihnen zweifelte daran, daß ihre Seite siegreich sein werde.“ In diesem Zusammenhang und aus 16, 12, 17 folgert B. Behr, S. 7 ff: „Das Volk besaß Mitbestimmungsrechte.“ Aus dem Bericht geht auch die Verbindung von Reiterkrieger und Führungsschicht hervor. Der Niederschlag dieser Verbindung ist in den Bestattungen mit Pferden bzw. Pferdeköpfen zu erkennen.

73 R. Wenskus, Stammesbildung, S. 354.

74 W. Schlesinger, Sippe, S. 314; siehe auch W. Fritze, S. 85, Anm. 43; F. Graus, Treue, S. 71 ff.

75 R. Wenskus, ebd., S. 354.

76 W. Seyfarth, siehe Übersetzung von Ammianus Marcellinus, 16, 12. B. Behr, S. 26 f., tritt ebenfalls für die Existenz einer solchen Oberschicht in meinem Sinne ein. Daß sie „zum Teil sicher auch aus Angehörigen unedler Abstammung bestand“, ist

Anzahl ist sehr wahrscheinlich vor dem Hintergrund der siedlungsmäßigen, nicht nur land-, sondern auch leutenehmenden Aktionen. Wanderung, Niederlassung und herrschaftliche Überschichtung ließen eine relativ große Zahl von „Mächtigen" aufwachsen, die vor dem Hintergrund ihres Zugewinns an Land und Leuten, an wirtschaftlichen Grundlagen also, sich zu einer kriegerischen Elite, zu Mitgliedern einer Oberschicht entwickeln konnten, sofern sie nicht schon früher dazu gehört hatten[77].

Überhaupt zeigt sich in den Jahren um 357 eine Tendenz zur Unruhe bei verschiedenen Stammesgruppen, bei Angehörigen von Gefolgschaften. Einzelne Niederlagen gegen die Römer, Friedenschlüsse und Ruhezeiten (s. oben), scheinen Unzufriedenheit, innere Querelen, Auseinandersetzungen in den gefolgschaftlich organisierten Stammesgruppen ausgelöst zu haben. Probleme zur Ruhe kommender Gefolgschaften und ihre besondere Auswirkung gegen den Gefolgschaftsführer, der in ständigem Zugzwang stand, seinen Anhängern Bestätigung, Krieg, Ruhm, Beute, Gelage, Geschenke zu bieten, werden hier offenbar. Gundomad war ein Opfer dieser politischen Situation. Das Aufbegehren der Gefolgschaftsmitglieder vor Straßburg spiegelt ebenfalls diese Grundstimmung. Auch Schlesinger rückt die bei Ammianus Marcellinus[78] geschilderten Verhaltensweisen in den unmittelbaren gefolgschaftlichen Bereich[79]. Die Entwicklung vom Gefolgschaftsführer zum Heerkönig wird hier deutlich. Der Behauptung, daß der Stufe des Heerkönigs die des Stammeskönigs folgt, kann ich im Fall der alamannischen Entwicklung nur bedingt zustimmen. Der Trend war wohl vorhanden, konnte sich jedoch nicht fortentwickeln wegen des fränkischen Einbruchs in den Prozeß der alamannischen Stammes- und Gesellschaftsformierung.

Das Ende der Schlacht von Straßburg verdeutlicht noch einmal die gefolgschaftliche Ordnung und die Position des Gefolgschaftsführers, des Heerkönigs Chnodomar, der gefangengenommen wird[80]. Seine Gefolgschaft und drei

den angezogenen Quellenstellen jedoch nicht zu entnehmen; siehe Ammianus Marcellinus, 16, 12, 49: „Exsiluit itaque subito ardens optimatium globus, inter quos decernebant et reges . . ." und ebd., 28, 2, 6–9. Die Rekrutierung der Oberschicht aus „Angehörigen unedler Abstammung" und „Mitbestimmung des Volkes" spielen bei Behr eine ungerechtfertigt große Rolle. Siehe auch S. 30 und S. 7!

77 S. Gutenbrunner, S. 29; R. Wenskus, ebd., S. 373.

78 16, 12.

79 W. Schlesinger, Herrschaft und Gefolgschaft, S. 24 und Anm. 46; vgl. M. Lintzel, S. 277 ff.

80 Ammianus Marcellinus, 16, 12, 61 und 62: „. . . quibus uisis compulsus ad ultimos metus ultro se dedidit solus egressus, comitesque eius ducenti numero et tres amici iunctissimi flagitium arbitrati post regem uiuere uel pro rege non mori, si ita tulerit casus, tradidere se uinciendos." „Durch diesen Anblick in äußerste Furcht versetzt, ergab sich der König aus freien Stücken. Er trat allein hervor, und zweihundert Be-

seiner nächsten Freunde teilen mit ihm das Los der Gefangenschaft. Als Verhaltensmuster wird ihnen vorgehalten, daß sie es als Schande empfinden müßten, nicht für den rex = Gefolgschaftsführer gestorben zu sein, obgleich sich die Gelegenheit dazu ergeben hätte. Chnodomar wird nach Rom geschickt und stirbt dort. Wenige Jahre darauf findet sich bei den Alamannen eine neue Führerpersönlichkeit, die offensichtlich nicht aus der Familie des Chnodomar stammt[81]. Somit war die Führerschaft der Alamannen nicht an eine Sippe gebunden. Macrian, rex der Bucinobanten, zeitigt ganz ähnliche Verhaltensformen wie Chnodomar. Er wird von Kaiser Valentinian vertrieben, jedoch nicht ergriffen. An seine Stelle setzt Valentinian den rex Fraomar, der jedoch die alamannischen Gruppen, hinter denen gewiß Macrian steckt, nicht von Übergriffen auf römisches Reichsgebiet abhalten kann. Die Position Fraomars scheint unhaltbar geworden zu sein, wohl dadurch, daß ihm jegliche Gefolgschaft versagt blieb. Fraomar hat nur noch eine Chance im römischen Reichsdienst, quasi im Exil[82].

3. WECHSELBEZIEHUNGEN ZWISCHEN ALAMANNEN UND DEM RÖMISCHEN REICH IM 3. UND 4. JAHRHUNDERT

Im 3. Jh. treten Juthungen, die noch bis zu Anfang des 5. Jhs. als selbständige Stammesgruppen erscheinen, in Vertragsverhältnisse mit Rom ein[83]. Sie stellen den Römern Auxiliartruppen und erhalten Subsidien als Entgelt. Sie befinden sich an der oberen Donau, wo sie sich um 270 gegen Aurelian mit Alamannen verbünden. Alamannen haben Rom zwar gelegentlich als wenig zuverlässige Foederaten gedient. Meist erfahren wir nur von alamannischen Truppenkontingenten. 278 rekrutiert Probus Alamannen, nachdem er

gleiter sowie drei seiner nächsten Freunde ließen sich fesseln. Sie hielten es für eine Schande, den König zu überleben oder nicht für ihn zu sterben, wenn es der Zufall so mit sich brachte."

81 Chnodomar ist nach Cramer in der Mortenau anzusetzen. In diesem Gebiet erscheint noch im 8. Jh. der Personenname Cnut (Cnutlingen im Ufgau = Knielingen bei Karlsruhe; Cnudelingen = Knittlingen nordwestlich von Maulbronn). Siehe dazu B. Behr, S. 77 ff. „Die Chnodomar-Mederich-Agenarich-Familie". Siehe auch R. Wenskus, Sächsischer Stammesadel, S. 503 und Anm. 186.

82 Ammianus Marcellinus, 29, 5, 7: „ . . . in Macriani locum Bucinobantibus, quae contra Mogontiacum gens est Alamannica, regem Fraomarium ordinavit, quem paulum postea, quoniam recens excursus eundem penitus uastauerat pagum, in Britannias translatum . . .". Siehe dazu B. Behr, S. 10 ff.: „Die Macrianus-Hariobaudus-Familie". Die Behauptung B. Behrs, S. 26, Fraomar wäre die Anerkennung als rex von seiten der Alamannen verweigert worden, weil er nicht zur „Oberschicht" gehört hätte, entbehrt jeder Grundlage.

83 K. F. Stroheker, Alamannen, S. 29 ff.; Ders., Reichsdienst, S. 32 ff.

sie vorher geschlagen hat. Die Tendenz der Aufnahme von Alamannen in das römische Heer setzt sich von nun an fort[84]. Die notitia dignitatum erwähnen zahlreiche alamannische Truppenkörper[85]. Diese alamannischen Einheiten waren alle im Osten eingesetzt. Ihre Zuverlässigkeit im Kampf gegen ihre eigenen Stammesbrüder schien sehr in Zweifel zu stehen, auch wenn Ammianus seine Abneigung und sein Mißtrauen gegen die Alamannen insgesamt und gegen die Alamannischen Anführer im besonderen übertreibt[86]. Auch aus Kriegsgefangenen werden von den Römern Truppen gepreßt[87]. Als Laeten werden besiegte Alamannen in die Pflicht des römischen Staates genommen: „Laeti gentiles Suebi" werden in der Gegend um Le Mans, Reims, Senlis und Clermont erwähnt; „Gentiles Suebi" um Coutances[88]. Auch in Oberitalien erwähnt Ammianus Marcellinus alamannische „tributarii", ehemals Kriegsgefangene zur Zeit des Kaisers Valentinian[89]. Der Codex Theodosianus[90] für das Jahr 400 spricht vom kriegsdienstpflichtigen „Laetus alamannus". Alamannische Kontingente wurden nicht nur aus den gesellschaftlich niedrigstehenden Laetenschichten entnommen, sondern auch aus anderen Gruppen, wie der Aufstieg in die Eliteeinheiten der auxilia palatina belegt[91]. Sogar alamannische „reges", Angehörige der obersten gesellschaftlich-militärischen Führungsschicht, in exponierter Position, wurden bei entsprechender Römerfreundlichkeit (siehe Fraomar), gelegentlich auch bei politischer, persönlicher Unsicherheit (siehe Vadomar) mit hohen militärischen Rängen ausgestattet. „Nationis eius primates"[92] werden sie genannt. Wie fränkischen Heerführern (Arbogast u. a.) gelingt es wenigen Alamannen, in die hohe römische Reichspolitik entscheidend einzugreifen. Der alamannische rex Chrocus spielt eine wichtige Rolle bei der Ausrufung des Konstantin[93]. Chrocus führt

84 K. F. Stroheker, Alamannen, S. 29 ff.

85 Cohors IV Juthungorum bei Aphroditopolis am Nil, die cohors IX Alammanorum bei Burgus Severus, die ala I Alamannorum bei Neia, die cohors V pacata Alamannorum bei Onevatha, die ala I Juthungorum bei Salutaria. Not. dign. or. 28, 43; 36 63; 32, 36, 41; 33, 31; siehe K. F. Stroheker, Reichsdienst, S. 34.

86 Der römische Heermeister Stilicho habe um 396 zwar Franken, jedoch keine Alamannen in das Heer aufgenommen, stimmt wohl nur bedingt; siehe K. F. Stroheker, Alamannen, S. 41 und Anm. 44.

87 Constantius II., Feldzüge gegen Alamannen und Franken 357/58; K. F. Stroheker, Reichsdienst, S. 37 ff.; Gratian gegen Lentiensier (Bodensee) 378, ebd.; Ammianus Marcellinus, 20, 8, 13.

88 Not. dign. occ. 42, 34; 35.

89 Ammianus Marcellinus, 28, 5, 15.

90 7, 20, 12.

91 K. F. Stroheker, Ebd., S. 40.

92 Ammianus Marcellinus, 29, 4, 7; siehe auch Bitherich und Hortar, ebd.

93 Nicht zu verwechseln mit „Chrocus alamannorum rex", der um 259/60 Gallien durchzogen haben soll.

Truppen nach Britannien[94]. Die relativ hohen Stellungen, die alamannische Anführer im römischen Heeresdienst – zu Unrecht, wie Ammianus Marcellinus meint – erworben haben, werden von eben diesem deutlich herausgestrichen: Der comes der Leibgarde, Latinus, der Tribun des kaiserlichen Stalls Agilo und der Befehlshaber der Scutarier Scudilo, seien damals so geachtet worden, als hielten sie den Staat in ihren Händen. „Qui tunc ut dextris suis gestantes rem publicam colebantur"[95]. Agilo sollte noch 360 zum Magister peditum praesentalis, zum zweiten Reichsfeldherrn von Constantius II. aufsteigen. Latinus, Agilo und Scudilus waren Alamannen. Römische Namen bei alamannischen Trägern kennen wir nicht nur bei Latinus, der im Reichsdienst stand, sondern auch bei renitenten Angehörigen der alamannischen Führungsgruppen, bei reges. Serapio und Macrianus sind eindeutig nicht germanisch geprägte Namen[96].

Trotz der negativen Berichtstendenz Ammians gegenüber den Alamannen bleibt doch ein tragfähiger Rest verschiedenartiger Einschätzungen von Franken und Alamannen im römischen Reich. Die Eigenschaften der Franken, die noch im 3. Jh. als hinterhältig galten, scheinen „sich gebessert", die Alamannen hingegen im 4. Jh. deren schlechtes „Image" eingenommen zu haben. Ein Höhepunkt des alamannischen militärischen Reichsdienstes scheint um 400 (notitia dignitatum) erreicht worden zu sein, wenn diese Aussage nicht durch die große Zahl von Erwähnungen in dieser Quelle verfälscht wird. Die Wirkung dieser Alamannen tritt zurück hinter den Entscheidungen und Einflüssen, die Franken und Ostgermanen ausgeübt haben. Auch die Rückwirkungen dieser „Reichsalamannen" auf ihr Stammesgebiet werden gering veranschlagt[97]. Gewisse Symptome weisen jedoch darauf hin, daß die ständige, wenn auch meist feindselige Berührung der alamannischen Gruppen mit dem römischen Reichsgebiet nicht ohne jegliche beeinflussende Auswirkungen war.

4. HERRSCHAFTLICHE ERFASSUNG DES ALAMANNISCHEN SIEDLUNGSRAUMES IN GEFOLGSCHAFTLICHER GLIEDERUNG

Gesellschaftlicher Status und Macht eines Chnodomar und Macrian, daneben – nicht darunter – eines Fraomar, Hortar, Ursinus, Ursicinus etc. sind getragen von den Gefolgschaften, die sie um sich sammeln. Qualität und Umfang der Gefolgschaften sind die Grundlagen der jeweiligen Machtposition im

94 K. F. Stroheker, Reichsdienst, S. 42; epit. de Caes. 41, 3; J. Vogt, S. 143.
95 Ammianus Marcellinus, 14, 10, 8.
96 Serapio alias Agenarich; sein Vater Mederich war Geisel in Gallien und lernte den Serapis-Kult kennen; siehe K. F. Stroheker, ebd., S. 43, Anm. 1.
97 Ebd., S. 52 f.

Vergleich der Gefolgschaftsführer untereinander. „Die herrschaftlichen Züge der Verfassung wurden zweifellos dort ungemein verstärkt, wo ein princeps sich auf eine große Gefolgschaft stützen konnte“[98]. Auch die Relation der Gefolgschaften führte zur gesellschaftlichen Heraushebung der im 4. Jh. bekannten „reges“. Die alamannischen Gefolgschaften bieten ein sehr gutes Beispiel für deren gesellschaftsbildende Funktion bei der Landnahme und beim Herrschaftsausbau[99]. Erst nach der Landnahme, im fortschreitenden Prozeß gesellschaftlicher Strukturierung kann sich der Stamm nach außen und innen verfestigen. Das heißt nicht, daß nicht schon in den Wanderzeiten, in Zeiten erster Niederlassung, dynamische Momente der Stammesbildung vorhanden gewesen wären, wie z. B. Kult, Abstammung und Abstammungsglaube, gemeinsames Feindbild, Wir-Bewußtsein, gesellschaftlich-politisch aktive Gruppen. Es mag sehr wohl sein, daß wir in der Zeit eines Chnodomar und Macrian (2. Hälfte des 4. Jhs.) an einer Schwelle stehen, die zwischen einer vorwiegend gefolgschaftlich geprägten Phase von Landnahme, Herrschaft und Gesellschaft steht, und einer nun entstehenden, die neue Merkmale, neben den starken und wohl nur wenig verminderten alten, zunehmend kennzeichnen. Nach Wenskus ist es vor allem der Wandel eines wesentlichen Merkmals: „Die Freiwilligkeit des Anschlusses im Rahmen der Gefolgschaft“[100]. Wenskus zeigt sehr richtig Momente des gesellschaftlich-herrschaftlichen Strukturwandels im Ablauf von Niederlassung und Landnahme[101]. Die denkbare Auflösung der Treuebindung mit dem Wegfall einer Motivation (Eroberung, Beute, Kriegsruhm) hätte für einen Gefolgsmann wahrscheinlich den Verlust einer entsprechenden Zuweisung von Land und Leuten und damit den Verlust der wirtschaftlichen und statusmäßigen Grundlagen für den Status eines Angehörigen der Oberschicht gehabt. Neben die persönliche Bindung tritt nun ein sozialer Zwang[102]. Die „zerstreute Gefolgschaft“ ist ein neues Phänomen[103], das zum einen Macht und politische Größe eines Gefolgschaftsführers, eines rex – wohl etwa seit der Mitte des 4. Jhs. – konservieren konnte durch Aufrechterhaltung der Gefolgschaft als Machtgrundlage und zugleich dem Gefolgschaftsführer half, Abstand von den unberechenbaren Gefolgschaftsanhängern zu finden, die, an seinem Wohnsitz gedrängt, seine eigene Person ständig gefährden konnten. Die Dezentralisierung seiner personellen Machtgrundlage

98 R. Wenskus, Stammesbildung, S. 346; siehe auch W. Schlesinger, Herrschaft und Gefolgschaft, S. 9 ff.

99 R. Wenskus, ebd., S. 349.

100 Ebd., S. 350.

101 Ebd., S. 349 ff.

102 Ebd., S. 350.

103 K. Bosl, Staat, S. 707; siehe auch M. Weber, S. 142 ff.

erleichterte Überleben, aber auch Beherrschbarkeit einmal der Gefolgschaft, zum andern des pagus, des regnum, der Unterworfenen.

Der alamannische Siedlungsraum wird uns bei Ammian mit einer nur skizzenhaften Darstellung und Zuordnung von Herrschaftsräumen vorgeführt. Demnach läßt sich in der zweiten Hälfte des 4. Jhs. in Südwestdeutschland, vom Mittelrhein bis zu Hochrhein und Bodensee – die östlichen Räume bleiben bei Ammianus Marcellinus unberücksichtigt – eine grobe, nicht immer aneinander grenzende Einteilung von regna bzw. pagi feststellen. Schon in der Zeit von Probus (276–282) wird von einer Vielzahl von „gentes", von alamannischen Stammesgruppen rechts des Oberrheins gesprochen, die von verschiedenen reguli angeführt werden und sich über entsprechend viele Siedlungs- und Herrschaftsräume verteilen: „Reguli novem ex diversis gentibus"; „novem reges diversarium gentium"[104]. Cramer errechnet insgesamt 17 alamannische Gaue. Seine Systematik der politischen Aufteilung belegt die herrschaftliche Vielfalt in ihrer Pluralität. Seine Einteilungen und Gruppierungen sind jedoch überholt[105]. Die von ihm angeführten Siedlungs- und Herrschaftsräume lassen sich nicht alle eindeutig feststellen, so wie er sie aus dem südwestdeutschen Raum herauspräpariert hat. Zugleich müssen wir jedoch annehmen, daß diese Räume tatsächlich Schwerpunkte von Siedlung und Herrschaft waren, wiewohl sie sich regional und personal nur ungenau abgrenzen und zuordnen lassen. Cramer findet folgende Gaue: Mattiakergau, Rheingau, Kraichgau, Mortenau, Breisgau, Klettgau, Hegau, unterer Lahngau, Buchengau, Neckargau, Nagoldgau, Westergau, Albgau, Linzgau. Breisgau und Neckargau werden später zweigeteilt, ebenso der Buchengau. So kommt Cramer auf eine Summe von 17 Gauen. Die genannten Siedlungs- und Herrschaftsräume lassen sich z. T. anhand archäologischer Funddichte-Karten ebenfalls als solche erfassen. Das Zusammenfallen von Siedlungsräumen und Herrschaftsräumen ist jedoch nur in gröbsten Umrissen erkennbar[106]. Die regna bzw. pagi entsprechen Niederlassungsräumen von Alamannengruppen, deren Kerne und dynamische Elemente Gefolgschaften mit Gefolgschaftsführern an der Spitze, meist „reges" oder „reguli" genannt, darstellen. Von Ammianus Marcellinus[107] gelegentlich der Schlacht von Straßburg erfahren wir von fünf alamannischen reges außer Chnodomar und Serapio, die z. T. über mehrere pagi Herrschaft ausüben[108]. Macht und Ansehen, Herrschaftsausdehnung und Ge-

104 Vopiscus, Vita Probi, 11–16; siehe J. Cramer, S. 18 f.

105 Ebd., S. 34 ff.; S. 68 ff.; siehe dazu auch B. Behr, S. 4 f.

106 G. Fingerlin, Siedlungsgeschichte, S. 45 ff.; K. Weidemann, Siedlungsgeschichte, S. 99 ff.; R. Roeren, S. 214 ff.

107 16, 12, 23–26; 16, 12, 1.

108 B. Behr, S. 22, versucht innerhalb der Führungsschicht der bei Ammian namentlich als „rex" bezeichneten Alamannen „Machtstufen" darzustellen. Damit wird die

folgschaftsanhang scheinen zum Teil beträchtlich zu variieren. Zu diesen reges der Alamannen können wir sicher noch einige nicht anwesende hinzuzählen. Die Landkarte alamannischer Herrschaftsräume ergibt für das 4. Jh. ein Bild relativ kleiner Bereiche, mit weiten Strecken unbebauten, unbewohnten und nicht beherrschten Landes dazwischen eingestreut. Die von Siedlung und Herrschaft ausgesparten Räume sind dargestellt in archäologischen Fundkarten[109]. Die geordneten Siedlungs- und Herrschaftsverhältnisse, wie sie für das 4. Jh. in der älteren Literatur – besonders bei Cramer – festgelegt wurden, haben so nicht existiert. Vor allem die archäologischen Ergebnisse stehen dem entgegen. Kristallisationspunkte alamannischer Niederlassungen seit dem 3. Jh. waren sicher agrarisch genutzte Gebiete, von deren Ertrag die Eroberer leben konnten, wenn die Bevölkerung, zumal die ländliche, weiterexistierte. In Südwestdeutschland finden wir in der Römerzeit nur wenige urbane Zentren und mehr agrarisch ausgerichtete und organisierte ländliche Siedlungen, wobei Einzelhöfe, villae rusticae, den Siedlungs- und Produktionstypus gekennzeichnet haben dürften. Nur in wenigen Fällen, so im Rhein-Main-Gebiet, hat die Archäologie eine Kontinuität von römischen Gutshöfen in alamannischer Hand nachweisen können. In diesen Fällen wurde die z. T. zerstörte villa rustica primitiv wieder errichtet, im Falle des Fundes von Frankfurt-Praunheim[110] läßt sich sogar der Wiederaufbau mit römischer Bautechnik nachweisen – ein Indiz für die Fortexistenz römischen oder keltoromanischen Bevölkerungssubstrats[111]. Solche Funde waren bisher die Ausnahme. Dennoch ist nicht damit zu rechnen, daß die alamannischen Siedlungsgruppen die römischen Agrargebiete um die Gutshöfe dezimiert und dann unbebautes Land mühsam kultiviert hätten. Gerade die in den Arealen zerstörter villae rusticae vorgefundenen Bestattungsplätze sprechen für eine Anlagerung an ehemals römische Siedlungen und Landwirtschaften[112]. Denn neben dem bebaubaren Boden spielten die Arbeitskräfte eine große Rolle

Struktur dieser Führungsschicht und die Ausformung von Elite zumindest veranschaulicht. Diese „Machtpyramide" darf jedoch keinesfalls als institutionalisiert angesehen werden:

Chnodomar Serapio

Suomar Gundomad Macrian Priarius Hariobaud

Vadomar Hortar Vithicab Vestralp Urius Ursicinus Fraomar

109 Zum Beispiel G. Fingerlin, ebd., S. 49, Abb. 1; S. 56, Abb. 8; S. 58, Abb. 10.

110 Spätes 4. Jh., siehe K. Weidemann, ebd., S. 124, Abb. 21; siehe auch Frankfurt-Heddernheim, ehemals römische Stadt Nida; K. Woelcke. Mit ähnlichen Verhältnissen im übrigen Main-Mündigungsgebiet ist zu rechnen; siehe K. Böhner, Merowingerzeitliche Altertümer.

111 Siehe Ammianus Marcellinus, 17, 1, 7: „domicilis cuncta curatius ritu romano constructa".

112 Vgl. G. Fingerlin, ebd., S. 48.

für die Existenz der Eroberer. Die Katastrophentheorien, die die Ausrottung der Vorbevölkerung propagierten, verlieren zunehmend an Halt. Gerade der ständige Kampf um sogenannte „Kriegsgefangene", der immer wieder Raum in den schriftlichen Quellen des 4. und 5. Jhs. einnimmt, zeigt in aller Deutlichkeit die Notwendigkeit von Erhaltung bzw. Gewinn in erster Linie landwirtschaftlicher, aber auch handwerklicher Arbeitskräfte. Denn diese Landarbeiter und Handwerker sind es, die zumindest sekundär den erobernden und siedelnden Alamannen, namentlich den Führungsgruppen, zu Status und gehobener Lebensführung verhelfen, indem sie die wirtschaftlichen Grundlagen hierfür schaffen[113].

Schon in der Landnahmezeit der gefolgschaftlich organisierten Alamannengruppen ist Herrschaft über Land verknüpft mit Herrschaft über Leute. Die quantitative Relation der eindringenden und siedelnden Alamannen zur Vorbevölkerung ist noch nicht geklärt. Im 3. und 4. Jh. scheint der alamannische Bevölkerungsanteil in Südwestdeutschland noch relativ gering gewesen zu sein, wenn man ihn an den Grabfunden mißt[114]. Die Herkunftsgebiete der nun in Südwestdeutschland agierenden Alamannen weisen im Gegensatz zahlreiche Brandgräberfelder mit „oft mehr als 1000 Bestattungen" auf[115]. Der Schluß von Fingerlin, daß die alamannische Bevölkerung im 3. und 4. Jh. noch zahlenmäßig schwach war und massive Vermehrung durch Zuzug erst im 5. Jh. erfahren hat, ist nur bedingt richtig. Der Grund für die geringe Zahl von Anzeichen für eine intensive Besiedlung liegt ganz besonders in der geringen Seßhaftigkeit, die alamannische Gruppen noch im 4. Jh. zeitigten. Die ständigen Auseinandersetzungen mit den Römern, Kriegs- und Beutezüge von beiden Seiten über den spätantiken Limes hinweg, Ausweich- und Fluchtmanö-

113 Ammianus Marcellinus, 18, 2, 19; 17, 10, 7; Lex Burg. tit. 56; Vita Severini, c. 8 und 15; Eunap. fr. 19; R. Wenskus, Stammesbildung, S. 453 ff., weist besonders auf die Rolle der Gefangenen, z. B. „als künftige, bäuerliche und gewerbliche Hintersassen" (S. 457), hin. Siehe auch F. Lotter, Severinus von Noricum, S. 125 ff. und S. 158 ff. In der Vita Severini, c. 8, ist von Goldschmieden in germanischer Gefangenschaft die Rede. Die Rolle solcher „Spezialisten" im Umkreis von Ober- und Führungsschicht ist noch nicht grundlegend untersucht. Siehe auch H. Roth, S. 323 ff. und R. Christlein, Der Runde Berg; ders., Der Runde Berg II, S. 75 ff. Siehe auch F. Graus, Gefangenenbefreiungen, S. 61 ff.; H. Grünert; E. A. Thompson; L. Schmidt, Westgermanen, S. 293 f.; R. Günter, Feudalismus, gibt unter Verweis auf Ammianus Marcellinus, 18, 2, 18, eine Zahl von 20.000 an.

114 R. Roeren, S. 214 ff., Abb. 2. Inzwischen gibt es stärkere Anzeichen für eine frühere Besiedlung des Dekumatenlandes seit dem Fall des Limes. E. Keller, Chronologie, S. 276; dagegen K. Weidemann, Denkmäler, S. 45 ff. Siehe auch G. Fingerlin, Siedlungsgeschichte, S. 78 f.; H. Schoppa, Limesgebiet, S. 1 ff.; H. Nesselhauf, S. 49.

115 G. Fingerlin, ebd., S. 78 f.

ver großer alamannischer Gruppen aus Furcht vor Unterwerfung und Versklavung, haben längere kontinuierliche Siedlungsphasen und damit auch Grablegungsphasen wohl nicht aufkommen lassen. Die Berichte Ammians und anderer sind reich an entsprechenden Belegen. Daß deshalb die Grabanlagen über einzelne Gräber und kleine Grabgruppen nicht hinausreichen[116], im Gegensatz zu den Nekropolen des Wohn- und Siedelraumes im Herkunftsgebiet, ist durchaus plausibel. Es ist vollkommen widersinnig, von einer „systematischen Besetzung des Landes" zu sprechen[117].

Die Plausibilität der, wenn auch z. T. indirekten, Nutzung vorhandenen Siedlungs- oder besser Anbaugebietes durch die Alamannen wird von archäologischer Seite auch gestützt[118]. Weidemann trägt systematisch Belege für die alamannische Nachfolge in römischen Siedlungen und Kastellen zusammen, die durchaus überzeugen[119]. Dieses Phänomen der Anlagerung alamannischer Siedlung und Begräbnisstätten ist zwischen dem ausgehenden 3. und dem endenden 4. Jh. hinreichend belegt[120]. Erst zu Anfang des 6. Jhs. scheint sich ein neues Siedlungs- und Niederlassungsverhalten feststellen zu lassen[121]. Diese Zäsur liegt bei Roeren zwischen dem Ende des 4. und der Mitte des 5. Jhs., der Zeit der beginnenden Reihengräberkultur in Südwestdeutschland[122]. Diese zeitliche Gliederung, der sich Böhner und Schoppa anschlossen[123], entspricht auch eher der veränderten Reihengräberchronologie, die einen Anschluß in der Mitte des 5. Jhs. durchaus zuläßt. Diese thematische Aufbereitung der topographischen Zusammenhänge zwischen Siedlungslandschaft und Gräberfeldern[124] bestätigt einige Thesen:

1. Die Siedlungsverhältnisse in Schwerpunkten der Niederlassung scheinen sich um 400 zu konsolidieren, und eine neue Siedlungslandschaft beginnt sich im 5. Jh. herauszubilden.
2. Erst jetzt weicht die Besiedlung und Bodenbebauung wesentlich ab von den ehemals römischen Siedlungs- und Nutzungsräumen. Die unterschiedlichen Auffassungen zu diesen Fragen[125] scheinen von der quantitativen Wertung und damit Verallgemeinerung von Fundergebnissen auszugehen. Der Historiker muß wohl Verhalten, wirtschaftliche und gesellschaftliche

116 Ebd., S. 78.
117 Ebd., S. 79.
118 K. Weidemann, ebd., S. 99 ff.
119 Im Gegensatz dazu: G. Fingerlin, ebd., Karte S. 113, Abb. 13; kritisch zu K. Weidemann: H. Ament, RGZM 55, 1974, S. 430 ff.
120 K. Weidemann, ebd., S. 130.
121 Ebd.
122 R. Roeren, S. 236.
123 Siehe K. Weidemann, ebd., S. 132.
124 Ebd., S. 153, Abb. 40.
125 Letzte Äußerungen von G. Fingerlin und K. Weidemann s. o. zusammenfassend.

Interessenlage der landnehmenden Alamannen und ihre politische Situation heranziehen, um eine Entscheidung zu fällen. Die Widersprüche bei Fingerlin sind z. T. evident. Zum einen spricht er von zahlenmäßiger Schwäche der einwandernden Alamannen[126], dann von systematischer Besetzung des Landes, vom „nach außen gerichteten Expansionsdruck" aufgrund „wenig intensiven Ackerbaus", zugleich vom Brachliegen „in römischer Zeit bewirtschafteter Flächen"[127].

5. DIE BESIEDELUNG ALAMANNIENS IM 4. JAHRHUNDERT

Besiedlung und Ausweitung der Besiedlung durch die Alamannen sind in ihrem Verlauf strittig. Immer wieder wird versucht, modernes Verhalten und moderne Erkenntnisse bei der landnehmenden Bevölkerung vorauszusetzen. Wohnqualität und Klima haben wohl nicht unmittelbar den Ausschlag für die Niederlassung gegeben[128]. Die Niederlassungen der Alamannen sind nicht nur durch Faktoren wie z. B. Wasserverhältnisse und Bodenqualität, durch die fruchtbaren Löß- und Schwemmlößböden oder von den Schotterböden der Niederterrasse, den sumpfigen und hochwassergefährdeten Böden der Rheinaue bestimmt worden. Primäres Interesse war die Einnahme schon kultivierten Landes. Die Besiedlung erfolgte zunächst durch Übernahme vorhandener, nach Möglichkeit noch bearbeiteter landwirtschaftlicher Nutzflächen. Damit verbunden ist die Nutzung der evtl. noch anwesenden Landarbeiter bzw. Bauern. Das Interesse der Eroberer an Kriegsgefangenen unterstützt dieses Verhalten. Die Kriegsgefangenen sind nicht nur ein Topos spätantiker historiographischer Literatur und sind nicht nur Menschenbeute aus militärischen „Beständen", sondern beinhalten verschleppte agrarische und gewerblich-handwerkliche Bevölkerung. Dabei scheinen sich Anzeichen für freiwillige Unterwerfung und Unterordnung unter die neuen Herren zu ergeben. Das Los solcher Gruppen hat sich nämlich unter alamannischer Herrschaft sicher nicht wesentlich verschlechtert. Die sozialen Zwänge, die von der römischen Gesellschaft und dem spätantiken Staat und seinen Organen auf diese Gruppen ausgeübt wurden und deren Auswirkungen werden sichtbar in den vereinzelt auftretenden Hinweisen auf freiwillige Eingliederung unter barbarische Herrschaft. Spezialistentum und technisches know how, in dieser Epoche von künstlerisch-kunstgewerblicher Produktion nicht zu trennen, machten einen großen Teil dieser keltisch-römischen Bevölkerung zu einem Desiderat als

126 G. Fingerlin, ebd., S. 78.
127 Ebd., S. 80.
128 So G. Fingerlin, ebd., S. 81 und 83.

Herrschaftsobjekt. Die gesellschaftliche Stellung solcher Leute wird sich zunehmend als nicht nur verknechtet und am Existenzminimum dahinvegetierend, sondern auch als gehoben und bevorzugt herausarbeiten lassen. Die Funde vom Runden Berg bei Urach, von der Gelben Bürg und anderswo lassen jetzt schon Kategorien handwerklich spezialisierter Bevölkerung erkennen, die, wie die Depotfunde eindeutig beweisen, etwas zu verlieren hatten. Diese materiellen Hinterlassenschaften sind nicht nur ein Hinweis auf Funktionen im produktiven Bereich und auf Besitzer wertvoller Produktionswerkzeuge, Produkte und Produktionskenntnisse, sondern auch auf darauf beruhende soziale Stellung[129]. Die Ausbildung regionaler Gewerbezentren in der Keramik[130] und Metallwarenproduktion, die von Funddichte und Fundmerkmalen erschlossen wird, ist ohne die Existenz einer gewerblichen Vorbevölkerung und, wo eine solche nicht oder nicht mehr vorhanden war, „importierter" Handwerker nicht denkbar. Es ist plausibel und auch archäologisch untermauert, daß solche Handwerker im weitesten Sinne ihre Niederlassung in der Nähe von Herrschaftszentren hatten[131]. Das entspricht dem Interesse der an den Produkten teilhabenden Führungsgruppen, die überwiegend als Abnehmer, als Auftraggeber der Ware gelten können. Die Skala dieser Produktion erscheint ja hinlänglich in den Grabbeigaben dieser kriegerischen Elite. Das heißt nicht, daß der Warenimport oder die Produktion von wandernden Handwerkern keine Rolle gespielt hätten[132]. Die Einheitlichkeit und Vergleichbarkeit des Fundmaterials, der Verweis auf künstlerische, kulturelle und gesellschaftspolitische Provenienz vorwiegend aus rheinischen, nordostgallischen aber auch böhmisch-donauländischen Produktionszentren ist deutlich und unübersehbar. Daneben zeichnet sich aber auch die zunehmende Tendenz regionaler Produktionszentren ab, deren Gewicht sich beim augenblicklichen Stand noch nicht ganz ablesen läßt[133]. Für den agrarischen Bereich müssen wir von ähnlichen Überlegungen ausgehen. Sicher ist, daß die alamannischen Kriegszüge und die damit verbundene politisch-militärische Rücknahme der römischen Grenze auf den spätrömischen Limes, die latente römisch-alamannische Gegnerschaft, verbunden mit gegenseitigen militärischen Aktionen im

129 R. Christlein, Der Runde Berg, S. 15 ff.; ders., Der Runde Berg II, S. 75 ff.; G. Fingerlin, Siedlungsgeschichte, S. 99 ff.; H. Dannheimer, Mittelfranken; V. Milojčić, Der Runde Berg, S. 181 ff.; ders., Herrensitz, S. 74; J. Werner, Alamannische Burgen, S. 63 ff.; H. Richter, Der Glauberg, S. 22; S. 89.

130 W. Hübener, Absatzgebiete, S. 149 ff.

131 R. Christlein, Der Runde Berg, S. 15 ff.; ders., Der Runde Berg II, S. 75 ff.; V. Milojčić, ebd.; ders., Herrensitz, S. 74.

132 J. Werner, Metallarbeiten, S. 65 ff.; W. Hübener, ebd.

133 R. Christlein, Fibelproduktion; H. Bott, Bajuwarischer Schmuck; ders., Körbchenohrringe; W. Hübener, Absatzgebiete; H. Roth, S. 323 ff.

Hinterland, eine gewisse Ausdünnung der keltisch-römisch-germanischen limeszeitlichen Bevölkerung verursachte. Es ist jedoch völlig widersinnig, eine Bevölkerungsausrottung anzunehmen[134]. Überwiegend die gesellschaftlichen Oberschichten – Militär, Verwaltung, Großgrundbesitzer, wohl auch Kaufleute und andere – haben mit dem organisierten Rückzug weitgehend das Feld geräumt. Analoge Verhältnisse und Verhaltensformen sind in der Vita Severini für Südostdeutschland dargestellt[135]. Wohl müssen wir erwarten, daß die Grundherren an der Mitnahme zumindest ihrer menschlichen Produktionsmittel, die zum Teil in engster Abhängigkeit standen, interessiert waren.

Die alamannische Landnahme und Besiedlung beginnt nicht mit Landesausbau, sondern mit der Einnahme von genutzten, möglichst intakten landwirtschaftlichen Nutzflächen und entsprechenden Landarbeitern, Bauern, Kolonen. Das spiegelt sich eindeutig in den Karten bei Fingerlin[136], die zeigen, daß „der Siedlungsraum des 5. und 6. Jhs. insgesamt erheblich kleiner ist als die römische Kulturlandschaft“[137]. Und wenn Fingerlin weiter feststellt, daß die Siedlungsräumen zuzuordnenden Gräberfelder „ausnahmslos auf guten Ackerböden in klimatisch begünstigten Zonen“ liegen[138], so zeigt das ganz eindeutig, daß die Alamannen nach Möglichkeit vorhandene landwirtschaftliche Flächen weiter nutzten[139], wobei die eigenen sozial niederen Gruppen wohl bald mit der entsprechenden verbliebenen oder eingebrachten agrarischen Bevölkerung verschmolzen sind. Die Ausführungen Fingerlins zu diesem Thema sind sehr widersprüchlich. Einerseits ist die Rede vom Landausbau[140], andererseits füllt sich nach seiner Meinung das siedlungsgeeignete Land nur allmählich. Auch ein Zurückdrängen „noch vorhandener, nicht assimilierter Bevölkerungsreste“ entsprang keinem Herrschafts- und Landnahmeprogramm. Die zurückgezogenen Siedlungen mit angenommener keltoromanischer Bevölkerung, zum Teil in den Tälern des Schwarzwaldes, sind eben der Eingliederung und produktiven Nutzbarmachung durch die Alamannen entgangen. Die Überlagerungsvorgänge dürften ohne große Reibungen vor sich gegangen sein. Die Motivation zu Fluchtbewegungen der keltoromanischen

134 So K. Weller, Württemberg, S. 61 und L. Schmidt, Westgermanen, S. 23 f. Für die Fortexistenz gibt es eindeutige archäologische Belege. R. Roeren, S. 214 ff.; R. Christlein, Der Runde Berg, S. 15 ff.; R. Straub, Kontinuität, S. 49 ff.; H. Dannenbauer, Dörfer, S. 66, Anm. 22.

135 Vita Severini, ed. H. Noll; dazu F. Lotter, Severinus von Noricum, S. 163 ff.

136 Siedlungsgeschichte, S. 56 f., Abb. 8–9.

137 Ebd., S. 81.

138 Ebd.

139 Diese Ansicht wird bestätigt in RGA, Art. „Alamannen“, S. 147.

140 Ebd., S. 80 f.

Unterschichten ging wohl auch von Propaganda und Gerüchten über die barbarischen Eroberer aus[141].

In der Realität haben die verbliebenen Bevölkerungsgruppen nur die Herren gewechselt. Quantitativ besteht ein großer Unterschied im Verhältnis keltoromanischer Bevölkerungskontinuität zwischen den alamannischen Siedlungsräumen (vornehmlich der rechtsrheinischen), dem nordostgallisch-fränkischen Gebiet und dem Mittel- und Niederrhein. Auch im baierischen Raum dürfte das keltoromanische Substrat dichter sein als in Südwestdeutschland[142]. Erst die Ausweitung alamannischer Siedlungen über Ober- und Hochrhein in das Elsaß und in die heutige Schweiz hob das relative Gewicht der Keltoromanen[143]. Damit ist zeitlich jedoch schon die fränkisch-merowingische Epoche eingeleitet. Der Großteil alamannischer Siedlungsgebiete war ein weitgehend stadtfreier Raum. Die agri decumates beinhalten keine dicht besiedelten römischen oder keltoromanischen Bereiche, wie wir sie am Mittel- und Niederrhein, in Nordfrankreich und im Maas-Schelde-Raum und auch im Salzburger Raum finden.

Nur einzelne urbane Zentren wie Straßburg, Augsburg, Basel kommen in das nähere Umfeld der alamannischen Herrschaftsräume zu liegen. Die Oberschicht, Römer und romanisierte Kelten, Angehörige der römischen Provinzialverwaltung, die Militärs (Rückverlegung der Verwaltungs- und Militärzentren auf den nassen Limes), Großgrundbesitzer und die mobilen Kaufleute und Händler haben wohl schon in den Jahrzehnten der sogenannten Alamannenstürme durch teilweisen Rückzug aus den gefährdeten Gebieten eine Verdünnung des Bevölkerungssubstrats und der Verwaltungs- und Infrastruktur herbeigeführt[144]. Diese Verdünnung steht nicht im eindeutigen Gegensatz zur belegbaren Annahme einer Bevölkerungs- und Kulturkontinuität. Allerdings müssen wir einzelne Kontinuitätsstränge einzeln analysieren. Einer dieser Stränge ist die Weiterexistenz römischer Bevölkerung, römischer Verwaltung, römischer Staatlichkeit. In diesem Bereich hat die archäologische und die namenkundliche Forschung genauso wenig wie die Institutionsgeschichte intensive Kontinuität im Gesamtraum nachweisen können, und es zeigt sich im Gegenteil eine Neuorganisation der römischen Verteidigungslinie als Reaktion auf alamannisches Vordringen in der vorbereiteten Rückverlegung der römischen Grenze auf die Rhein-Bodensee-Iller-Donau-Linie im 3. Jh. Die Kontinuität wird vor allem getragen von der romanischen Bevölkerung unter-

141 Vgl. Vita Severini; F. Lotter, Severinus v. Noricum, S. 166.

142 Geringe Einschätzung bei E. Keller, Die spätrömischen Grabfunde.

143 5./6. Jh.; siehe R. Moosbrugger-Leu, Die Schweiz, Band B, S. 17 ff.; ders., Gürtelbeschläge, S. 164 ff.

144 Siehe oben, Anm. 134.

halb eines bestimmten sozialen Levels von geringer Mobilität. Unterschichten sind also im Eroberungs- und Siedlungsraum der Alamannen verblieben, wobei eine viel stärkere Ausdünnung durch die längerzeitlichen Auseinandersetzungen und Raubzüge durch alamannische Gruppen erfolgt ist im Gegensatz zum baierischen Raum, der wohl nur kurzzeitig chaotische Verhältnisse erlebte[145]. Wohl wurde auch der Raum östlich von Iller und Lech von Alamanneneinfällen heimgesucht (Brandspuren, Schatzfunde). Hier boten jedoch die befestigten Städte, z. B. Regensburg, Augsburg, Passau u. a., sehr viel mehr militärischen Schutz und Sicherheitsgefühl. Das quantitativ größere romanische Bevölkerungssubstrat in Baiern erweisen die Grabfunde der spätrömischen Kaiserzeit[146] und auch die Reihengräberfunde des 5. und 6. Jhs., die germanische und nichtgermanische Bestattete erkennen lassen.

Keltoromanische Bevölkerung tritt verdichtet im alamannischen Raum um ehemals größere Römerstädte wie Basel-Augst[147] oder Augsburg (St. Afra-Kult) auf, die einen Schrumpfungs- und auch Deurbanisierungsprozeß durchliefen[148]. Indirekt läßt sich eine solche Bevölkerungskontinuität auch durch die geographische Namengebung im ehemaligen Dekumatenland erschließen. Diese Prozesse wurden ganz besonders durch den Abzug der politisch-militärisch und kultisch-religiös, d. h. weitgehend christlichen, tragenden Oberschicht in Gang gesetzt. Modelle für die Rückzugsvorgänge bietet uns die etwas spätere Vita Severini für die zweite Hälfte des 5. Jhs. im Raum Regensburg-Passau-Lorch[149]. Die dargestellten Vorgänge und Situationen lassen sich z. T. übertragen. Die Bevölkerungskontinuität auf dem flachen Land ist ebenfalls nachgewiesen allein durch die Namenskontinuität geographischer Begriffe für Landschaften (Baar, Lienzgau, Alb), Flüsse (Neckar) usw. Dabei ist eine ungleiche Verteilung des Bevölkerungssubstrats sicher anzunehmen. Die römisch-romanische Bevölkerung war zahlenmäßig in der Stadt relativ stärker präsent als auf dem Land. Die Anzahl römischer Gutshöfe und damit die Anwesenheit römischer Oberschicht auf dem Land ist nach dem archäologischen Befund relativ gering[150]. Im agrarischen Bereich finden wir zahlenmäßig reduziert Romanen, Kelten, Germanen und ihre Mischformen von verschiedenem, im ganzen niederem sozialen Status[151]. Versuche, die Bevöl-

145 Literatur siehe oben, Anm. 134.
146 Mit starken Einwänden: E. Keller, Grabfunde; siehe auch ders., Neuburg II.
147 R. Moosbrugger-Leu, Die Schweiz; ders., Gürtelbeschläge, S. 159 ff. mit Streuungskarte 2, 3, 4.
148 L. J. Weber, S. 113 ff.
149 Literatur siehe oben, Anm. 134.
150 R. Roeren, S. 214 ff.; G. Fingerlin, Siedlungsgeschichte, S. 45 ff.; K. Weidemann, Siedlungsgeschichte, S. 99 ff.
151 R. Straub, Kontinuität, S. 49 ff.

kerung im Dekumatenland quantitativ zu erschließen, sind sicher mit Fehlerquellen versehen. Die Beschränkung auf kleine regionale oder lokale Räume erweist sich wohl als sinnvoller. Stoll gelangt jedoch in seinem errechneten Beispiel für die Gemeinde Hailfingen zu folgenden absoluten Bevölkerungszahlen, die selbst bei vorsichtiger Verallgemeinerung kaum Aussagekraft haben. Im 2. und 3. Jh. kommen auf fünf römische Gutshöfe 50–70 Leute. In der Zeit der alamannischen Einfälle erkennen wir eine Abnahme. Im 3./4. Jh. existiert vielleicht nur ein Hof mit ca. 15–20 Leuten, in der ersten Hälfte des 6. Jhs. wiederum zwei bis drei Höfe mit ca. 20 Leuten[152].

Diese Unterschichten wurden z. T. mit Unterschichten der neuen Herren vermischt. In den alamannischen Leges sind im Gegensatz zu anderen Rechtskodices galloromanische Bevölkerungsreste nicht erwähnt. Das ist eine bezeichnende Aussage zu gesellschaftlichem Status und zur quantitativen Größenordnung der Unterworfenen im Vergleich zu den fränkischen und baierischen Gebieten.

Gleichzeitig zeigt diese Tatsache die schon längerzeitig erfolgte Assimilierung und Nivellierung der keltoromanischen agrarischen Unterschichten. Der Zeitfaktor spielt im Falle des ca. 200 Jahre früher erfolgten Rückzugs Roms aus dem Dekumatenland eine entscheidende Rolle, wenn wir uns mit Kontinuitätsvergleichen zwischen dem Osten und dem Westen Süddeutschlands auseinandersetzen. Die Vielfalt der ethnischen Herkunft dieser Unterschichten wird nicht zuletzt erwiesen durch ihre enorme quantitative und ökonomische Bedeutung, die bei Ammianus Marcellinus zum Ausdruck kommt. Auch bei Berücksichtigung der zahlenmäßigen Übertreibung und des zeitgemäßen Topos der „Gefangenenbefreiung" haben seine Berichte glaubwürdiges Gewicht[153]. Während also die fränkische Landnahme, Besiedelung und Herrschaftserrichtung in Gallien eher die Formen einer Anlagerung unter Übernahme und Wahrung staatlich-politisch-gesellschaftlicher Substanz und Struktur aufweisen, sehen wir im alamannischen Eroberungs- und Siedlungsvorgang dagegen einen Überlagerungsprozeß, aus dem die Oberschicht der unterworfenen Bevölkerung zusammen mit staatlichen Institutionen und damit verbundenen Bereichen der Infrastruktur weitgehend vorher schon eliminiert war.

Der fränkische Anlagerungsprozeß im nordostgallischen Raum beinhaltet im 5. Jh. zunehmend politische und gesellschaftliche Durchdringung und Verflechtung und steht damit am Ende des 5. Jhs. im Vorfeld politischer Integra-

152 H. Stoll, S. 69 ff.
153 Zum Problem der Gefangenenbefreiung: R. Wenskus, Stammesbildung, S. 453 ff.; H. Grünert; E. A. Thompson; F. Graus, Gefangenenbefreiung, S. 61 ff.; F. Lotter, Severinus von Noricum, S. 125 ff.; bes. S. 158 f., S. 191 ff.

tion. Die Christianisierungsansätze der Franken, die Taufe Chlodwigs, waren nicht der Ausgangspunkt, sondern erster Höhepunkt.

Die Formen der Wirtschaft und der Herrschaft im alamannischen Raum unterscheiden sich wenig von denen in den alten Siedlungsräumen. Die agrarische Grundkomponente bleibt erhalten. Methoden und gehobene Lebensformen der Römer im ländlichen Bereich werden von den neuen Herren nur z. T. übernommen. Das zeigt beispielhaft der Niedergang ländlicher Bauten aus römischer Zeit, der Verfall römischer Gutshöfe, neben deren Ruinen die Archäologie relativ primitive Holzbauten im herkömmlich germanischen Stil festgestellt hat. Die Belege für Weiternutzung beweisen das gleiche [154]. Nach oft jahrzehntelanger Verödung von römischen Gutshöfen finden wir gelegentlich nach primitiver Widerinstandsetzung eine Weiternutzung durch Alamannen. In diesen Fällen sind die neuen Herren Angehörige der Ober- bzw. Führungsschicht[155].

Die verschiedenen politischen Entwicklungen in den süddeutschen Räumen, die frühere Aufgabe römischen Machtbereiches und römischen Staatsgebietes in Südwestdeutschland, das Fortbestehen römischer Kultur und Staatlichkeit im Südosten bis Ende des 5. Jhs., prägen ethnische Formierung, politische Verhaltensweisen, gesellschaftliche Strukturierung, religiöse Vorstellungen und auch die Traditionsbildung. Vor diesem Hintergrund mehren sich auch die Anzeichen früherer Präsenz des Christentums in fränkischer Zeit im baierischen Raum als im Südwesten. Wenn auch die Archäologie nur sehr vorsichtig von Fundgegenständen mit christlicher Symbolik auf das Christentum der damit Bestatteten schließt, deuten die bisherigen Funde doch auf früheres Christentum in Baiern als im Südwesten[156].

So wie bei den Franken ist der Integrationsprozeß im baierischen Raum leichter und intensiver vor sich gegangen. Bei den Bajuwaren wurde schon Mitte des 6. Jhs. ein einziger Herzog eingesetzt. Wenn dies auch nicht aus eigener Wurzel geschah, sondern entschieden durch den Willen des fränkischen Herrschers nach der Preisgabe des Voralpenlandes durch die Ostgoten, so liegen diesem Akt dichtere politisch-herrschaftliche Strukturen aus Resten provinzrömischer Verwaltung christlich-romanischer Tradition und Kultur zugrunde und damit eine leichtere Beherrschbarkeit des Landes, wenigstens des östlichen Teiles[157]. Diese Grundlagen haben früher zu politischen Einigungsten-

154 K. Weidemann, Siedlungsgeschichte, S. 99 ff.

155 Zum Beispiel Frankfurt-Ebel, Praunheim; K. Weidemann, Untersuchungen, S. 99 ff.; G. Fingerlin, Siedlungsgeschichte, S. 45 ff.; RGA, Art. „Alamannen", S. 155.

156 V. Milojčić, Christentum; ders., Oratorium von Mühltal, S. 177 ff. Gegen Milojčić: H. Dannheimer, Christentum, S. 182 ff. L. J. Weber, S. 113 ff.; J. Werner, St. Ulrich und Afra.

157 F. Prinz, Bayern, Salzburg, S. 10 ff.; ders., Innere Entwicklung, S. 270 ff.

denzen mit zentralem Herrschaftstrend, die sich auf relativ geordnete, überlegene Machtmittel stützten, geführt. Die Einsetzung des Herzogs, sein Agieren in politischer und persönlicher Abhängigkeit, setzt christlichen Glauben bei diesem voraus (Hochzeit Garibalds mit Waldarada).

Zu der Zeit (um 550) sind die Alamannen im südwestdeutschen Raum, im Elsaß, in der Schweiz noch Heiden[158]. Frühes Christentum bei den Bajuwaren wird bezeugt bei Venantius Fortunatus in der Vita Martini[159] und deutet neben der Kultkontinuität und Glaubenskontinuität auf eine entsprechende Bevölkerungskontinuität als Basis der Glaubensverbreitung und -erhaltung.

6. HERRSCHAFTSZENTRUM UND BURG BEI DEN FRANKEN UND IN SÜDDEUTSCHLAND

Die politische Bedeutung der civitas für die innere Strukturierung der fränkischen Überlagerungsprozesse in den ehemaligen römischen Provinzen Nordgalliens und des linksrheinischen Gebietes demonstrieren die Herrschaftsteilungen in der ersten Hälfte des 6. Jhs.[160]. Die städtischen Mittelpunkte, die civitates, sind Kristallisationspunkte fränkisch-merowingischer Macht und bestimmen dadurch die politische Geographie. Die Teilgebiete des Reiches finden ihre Benennung zunächst durch die Herrschernamen: „Sors Chlotarii“[161], „Regnum Sigiberti“[162], in der Mitte des 6. Jhs. durch die städtischen Zentren der civitates. Kaum die römischen Militärbezirke und noch weniger die Provinzen sind die neuen Zellen für den Aufbau und die Kontinuität von Staatlichkeit. Die Feststellung häufiger Übereinstimmung von civitas und pagus ergänzen die konstruktive Bedeutung der civitas und ihres städtischen Mittelpunktes[163].

158 Siehe H. Büttner, Frühes Christentum; ders., Elsaß; E. Meyer-Marthaler, Rätien im frühen Mittelalter, R. Moosbrugger-Leu, Die Schweiz; M. Beck, S. 249 ff.; W. Müller, Christianisierung 1974, S. 169 ff.; ders., Christianisierung 1975, S. 401 ff.

159 IV, v. 640 ff.:
„si tibi barbaricos conceditur ire per amnes,
ut placide Rhenum transcendere possis et Histrum,
pergis ad Augustam, qua Virdo et Licca fluentant.
illic ossa sacrae venerabere martyris Afrae.
si vacat ire viam neque te Baiovarius obstat,
qua vicina sedent Breonum loca, perge per Alpem
ingrediens rapido qua gurgite volvitur Aenus.“

160 E. Ewig, Teilreiche, S. 654.

161 Vita Radegundis, II.

162 Greg. Tur. II, 40.

163 E. Zöllner, Franken, S. 138 f.

Das Schwergewicht der fränkischen Herrschaft in den Städten wird weiter unterstrichen vom comes civitatis, der schon in der frühen Merowingerzeit stadtsässig war. Rechtsrheinisch finden wir in der frühen Merowingerzeit im Frankenreich keine comites als Träger delegierter Machtbefugnis.

Befestigungen als herrschaftliche Elemente, zur Repräsentation für militärische, machtpolitische Zwecke nach innen und außen, sind ein nicht immer gegebenes Erkennungsmerkmal von Führungsschichten adeliger Stellung. Kenntnisse über Gesellschaftsstrukturen, Herrschaftsmittel und Herrschaftsmethoden, politische Situationen sowie wirtschaftliche Bedingtheiten der Burgbewohner, namentlich der in der Burg anzutreffenden Ober- bzw. Führungsschicht, lassen sich von der Erforschung solcher befestigter Plätze erwarten. Wir können dabei sicher sein, daß das bisher schon nicht einheitliche Verständnis von „Burg" eine weitere Differenzierung erfährt[164].

Deshalb ist auch der Nachweis der Existenz von Befestigungen, Wehrbauten, Burgen ein Desiderat namentlich der Forschung, die im Umland von „Adel, Burg und Herrschaft" angesiedelt ist. Die Arbeiten Dannenbauers und auch Werners sind in bezug auf die Rolle bzw. die Existenz der „Burg" überhaupt nicht unwidersprochen geblieben[165]. Die schriftliche römische Überlieferung des 4. Jhs. teilt uns über Befestigungsanlagen oder gar Burgen bei den Alamannen nur Ungenaues mit. Ammianus Marcellinus[166] spricht zum Beispiel von Kämpfen um Höhen, die wir uns als von der Natur begünstigte Höhen, vielleicht von Fall zu Fall provisorisch neu bewehrt, wie Burgen vorstellen müssen. Neuere Ausgrabungen und ihre endgültigen Auswertungen sind im Gang, und es ist jetzt schon voraussehbar, daß sie ganz neuen Vorstellungen von gesellschaftlicher Strukturierung der Alamannen, namentlich von der Position, den Herrschaftsmitteln, der politisch-gesellschaftlichen Sicherung, der wirtschaftlichen Grundlagen der Führungsschichten im südwestdeutschen Raum, den Weg öffnen. Schlüsselstellungen dieser archäologischen Arbeit und unserer Erwartungen nehmen die Ausgrabungen auf dem Runden Berg bei Urach und auf der Gelben Bürg und ihre Befunde ein[167]. Diese Veröffentlichungen sind z. Zt. nur Vorberichte, die endgültige Aussagen noch nicht machen können. Insofern steht noch manches Ergebnis aus. Immerhin können wir

164 H. Dannenbauer, Adel; J. Werner, Alamannische Burgen; R. v. Uslar, Studien; RGA, Art. „Alamannen", Art. „Burg"; R. Christlein, Der Runde Berg; ders., Der Runde Berg II; V. Milojčić, Der Runde Berg; ders., Herrensitz; H. Dannheimer, Mittelfranken; H. Richter, Der Glauberg; W. Hübener, Wehranlagen.

165 E. Ennen, S. 38; R. v. Uslar, Studien, S. 26 f.; H. Ebner, S. 11 ff.

166 27, 10, 9.

167 R. Christlein, Der Runde Berg; ders., Der Runde Berg II; ders., Fibelproduktion; ders., Spathabeschläge: V. Milojčić, Der Runde Berg; ders., Herrensitz; H. Dannheimer, Mittelfranken; G. Fingerlin, Siedlungsgeschichte, S. 54.

daraus vorab Neues schöpfen oder ältere Ansichten daran messen. Auch am Glauberg bei Büdingen (Oberhessen) wurde die Existenz von Handwerkern nachgewiesen[168]. Seit der zweiten Hälfte des 3. Jhs. ist diese burgähnliche Anlage besiedelt. Die Masse der Funde entstammt dem 4. und der ersten Hälfte des 5. Jhs. Es scheint um 500 ein Siedlungsabbruch vorzuliegen[169]. Zahlreiche Hinweise deuten eine Dauerbesiedlung des Glaubergs an. Anders als bei der Gelben Bürg haben wir keine Fluchtburg vor uns[170]. Gebäudeanlagen verschiedener Qualität und Größe lassen die permanente Existenz von Handwerkern und Angehörigen der Führungsschicht erwarten[171]. Auf der Kuppe des Runden Berges ließen sich ein Schmied, ein Goldschmied, ein Bronzegießer, Glasbläser, Knochen-, Gagatt-, Steinperlen- und andere Schnitzer feststellen[172]. Darüber hinaus läßt sich der Runde Berg als „Sitz sehr wohlhabender Herren" bezeichnen[173]. Die um 500 in den Boden gelangten zahlreichen (!) Horte mit kostbarem Schmuck, die Schwertbügel und Ortbänder bis zur Qualität des Childerichgrabes sind dafür eindeutige Belege. Darüber hinaus beweisen die Hortfunde und ihre eindeutige Datierung auf die Zeit um 500 den gewaltsamen Abbruch der Besiedlung. Dieser steht mit größter Sicherheit im Zusammenhang mit dem fränkischen Sieg 496/97 bzw. 506[173a]. Besiedlungsabbruch, z. T. verbunden mit Zerstörung der Wohn- und Befestigungsanlagen, wie beim Runden Berg von Urach eindeutig zu erkennen[174], veranlaßte schon früher zu folgendem Ergebnis: „Erst der Sieg Chlodwigs über die Alamannen führte zum Verschwinden der reges und zum Veröden der Höhenburgen, die im Merowingerreich als Fürstensitze unabhängiger Kleinstämme keine Existenzberechtigung mehr hatten"[175]. Dannenbauer hat das Problem des relativ späten Einsetzens von Burgenbau und Burgenpolitik kritisch angesprochen[176]. Erst die späte Karolingerzeit ist eine erste „Burgenepoche".

168 H. Richter. Siehe dazu auch Lex Alamannorum 74,5: „Faber, aurifex aut spatarius, qui publice probati sunt, occidantur, 40 solidos conponat."
169 J. Werner, Alamannische Burgen, S. 452.
170 Ebd., S. 453.
171 Ebd., H. Richter, S. 22.
172 Diskussionsbeitrag V. Milojčić, Protokoll 18.–21.3.1975, Nr. 196, S. 81 f.
173 Ders., Herrensitz, S. 74; siehe auch R. Christlein, Der Runde Berg II, S. 75 ff.
173a R. Christlein, ebd.
174 R. Christlein, Der Runde Berg, S. 15 ff.
175 J. Werner, ebd.
176 H. Dannenbauer, Adel, S. 91.

7. DIE PERIPHEREN SIEDLUNGSGEBIETE DER ALAMANNEN IM 5. JH.

Die Sprachforschung gibt uns für die alamannische Siedlung in peripheren Gebieten, vor allem im heutigen Frankreich (z. B. Franche-Comté), Hilfestellung. Die intensive Wander- und Siedlungsperiode der Alamannen, die nach der Einnahme des Elsaß um 460 am Doubs entlang bis östlich der Saône nach Westen vordringen, ist nicht der Beleg für die Existenz eines wirksamen Ein-Königtums, wie es vielfach gesehen wird, sondern eher für die Existenz einer wenig geordneten oder gar zentrierten Herrschaftsvielfalt[177].

Die umstrittene Erwähnung des alamannischen Königs Gebavult in der Vita Lupi für die Zeit um 480 mit der etwa gleichzeitigen Nennung in der Vita Severini (Gibuld) zeigt eher die Aktivität eines Gefolgschaftsführers[178]. Der Sieg der Burgunder über ein alamannisches Heer hat wohl keinen Abbruch alamannischer Siedlungsunternehmungen zur Folge[179]. Die Ortsnamen sprechen

177 Anders O. Feger, Herzogtum, S. 155 f.

178 Vita Severini, c. 19: „Batavis appellatur oppidum inter utraque flumina. Enim videlicet atque Danuvium, constitutum, ubi beatus Severinus cellulam paucis monachis solito more fundaverat, eo quod ipse illuc saepius rogatus a civibus adveniret, maxime propter Alamannorum incursus assiduos, quorum rex Gibuldus summa eum reverentia diligebat. Qui etaim quodam tempore ad eum videndum desideranter occurrit, cui sanctus obviam, ne adventu suo eandem civitatem praegravaret, egressus est, tantaque constantia regem est allocutus, ut tremere coram eo vehementius coeperit, secedensque suis exercitibus indicavit nunquam semet in re bellica nec aliqua formidine tanto tremore fuisse concussum. Cumque dei famulo daret optionem imperandi, qua vellet, rogavit doctor piissimus, ut, sibi potius praestaturus, gentem suam a romana vastatione cohiberet et captivos, quos sui tenuerant, gratanter obsolveret. Tunc rex constituit, ut ex suis aliquem dirigeret ad opus maturius exsequendum, statimque missus Amantius diaconus e vestigio regem subsequitur eiusque pro foribus excubans multis diebus non potuit nuntiari. Cui re, pro qua directus fuerat, non peracta tristissimo reverenti apparuit quidam, effigiem sancti praeferens Severini, qui eum minaci compellatione perterritum sequi se iussit. Cumque pavens et concitus sequeretur, pervenit ad ianuam regis statimque dux ille praevius ex oculis mirantis evanuit. Verum regis internuntius diaconem, unde esset vel quid speraret. Ille rem breviter insinuans oblatis regi receptisque remeavit epistolis. Dimissus igitur revexit fere septuaginta captivos, insuper promissionem regis gratam deferens qua spopondit se, cum diligenter provinciam peragraverit, remissurum, quantus in eadem repertus fuisset numerus captivorum. Pro qua re postmodum S. Lucillus presbyter destinatus magnam miserorum copiam a captivitate revocavit." R. Wenskus, Alemannen, S. 229, nimmt ohne hinlängliche Beweise die reale Identität von Gibuld (Vita Severini) und Gebavult (Vita Lupi) an. Siehe K. F. Stroheker, Alamannen, S. 48 und Anm. 62 und B. Behr, S. 41 ff. Nach F. Lotter behandeln die Kapitel 17–32 der Vita Severini etwa die Jahre von 472 bis 476/80 (Severinus von Noricum, S. 204). MG SS rer. Mer. 3, S. 123 und 7, S. 310.

179 M. v. Wartburg, S. 175.

gerade für die Franche-Comté eine andere Sprache. Dichter strukturierte Herrschaft im Kontext mit intensiver entwickeltem Stammesbewußtsein steht im Gegensatz zur Tatsache, daß Alamannen nach der Niederlage als Siedler in den umstrittenen Räumen verblieben. „Der alamannische Siedlungsraum war nun einfach aufgeteilt zwischen das Franken- und das Burgunderreich“[180]. So wie bei der alamannischen Niederlage gegen die Burgunder nur ein kleiner Teil organisierter Stammesgruppen, wohl unter Anführung eines Gefolgschaftsherrn, besiegt wurde, so erlaubt uns auch die alamannische Niederlage gegen die Franken nicht die Behauptung, daß um 500 ein alamannisches Königtum existiert hätte, das sich in Zusammenhang mit herrschaftlich-staatlicher Organisation qualitativ von den Verhältnissen und Strukturen des 4. Jhs. wesentlich abhebt[181].

Die politische Zersplitterung der Alamannen drückt sich nicht zuletzt in den wenig ausgerichteten militärischen Aktionen nach Gallien, nach Italien und die Donau abwärts aus. Mitnichten ist dahinter der Wille und die Dynamik eines gemeinsamen institutionell gefestigten Königtums zu suchen. Auch späterhin sprechen die schriftlichen Quellen sich gegen die Existenz eines solchen aus. Ein Gibuld der siebziger Jahre des 5. Jhs. steht einem Chnodomar oder Macrian institutionell und gesellschaftlich sehr viel näher als dem Typus Chlodwig und ist mit letzterem vielleicht nur in sehr allgemeinen entwicklungshistorischen Merkmalen zu vergleichen. Der damit angesprochene gefolgschaftliche Hintergrund ist bei den Frankenkönigen sehr viel weiter entwickelt und hat einen Über- und Unterbau römischer Prägung und, von da ausgehend, eine Sonderentwicklung erfahren.

Auch Stroheker sieht in der Kräftezersplitterung eine „entscheidende Schwächung der alamannischen Expansion“, „hinter der keine organisatorisch geschlossene Macht, sondern von Fall zu Fall ein föderatives Zusammengehen verschiedener Stammesteile stand“[182]. Die Gültigkeit dieser Aussage, die für das 3. und 4. Jahrhundert getroffen wird, kann uneingeschränkt auch für das 5. Jh. in Anspruch genommen werden. Die Weiterexistenz alamannischer Siedlung im linksrheinischen Gebiet – diese Siedlung steht fast ausschließlich in gefolgschaftlichem Rahmen – belegt die gering zentripetal ausgerichtete Kohäsion alamannischer Stammesgruppen. Das überhaupt nicht ausgebildete Einkönigtum wird auch am östlichen Ende der alamannischen Expansionsgrenzen offenbar. Die Gebiete östlich von Iller und Lech, also der später bajuwari-

180 Ebd.

181 B. Behr, S. 31 ff. bringt weitere Argumente für die Fortdauer der von Ammianus Marcellinus geschilderten Zustände.

182 K. F. Stroheker, Alamannen, S. 26. Siehe auch ebd., S. 48.

sche Raum, sind Ziele gefolgschaftlicher Unternehmungen, u. a. auch alamannischer Gruppen. Eindeutig erfahren wir das von Eugippius in der Vita Severini[183]. Um 470–80 ist die Gegend um Regensburg ein Tummelplatz alamannischer Reiterscharen unter ihrem rex Gibuld. Der archäologische Befund weist ebenfalls auf die Existenz alamannischer Siedlung anhand der Grabbelegungen in der zweiten Hälfte des 5. und Anfang des 6. Jhs. hin[184]. Auch die Sprachwissenschaft sieht im Alamannischen ein wesentliches Substrat des späteren Baierischen[185]. Wir müssen annehmen, daß die Alamannen über einem heute wohl nicht mehr unterschätzten keltoromanischen Grundstock, der vielleicht sogar in seiner ethnischen Zusammensetzung schon Anfang des 6. Jhs. in Ansätzen keltoromanisch-germanisch war[186], eine ganz wesentliche, sogar die wichtigste Rolle im Überlagerungs-, Herrschafts- und Integrationsprozeß spielten, wie ich im folgenden nachweisen will.

Diese starken alamannischen Kontingente, die wir um 500 im baierischen Raum auftreten sehen, waren also ebenfalls keinen erkennbaren zentripetalen Kräften, d. h. in diesem Fall einem Einkönigtum, verbunden mit aktivem Stammesbewußtsein, verpflichtet. Erst um 565 gilt der Lech als Grenze zwischen Alamannen und Bajuwaren[187].

8. DAS ALAMANNISCHE KÖNIGTUM IN DEN SCHRIFTLICHEN QUELLEN VOR 500

Das „alamannische Königtum“ am Ende des 5. Jhs. wird immer wieder vor dem Hintergrund einer „stärkeren politischen Konzentration der Alamannen“ nachzuweisen versucht[188]. Die Existenz eines „Großkönigtums“ dient sogar als Argument für den Nachweis eines alamannischen Stammesgefühls.

183 Eugippius, Vita Severini, c. 19; 25; 27; 31; F. Lotter, Severinus von Noricum, S. 261 ff.
184 U. Koch, Merowingische Grabfunde; H. Zeiß, Alamannische Gräber; W. Sage, Reihengräberfeld; U. Bierbrauer, Bügelfibeln, S. 160 ff.; ders., Grab- und Schatzfunde, S. 226 f.; Ders., Alteglofsheim, S. 94 ff.
185 W. Mitzka, Die Begründung der althochdeutschen Sprachgeschichte, S. 53 ff., besonders S. 56 f. mit allerdings kuriosen Erklärungsversuchen für Anlehnung des Bairischen an das Alamannische, S. 62. I. Reiffenstein, Mundarten, S. 709 ff.
186 K. Bosl, Bayerische Geschichte, S. 20; siehe dazu auch E. Keller, Neuburg II.
187 Venantius Fortunatus, Vita S. Martini, IV, 644 und Vorrede der Gedichte.
188 R. Wenskus, Stammesbildung; S. 511; O. Feger, Herzogtum, S. 151 ff. Zurückhaltender L. Schmidt, Westgermanen, S. 291; gegen die Annahme eines zentralen Königtums der Alamannen wendet sich mit überzeugenden Argumenten B. Behr, S. 31 ff. Allerdings werden sie nicht berücksichtigt z. B. bei R. Wenskus, Alemannen, S. 229 ff. und E. Ewig, Reichsbildung, S. 256.

Die schriftlichen Quellen unterstützen diese Behauptungen genausowenig wie die archäologischen. Bis zum Ende des 4. Jhs. zeigt sich uns ein ganz gegensätzliches Bild von der politisch-gesellschaftlichen Struktur der alamannischen Führungsschicht. Seit der Zeit der Alamanneneinfälle in römisches Reichsgebiet im 3. Jh. erkennen wir in der Streuung der alamannischen Unternehmungen von der Mosel zum Oberrhein über obere Iller zur Salzach, die sich in den römischen Schatzfunden widerspiegeln[190], diese heterogene, zentrifugale Macht-, Herrschafts- und Gruppenvielfalt bei den Alamannen. In der Zeit Maximians (291/92), nach dem Tod von Konstantius (306), erscheinen die alamannischen Führer immer im Plural[191]. Dieser Plural wird noch an der Wende vom 5. zum 6. Jh. gebraucht[192]. Relativ ausführlich und aus zeitlicher und geographischer Nähe berichtet Ammianus Marcellinus an vielen Stellen über die Vielzahl alamannischer Gruppen, Führer (reges, reguli) und ihre politisch divergierenden Verhaltensweisen. Feger[193] errechnet ohne Juthungen 15 alamannische Könige (um 360). Auch ein Macrian und Hortar sind machtpolitisch und in der geographischen Reichweite nur Teilfürsten. Den bei den römischen Autoren verwendeten Begriffen „rex", „regulus" sind dabei nur annähernd reale Funktion und gesellschaftlich-politischer Stellenwert dieser Kategorie beizumessen. Feger erkennt und beschreibt sehr richtig die Funktionen und Machtverhältnisse dieser reguli in ihrer geographischen und politischen Begrenztheit. Auch die fließende Abgrenzung der Machtbereiche bringt er zum Ausdruck[194]. Die Existenz von „Adelsdynastien" wird als nicht zu verallgemeinernd von ihm ebenfalls hervorgehoben. Ammian macht eine differenzierte Führungs- und Oberschicht sichtbar, deren objektive und subjektive Elitefunktion über verschiedene alamannische Gruppen und Siedlungsräume hinweg anerkannt wird und politisch-herrschaftlich übertragbar ist.

Das erste und zweite Drittel des 5. Jhs. bieten uns in den schriftlichen Quellen kaum Hinweise auf strukturelle Zustände des Stammes und seiner Führungsspitze, aber auch keine Anzeichen für eine grundsätzliche Änderung der vielfältigen und zentrifugalen Verhältnisse im Bereich von Gesellschaft, Herrschaft und Siedlung. Erst für die Zeit um 470 setzen wieder Nachrichten ein, die namentlich einen alamannischen „rex" nennen, nämlich Gibuld (Vita Severini). Zur selben Zeit etwa soll ein „rex gebavuld" aufgetreten sein[195].

189 R. Wenskus, Stammesbildung, ebd.

190 R. Roeren, S. 214 ff. und Abb. 1.

191 Zum Beispiel Eutropii Breviarium, c. 10, 3; siehe auch B. Behr, S. 4 ff. und S. 31 ff.

192 Cassiodor, Var. II, 41.

193 Ebd., S. 153.

194 Ebd., S. 153 ff.

195 Vita Lupi, MG SS Merov. 3, 123 c. 10. Gegen Krusch und L. Schmidt, Westgermanen, S. 275, Anm. 1, nimmt K. Reindel, Raetien und Norcium, S. 32, Anm. 80,

Die Originalität letzterer Quelle ist inzwischen stark angezweifelt. Die Vita Lupi lehnt sich eng an die Vita Severini an. Das etwa gleichzeitige Auftreten in Noricum und in Ostfrankreich bei Langres wird als Nachweis für die Existenz eines expansiven alamannischen Einkönigtums angesehen[196]. Die Aktionen Gibulds entsprechen ganz dem Verhalten, wie es ein Chnodomar oder Macrian, ein Hortar und andere zeitigten. Die Richtung der militärischen Vorstöße nach Osten (Donautal) wird maßgeblich mitbestimmt von den machtpolitisch-geographischen Gegebenheiten. Der Norden und, wie sich bei diesen Unternehmungen erwies, auch der Westen und Südwesten war von den fränkischen Machtansprüchen blockiert. Im Westen und Südwesten kam die burgundische latente Gegnerschaft zu den Alamannen, verbunden mit zunehmender Abhängigkeit von den Franken, hinzu. Die entsprechenden Autoren lernen nur einen peripheren Bereich, einen Ausläufer alamannischen Stammeslebens und alamannischer Stammesstruktur kennen. Der Exponent des alamannischen Stammes „schlechthin" ist die Person Gibulds für Eugippius/ Severin und auch in der Vita Lupi. Insofern ist die Stellung und Funktion Gibulds überbewertet und nichts kann uns hindern, seine Position in etwa gleichzusetzen mit der eines „rex" oder „regulus" des ausgehenden 4. Jhs. Dabei sollen politisch-gesellschaftliche Weiterentwicklung und evtl. Machterweiterung und Konsolidierung des Status einzelner reges und reguli nicht abgestritten werden. Die Aussagen der Quellen liefern jedoch keinen Grund, „eine völlig andere, bedeutendere" Stellung Gibulds „als die der reguli Ammians" anzunehmen, wie Feger behauptet[197].

Das Argument, daß Gibuld in der zweiten Hälfte des 5. Jhs. der einzige mit Namen bekannte Alamannenkönig ist, verkehrt sich in Zusammenhang mit dem Tod des alamannischen Königs (496) ins Gegenteil. Es wäre doch zu erwarten, daß dieser König, noch dazu, wenn er identisch gewesen wäre mit Gibuld, vor allem vor dem Hintergrund einer entsprechenden alamannischen Königsdynastie, namentlich, und nicht nur seiner Stellung und Funktion nach, genannt wird. Die Unternehmungen Gibulds liegen in einer Reihe mit den alamannischen Expeditionen, die noch sehr viel weiter führten (nach

noch die Existenz des Königs Gebavult an; ebenso B. Eberl, Die Bajuwaren, S. 152 f. mit besonderem Nachdruck und R. Wenskus, Alemannen, S. 229.

196 Das Ausgreifen alamannischer Gruppen in die Nähe von Langres gilt jedoch als sicher. O. Feger jedoch stützt seine Argumente auf Gibuld, „der von der niederbayrischen Donau bis zur oberen Seine Kriegszüge führte", Herzogtum, S. 155. Auch Reindel, Raetien und Noricum, S. 32, übernimmt die Nachricht von der festen Residenz ohne Kritik von M. Heuwieser, Regensburg, S. 77 ff. und A. Helbok, Volksgeschichte I, S. 306 ff. Siehe dazu B. Behr, S. 41 ff. Sehr kritisch schon R. Straub, Alemannen, S. 20 und K. F. Stroheker, Alamannen, S. 48, Anm. 62.

197 O. Feger, ebd.

Italien seit 260) und alles andere waren als Ausdruck einer zentralen Herrschafts- und Machtentfaltung. Vielmehr treten uns Merkmale gefolgschaftlicher Organisation und Verhaltensweisen entgegen, die sich bei den Alamannen offenbar lange erhalten haben, ohne institutionelle Verfestigung und Strukturierung zu erfahren[198].

Die Nennung eines „rex" finden wir bei Gregor von Tours: „Cumque regem suum cernerent interemptum"[199]. Cassiodor erwähnt in einem Schreiben an Chlodwig: „Sufficiat illum regem cum gentis decidisse superbia"[200] und Ennodius schreibt: „Cui evenit habere regem, postquam meruit perdidisse"[201]. Damit ist jedesmal für den Führer des alamannischen Heeres der Name „rex" verwendet. Der Inhalt des Begriffs ist jedoch nirgendwo ausgesprochen. Im Gegenteil: Cassiodor spricht ausdrücklich von den „alamannici populi". Dieser Plural unterstützt eindeutig die Existenz einer Gruppen- und Herrschaftsvielfalt bei den Alamannen. Der „rex" von 496 ist eben ein Heerkönig, dessen Funktion zeitlich und vom politischen Problem begrenzt war. Zweifelsohne entstammte er der Führungsschicht der alamannischen Stammesgruppen. Der „Zusammenschluß des ganzen Stammes unter eine einheitliche politische Spitze"[202] ist ein sehr voreiliger Schluß ohne Quellengrundlage.

Die politischen Verhältnisse nach 496 spiegeln alte Stammes- und Herrschaftsstrukturen recht deutlich wider. In dem von den Franken beherrschten alamannischen Raum, vom Elsaß über das Oberrheintal zur Iller und nach Süden bis zu Hochrhein und Bodensee erkennen wir noch in der Herrschafts- und Machtvielfalt die politische Vielgliedrigkeit der Stammesteile und der geographischen Räume. Der fränkische Großkönig setzt mehrere „duces" ein[203]. Um 537 erscheinen ein Leuthari und ein Butilin als solche[204]. Bis zu diesem Zeitpunkt haben wir keine konkreten Anhaltspunkte für die

198 R. Wenskus, Alamannen, S. 299, übernimmt die Darstellung des „Königshofes" Gibulds nitsamt dem „Beamtenapparat" von Eugippius, Vita Severini, c. 19. So schon L. Schmidt, ebd., S. 275. Darüber hinaus glaubt Wenskus Expansion von königlicher Herrschaft in Anlehnung an O. Feger zu erkennen: „Die starke Ausdehnung des alemannischen Machtbereichs innerhalb weniger Jahre ist wohl mit bedingt durch die Konzentration der Herrschaft in der Hand eines Großkönigs." (ebd.).

199 Greg. Tur. II, 30.

200 Var. II, 41.

201 Paneg., c. 15.

202 O. Feger, ebd., S. 156; siehe jedoch neuerdings B. Behr, S. 28 ff.

203 Marius von Avenches, Chronica, „duces Francorum": Lantachar bis 548, Buccelenus bis 555, Magnachar bis 565; H. Keller, Spätantike und frühes Mittelalter, S. 11 f.

204 Agathias I, 6–7.

fränkische Herrschaftsmethode. Sicher ist, daß die herrschaftliche Überlagerung eines vorher nicht zentral und institutionell ausgerichteten Raumes entsprechende Methoden erst langsam ausformen ließ. Wir können damit rechnen, daß ein Teil der alamannischen Ober- und Führungsschicht die von den Franken eroberten und beherrschten Gebiete verließ. Diese Aufbruchs- und sogar Fluchtbewegung hat sich in zwei voneinander unabhängigen Quellengattungen niedergeschlagen. Zum einen spiegelt sie sich im historiographischen und diplomatischen Niederschlag der Zeit[205], zum anderen zeigen das ganz deutlich die archäologischen Funde in den Reihengräbern östlich von Iller und Lech bis in das Gebiet des heutigen Altbayern und darüber hinaus[206], wo sich ein Fundhorizont auftut, der in augenfälliger Verdichtung für die Zeit nach 496, 505/6 bis 537 und folgende Bevölkerungszuzug aus dem Westen, d. h. aus dem alamannischen Bereich, belegt. Einen interessanten Vergleich bietet das Reihengräberfeld von Bittenbrunn, das von R. Christlein bearbeitet wurde. Fibeln mitteldeutscher Provenienz und andere Fundgegenstände stellen zeitlich und bevölkerungsmäßig Verbindungen her zwischen dem Neckargebiet und dem Donautal um Neuburg (Bittenbrunn) und Regensburg (Irlmauth)[207]. Diese Bevölkerungsgruppen aus dem Westen gehören in großem Umfang gesellschaftlich gehobenen Schichten an, nämlich der politisch-kriegerischen und auch wirtschaftlichen Führungs- und Oberschicht. Soviel sagen die Qualität und die Quantität der Beigaben sicher aus. Die frühgeschichtliche Archäologie beginnt die zentralen Orte dieser Ober- und Führungsschicht auszuforschen. Sie bieten sich an in den spätkaiserzeitlich schon bewohnten Höhenburgen[208], die exponierte Lebensweise, politische Stellung, wirtschaftlichen Rückhalt und auch kultisch-religiösen Hintergrund der alamannischen Führungsschicht aufzeigen. Diese Gebilde, die ihren Gesamtcharakter noch nicht eindeutig erkennen lassen (Urach, Gelbe Bürg) weisen bisher jedoch auf soziale und wirtschaftliche – auch ethnische – Differenzierung hin, wobei eine Führungs- und Oberschicht die Rolle der später als „Adel" bezeichneten Schicht einnehmen. Diese Anlagen, namentlich auf dem Runden Berg bei Urach, brechen nach den bisherigen Erkenntnissen[209] zum Teil schlagartig um 500 ab. Der Anlaß ist frappierend eindeutig. Die in diesem Zusammenhang verborgenen Schätze – neben Waffen und Edelmetall auch wert-

205 Brief Theoderichs von 505/6, Cassiodor, Var. II, 41; Ennodius, Panegyricus auf Theoderich, c. 15; Greg. Tur. II, 30; Fredegar, Chron. III, 21.

206 U. Koch, Merowingische Grabfunde; H. Zeiß, Irsching; W. Sage, Reihengräberfeld; H. Ladenbauer-Orel, Linz-Zizlau; E. Beninger-Ä.Kloiber; H. Mitscha-Märheim.

207 Siehe R. Christlein, Bittenbrunn, S. 87 ff., bes. S. 92 ff.

208 J. Werner, Alamannische Burgen, S. 67 ff.

209 R. Christlein, Der Runde Berg, S. 15 ff.; ders., Der Runde Berg II, S. 75 ff.; V. Milojčić, Der Runde Berg; Ders., Herrensitz, S. 74.

volles Werkzeug, Rohmaterial und Geräte – bringen den Siedlungsabbruch zur Deckung mit dem politischen Bruch durch die fränkische Eroberung[210]. Auf Kampfhandlungen weist die Streuung der Spathabeschläge über den ganzen Berg, vor allem in den Randzonen, hin. Die ehemaligen Bewohner sind geflohen. Sie waren nicht willens sich mit all' den geforderten Konsequenzen zu unterwerfen. Sie mußten sogar mit ihrer Ausrottung rechnen. Die Möglichkeit des Versuchs eines organisierten Widerstandes von außerhalb der alten Machträume stand wohl offen. Dem entsprächen Hinweise auf die Rebellion von Alamannen gegen die fränkische Oberherrschaft nach 496 bzw. auf Kriegsrüstungen Chlodwigs gegen die ausgewichenen Alamannen etwa zum Jahre 506[211]. In unmittelbarem Zusammenhang damit steht die Erwähnung, daß die Alamannen neun Jahre lang auf der Flucht umhergezogen seien.

Diese neun Jahre lassen sich ohne unzulässige Konstruktionen in den Zeitraum von 496/7 bis 505/6 einfügen[212]. Der Zustrom in das ostgotisch beanspruchte Gebiet in eben diesem Zeitraum ist archäologisch gesichert. Diese Gebiete sind begrenzt von Alpen, Rhein, Bodensee, Iller/Lech, was genau dem spätrömischen Limes im Voralpenland entspricht. Auch wenn die Ostgoten ihre Nachfolgeansprüche territorial nicht bis zur Donaugrenze im Norden faktisch realisieren konnten, war de jure, und die Frankenkönige erkannten und anerkannten das sehr wohl, das Voralpenland bis zur Donau – Raetia II und Noricum – ostgotische Interessenssphäre[213]. Theoderichs Auftreten gegenüber Chlodwig beinhaltet neben der Durchsetzung und Wahrung staatsrechtlicher Ansprüche der Ostgoten auch noch ein weiteres Merkmal. Wir können daraus die Ankündigung eines Verbotes politischer Betätigung für die Alamannen herauslesen, das evtl. Vergeltungsschläge von ostgotischem Terrain aus verbietet.

Somit war der ehemals alamannische Raum ein Unsicherheitsfaktor, der einen organisierten fränkischen Machtausbau nur zögernd zustande kommen ließ. Dennoch ist die Lücke bis 536/37 nicht gefüllt. Die dann auftretenden alamannischen duces können als Institutionen zusammen mit dem „dux Baiuvariorum" gesehen werden. Die Einsetzung mehrerer „duces" in Süd-

210 R. Christlein, Der Runde Berg, S. 15 ff.; ders., Der Runde Berg II, S. 76; H. Dannheimer, Mittelfranken.

211 Schreiben Theoderichs an Chlodwig, Cassiodor, Var. II, 41.

212 Fredegar III, 21: „Alamanni terga vertentes, in fugam lapsi. Cumque regem suum cernerint interemptum, novem ann. exolis a sedibus eorum nec ullam potuerunt gentem conperire, qui ei contra Francos auxiliaret; tandem se dicionem Chlodoviae subdunt." L. Schmidt, Westgermanen, S. 200, Anm. 2; K. Reindel, Raetien und Noricum, S. 34.

213 Ebd., S. 23 ff.; siehe auch H. Zeiß, Bemerkungen I und II; Ders., Nordgrenze; V. Bierbrauer, Oberitalien, S. 575 ff.

deutschland durch die Franken spiegelt die Vielgliedrigkeit des Raumes und der Heerschaftsstrukturen vor und nach den fränkischen Unterwerfungsaktionen. Wenn es tatsächlich zutrifft, daß Butilin und Leuthari Alamannen waren, so zeigt die Einsetzung eines Fremdstämmigen (Franke – Burgunder – Langobarde)[214] im Südosten eine Entwicklung der Überlagerungs- und Herrschaftsstrategie, die vom Verhalten gegenüber den westlichen alamannischen Bereichen abweicht. Wir können anhand einzelner Indizien vermuten, daß die Franken sich zunächst mit dem Sieg von 496, der Unterwerfung der Führungsgruppen der Alamannen und nur extensiver Oberherrschaft zufriedengegeben haben. Erst die andauernde Unruhe, die sich durch verstärkte horizontale Mobilität, durch Abzug und Flucht von Angehörigen der Ober- und Führungsschicht und Gefolgschaftsverbänden ausdrückte, und die zumindest geplante Rebellion eben dieser Führungsgruppen machten eine intensivere Herrschaftsstrukturierung und Herrschaftspräsenz notwendig[215]. In diesem Zusammenhang scheinen Einheimische, Angehörige koorperativer Gruppen, mit gehobenem gesellschaftlichem Status versehen, als Statthalter fränkisch-merowingischer Oberherrschaft eingesetzt worden zu sein[216]. Wir müssen bei diesen „duces" die Annahme des christlichen Glaubens als sicher voraussetzen. Ihr Treueschwur als wesentliches, verbindliches Element einer solchen personal-herrschaftlichen Bindung hatte nur seine Gültigkeit, wenn er auf einen gemeinsamen Gott Bezug nimmt.

Eine territoriale Zuweisung der Herzöge Butilin und Leuthari können wir nur analog der Gliederung des alamannischen Raumes vermuten. Im Fall der Herrschaft über den ostalamannischen Raum, im Gebiet der nach 550 genannten „Bajuwaren", ist eine solche räumliche Zuteilung vorgenommen. Die Einsetzung eines Stammesfremden kann sehr wohl auf den nicht immer guten Erfahrungen beruhen, welche die Merowinger mit den beiden duces des Westens gemacht hatten, die zu eigenmächtiger Politik neigten. Die Italienzüge um 550 machen das sehr wahrscheinlich[217].

Ein alamannisches Einkönigtum ist also nirgends auch nur annähernd sicher greifbar. Weder die direkten Quellenaussagen zum Ereignis der Niederlage, noch indirekte Schlüsse auf Formen und Institutionen vorfränkischer Königsherrschaft lassen ein Königtum erkennen, das über ein kurzlebiges Heerkönigtum mit gefolgschaftlicher Organisation hinausgeht[218]. Der Panegyricus

214 Siehe neuerdings W. Goez, S. 145 ff. mit Literatur zu früheren Thesen. N. Wagner, S. 19 ff.

215 „auctores perfidiae", Cassiodor, Var. II, 41; siehe auch Fredegar, Chron. III, 21.

216 H. Keller, Spätantike und frühes Mittelalter, S. 11 ff.

217 Agathias, I, 6–7.

218 Auch Th. Mayer sieht „das spätere alamannische Gesamtherzogtum aus einem fränkischen Amtsherzogtum" hervorgehen. Grundlagen, S. 21; K. Bosl, Grundlagen, I,

Ennodius schreibt: „Quid quod? A te Alamanniae possessionis inclusa est. Cui evenit habere regem, postquam meruit perdidisse . . . "[219]. Der hier genannte „rex" ist in seiner Qualität und Gattung nicht näher beschrieben. Wir müssen uns jedoch darüber im klaren sein, daß es sich um einen kurzfristig erhobenen Heerkönig handelt.

Von den duces, die vom fränkischen König eingesetzt werden, ist wohl anzunehmen, daß sie Alamannen sind, wegen Agathias' Aussage[220]. Marius von Avenches schreibt zwar von „Buccelenus, dux Francorum, ordinatus est in loco eius". Das heißt jedoch nicht, daß er Franke ist. Es ist zu vermuten, daß er aus den südlichen alamannischen Stammesgebieten kommt. Die Zuordnung zu einem „alamannischen Königshaus" ist allerdings nicht nachweisbar[221]. Die in der Auseinandersetzung von 496 maßgeblichen Anführer stammen doch eher aus dem Norden ‚Alamanniens", wo auch der Ausgangspunkt für Ursachen und Kämpfe mit den Franken gelegen haben dürfte. Eventuelle Verbindungen Buccelenus' mit den Ostgoten – aus seiner südalamannischen Herkunft konstruiert – und eine daraus resultierende Vertrauensstellung beim Frankenkönig, sind abwegig[222].

Die Alamannen und Bajuwaren erscheinen weder als Völker oder Stämme, noch personifiziert in ihren Fürsten im Bündnissystem Theoderichs. Erst der fränkische Vorstoß nach Süddeutschland 496/506 zeigt die Alamannen im Zusammenhang mit ostgotischer Politik. Alamannen – es wäre falsch von ‚den Alamannen" zu sprechen – weichen den Franken aus; nicht nur nach Süden, in die heutige Schweiz, sondern auch und besonders nach Südosten in das künftige Baiern. Sie treten unter Theoderichs Schutz. Theoderich ist der Protektor der Alamannen als Rechtsnachfolger römischer Staatlichkeit und argumentiert von dieser Warte aus und nicht etwa mit eingegangenen Bündnisverpflichtungen[223]. Mit wem hätte denn ein solches Bündnis abgeschlossen werden können angesichts der zersplitterten Herrschaften und Herrschaftsträger im alamannischen Bereich? Der alamannische „König", der in der Schlacht fiel, war eben nicht mehr als ein Heerkönig, der seine Spitzenstellung nur kurzfristig einnahm und politisch repräsentativ und aktiv nach innen und außen nur in der Funktion des kurzfristig gewählten Heerführers

S. 37, nimmt für das 4. Jh. die Einnahme römischen Fiskalgutes durch den alamannischen Herzog an. Dagegen und ganz besonders gegen die Existenz eines „Gesamtherzogtums" gibt es genügend Belege. Siehe dazu auch B. Behr, S. 28 ff.

219 Ennodius, Panegyricus, c. 15.

220 Agathias, I, 6; O. Feger, Herzogtum, S. 167 u. andere folgen Agathias. Vgl. B. Behr, S. 75 ff.

221 Das möchte O. Feger, ebd., S. 170 auch für Leuthari glaubhaft machen.

222 H. Keller, Spätantike und frühes Mittelalter, S. 12.

223 L. Schmidt, Westgermanen, S. 278 ff., mit weiterer Literatur; K. Reindel, Raetien und Noricum, S. 34 ff.

auftrat[224]. Wir schon gesagt, wir kennen nicht einmal den Namen. Die Schlacht zwischen Franken und Alamannen ist in ihrer politischen Bedeutung bisher meist vorbehaltlos und wenig kritisch als Entscheidungsschlacht zwischen zwei Völkern aufgefaßt und weitertradiert worden. Viel wahrscheinlicher ist die Annahme, daß die Alamannen nur in Teilkontingenten mit einzelnen Gefolgschaften unter einem Heerkönig den Franken gegenüber standen. Das kann heißen, daß südalamannische Gruppen an der „Alamannenschlacht" von 496 nicht oder nur teilweise teilgenommen haben. Vielleicht hat Chlodwig später aus solchen Gruppen kooperative duces – Butilin/Buccelenus, Leuthari – ausgewählt[225]. Der nordwestalamannische Raum ist ja schon längst ein Krisengebiet in der Auseinandersetzung mit den Franken. Das belegt die Schlacht um 480 bei Zülpich mit dem Ripuarierkönig Sigebert. Ein für alamannische Verhältnisse quantitativ beachtliches Heer mag wohl für diesen Anlaß aufgestellt worden sein. Trotzdem ist in keiner Weise hinlänglich bewiesen, daß die vereinigten Gefolgschaften ein Einzugsgebiet gehabt haben, das die alamannischen Siedlungsräume umfaßt hätte[226].

Nördlich der Alpen existiert weit über 500 hinaus mindestens ein funktionierender Bereich spätantiker Staatlichkeit, der unter ostgotischer Oberhoheit steht, nämlich Teile der Provinz Rätien I unter einem dux in Chur. Die Herrschaft dieses Dux Raetiarum bezieht sich de jure laut Cassiodor[227] auf beide Rätien. Faktisch jedoch gestatten die Umstände nur die Annahme einer

224 Siehe auch B. Behr, S. 43 f.

225 Siehe auch Th. Mayer, Reichenau, S. 340.

226 Dagegen L. Schmidt, Westgermanen, S. 280; siehe auch Greg. Tur. II, 37.

227 Var. I, 11 (Schreiben an den dux Raetiarum Servatus, s. u. Anm. 250) und Var. VII, 4 (Bestallungsurkunde des Servatus): „Quamvis spectabilitatis honor unus esse videatur nec in his aliquid aliud nisi tempus soleat anteferri, tamen rerum qualitate perpensa multum his creditum videtur quibus confinales populi deputantur, quia non est tale pacatis regionibus ius dicere, quale suspectis gentibus assidere, ubi non tantum vitia quantum bella suspecta sunt nec solum vox praeconia insonat, sed turbarum crepitus frequenter insultat. Raetiae namque munimina sunt Italiae et claustra provinciae: quae non immerito sic appellata esse iudicamus, quando contra feras et agrestissimas gentes velut quaedam plagarum obstacula disponuntur. ibi enim impetus gentilis excipitur et transmissis iaculis sauciatur furibunda praesumtio. sic gentilis impetus vestra venatio est et ludo geritis quod vos assidue feliciter egisse sentitis. Ideoque validum te ingenio ac viribus audientes per illam indictionem ducatum tibi cedimus Raetiarum, ut milites et in pace regas et cum eis fines nostros sollemni alacritate circueas, quia non parvam rem tibi respicis fuisse commissam, quando tranquillitas regni nostri tua creditur sollicitudine custodiri. ita tamen, ut milites tibi commissi vivant cum provincialibus iure civili nec insolescat animus, qui se sentit armatum, quia clipeus, ille exercitus nostri quietem debet praestare Romanis. quos ideo constat appositos, ut intus vita felicior secura libertate carpatur. Quapropter responde nostro iudicio, fide nobis et industria placiturus, ut nec gen-

intensiveren Herrschaft im Bereich der Raetia prima[228]. Aber gerade in Anbetracht dieses Vorpostens des ostgotischen Reiches in einem Raum, der seit Jahrzehnten mit den Alamannen zunehmend sich auseinandersetzt, scheint es mir widersinnig, wenn die Existenz eines alamannischen etablierten Königtums nicht auch namentlich im italisch-ostgotischen Staat und der dortigen Geschichtsschreibung bekannt geworden wäre.

Wie weit alamannische Wanderbewegungen nach Osten ausgegriffen haben, zeigt die „alamannorum patria" des Geographen von Ravenna, die Franz Beyerle kartographisch dargestellt hat[229]. Der Abschnitt über Alamannien hat durch Beyerle eine recht weitgehende Rehabilitierung gefunden[230]. Größere befestigte Orte der patria alamannorum liegen östlich von Iller und Lech. Die am weitesten vorgeschobenen sind Vermegaton, Nova (Neuburg/Donau), Ambre (nördlich vom Ammersee) und Stafulon (Staffelsee). Wir sind jedoch sicher, nicht zuletzt durch die Grabungsbefunde, daß alamannische Siedlung und auch Herrschaft östlich dieser offiziösen patria alamannorum existiert haben und weiter expandiert sind in den Jahren nach 500. Gerade nach 496 und 506, nach dem fränkischen Sieg, wird der vorher bestehende Trend in den baierischen Raum intensiviert. Wir können nicht einmal ausschließen, daß die Alamannen, die 496 und vorher mit den Franken militärisch zusammenstießen, schon einige Zeit im Bereich etwa bei Mainz sich zum Teil, zumindest in Randgebieten, fränkischen Siedlungen und Herrschaften angelagert haben[231]. Im burgundischen Raum, in der Westschweiz und in der Franche-Comté[232] steht einer Herrschaftsüberlagerung durch eine hegemoniale Macht bei den Alamannen kein genügend ausgeprägter Herrschaftswille und Herrschaftsanspruch eines gemeinsamen Königtums entgegen. Es ist sehr wohl möglich, die fränkisch-alamannische Auseinandersetzung als Aufstand alamannischer Stammesgruppen anzusehen, deren Stammesbewußtsein unter zunehmender fränkischer Herrschaft und herrschaftlicher Eingliederung aktiviert wurde. In diesem Stammesbewußtsein, das in den Jahrzehnten alamannischer Siedlung während der Raubzüge und kriegerischen Unternehmungen

tiles sine discussione suscipias nec nostros ad gentes sub incuriositate transmittas. ad necessitatem siquidem rarius venitur armorum, ubi suspecta surreptio custodiri posse sentitur. privilegia vero dignitatis tuae nostris tibi iussionibus vindicabis."

228 R. Heuberger, Das ostgotische Raetien, S. 105; H. Zeiß, Nordgrenze; L. Schmidt, Westgermanen, S. 283 f., Ders., Ostgoten, S. 161 ff.; K. Reindel, Raetien und Norcium, S. 23 ff.; Ders., Agilolfinger, S. 84 f. mit weiteren Literaturangaben; B. Eberl, Bajuwaren, S. 150 ff.

229 Geographus Ravennas IV, 26; F. Bayerle, Süddeutschland, nach S. 76.

230 F. Beyerle, ebd., S. 72 ff.; L. Schmidt, Westgermanen, S. 56 f.; B. Krusch, Der Baiername.

231 H. Ament, Flonheim, S. 126 ff.

232 W. v. Wartburg, Umfang und Bedeutung, S. 153 ff.

immer vorhanden war, wie der Name „Alamannia", gleich wie er ausgelegt werden mag, ja überhaupt einen Sammelbegriff darstellt, mögen ethnische, sprachliche, politische und rechtliche Komponenten enthalten sein, die sich unserem Zugriff z. T. entziehen. Dieser Widerstand suchte sich seinen dynamischen Kern in einem Heerkönigtum. So kam vermutlich das kurzlebige alamannische „Königtum" zustande, das hypothetisch auch nach erfolgreicher Auseinandersetzung mit den Franken wohl wieder zurückgetreten wäre. Die Jahre nach dem fränkischen Sieg über die Alamannen sind eine Epoche der Bevölkerungsbewegung von Nord nach Süd und Südost. Der Brief Theoderichs an Chlodwig spricht von alamannischer Fluchtbewegung in den Bereich der Präfektur Italien[233]. Diese Bevölkerungsverschiebung endete nicht an Hochrhein und Bodensee und auch nicht an Iller und Lech. Die Jahre nach 500 haben Niederlassungen in der Nord-Schweiz und auch im Gebiet östlich von Iller und Lech gezeitigt[234]. Auch die Gräberbefunde von Altenerding, im Münchener Raum, im Donautal etc., obwohl vom Lech ein Stück entfernt, weisen eindeutig auf diesen Umstand hin[235]. Im ersten Viertel des 6. Jhs. überwiegt in den süddeutschen Landschaften zwischen Oberrhein und Passau, zwischen Donau und Hochrhein bzw. den Alpen, alamannische Bevölkerung unter den germanischen Gruppen.

9. ALAMANNEN, OSTGOTEN, BAJUWAREN, FRANKEN. POLITISCHE KONSTELLATION IN SÜDDEUTSCHLAND 496 – 536

Zu den wichtigsten Quellen, die wir für die politischen Vorgänge in Süddeutschland um 500 besitzen, gehört der Brief Theoderichs an Chlodwig aus dem Jahre 506: „Qui nostris finibus celantur exterriti"; „nec sitis solliciti ex illa parte quam at nos cognoscitis pertinere. . ."[236]. Auch die Alamannen, die außerhalb der beanspruchten Reichsgrenze, sprich „Interessensphäre", verblieben sind, werden in dieser Note in den Schutz Theoderichs, wenn auch nur diplomatisch-verbal, mit einbezogen. Mit diesen Alamannen sind zumindest die Gruppen gemeint, die im Südwesten im ehemaligen Dekumatenland ansässig sind[237].

233 Cassiodor, Var. II, 41.

234 R. Moosbrugger-Leu, Die Schweiz, S. 17 ff.; ders., Gürtelbeschläge, S. 159 ff.; H. Ladenbauer-Orel, Linz-Zizlau; U. Koch, Merowingische Grabfunde; Cassiodor, Var. II, 41.

235 W. Sage, Reihengräberfeld, S. 254 ff.; U. Koch, Merowingische Grabfunde; Dies., Alamannische Gräber; H. Dannheimer, Untersuchungen, S. 224 ff.; Ders. und G. Ulbert, Feldmoching-Sendling.

236 Cassiodor, Var. II, 41.

237 L. Schmidt, Westgermanen, S. 278 ff.; O. Feger, Herzogtum, S. 156.

Der Einspruch Theoderichs und die damit verbundene Drohung hat das weitere Vordringen fränkischer Herrschaft und die damit verbundene Frankonisierung aufgehalten. Die immer wieder angesprochene alamannisch-fränkische Grenze, die sog. Oos-Linie, als ein Ergebnis der alamannischen Niederlage von 496, innerhalb derer mit einer solchen Frankonisierung zu rechnen ist, sollte also, dem Sicherheits- und Prestigebedürfnis Theoderichs entsprechend, erhalten bleiben[238].

Wir müssen mit z. T. radikalen Eingliederungsmaßnahmen in diesem Raum rechnen, denen vor allem Führungs- und Oberschicht ausgesetzt waren, sofern sie sich nicht nach Süden und südostwärts absetzen haben können.

Diese Frankonisierung, die sich recht eindeutig auf den heute nordbadischen und nordwürttembergischen Raum eingrenzen und mit einer groben Linie versehen läßt[239], ging sicher einher mit einer qualitativen und quantitativen Verdünnung der Bevölkerungssubstanz. Zum einen wurde Ober- und Führungsschicht der dort siedelnden Alamannen in der Schlacht von 496 und wohl weiteren Kämpfen dezimiert. Emigration, Flucht oder Vertreibung von Angehörigen dieser Schichten, verbunden mit der Tendenz zur Sammlung und zum Widerstand, entzog diesen nordalamannischen Gebieten Bevölkerungssubstanz und Traditionsträger[240].

Die Annahme, daß dieses nordalamannische Gebiet schon um 406 beim Vandalenzug eine Verdünnung der Bevölkerung durch Sogwirkung erfahren habe und darauf die intensive Frankonisierung und Grenzenbildung des beginnenden 6. Jhs. zurückzuführen wäre[241], ist nicht sinnvoll. Gerade dieser Raum war ja Ausgangspunkt alamannischer Expansion nach Nordwesten und zugleich fränkischem Druck von Nordwesten am stärksten ausgesetzt. Das Übereinstimmen dieser Stammes- und Sprachgrenze mit späteren Diözesangrenzen (Konstanz, Augsburg, Würzburg) ist Indiz für einen systematischen Herrschaftsausbau durch die Merowinger mit den ihnen zur Verfügung stehenden Mitteln: Deportation/Vertreibung, weltanschaulich-religiöse Unterwerfung, räumliche Eingrenzung.

238 „Vom Hesselberg bei Wassertrüdingen im Osten über den Hohenberg bei Ellwangen nach dem Lemberg bei Affalterbach und dem Hohenasperg, von da mit einer südlichen Ausbuchtung, die den nördlichen Schwarzwald noch den Franken zuwies, in die Gegend der Hornisgrinde, von hier die Oos entlang über den Rhein und von da den Selzbach aufwärts nördlich vom Hagenauer Forst bis zum Kamme der Vogesen“, L. Schmidt, Westgermanen, S. 281 f.; siehe auch W. Hübener, Archäologie, S. 28; RGA. Art. „Alamannen“, S. 140.

239 Die frühmittelalterliche Diözesangrenzen spiegeln wohl grob entsprechende Grenzziehungen.

240 O. Feger, Herzogtum, S. 171 ff. bestreitet Okkupation des alamannischen Raumes auch in einzelnen Bereichen.

241 B. Eberl, Die Bajuwaren, S. 169, Anm. 55.

Um einer erneuten Auseinandersetzung der Alamannen mit den Franken vorzubeugen, verfaßte Theoderich die Note von 506[242]. Eine Erneuerung der Kämpfe hätte die Ostgoten die zweifelsohne vorhandene Kontrolle der Lage nicht aufrecht erhalten lassen können. Das Vordringen der Franken an den nördlichen Alpenrand und durch das Donautal wäre unvermeidbar gewesen. Der Verlust des Voralpenlandes und die unmittelbare Nachbarschaft von Franken und Ostgoten hätte die direkte Konfrontation in sich enthalten. Damit erfüllte das Vorgehen Theoderichs eine doppelte Funktion: Der Frankonisierungsprozeß wurde aufgehalten, wiewohl Theoderich die Herrschaft Chlodwigs über die Alamannen im Südwesten nicht verhindern konnte. Gleichzeitig sahen sich die Alamannen im ostgotischen Interessengebiet diesseits des spätrömischen Limes durch Theoderich geschützt. Der alamannische Widerstand mit nicht absehbaren Folgen wurde damit unterbunden, wie auch Chlodwig weitere Anlässe zur Expansion nach Südosten genommen wurden. Die Einsetzung von Herzögen im alamannischen Gebiet gilt für die Zeit unmittelbar nach 536 (Butilin und Leuthari) als gesichert[243].

242 Cassiodor, Var. II, 41: „Gloriosa quidem vestrae virtutis affinitate gratulamur, quod gentem Francorum prisca aetate residem feliciter in nova proelia concitastis et Alamannicos populos caesis fortioribus inclinatos victrici dextera subdidistis. sed quoniam semper in auctoribus perfidiae resecabilis videtur excessus nec primariorum plectibilis culpa omnium debet esse vindicta, motus vestros in fessas reliquias temperate, quia iure gratiae merentur evadere, quos ad parentum vestrorum defensionem respicitis confugisse. estote illis remissi, qui nostris finibus celantur exterriti. Memorabilis triumphus est Alamannum acerrimum sic expavisse, ut tibi cum cogas de vitae munere supplicare. sufficiat illum regem cum gentis cecidisse superbia: sufficiat innumerabilem nationem partim ferro, partim servitio subiugatam. nam si cum reliquis confligis, adhuc cunctos superasse non crederis. accipe in talibus causis expertum: illa mihi feliciter bella provenerunt, quae moderato fine peracta sund. is enim vincit assidue qui novit omnia temperare, dum iucunda prosperitas illis potius blanditur, qui austeritate nimia non rigescunt. cede itaque suaviter genio nostro, quod sibi gentilitas communi remittere consuevit exemplo. sic enim fit, ut et meis petitionibus satisfecisse videamini nec sitis solliciti ex illa parte, quam ad nos cognoscitis pertinere. Quocirca salutantes honore et affectione, qua dignum est, illum et illum legatos nostros ad excellentiam vestram consueta caritate direximus, per quos et sospitatis vestrae indicium et speratae petitionis consequamur effectum. quedam vero, quae ad nos pro vestris utilitatibus pervenerunt, per harum portitores verbo vobis insinuanda commisimus, ut cautiores effecti optata possitis victoria constanter expleri. vestra siquidem salus nostra gloria est et totiens regnum Italiae proficere iudicamus, quotiens de vobis laeta cognoscimus. Citharoedum etiam arte sua doctum pariter destinavimus expetitum, qui ore manibusque consona voce cantando gloriam vestrae potestatis oblectet: quem ideo fore credimus gratum, quia vos eum iudicastis magnopere dirigendum.

243 Siehe jedoch die Einwände von B. Behr, S. 75 ff.; H. Keller, Spätantike und frühes Mittelalter, S. 11 ff.; L. Schmidt, Westgermanen, S. 284 ff.; O Feger, Herzogtum, S. 157 ff.; Agathias, I, 6; Marius von Avenches, Chronica.

Nach 506 wurde in diesem Raum die fränkische Herrschaft gefestigt und ausgebaut, wobei eine substantielle Frankonisierung wie im Norden wohl vermieden worden ist.

Die immer noch vertretene Auffassung vom Anspruch Theoderichs auf das ehemalige südliche römische Dekumatenland bis an die fränkisch-alamannisch „Grenze" ist nicht zu halten[244].

Die Situation und insbesondere Theoderichs politisches Verhalten lassen die Stellung der in den ehemaligen Reichsgrenzen aufgenommenen Alamannengruppen in der Funktion von Foederaten durchaus plausibel erscheinen[245]. Aus den schriftlichen Quellen läßt sich das direkt und indirekt erschließen. Ennodius spricht ausdrücklich vom „custos latiaris imperii"[246], und gibt damit auch einen breiten Bereich der alamannischen Verteidigungsaufgaben an, der sich leicht auf große Teile der Raetia II und auch Noricums beziehen läßt. Die Nachricht bei Cassiodor[247] belegt auch eine Ausdehnung der alamannischen Präsenz bis in den Ostalpenraum[248]. Der Begriff „foederati" wird jedoch nicht wörtlich gebraucht. Wenn Agathias später die Alamannen als tributpflichtig bezeichnet[249], so wird das der Abhängigkeit der Alamannen entsprechen, die im Föderatenverhältnis enthalten ist.

Theoderich kann bei den Alamannen nur dann die Einhaltung der Waffenruhe durchsetzen, wenn er eine Garantie für ihre Sicherheit leistet. Diese Schutzfunktion, um die er vielleicht von den Alamannen angegangen worden ist, war legitimiert durch den zumindest nominalen Herrschaftsanspruch über den staatsrechtlich immer noch römischen Reichsboden im Voralpenland. Die akut zu erbringende Gegenleistung der Alamannen lag im militä-

244 Vgl. dagegen B. Eberl, S. 169 f.; A. Helbok, Volksgeschichte, S. 309 ff. Für die Raetia I als Aufnahmegebiet der Alamannen traten ein: R. Heuberger, Das ostgotische Raetien, S. 98; L. Schmidt, Ostgoten, S. 163 f.; Ders., Westgermanen, S. 284.

245 K. Reindel, Raetien und Noricum, S. 37 und 41.

246 Ennodius Paneg., c. 15: „Quid quod! a te Alamanniae generalitas intra Italiae terminos sine detrimento Romanae possessionis inclusa est, cui evenit habere regem, postquam meruit perdidisse. facta est Latiaris custos imperii semper nostrorum populatione grassata, cui feliciter cessit fugisse patriam suam: nam sic adepta est soli nostri opulentiam. adquisistis quae noverit ligonibus tellus adquiescere, quamvis nos contigerit damna nescire. sub te vidimus eventus optimos de adversitate generari et fieri secundorum matrem occasionem periculi. ulvis liberata gratulatur terram incolens, quae hactenus dehiscentibus domiciliis solidioris caeni emergebat beneficio."

247 Var. III, 50.

248 H. Ladenbauer-Orel, Linz-Zizlau; E. Beninger – Ä. Kloiber, S. 125 ff.

249 I, 6: ebenso Liber hist. franc., c. 15; Chlodowech „Alamannos coepit, ipsos vel terra eorum sub iugo tributario constituit." L. Schmidt, Westgermanen, S. 286; P. E. Martin, Etudes critiques, S. 391.

rischen Stillhaltegebot beinhaltet, das gleichwohl Bereitschaft und Ausrichtung auf eine evtl. noch kommende Auseinandersetzung bedeutete.

Darüber hinaus müssen auch weitere Bedingungen und Leistungen von Seiten der alamannischen Gruppen angenommen werden. Die Rücksichtnahme auf die vorhandene Bevölkerung – sicher greifbar sind Romanen im näheren Alpenvorland[250] – ist eine vorauszusetzende Forderung an die Alamannen[251]. Diese Romanen dürfen wir uns nicht mehr allein als landbebauende oder handwerkliche Unterschicht oder als Kleriker vorstellen. Es existieren auch Gruppen einer Oberschicht. Die breitgestreuten Nachweise wurden zwar erst für das 8. Jh. erbracht, aber gerade dieser Umstand erhärtet die Annahme romanischer Gruppen von quantitativer und qualitativer Bedeutung[252].

Theoderich sah in dieser „Ansiedlung" alamannischer Gruppen, in der Überlassung römischen Reichsbodens zwischen Donau und Alpen-Nordrand, zwischen Iller und Passau und darüber hinaus auch die Möglichkeit, zur diplomatisch-politischen Verbindung zwischen Ostgotenreich und Thüringerreich eine territoriale Brücke zu schlagen. Dieser diplomatisch-politische Expansionstrend ohne unmittelbaren eigenen militärischen Einsatz entspricht der politischen Linie, die Theoderich in der Reichspolitik allenthalben erkennen läßt[253].

Besonderes Gewicht kam auch dem religiös-konfessionellen Aspekt zu. Es ist sicher, daß die Alamannen um 500 nicht christlich gewesen sind[254]. Dieser Umstand kam Theoderich in seinem politischen Konzept entgegen. Das Problem einer ideologisch-konfessionell bestimmten Antigruppenbildung war in einer Verbindung mit den Alamannen nicht zu erwarten. Katholisches Bekenntnis bei den Alamannen hätte wesentlich größere Möglichkeiten für Spannungen in der Zukunft heraufbeschworen.

250 W. Ensslin, Theoderich der Große; nachdrücklich hervorgehoben bei F. Prinz, Salzburg und ders., Kontinuität. Siehe Befehl Theoderichs an den dux Raetiarum ca. 506/7 Cassiodor, Var. I, 11: „Decet te honorem, quem geris nomine, moribus exhibere, ut per provinciam, cui praesides, nulla fieri violenta patiaris, sed totum cogatur ad iustum, unde nostrum floret imperium. Quapropter Moniarii supplicatione commoti praesentibus te affamur oraculis, ut, si re vera mancipia eius Breones irrationabiliter cognoveris abstulisse, qui militaribus officiis assueti civilitatem premere dicuntur armati et ob hoc iustitiae parere despiciunt, quoniam ad bella Martia semper intendunt, dum nescio quo pacto assidue dimicantibus difficile est morum custodire mensuram. Quapropter omni protervia remota, quae de praesumtione potest virtutis assumi, postulata facies sine intermissione restitui: ne per dilationis incommoda eorum videatur supplex odisse victoriam."

251 Siehe Ennodius Paneg., c. 15; siehe auch Cassiodor, Var. I, 11 und VII, 4.

252 F. Prinz, Kontinuität, S. 709 f.

253 Cassiodor, Var. III, 50; F. Geldner, S. 13 ff.; W. Ensslin.

254 W. Müller, Christianisierung 1974, S. 169 ff.; Ders., Christianisierung 1975, S. 401 ff., beide Titel mit reichhaltiger Literatur.

Die wenig intensive Herrschaft der Goten im Voralpenland und ihre bisher, wenn wir vom Geographen von Ravenna und seinen Städte-Nennungen absehen (z. B. Theodoricopolis), nirgendwo nachgewiesene personelle Präsenz[255] spiegelt strategische Überlegungen der Ostgoten wider. Ein evtl. voraussehbarer Konflikt nordwestlich der Alpen konnte nur vom Frankenreich ausgehen. Gemeinsame Grenzen, die über Linien nur staatsrechtlich relevanter Ansprüche hinausgingen, existierten nur in der Schweiz (Burgunderreich). Die Ostschweiz war jedoch staalich und militärisch gesichert durch die relativ intakte Provinz Raetia I und ihren „dux Raetiarum"[256]. Die anderen Räume hatten den Rang von Pufferzonen, deren Verteidigung die, wenn auch nicht dem Namen nach, aber de facto, als Foederaten seit etwa 506 unter Theoderichs Protektorat aufgenommenen Alamannen übernahmen. Die fränkisch-alamannische Gegnerschaft sollte wohl genügend Garantie für zu erwartende Verteidigungsleistungen bieten. Das Thüringerreich nördlich der Donau war ein weiteres strategisches Feld, das militärische Zangenfunktion auf fränkische Expeditionen in Südwest- oder gar Südostdeutschland ausüben sollte. Die thüringische Bindung an die Ostgoten sagt darüber genügend aus[257]. Die strategischen Überlegungen der Goten werden erwiesen durch das politisch-militärische Vorgehen der Franken in der wohl einzig möglichen Reihenfolge: 531 Einverleibung Thüringens, 536/37 Eingliederung des alamannischen Raumes unter Einschluß der östlichen Gebiete Süddeutschlands, die nach 550 als bajuwarisch bezeichnet werden. Damit ist ein Sprungbrett neben dem rätischen Reststaat nach Oberitalien geschaffen.

In den ostgotischen Überlegungen spielten sicher die Räume östlich von Iller und Lech eine besondere Rolle, weil sie die Brücke zum thüringischen Reich darstellten. Nördlich vom Bodensee und westlich von Iller und Lech war das ostgotische politische Engagement geringer. Diese Grenze hatte nur kurze Zeit politisch-militärische Bedeutung, etwa von 496 bis 536/37[258]. Dabei stellte sie keine Abriegelung für Bevölkerungsbewegungen und den damit in Zusammenhang stehenden archäologischen Fundgütern dar, sondern übte eher eine Sogwirkung in Richtung des ostgotischen Gebietes für alamannische Gruppen aus (Flüchtlinge). Das heißt, die ostgotische Grenze im Voralpenland hatte nur einseitige abschließende Funktion[259].

255 Siehe negative Ergebnisse der Archäologie: U. Bierbrauer, Bügelfibeln, S. 131 ff.; ders., Grab- und Schatzfinde, S. 226; H. Zeiß, Nordgrenze; J. Werner, Bügelfibeln.
256 Cassiodor, Var. I, 11.
257 F. Geldner, S. 13 ff.
258 Vgl. dazu Reindel, Raetien und Noricum, S. 36; Ders., Agilolfinger, S. 84 f., S. 103.
259 Als Fluchtgebiet wurde auch Pannonia I angesehen von H. Zeiß, Nordgrenze, S. 31, in Anlehnung an Th. Mommsen, MG AA 12, 1894, XXXIII; H. Zeiß, Ethnische

Die alamannischen Bevölkerungsgruppen, die ostgotische Schutzräume aufsuchten, wären demnach südlich und östlich dieser Grenzen anzunehmen. Diese Ausweich- und Fluchtbewegungen spiegeln sich in der Siedlungsgeschlichte der nördlichen Schweiz wider, wenn um 500 eine verstärkte Einwanderung von Norden festzustellen ist. Die politische Situation erzeugt entsprechende Verhaltensweisen alamannischer Stammesgruppen zwischen dem fränkischen Sieg von 496 und dem formalen ostgotischen Rückzug 536/37, wobei auch das Jahr 506 eine einschneidende Rolle gespielt hat; neun Jahre irrten die Alamannen herum, bis sie eine neue Heimat fanden[260]. Der Abbruch der Besiedlung von Herrschaftsmittelpunkten genau zu dieser Zeit, z. B. am mittleren Neckar, wie die Vorergebnisse der Ausgrabungen auf dem Runden Berg erwiesen[261], kann nur im Zusammenhang mit dem fränkischen Ausgreifen nach Südwestdeutschland gesehen werden.

Die intensive Wanderung von Alamannen nach 496 und nach 506 nach Süden und Osten bedeutet die Verstärkung eines schon vorhandenen Trends, der besonders in Grabfunden zum Ausdruck kommt, seit die archäologische Chronologie der Merowingerzeit korrigiert wird[262]. Dazu tritt die schriftliche Quelle der Vita Severini, die alamannische Vorstöße vermutlich entlang der Donau bis Regensburg und Passau und Künzing, wohl auch in den später baierischen Raum, bezeugt, wobei Siedlungsunternehmungen nicht wörtlich erwähnt, aber auch nicht ausgeschlossen sind[263]. Bei den Wanderbewegungen hatten relatives Übergewicht wohl die alamannische Ober- und Führungsschicht, die ja auch in den Gräbern des beginnenden 6. Jhs. eine herausragende Stellung einnehmen[264].

Das zahlenmäßig hohe alamannische Ethnos in Baiern ist auch politisch zu erklären: Vor 500 setzt schon alamannische Emigration nach Baiern ein[265]. Die endgültige Niederlage Thüringens findet erst 531 statt. Eine

Deutung, S. 23; W. Ensslin, Theoderich d. Gr., S. 132; L. Schmidt, Westgermanen, S. 284; Alamannen aus Raetia I nach Pannonien abkommandiert (um 507), siehe Cassiodor, Var. III, 50; Raetia II und Noricum werden auch von H. Dietze als Fluchtgebiet bezeichnet; siehe auch V. Bierbrauer, Oberitalien, S. 575.

260 Fredegar, III, 21; R. Moosbrugger-Leu, Die Schweiz; Ders., Gürtelbeschläge; M. Beck, S. 249 ff.

261 R. Christlein, Der Runde Berg, S. 15 ff.

262 K. Böhner, Trierer Land; Ders., Chronologie, S. 999 ff.; im Gegensatz zu J. Werner, Grabfunde.

263 F. Lotter, Severin von Noricum, S. 261 ff.; K. Reindel, Raetien und Noricum, S. 29 ff.

264 U. Koch, Merowingische Grabfunde; dies., Alamannische Gräber; W. Sage, Reihengräberfeld; H. Zeiß, Irsching.

265 Eindeutiger Beweis sind die archäologischen Ergebnisse. Zum Beispiel W. Sage, Reihengräberfeld, S. 254 ff.; R. Christlein, Bittenbrunn, S. 87 ff.

entsprechende Bevölkerungsbewegung von Thüringen nach Süden kann gar nicht intensiv einsetzen, weil ca. fünf Jahre später der fränkische Ausgriff nach Baiern wahrscheinlich von Norden (Thüringen) und Westen (Südwestdeutschland) gleichzeitig erfolgt, nachdem die Ostgoten das Voralpenland den Franken überlassen haben. Mit dieser endgültig abgeschlossenen Einverleibung Süddeutschlands muß nicht auch jede Wanderungsbewegung nach Süden und Südosten abgeschlossen worden sein. Ganz sicher haben die fränkischen Herrscher versucht, die horizontale Mobilität weitgehend auszuschließen oder zumindest zu kontrollieren. Schlußpunkte und neue politische Orientierungspunkte für die innere und äußere politische Situation und Repräsentation der süddeutschen mehr oder weniger alamannisch geprägten Gebiete stellen die vom fränkischen Großkönigtum eingesetzten Herzöge dar[266]. Der fränkische König installiert auch im Südosten eine von ihm politisch, weltanschaulich-religiös und persönlich abhängige Herrschaft in der Person Garibalds[267]. Die politisch-weltanschauliche Adhäsion basiert auf dem primären persönlichen Auswahlkriterium der unbedingten Anhängerschaft an die Person und wohl auch die Institution fränkischen Königtums, die in einem Treueverhältnis mit Treueschwur zum Ausdruck kommt. Die persönliche Abhängigkeit, zugleich aber die hohe Stellung in diesem Gesamtverbund demonstriert u. a. die Verheiratung Garibalds mit Walderada, der früheren Gattin Theudebalds.

Das ist die politische Situation, die die Zeitgenossen, auch solche, die zeitlich und räumlich den Vorgängen und Verhältnissen des Voralpenlandes vor 536/37 bzw. 550 ferner waren, kannten und selbst auf die Jahrzehnte davor projizierten.

Erst mit der fränkischen Herrschaft in Süddeutschland setzt Stammesbildung verstärkt ein. Im Südwesten ist wohl eine geringere ethnische Vielfalt in der Bevölkerungsstruktur anzunehmen. Seit 496 ist eine geographisch begrenzte, gelenkte fränkische Siedlungstätigkeit zu erkennen, die an alamannische Gruppen anlagert oder diese zum Teil herrschaftlich überlagert (alamannisch-fränkische Sprachgrenze, Oos-Linie).

266 W. Goez, S. 145 ff.; E. Zöllner, Franken; Ders., Die Herkunft der Agilolfinger; K. Reindel, Agilolfinger, S. 101 ff.; F. Prinz, Innere Entwicklung, S. 268 ff.; RGA, Art. „Agilolfinger"; N. Wagner, S. 19 ff.

267 Siehe R. Wenskus, Sächsischer Stammesadel, S. 404 ff.; B. Behr, S. 33 ff.; N. Wagner, S. 19 ff.; K. Reindel, Agilolfinger, S. 101 ff.

10. DIE ALAMANNENSCHLACHT VON 496 EIN PROBLEM DER MEROWINGERZEITLICHEN CHRONOLOGIE

Zur sog. Alamannenschlacht liegen zwei schriftliche Quellen vor, von Gregor von Tours[268] und Fredegar[269]. Die Auswertung dieser zwei Quellen ergibt die Aufeinanderfolge von drei Schlachten bzw. militärischen Unternehmungen.

1. Schlacht bei Zülpich, ca. 480/81;
2. „Alamannenschlacht" 496/97 an unbekanntem Ort und
3. Beseitigung bzw. Verfolgung aufrührerischer alamannischer Gruppen 506[270].

R. Weiss beharrt auf der These von einer Schlacht, weil von zwei Schlachten nirgends die Rede sei. Und diese eine Schlacht sei verbunden mit der Bekehrung[271]. F. Lot schreibt hingegen: „Autre chose est la victoire de Clovis a Zülpich . . . autre chose la poursuite des débris de ce peuple sur un territoire soumis a Théodoric."[272]

268 Greg. Tur. II, 30: „Regina vero non cessabat praedicare, ut Deum verum cognosceret et idola neglegerit. Sed nullo modo ad haec credenda poterat commoveri, donec tandem aliquando bellum contra Alamannos commoveretur, in quo conpulsus est confiteri necessitate, quod prius voluntate negaverat. Factum est autem, ut confligente utroque exercitu vehementer caederentur, atque exercitus Chlodovechi valde ad internitionem ruere coepit. Quod ille videns, elevatis ad caelum oculis, conpunctus corde, commotus in lacrimis, ait: Iesu Christi, quem Chrotchildis praedicat esse filium Dei vivi, qui dare auxilium laborantibus victuriamque in te sperantibus tribuere diceris, tuae opis gloriam devotus efflagito, ut, si mihi victuriam super hos hostes indulseris et expertus fuero illam virtutem, quam de te populus tuo nomine dicatus probasse se praedicat, credam tibi et in nomine tuo baptizer. Invocavi enim deos meos, sed, ut experior, elongati sunt ab auxilio meo; unde credo, eos nullius esse potestatis praeditos, qui sibi oboedientibus non occurrunt. Te nunc invoco, tibi credere desidero, tantum ut eruar ab adversariis meis. Cumque haec dicerit, Alamanni terga vertentes, in fugam labi coeperunt. Cumque regem suum cernirent interemptum, Chlodovechi se ditionibus subdunt, dicentes: Ne amplius, quaesumus, pereat populus, iam tui sumus. Ad ille, prohibito bello, cohortato populo cum pace regressus, narravit reginae, qualiter per invocationem nominis Christi victuriam meruit obtenire."

269 III, 21.

270 Dazu neuerdings: R. Weiss, Chlodwigs Taufe 508. Zwei Schlachten, nämlich 480/81 und 496/97 nimmt an: L. Schmidt, Westgermanen, S. 279 ff.; weitere Literatur bei H. Löwe, Deutschland, S. 112, Anm. 12 und 13. Siehe auch E. Ewig, Reichsbildung, S. 256 und K. Schäferdiek, beide gegen Weiss. B. Behr, S. 39, schließt sich vorbehaltlos an Weiss an.

271 R. Weiss, S. 27.

272 F. Lot, S. 64.

Offenbar kennt Weiss die Aussage Fredegars nicht, wonach die Alamannen neun Jahre herumgeirrt seien, bis sie sich schließlich niedergelassen hätten. „Kein zuverlässiger Bericht weiß etwas von einem zehnjährigen Herumirren geschlagener Resttruppen oder einem ‚wandernden' Volk und schon gar nicht von einem längeren alemannischen Widerstand. . ."[273]. Gerade Fredegar bietet ein deutliches Indiz für die Annahme, daß alamannische Widerstandsgruppen nach einer verlorenen Schlacht, auf die vielleicht sogar eine Friedens- oder Waffenstillstandsvereinbarung gefolgt war, sich erneut oder immer wieder gegen die Franken gewandt haben[274]. Deshalb spricht Theoderich bzw. Cassiodor von „auctores perfidiae"[275]. So kann auch die Garantie Theoderichs, die Alamannen in Zaum halten zu wollen, sinnvoll verstanden werden. Daß alamannische Gruppen über weite Räume hinweg sich bewegten, in Abkehr vom fränkischen Herrschaftsbereich, zeigt auch die Stelle bei Cassiodor von der Anweisung an die Noriker, ermüdete Rinder der Alamannen auszutauschen[276]. Wie die archäologischen Funde auf dem Runden Berg bei Urach chronologisch einzuordnen sind, bleibt abzuwarten. Schon jetzt läßt sich in etwa eine Abbruchsphase ermitteln, die zu den Ereignissen von 496 bzw. 506[277] in Beziehung gesetzt werden kann. Der Kriegszug Chlodwigs gegen die Westgoten könnte ein Anlaß für die Alamannen gewesen sein, das fränkische Joch abschütteln zu wollen.

Die Auslegung von Weiss geht wohl etwas zu weit, wenn er von „Erstaunen darüber" schreibt, „daß diesem Volk (den Franken) die Besiegung der Alemannen gelingen konnte". „. . . daß er (Theoderich) es (das Volk der Franken) entweder als ruhig oder als unterlegen kennengelernt hatte"[278], wird eingeschoben, um einen Sieg der Franken etwa 496 auszuschließen. Weiss übersieht hier wohl eine gewisse Eigengesetzlichkeit diplomatischen Verhaltens und diplomatischer Rücksichtnahme[279]. Das politische Faktum einer Schlacht und der damit hergestellten politisch-staatsrechtlichen Verhältnisse sind als solche von gegenwärtiger Bedeutung, daß ein Folgeakt –

273 R. Weiss, S. 27.

274 Fredegar, III, 21: „nov. annos exolis assedibus eorum nec ullam potuerunt gentem comperire, qui ei contra Francos auxiliaret; tandem se dicionem Chlodoviae subdunt."

275 Cassiodor, Var. II, 41.

276 Cassiodor, Var. III, 50: „provincialibus Noricis Theodericus rex . . . ut Alamannorum boves, qui videntur pretiosores prpter corporis granditatem, sed itineris longinquitate defecti sunt, commutari vobiscum liceat, minores quidem membris, sed idoneos ad laborem."

277 R. Christlein, der Runde Berg, S. 15 ff.; ders., Fibelproduktion; V. Milojčić, Der Runde Berg, S. 181 ff.

278 Cassiodor, Var. II, 41. Damit hebt Theoderich die „friedliebende Haltung" Chlodwigs hervor.

279 R. Weiss, S. 28.

alamannische Erhebung – in unmittelbarer Verbindung gesehen wird. Der innere Zusammenhang, zugegebenermaßen nicht der chronologische, ist unmittelbar vorhanden. Weiss meint jedoch: „Alles hängt hier aufs engste zusammen und es ist unmöglich, irgendwo Lücken in der Größenordnung von 10 Jahren einzuschieben“[280].

Der Rückweg Chlodwigs mit seinem Heer über Toul weist recht eindeutig auf einen Aufenthalt Chlodwigs im südalamannischen Gebiet des heutigen Südwestdeutschland hin. Die „Rekonstruktion“ von Weiss, die den Weg Chlodwigs von Zülpich ab beinhaltet, ist höchst abenteuerlich. Er behauptet: „Der Zug wird allein durch die Plünderungslust der fränkischen Truppen und die unglückliche Lage des Schlachtortes erklärt“ und vorher: „Es handelt sich dabei weder um eine territoriale Einverleibung Alemanniens, noch um die Verfolgung eines geschlagenen und fliehenden Heeres“[281]. Ein solcher Zug Chlodwigs hatte das primäre Ziel der Unterwerfung, der Herrschaftserrichtung. Die Eroberung und die anschließenden Organisationsaufgaben, wohl sicher verbunden mit der Einsetzung von Stellvertretern, dem Einrichten von „Garnisonen“ und anderem mehr, war nicht mit dem Durchziehen des eroberten Landes und Beutemachen abgetan. Voraussetzung für die Erfassung der politischen Lage und das politische Verhalten aller Parteien um 506 ist die schon früher vorgenommene ganze oder teilweise, räumlich qualitativ unterschiedliche Unterwerfung, Eingliederung und Frankonisierung alamannischer Gebiete. Damit erst rundet sich das Bild der Ereignisse von 506 ab. Chlodwig hat Restwiderstände von Seiten der Alamannen zu beseitigen versucht, bevor er den Kampf gegen die Westgoten aufnahm. Dieser Widerstand hatte seinen Kern vermutlich im südlichen Alamannengebiet. Dafür sprechen die eindeutigen Quellenangaben des Fluchtraumes: ostgotisches Gebiet im weitesten Sinne. Eine erste Eroberung des gesamten alamannischen Raumes zu diesem Zeitpunkt hätte auch das Thüringerreich und die Gebiete nördlich der Donau – also im heutigen Nordbaiern – zu Fluchträumen werden lassen. So, nachdem die nördlichen alamannischen Gebiete unter fränkischer Kontrolle standen, verblieben nur das rechte Donau- und Iller-Ufer bzw. das linke Hochrhein- und das südliche Bodenseeufer. Die Expedition Chlodwigs ist nur teilweise gelungen. Statt mit der völligen Unterwerfung unter Verfolgung der Alamannen bis in ihre Schlupfwinkel und Rückzugsräume auf ostgotischem Interessengebiet, dem ehemals römischen Raetien (Raetia I und II), muß sich Chlodwig zum Teil mit einer Garantieerklärung Theoderichs zufriedengeben, die noch dazu einen fast drohenden Unterton beinhaltet. Wäre dies der erste Sieg Chlodwigs gewesen, hätte er sich nicht

280 Ebd.
281 Ebd., S. 29.

sofort mit seinem gesamten Heer anschließend zurückziehen können. Es ist unmöglich, daß in so kurzer Zeit die Schlacht gegen ein relativ großes Heeresaufgebot, wie der gewählte Heerkönig an der Spitze beweist[282], geschlagen worden wäre, ganz Alamannien durchquert, die Alamannen bis zum spätantiken Limes verfolgt, das eroberte Gebiet mit einem Herrschaftsapparat ausgestattet und gleich darauf mit neuen Kriegsplänen gegen einen nicht gering geschätzten Gegner (Westgoten) wieder verlassen wird. Es ist unvorstellbar, daß ein berüchtigter und gefürchteter Feind wie die Alamannen nach kurzem „Blitz- und Beutekrieg" wieder sich selbst überlassen wurde. Und es ist erst recht undenkbar, daß Chlodwig angesichts eines so vage gesicherten Flankenschutzes das Risiko des Westgotenkrieges auf sich genommen hätte. Das eigentliche Eroberungswerk, der Sieg über die verbündeten Alamannen, die systematische Zurückdrängung, Einengung und Verdünnung alamannischer Herrschafts- und Siedlungsräume, die Auseinandersetzung mit den alamannischen Führungsgruppen und die wohl teilweise Eliminierung durch Liquidierung oder Vertreibung etc. kann nur als länger dauernder Prozeß gesehen werden. Der Brief Theoderichs spricht diesen Prozeß wohl an, wenn er auf eventuelles Eingeständnis der Unfähigkeit der Franken zur Unterwerfung der Alamannen – als wollte er sagen: in all' diesen Jahren – hinweist. Die Expedition Chlodwigs war als abschließende Unternehmung gedacht, um den Widerstand der Alamannen zu brechen, der seine Nahrung nicht zuletzt im ostgotischen Interessengebiet nördlich der Alpen fand. Auch ein Beistand aus dem thüringischen Bereich ist nicht auszuschließen, wenn wir an Verbindungen der Alamannen mit dem Altsiedelland in Mitteldeutschland denken wollen, deren Indizien sich auch in baierischen Gräbern feststellen lassen[283].

Ich stimme Weiss wohl zu, daß „alamanniae generalitas" nicht wörtlich genommen werden darf[284]. Andererseits kann es als bewiesen gelten, daß die ausgewichenen alamannischen Gruppen quantitativ beachtlich gewesen sein müssen. Dafür spricht das Auftreten von Alamannen im baierischen Raum, die relativ weite Verbreitung von Alamannengruppen bis nach Oberitalien[285] und in das östliche Noricum[286]. Nach Weiss teilt Theoderich die Alamannen in mehrere Gruppen ein. Theoderichs Schutz gelte bewußt nicht der „innumerabilis natio", erst recht nicht den Rädelsführern, „culpa

282 Der Widerspruch zwischen einem so großen alamannischen Aufgebot und den Begriffen wie „Beutekrieg", „Raubzug" – B. Behr, S. 40 und 42 – wird weder Weiss noch Behr, der sich völlig an ersteren anschließt, offenbar.

283 W. Sage, Reihengräberfeld, S. 254 ff.; U. Koch, Merowingische Grabfunde.

284 Ennodius, Paneg. c. 15.

285 Alcagnano, siehe V. Bierbrauer, Oberitalien, S. 559 ff.

286 Cassiodor, Var. III, 50.

primariorum"[287], sondern nur den „fessae reliquiae"[288]. Wir können wohl nicht annehmen, daß die „Grenzen" nur bestimmten Gruppen geöffnet worden wären. Diese Vorstellung ist ebenso irreal wie die Vermutung, daß das „dezimierte alamannische Plünderungsheer. . . daraufhin sein Glück in ostgotischen Diensten versuchen wollte"[289]. Wir haben keine geschlossenen Söldnerheere vor uns, die als militärische Einheiten auftreten. Wortwahl und Gedankengang einer diplomatischen (!) Note müssen in jeder Wendung berücksichtigt werden. Anerkennung der Leistung und Gratulation zum wohlverdienten Sieg haben dadurch nicht ausgesprochene und dennoch verstandene Sinngehalte. Theoderich kann auf politisch-diplomatischer Ebene nicht offiziell Rädelsführer und Aufständische in seinen Herrschaftsbereich aufnehmen ohne Affront gegen Chlodwig. Das Loblied auf den vollständigen Sieg zusammen mit dem argumentativen Schachzug, Chlodwig könne sein Gesicht verlieren, wenn er die „Überreste" bekämpfe, hat doch ganz offensichtlich nicht den Zweck, qualitative und quantitative Aussagen zu machen. Die mächtige Stellung der Franken rechts des Rheins mußte auf dem schon früher unterworfenen alamannischen Gebiet geruht haben. Herrschaftliche Durchdringung und Überwachung des alamannischen Raumes schon seit 496/97 sind dafür Voraussetzung. Die intensive Frankonisierung des nordalamannischen Siedlungsbereiches ist ein wichtiges Indiz für die Schaffung eines sicheren Vorfeldes gegen das Thüringerreich. Diese Vorkehrungen haben sich für Chlodwig gelohnt. Die Thüringer blieben den alamannisch-fränkischen Auseinandersetzungen um 506 fern.

Das Bündnis Theoderichs mit den Herulern wirft ein klärendes Licht auch auf die ostgotisch-alamannischen Beziehungen. Die Ergebenheit der Heruler erbrachte den ostgotischen Schutz. „Nota sunt enim Erulis Gothorom deo iuvante solacia"[289a]. Dieser ostgotische Schutz sei den Herulern wohl bekannt. Der Bezug zu den Alamannen ist leicht herzustellen. Sogar wenn Theoderich nicht darauf anspielt, können wir einen analogen Vorgang gegenseitiger Verpflichtungen und Leistungen zur alamannisch-ostgotischen Verbindung, unter Vorherrschaft Theoderichs, erkennen. Das Jahr 496/97 als Datum der „Alamannenschlacht' ist nicht mehr in Zweifel zu ziehen. Das Jahr 506 kann als Zeitpunkt der Niederschlagung eines Aufstandes bzw. permanenten Auflehnens gegen die fränkische Herrschaft festgehalten werden[290].

287 = Führungsschicht!
288 Cassiodor, Var. II, 41.
289 R. Weiss, S. 32.
289a Cassiodor, Var. IV, 2.
290 K. Reindel, Raetien und Noricum, S. 34; H. Löwe, Deutschland, S. 109 ff. und S. 112, Anm. 10–14.

11. DIE ALAMANNEN IM OSTGOTENREICH

Die Existenz von Alamannen im Ostgotenreich bzw. seiner Interessensphäre ist nicht umstritten. Die geographische und chronologische Einordnung bereitet jedoch große Schwierigkeiten. Die schriftlichen Quellen sind zu dieser Frage schon vielfach und vielfältig in zahlreichen Variationen ausgelegt worden[291]. Der von Cassiodor hinterlassene Inhalt des Briefes Theoderichs an Chlodwig von 506 ist nicht zuletzt wegen der historiographischen Zuverlässigkeit Cassiodors von besonderer Aussagekraft. Die territorialen herrschaftlichen Ansprüche Theoderichs werden eindeutig zum Ausdruck gebracht: „. . . ex illa parte quam ad nos cognoscitis pertinere“[292]. Ebenso eindeutig ist das Überwechseln von quantitativ beachtlichen Alamannengruppen auf diesen vom Ostgotenreich beanspruchten Raum. Weniger eindeutig ist die staatsrechtliche Zugehörigkeit dieses Gebietes zum ostgotischen Reich und dessen herrschaftliche Durchdringung[293]. Die Überbewertung archäologischer Funde ostgotischer Provenienz (Fibeln, Münzen) verzerrt die reale historisch-politische Situation. Die Ostgoten erhoben wohl den Anspruch auf das Süddonaugebiet östlich von Iller und Lech. Dieser Anspruch bezieht sich auf den spätrömischen Limes. Die Bezeichnung des rätischen „dux“ als „dux Raetiarum“, also eines Machthabers beider Raetien, drückt das ebenso aus. Während die Gewalt des rätischen dux über Teile der Raetia I Realität ist, die nicht zuletzt durch die Kontinuität der rätischen Herrschaft bewiesen ist, verbleibt der Bezugnahme auf die Raetia II nur wenig mehr als die Funktion eines staatsrechtlichen Anspruchs, der auf der Fortsetzung römischer Macht- und Staatsverhältnisse beharrt[294]. Der Begriff „ostgotische Interessensphäre“ bringt die Verhältnisse treffend zum Ausdruck[295]. Das umso mehr, als eine solche Interessensphäre das mindeste ist, was zur Unterhaltung diplomatisch-politisch enger Beziehungen zwischen Ostgoten und Thüringern im Raum zwischen Lech und Böhmen vorausgesetzt werden muß[296]. Daß im Schreiben

291 K. Reindel, Agilolfinger, S. 73 ff.; Ders., Raetien und Noricum, S. 23 ff.; R. Heuberger, Rätien; H. Dietze; L. Schmidt, Westgermanen, S. 282 ff.

292 Var. II, 41.

293 K. Reindel, Raetien und Noricum, S. 36, differenziert in der ostgotischen Einflußnahme auf Südbaiern zwischen den „alpinen Gebieten Raetiens“ und „Flachrandrätien“; wie ich meine, zu recht. Siehe Cassiodor, Var. I, 11, „dux Raetiarum Servatus“.

294 Siehe jedoch Befehl Theoderichs an den dux Raetiarum (ca. 507), im Raume der Breonen einzugreifen; Cassiodor, Var. I, 11.

295 V. Bierbrauer, Oberitalien, S. 575; K. Reindel, Raetien und Noricum, S. 38; der archäologische Fundstoff ostgotischer Provenienz wird von Reindel sehr kritisch bewertet. S. 39 f.

296 F. Geldner, S. 1 ff.; K. Reindel, Raetien und Noricum, S. 39.

Theoderichs nicht Bezug genommen ist auf Existenz und Eingreifen des „dux Raetiarum“ und überhaupt die leicht ausdrückbare staatsrechtliche Situation und Position von Raetia I nicht angesprochen, stattdessen eine begrifflich und staatsrechtlich ungenaue Bezeichnung des angesprochenen Fluchtgebietes der Alamannen gewählt wird, weist ganz deutlich auf den Raum nördlich der Alpen und östlich von Iller und Lech als ostgotisches Interessengebiet hin. Wenn R. Heuberger[297] in „fines nostri“ eine typische Bezeichnung für die Reichsgrenze bei Cassiodor annimmt, so verwundert, daß nicht zugleich auf den vorsichtigen, staatsrechtlich wohl vagen Ausdruck „illa parte quam at nos cognoscitis pertinere“ hingewiesen wird. Deshalb ist der Brief Theoderichs auch nicht ausschließlich im Zusammenhang mit einer Bedrohung der Raetia I zu sehen[298]. Der offensichtliche Erfolg des diplomatischen Schreibens, das verbunden ist mit versteckter Andeutung von politischen Sanktionen, macht deutlich, daß Chlodwig offene Konfrontation und militärisch-politischen Konflikt im staatsrechtlich gesicherten Gebiet der Raetia I erst recht nicht gewagt haben dürfte. Seine Ambitionen und sein versuchter Zugriff zielten vielmehr auf den realpolitisch weniger gesicherten Bereich der Raetia II und evtl. Noricums, also des Bereiches, den Theoderich wohl seit dem Zeitpunkt der Rechtsnachfolge des römischen Kaisers, verbal spätestens – vielleicht erstmals – in seiner Note an Chlodwig beanspruchte und zur „Interessensphäre“ erklärte[299]. Auch der fehlende Hinweis auf die unmittelbare Gefahr einer kriegerischen Auseinandersetzung beschreibt mittelbar die politische Situation. Das politische Druckmittel Theoderichs ist sicher anderswo zu suchen, nämlich im Rahmen des Bündnissystems, dessen Existenz Chlodwig eine lokalisierbare Auseinandersetzung mit den Ostgoten und Alamannen in Süddeutschland nicht als wahrscheinlich annehmen ließ. Das politische Verhalten Chlodwigs und seiner Nachfolger unterstützt diese Annahme. Das Systematische Aufrollen des „Bündnisblocks“ Theoderichs, im Süden angefangen (Westgoten 506, Burgunder ca. 524) und im Osten fortgesetzt (Thüringer 531, Südostdeutschland 536/37) geht von dieser Macht- und Diplomatiekonstellation aus.

In die alamannischen Rückzugs- und Fluchtgebiete ist die Nordschweiz mit einzubeziehen[300]. Schwerpunkt der alamannischen Ausweich- und Gegenbe-

297 Das ostgotische Raetien, S. 105.

298 Cassiodor, Var. II, 41.

299 Cassiodor, Var. II, 41; K. Reindel, Raetien und Noricum, S. 37 ff.; H. Zeiß, Nordgrenze; L. Schmidt, Westgermanen, S. 283 ff., schließt Raetia II aus.

300 L. Schmidt, Westgermanen, S. 275 f. und 283 ff. sieht nur die Raetia I als alamannisches Fluchtgebiet an; ebenso R. Heuberger, Das ostgotische Raetien, S. 109; siehe dazu R. Moosbrugger-Leu, Die Schweiz, S. 17 ff.; Ders., Gürtelbeschläge, S. 176 ff.; M: Beck, S. 258 ff.

wegung ist jedoch Südostdeutschland, wie der archäologische Befund zeigt. Die Behauptung, daß Theoderich Anspruch auf die südlichen Bereiche Südwestdeutschlands erhoben und die Alamannen südlich der später feststellbaren „alamannisch-fränkischen Grenze" (Oos-Linie) unter seinen Schutz genommen hätte, geht wohl an der Realität der Machtverhältnisse und der machbaren Politik des Ostgotenreiches vorbei[301]. Auch die staatsrechtliche Grundlage Theoderichs war für diesen Raum, der seit fast 250 Jahre von Rom weitgehend aufgegeben worden war, kaum vorhanden. Die Grenzlinie, die Theoderich legitim ziehen konnte, mußte grob dem spätantiken Limes an Hochrhein, Bodensee, Iller, Donau folgen. Machtanspruch und erst recht herrschaftliche Ausfüllung des südwestdeutschen Raumes ist jedoch nicht nachweisbar und sehr unwahrscheinlich.

Wenn Theoderich die spätrömischen Reichsgrenzen nach Südwestdeutschland hätte ausweiten können, so wäre das bei Cassiodor oder Ennodius mit Sicherheit zum Ausdruck gebracht worden. Ennodius beschränkt sich aber deutlich auf die Erwähnung von „... sine detrimento romanae possessionis..." und weist damit auf die Grenzen der Präfektur Italien, d. h. der beiden Raetien und evtl. Noricums, mit Bodensee, Iller und Donau als Limes, hin[302].

Die Flucht aus dem Alamannenlande entspricht ja wohl der historischen Realität: „ ... cui feliciter cessit fugisse patriam suam". Die „alamanniae generalitas", die Ennodius anspricht, ist also nicht im alten Siedelland Südwestdeutschlands, sondern in den de jure immer noch beanspruchten ehemals römischen Reichsgrenzen zu suchen. Die „alamanniae generalitas" ist einmal bezogen auf Bevölkerung und nicht auf den geographisch-herrschaftlichen Raum des vor 496/97 von Alamannen besiedelten Gebietes, zum anderen sind damit nur die Alamannen gemeint, die sich in die ostgotische Interessensphäre begeben haben. Trotz der Tendenz zu gewissen Übertreibungen kommt zum Ausdruck, daß die hiermit angesprochenen Alamannengruppen gesellschaftlich und politisch – auch quantitativ – nicht unbedeutend waren. Die Funktionen, die die Alamannen übernahmen, spricht Ennodius klar aus: „ ... facta est Latiaris custos imperii ... ". Dieser Umstand zeigt die politische Situation des voralpinen Süddonauraumes. Der politische Anspruch der Ostgoten wird

301 Siehe oben; A. Helbok, Volksgeschichte, S. 306 ff.; B. Eberl, S. 166, läßt Theoderich „Anspruch auf das gesamte Alamannengebiet" erheben; L. Schmidt, Westgermanen, S. 278 ff.; F. Beyerle, Süddeutschland, S. 65 ff. nimmt einen Anspruch Theoderichs auf eine „Interessensphäre" auch für den Südteil des alamannischen Siedlungslandes an. Grundlage dafür ist Ennodius Paneg., c. 15 (um 506) und Cassiodor, Var. VIII, 21.

302 Ennodius Paneg., c. 15. Diese Aussage ist außerdem ein Beleg für die wohl friedliche Anlagerung der aufgenommenen Alamannen an die Vorbevölkerung (Keltoromanen) und ihren Besitz- und Rechtsstand.

durch die „natürlichen Verbündeten" – quasi Foederaten – durch die Alamannen im Ansatz real ausgefüllt[303].

Auch die symbolische Tafelbestückung mit Rheinlachs und Donaukarpfen beweist mitnichten, daß das ostgotische Reich bis zum Mittelrhein oder auch nur über den Hochrhein bei Basel oder bis zur oberen Donau über Iller- oder Lechmündung hinausgeragt habe[304]. Die angesprochenen Fischarten sind Symbole der extremen Reichsgrenzen. Der Rheinlachs entstammt in diesem Sinne dem Flußgebiet zwischen Basel und Rheinfall, der Karpfen der Donau östlich von Iller und Lech[305]. Auch Agathias spricht von „den Alamannen", und nicht vom alamannischen Herrschaftsgebiet in Südwestdeutschland, wenn er über Tributpflicht und Abhängigkeit spricht. Er tut das auch in einem unmittelbaren Zusammenhang, der ausdrücklich die Herrschaft Theoderichs über Italien anspricht[306], damit also auch die Präfektur Italien; nicht mehr, nicht weniger. Beyerle übernimmt sich also, wenn er u. a. daraus die „Einverleibung Alamanniens ins Reich Theoderichs d. Großen, dem es tributpflichtig geworden war", ableitet[307].

Die ostgotischen Münzfunde, die Beyerle heranzieht[308], beweisen die ostgotische Reichsausdehnung bis Worms keineswegs. Gerade die Nichtexistenz fränkischer Münzen bis 600 zeigt deutlich, daß in einer Zeit, in der Südwestdeutschland sicher als fränkisch gelten kann (nach 536/37), der Münzbefund nicht mit Staats- oder Herrschaftsräumen zur Deckung zu bringen ist[309]. Bisher ist nördlich der Alpen erst ein (!) ostgotisches Grab nachgewiesen (Weimar).

Die Kosmographie des Geographen von Ravenna, die Beyerle heranzieht, kann eine Ausdehnung des ostgotischen Reichs auf „Alamannien" auch mittels der ostgotischen Schreibweise nördlicher Stadtbezeichnungen nicht entfernt nachweisen.

303 K. Reindel, Raetien und Noricum, S. 34 ff.

304 Cassiodor, Var. XII, 4: „Mensae regalis apparatus ditissimus non parvus rei publicae probatur ornatus, quia tanta dominus possidere creditur, quantis novitatibus epulatur. Privati est habere quod locus continet. In principali convivio hoc profecto decet exquiri, quod visum debeat ammirari. Destinet carpam Danuvius, a Rheno veniat anchorago, exormiston Sicula quibuslibet laboribus offeratur. Bruttiorum mare dulces mittat acernias. Sapori pisces de diversis finibus afferantur. Sic decet regem pascere, ut a legatis gentium credatur paene omnia possidere . . ."

305 L. Schmidt, Westgermanen, S. 283; R. Heuberger, Raetia prima; Ders., Das ostgotische Raetien, S. 22; K. Reindel, ebd.; F. Beyerle, Süddeutschland, S. 71; B. Behr, S. 50.

306 Agathias, I, 6. Zu „Italien" siehe auch H. Löwe, Cassiodor, S. 14 und Anm. 15.

307 F. Beyerle, ebd.

308 Siehe auch J. Werner, Grabfunde.

309 Außerdem reichen ostgotische Münzen in Gegenden, wo Goten niemals hingelangt sind; siehe K. Reindel, Raetien und Noricum, S. 39 f.

Die dem Ostgotenreich eingegliederten Alamannen sind also in der Hauptsache in Flachland-Raetien und in Noricum zu suchen. Der alamannischen Ausweichbewegung geht ein Trend alamannischen Ausgreifens nach Osten, entlang der Donau, voraus. Schon in den 60er Jahren des 5. Jhs. erscheint Gibuld im Regensburger und Passauer Raum. Auch schon früher war der südbaierische Raum Siedelland für eine bisher meist unterschätzte Zahl germanischer, namentlich elbgermanisch-alamannisch-juthungischer Gruppen[310]. Die Reihengräberfunde in Baiern weisen zu diesem Zeitpunkt ebenfalls aus dem Westen herrührende Grabbeigaben auf[311], woraus bei aller Zurückhaltung der Vor- und Frühgeschichtsforschung[312] auch Herkunft der Bevölkerungssubstanz, die mit diesen Grabfunden in Verbindung zu bringen ist, aus dem Westen, d. h. aus dem alamannischen Raum angenommen werden kann. Die historisch-politische Situation erlaubt nicht die Vermutung, daß wir in diesen Leuten Franken vor uns haben[313].

Bierbrauer sieht in Oberitalien ein weiteres Gebiet alamannischer Rückzugsbewegung[314]. Ausgangspunkt dieses Ergebnisses der Gegenüberstellung archäologischer und schriftlicher Quellen sind Funde alamannischer Herkunft in Oberitalien, in den Provinzen Vicenza, Bergamo, Verona und Brescia[315]. Italien steht schon seit dem 3. Jh. im Bewegungshorizont alamannischer Einfälle. Das zunehmende Ausgreifen alamannischer Gefolgschafts- und Siedlungsunternehmungen nach Süden – Burgund, Schweiz, Noricum – seit der Mitte des 5. Jhs. – erklärt auch die Existenz von Alamannen in Norditalien. Die politischen Umstände in Süddeutschland nach 496 und um 506 machen eine Ausweichbewegung alamannischer Gruppen in das italische Ostgotenreich noch mehr plausibel. Die gefundenen Gegenstände an den angegebenen Orten entstammen Gräbern der Ober- und Führungsschicht. Es lassen sich weitere Gräber weniger gehobener Gruppen und damit die Existenz eines alamannischen Kriegerkontingents vermuten, die in ihren Beigaben nicht hervortreten.

Die Funktion von Foederaten wie im nördlichen Voralpenland kommt auch hier an strategisch wichtigen Punkten des südlichen Alpenrandes, die

310 Siehe neuerdings E. Keller, Neuburg II.

311 U. Koch, Merowingische Grabfunde; Dies., Alamannische Gräber; W. Sage, Reihengräberfeld, S. 254 ff.; H. Dannheimer, Alpenvorland; Ders., Neue Reihengräberfunde, S. 179 ff.; H. Zeiß, Irsching; E. Keller, Grabfunde; Ders., Chronologie; Ders., Flußfunde.

312 V. Bierbrauer, Bügelfibeln; Ders., Oberitalien, S. 575; U. Koch, Merowingische Grabfunde; weniger zurückhaltend in: Alamannische Gräber; siehe dazu W. Sage, BVBll 36, 1971, S. 193 ff.

313 Gegen U. Koch, ebd.

314 V. Bierbrauer, ebd., S. 576.

315 Ebd., S. 559–577 und Tafeln 37–39.

eine wichtige Rolle in der ostgotischen Grenzverteidigung spielten, zum Ausdruck. Daß aus der geringen Zahl gefundener alamannischer Gräber die Präsenz von Alamannen in Oberitalien nicht unterschätzt werden darf – in Italien sind zum Vergleich nur 33 ostgotische Fundstellen bekannt – hat Bierbrauer hinlänglich veranschaulicht[316]. Die Verbindung der Aussagen des Archäologischen und des historiographischen Befundes geht jedoch zu weit, wenn Bierbrauer die Alamannen im Theoderich-Brief[317] nördlich der Alpen etwa gar außerhalb der ostgotischen Reichsgrenze, die Alamannen des Ennodius[318] mit Schwerpunkt in Oberitalien lokalisiert. Richtig ist, daß beide Nachrichten wohl die gleichen politischen Ereignisse von 506 im Auge haben. Ennodius jedoch ist, der Konzeption als Panegyricus entsprechend, eine großzügigere, globalere Aussageabsicht zuzuschreiben, die literarisch-propagandistisch zielgerichtet ist und summarisch die Person und Herrschergestalt Theoderichs und das Ostgotenreich aufbaut, ohne die subtile, der diplomatischen nuancierenden Terminologie entsprechende Differenzierung politischer und rechtlicher Realität von Staatsgebiet und Interessensphäre zu beachten[319].

Die Einschübe, auf die besonders F. Beyerle[320] hingewiesen hat, zeigen ganz deutlich den topischen Charakter des späteren Zusatzes. Die friedliche Bebauung des Bodens, der Rodungsvorgang, ist Symbol für Unterwerfung, Befriedung, für Eingliederung und Entbarbarisierung, das dem ostgotisch-alamannischen Verhältnis durch Ennodius aufgepfropft wird. Eine alamannische Ansiedlung und Kolonistentätigkeit gar in Oberitalien daraus abzuleiten, ist nicht sinnvoll[321]. Die Divergenz der Aussagen bei Cassiodor und Ennodius beruht in diesem Punkt letztlich auf den verschiedenen Gattungen der schriftlichen Überlieferungen. Während Cassiodor ganz richtig das süddeutsche Voralpenland – östlich von Iller und Lech – als Interessensphäre ansieht und sich entsprechend ausdrückt, macht Ennodius salopp daraus ostgotisches Reichsgebiet[322]. Die Mobilität alamannischer Gruppen im Donautal und südlich der Donau bis nach Ufernoricum ist bei Cassiodor[323] belegt. Demnach ziehen Alamannen durch Noricum (Binnennoricum) mit Duldung und Unterstützung Theoderichs (ca. 507). Diese Bewegung scheint kein singulärer Vorgang zu sein, auch nicht die Unternehmung eines unwichtigen Reiter-

316 Oberitalien, S. 576.
317 Cassiodor, Var. II, 41.
318 Ennodius, Paneg. c. 15.
319 H. Löwe, Cassiodor, S. 13 f.
320 Süddeutschland, S. 69 f.
321 Ebd., S. 70.
322 Bei Cassiodor wie bei Ennodius wird „Italia" zunehmend zu einem politischen Begriff; H. Löwe, ebd., S. 14, Anm. 15.
323 Cassiodor, Var. III, 50.

trupps. Die anbefohlene Unterstützung dieser Alamannen durch Austausch der mitgeführten, ermüdeten Rinder läßt deutlich eine Treckbewegung, also Siedlungsbewegung, erkennen. Das entsprechende Schreiben hat notwendig zwei Umstände zur Voraussetzung:

1. Die politische und damit militärische Präsenz der Ostgoten in Binnennoricum, die zumindest in Befehlsgewalt gegenüber den Noricern besteht.
2. Die alamannische Wanderbewegung ist kein einmaliger, auf eine kleine Gruppe beschränkter Vorgang, sondern steht vor dem Hintergrund einer ostgotischen Lenkung oder mindestens offiziellen Duldung.

Anders ist die Praxis einer schriftlichen Anordnung nicht zu verstehen. Der einmalige und unvorhergesehene Vorgang einer alamannischen Bevölkerungsbewegung in bzw. nach Noricum kann nicht sinnvolle schriftliche Anweisungen, die auch noch zu einem sinnvollen Zeitpunkt eintreffen müssen, zur Folge haben. Hier liegt ein weiteres Argument für die These, daß die Bajuwaren auch im heutigen Österreich z. T. „Ostalamannen“ sind[324].

12. DIE EINGLIEDERUNG DES RAETISCHEN RESTSTAATES IN DAS FRANKENREICH

Die Eigenständigkeit der Raetia I, die sich vor allem in der Fortsetzung römischer Tradition bemerkbar macht, setzt sich über Jahrhunderte fort[325]. Ihre Intensität ist im Rechtswesen (Urkunden, Rechtssprache) sowie in der Sprache und in der Kunst belegt. Die Eigenständigkeit von Raetien scheint auch von den Ostgoten respektiert worden zu sein. Der Titel eines „dux Raetiarum“ verweist auf einen früheren Amtssitz des dux in relativ zentraler Lage der beiden Raetien[326].

324 E. Zöllner, Österreich, S. 39 ff. hält dagegen an böhmischer Herkunft fest; E. Beninger-Ä. Kloiber; H. Ladenbauer-Orel, Linz-Zizlau, L. Schmidt, Westgermanen, S. 284, läßt Alamannen sogar bis Pannonien ziehen unter Bezug auf Cassiodor, Var. III, 50, um den bayerisch-österreichischen Raum für die „Bajuwaren“ aussparen zu können.

325 B. Helbling, Churrätien, S. 469 ff.; siehe dazu E. Meyer-Marthaler, Rätien; E. Meyer, Römische Zeit; Ders., Räterforschung; H. Dietze, Rätien; R. Heuberger, Raetia Prima; Ders., Das ostgotische Raetien; M. Beck, Die Schweiz; G. Schneider, Churrätien; H. Büttner, Fränkischer Staat; O. Redlich; G. Löhlein.

326 Cassiodor, Var. VII, 4: „Raetia namque munimina sunt Italiae et claustra provinciae“; „. . . ideoque . . . ducatum tibi credimus Raetiarum, ut milites et in pace regas et cum eis fines nostros solemni alacritate circumeas . . .“. Verwaltungszentren von Raetia I und Raetia II waren Chur bzw. Augsburg nach der Diözesaneinteilung Diokletians. In Augsburg saß der „dux Raetiarum“, also beider Raetien. Die in Augsburg und Chur ansässigen „praesides“ hatten Verwaltungsaufgaben. B. Helbling, S. 473; H. Büttner, Chur, S. 80 ff., S. 191 ff.; B. Behr, S. 46.

Wir können feststellen, daß im Gebiet der Raetia I, besonders in der heutigen Schweiz, eine Kontinuität italischer, sogar byzantinischer Einflüsse besteht, die vor allem die kirchliche Komponente anbetrifft. Ein herausragendes Beispiel ist die Tradition der St. Galler Buchmalerei bis in das 8. Jh. Das kann heißen, daß die Raetia I in ihren Vertretern, den duces Raetiarum (auch spätere Victoriden), ein reserviertes Verhältnis zu den Ostgoten hatte, das neben einem traditionell römischen Staatsverhältnis, das die ostgotische Herrschaft nur als vom Kaisertum abhängige Instanz, von absehbarer Dauer, legitimiert sah und somit nur auf dem „Dienstweg" mit den Ostgoten verkehrte, auch politisch-religiöse Distanz gegenüber den Arianern bezog, parallel zur kirchlichen Opposition in Italien. Wie in der Provence finden wir auch in Raetien eine Bevölkerung und eine Führungsschicht, die der römischen Reichstradition noch sehr nahe stehen[327]. Die Annahme einer reservierten Haltung des dux Raetiarum und seiner Nachfolger gegenüber der ostgotischen Herrschaft wird gestützt von der bipolaren, dualistischen Stellung, die wir bei den sogenannten Victoriden im 6. und 7. Jh. finden. Diese Victoriden hatten in Raetia I die weltliche und die geistliche Macht in Händen, die sie von ihrem Machtzentrum Chur her ausübten, so daß die Wende vom 5. zum 6. Jh. eine Verschmelzung römischer Staatsgewalt und kirchlich-bischöflicher Macht zeitigt. Wir können sogar noch weiter gehen und die Jahrzehnte vor der Jahrhundertwende überhaupt als Entstehungszeitraum dieser Gewaltenverbindung ansehen. Der Rückzug des römischen Staates und der kirchlichen Organisationsträger, also der Bischöfe, ist auch für andere Bereiche dargestellt[328]. Wir können annehmen, daß Chur eine Rückzugsstellung römischer Zentralverwaltung geworden ist; seit 451 ist dort ein Bischof bezeugt[329]. Diese Umstände brachten die Verschmelzung kirchlicher und staatlicher Organisation, unter Umständen in Personalunion oder „Familienunion" mit sich. Ausdrücklich ist das bei Eugippius (Vita Severini) erwähnt, der das weltliche Organisationstalent des „Flüchtlingskommissars" Severin anschaulich darstellt[330].

327 R. Buchner, Provence; E. Meyer-Marthaler; B. Helbling.

328 Von Windisch nach Lausanne, von Augst nach Basel, von Octodurum nach Sitten, von Agunt nach Lavant, von Tongern nach Maastricht, von Arras nach Cambrai, von Tournai nach Noyon; siehe F. Prinz, Mönchtum, S. 335; H. Büttner, Fränkischer Staat, S. 4 f.

329 Bischof Abundatius von Como unterschreibt einen Synodalbrief des Mailänder Bischofs Eusebius an Papst Leo im Namen des nicht anwesenden Bischofs Asinio von Chur. BUB I, Nr. 2; siehe auch A. Bruckner, Helvetia Sacra, Abt. I, 1, S. 466 ff., zu den ältesten Bischofslisten. Asinius wird als Bischof der Raetia I bezeichnet. Der Bischof von Augsburg, falls Augsburg schon Bischofsstadt war, hat sich möglicherweise nach Säben-Brixen zurückgezogen. R. Heuberger, Raetien, S. 179 f., S. 298 f.

330 Eugippius, Vita Severini; F. Lotter, Severinus von Noricum, S. 261 ff.; F. Prinz, Vita Severini.

Diese Tradition erlaubt, über die Aussage von Clavadetscher hinauszugehen[331]: „Die Vereinigung der Gewalten in der gleichen Familie oder gar in der gleichen Hand erklärt sich vor allem als Folge der zunehmenden Schwäche des merowingischen Königtums und des damit in Zusammenhang stehenden Aufstiegs des Adels. An diese Stelle faktischer oder wenigstens nomineller Ernennung durch den König trat offenbar immer mehr Kooptation oder Erblichkeit"[332]. Die Gewaltenvereinigung ist wohl nicht Produkt des Niedergangs merowingischer Königs- und Reichsgewalt, sondern liegt schon in den Umständen des römischen Rückzugs aus dem Voralpenland begründet. Sicher wurden die Zeiten schwacher Zentralgewalt für den autonomen Herrschaftsausbau genützt wie anderswo auch[333]. Parallelen dazu sind in verschiedenen Räumen des Merowingerreiches in letzter Zeit aufgedeckt worden, sodaß das raetische Problem nicht länger als herausragender Einzelfall angesehen werden kann (Trier – Poitiers – Lyon – Autun – Clermont – Tours – Lüttich – Neapel – Lucca). Eine Sonderstellung nimmt Raetien insofern ein, als Genese und Tradition dieser Doppelfunktion bis zum Ende des 5. Jhs. zurückgehen. Die zum Anfang des 6. Jhs. zurückreichende Tradition wird auch gestützt von den Untersuchungen Clavadetschers zum Stammbaum der Victoriden, die den Stammvater Zacco auf die Zeit von 510 bis 545 festzulegen versuchen. Dieses Ergebnis ist chronologisch deckungsgleich zur Annahme einer Basis spätrömischer Reststaatlichkeit und Kirchenherrschaft in der victoridischen Tradition. Im Zusammenhang mit der Victoridenforschung Clavadetschers wird der „Stammvater", der Spitzenahn der Victoriden, Zacco, namenkundlich auf seine Herkunft untersucht. Clavedetscher kommt dabei zu dem Ergebnis, daß „der Name Zacco mit hoher Wahrscheinlichkeit als germanisch betrachtet werden kann"[334]. Er steht dabei im Gegensatz zu Muoth und von Planta, die den Namen als Kurzform eines lateinischen Namens zu erkennen glauben[335]. Für die germanische Namensform spricht E. Förstemann[336]. Die Annahme, daß der „Urahne des bedeutendsten raetischen Geschlechts im anscheinend doch sorgfältig überlieferten Stammbaum kaum mit einem Kurz- oder Kosenamen benannt sein wird"[337], ist dagegen wenig stichhaltig (s. Boso etc.). Clavadetscher ist sich seines namenkundlichen Ergebnisses selbst nicht ganz sicher, denn er stellt folgerichtig die Frage, „wie der Ahnherr des raetisch-romanischen Geschlechtes der Victoriden, bei welchen die politische und

331 O. P. Clavadetscher, Raetien.
332 Ebd., S. 61.
333 Ebd., Anm. 8.
334 Ebd., S. 66.
335 J. C. Muoth, S. 19; R. v. Planta, S. 101.
336 Sp. 1671; ebenso H. Kaufmann, S. 419.
337 O. P. Chlavadetscher, S. 66 und Anm. 26.

kirchliche Führung des bis in die Karolingerzeit hinein in sprachlicher, staatsrechtlicher und rechtlicher Beziehung stark römisch gebliebenen raetischen Landes lag, zu seinem germanischen Namen gekommen ist“[338]. Der Zusatz, „daß mit Theusinda, der Gemahlin des Praeses Viktor, germanisches, wohl alemannisches Namengut ins Victoridenhaus gelangt“ (um 720), berührt die Frage nicht[339].

Letztendlich führt der Streit um die sprachliche Herkunft des Namens „Zacco“ nicht zu einer sicheren ethnischen Bestimmung der Person. Es gibt zu viele Hindernisse für eine eindeutige Identifizierung, unter denen zwei besonders ins Gewicht fallen:

1. Sprachliche Namensherkunft und ethnische Zuordnung divergieren allgemein in Epochen von Anlagerungs- und Überlagerungsprozessen, ganz besonders in der behandelten Epoche und in der näheren Umgebung, wie für den Salzburger Raum und anderswo noch für das 8. Jh. nachgewiesen wurde[340].
2. Die Namenüberlieferung umfaßt Jahrhunderte breite zeitliche Räume ebenso wie die Abstände zwischen den Daten des Auftretens dieses Namens (Generation I, 510/545, Auftreten des Spitzenahns; Generation IX, 8. Jh., Auftreten des folgenden Zacco (Präses)). Mündliche und schriftliche Überlieferung sowie familiäre Tradition lassen zum einen schreiberische Fehlleistungen, Lesefehler und zum anderen das Einfließen familiärer Namensformen (es muß ja nicht gerade der Kosename sein) zu.

Die Vermutung Clavadetschers[341], „daß es sich um einen von der fränkischen Königsgewalt eingesetzten Machthaber handeln könnte“, halte ich für sinnvoll für die Zeit nach 536/37, wenn wir den Spitzenahn Zacco in das zweite Viertel des 6. Jhs. verlegen[342]. Nach Clavadetscher haben die Franken bei der Überlassung der nordalpinen Gebiete durch die Ostgoten 536/37 sich sofort der Pässe bemächtigt. Für ca. 550 ist die Herrschaft der Franken über Raetien gesichert. Sie ist Voraussetzung für den Zugang zur Isola Comacina[343]. Es gibt keinen Anhaltspunkt, eine Gegnerschaft zwischen dem dux Raetiarum der ostgotischen Epoche und dem fränkischen König anzunehmen. Eher ist eine gegenteilige Situation wahrscheinlich, wie ich oben kurz umrissen habe (Konfession und Legitimität). Dieser Umstand kann sehr wohl die Belassung der alten Amtsträger in Raetien bewirkt haben. Die Existenz eines dux und eines praeses als militärischer bzw. ziviler Machthaber, wie Clavadetscher in

338 Ebd.
339 Ebd.
340 F. Prinz, Salzburg; Ders., Innere Entwicklung; Ders., Bayern Salzburg.
341 Ebd., S. 67.
342 Ähnlich I. Müller, Rätien, S. 340.
343 O. P. Clavadetscher, Churrätien, S. 43.

Anlehnung an Heuberger[344] aufgreift, ist ein Kompromiß in der kaum klärbaren Situation, der den fränkischen König aufgrund der besonderen strategischen Verhältnisse (Alpenübergänge) einen germanischen militärischen Befehlshaber neben den einheimischen Präses setzen läßt, der von den rätisch-romanischen Verhältnissen assimiliert wird. Die Verwandtschaft zwischen Zacco und den Victoriden bietet eine Lösung.

Diese Umstände stehen der Kontinuität und Tradition römischer Staatlichkeit, römischer Kultur und auch römisch-christlicher Glaubenswelt und Kirchenorganisation nicht im Wege. Sie erhärten sogar die Annahme stabiler, römischer Tradition, wenn wir die nahtlose Assimilierung eines germanischen Einsprengsels verfolgen (Verbindung katholischer Konfession gegen Arianer). Erst 200 Jahre später treten wieder germanische Namen auf, Theusinda und auch wieder Zacco, wobei bewußt die alte Namenstradition wieder aufgenommen wurde.

Die wohlwollende Einstellung der raetischen Machthaber gegenüber den Franken mag neben der gleichen Konfession durch die Quasi-Legitimierung Chlodwigs und seiner Nachfolger unterstützt worden sein oder vielleicht von hier ihren Anfang genommen haben. Die Gesandtschaft des Kaisers Anastasius überbrachte Chlodwig in Tours die Ernennung zum Konsul[345]. Chlodwig benützte diesen Umstand zu seinem politischen und ideologischen Vorteil nach außen und innen. Gregor schildert ausführlich das demonstrative Zeremoniell, das zu einem Schauspiel des von Byzanz, d. h. von der katholischen Partei, dem Träger römischer Reichstradition, legitimierten Herrschers wird. Auch wenn sich die Zeitgenossen, wie etwa die Herren Raetiens – und auch Chlodwig selbst – über staatsrechtliche Inhalte des Titels nicht sicher waren, so verfehlten Titel, Zeremoniell und Anspruch ihr Ziel nicht. Primäre Zielgruppe waren die dem römischen Staatswesen und Staatsdenken verhafteten gesellschaftlichen, kirchlichen und politischen Bereiche, wie gallorömischer Senatorenadel, Klerus und damit auch die Exponenten des raetischen Reststaates.

Amt und Tradition des dux raetiarum reichten bis 258 zurück[346]. Die staatsrechtliche und reale Weiterexistenz dieses dux in Amt und Funktion wird in der Bestallungsurkunde von ca. 510 deutlich[347]. Die Bezeichnung „dux Raetiarum" ist nicht nur als Fortführung römischer Amtstradition, sondern auch als deklaratorische, staatsrechtlich beharrende Absicht zu werten. Der Anspruch auf beide Raetien, Raetien I und Raetien II, wird dadurch ein-

344 Raetien im Altertum, S. 77 ff.; R. Heuberger, Das ostgotische Raetien, S. 94.
345 Greg. Tur. II, 38; H. Dietze, S. 131 ff.; G. Löhlein, S. 10 ff.; H. Löwe, Deutschland, S. 111 und Anm. 17 mit weiterer Literatur.
346 K. Reindel, Raetien und Noricum, S. 36.
347 Cassiodor, Var. VII, 4.

deutig manifest. Die politisch-staatliche Bindung Raetiens, auch der Raetia I, an Italien zeigte sich in der Ostgotenzeit als relativ schwach. Das Fehlen raetischer Bischöfe auf römischen Synoden 499, 501, 502[348] und die Widerstände gegen die ostgotischen Herrschaftsansprüche weisen dahin[349]. Im Raum der Raetia I finden sich bis heute nicht einmal Fundgegenstände ostgotischer Herkunft[350]. Gegen eine nur formale Einbeziehung der Raetia I in die Präfektur Italien und damit in den ostgotischen Herrschaftsbereich spricht die strategische Bedeutung Raetiens mit den Bündnerpässen und des nordalpinen Raumes im Vorland Churs[351]. Auch in anderen Regionen zeigt sich die Tendenz theoderizianischer Politik, die ehemaligen, offiziell nie aufgegebenen Grenzen zu erhalten. „Ad limitem suum Romana regna remearunt“[352].

13. HERRSCHAFTSMETHODEN DER FRANKENKÖNIGE IN SÜDDEUTSCHLAND. DIE GESETZGEBERISCHE EINGLIEDERUNG IN DAS FRANKENREICH

Eine programmatische Wert-, und das heißt in diesem Falle Rechts- und Glaubensassimilation tritt am deutlichsten im Prolog zur Lex Baiuwariorum, die den alamannischen „Stammesrechten“ sehr nahe verwandt ist[353], zutage. Zugleich wird in den süddeutschen Leges – Pactus Alamannorum, Lex Alamannorum, Lex Baiuwariorum – die Absicht der fränkischen Könige offenbar, die Herrschaft über Süddeutschland mit Hilfe einer festgeschriebenen Statushierarchie zu verfestigen und zu institutionalisieren[354]. Dieser Prolog gilt als glaubwürdig seit den Untersuchungen von Beyerle[355]. Der königliche Machteingriff in Inhalte des Gesetzeswerks ist vornehm zurückhaltend er-

348 R. Heuberger, Das ostgotische Raetien, S. 3 f.

349 Ebd.

350 G. Schneider, Churrätien; V. Bierbrauer, Grab- und Schatzfunde; R. Moosbrugger-Leu, Die Schweiz.

351 G. Löhlein, Alpen und Italienpolitik; R. Egger, Der Alpenraum; R. Heuberger, Raetia Prima.

352 Ennodius zur Eroberung Sirmiums; ähnlich Cassiodor, Chron. a. 504: „Sirmium recepit Italia“.

353 F. Beyerle, Stammesrechte, S. 84 ff., S. 128 ff.; Ders., Leges, S. 264 ff.; Ders., Kulturportrait, S. 126 ff.

354 Siehe dazu K. Bosl, Grundlagen, S. 98. Die „Absicht, den alamannischen Adel zum Eintritt in die fränkische trustis dominica zu bewegen“ (Irsigler, Frühfränkischer Adel, S. 181 und Anm. 190) ist denkbar. Indizien dafür sind Funktion und Status von Butilin und Leutharis (Agathias I, 6; I, 7). Zu letzterem siehe jedoch Ausführungen von B. Behr, S. 75 ff.

355 F. Beyerle, Stammesrechte, ebd.

wähnt: „Ipso dictante iussit conscribere legem Francorum et Alamannorum et Baiuwariorum unicuique genti, quae in eius potestate erat, secundum consuetudinem suam, addidit quae addenda erant et inprovisa et inconposita resecavit; et quae erant secundum consuetudinem paganorum, mutavit secundum legem christianorum. Et quicquid Theuderichus rex propter vetustissimam paganorum consuetudinem emendare non potuit, post haec Hildibertus rex inchoavit, sed Chlotarius rex perfecit[356]. Demnach gehen also die süddeutschen Rechtskodifizierungen schon auf den fränkischen König Theuderich I. (511–534) zurück[357].

Die stufenweise fortschreitende Eingliederung des süddeutschen Raumes und seiner Bevölkerung in den Jahren von 496/7 (Alamannenschlacht) bis 555 (erster Beleg für bajuwarisches Herzogtum) spiegelt sich im Prolog zur Lex Baiuwariorum[358]. Des Frankenkönigs Herrschaftsprogramm steht im Kontext des Prologs und im Kontext fränkischer Herrschaftspraktiken unter Einbegreifung der lex Christianorum im Gegensatz zur consuetudo paganorum. „Pagani" werden nur sekundär als Nicht-Christen verstanden. Primär sind sie politische Gegner, wobei ethnische, ideologisch-weltanschauliche Gegensätze subsumiert werden. Das den frühmerowingischen Königen gemeinsame Programm kommt in der Fortsetzung der legislativen Wertassimilation zur Geltung, die der Prolog billigt. „Et quicquid Theodericus rex ... emendare non potuit ... Hildibertus rex inchoavit, ... Lotharius rex perfecit" usw.

Dieser Eingliederungsprozeß, der mit Chlothachar (gestorben 561) noch nicht abgeschlossen war, setzt sich laut Prolog bis in die Zeit Dagoberts und bis in die karolingische Epoche fort[359]. Beyerle bietet eine Textschichtung der Lex Baiuwariorum, die der Untersuchung der Textgenese entspringt. Diese Textgenese entspricht weitgehend den Stadien fränkischer Eingliederungs- und Assimilationspolitik.

Ein erstes Stadium stellt Beyerle in der Zeit Theuderichs (511–532) fest. Bußenkatalog der Lex Alamannorum und Fragmente des Pactus Alamannorum entstammen dieser Zeit und gelten für die von den Franken nach 496/97 unterworfenen alamannischen Stammesgebiete. Im zweiten Stadium unter Theudebert I. (532–548) wird die Lex Alamannorum auf die gesamten alamannischen Stammesgebiete ausgeweitet, wobei neben den Bußenkatalog, das heißt die „Volkssachen", die „Herzogssachen" und „Kirchensachen" treten. Es ist ein typisches Übereintreffen in der Zeit dieses zweiten Stadiums, das

356 Lex Baiuvariorum, ed. E. v. Schwind, MG LL 5, 2, S. 201 ff.; F. Beyerle, Lex Baiuvariorum; siehe C. Schott, S. 138.

357 F. Beyerle, Stammesrechte, S. 84 ff. Zustimmend F. Irsigler, Frühfränkischer Adel, S. 180 f. und Anm. 184.

358 F. Beyerle, ebd., S. 125 ff.; L. Schmidt, Westgermanen, S. 200 f.

359 Siehe hierzu C. Schott, S. 135 f.

die Parallelität von gesetzgeberischer, politischer und gesellschaftlicher Eingliederung der Alamannen aufzeigt, wenn wir uns vergegenwärtigen, daß nach 537 bei den Alamannen von den Franken eingesetzte Herzöge – Butilin und Leuthari – auftreten. Diese Herzöge und die mit ihnen verbundene Führungsschicht waren nach dem oben Gesagten nach der Einsetzung zumindest formal Christen, und als solche standen sie im Rahmen fränkisch-kirchlicher Organisation[360]. Diese Zusammenhänge verdeutlichen die Verzahnung von Überlagerung und politisch-religiöser Wertassimilation, an deren Ausgangspunkt das fränkische Eroberer- und Großkönigtum steht.

Die weiteren Stadien der gesetzgeberischen Entwicklung in bezug auf die süddeutschen Stämme bis in das 8. Jahrhundert, die Beyerle darlegt, sind ebenso wie die beiden ersten eine Abspiegelung der politischen Verhältnisse auf die Gesetzgebung. Der Prolog zur Lex Baiuwariorum, in dem die Namen des Theudebert und Theuderich zusammenfallen, ist ein Schlüssel zur Erkenntnis des gemeinsamen Ursprungs der süddeutschen Gesetze sowie des Herrschaftswillens und der programmatischen Herrschaft der Frankenkönige[361].

Die enge Verflechtung von alamannischem und baierischem Gesetz zeigt deutlich, daß am Anfang der Entstehung einer alamannischen lex und einer baierischen lex nicht die Existenz von zwei irgendwie abgeschlossen und differenzierten Stammesgebieten gesehen werden kann. Die Genese süddeutscher Stammesgesetze weist vielmehr auf eine chronologisch in mehreren zeitlichen und geographischen Etappen ablaufende Eingliederung in das Frankenreich, die von der Geschichtsschreibung und vom archäologischen Befund eindeutig (östlich der Iller) unterstützt wird. Ein Stammesgebiet der Alamannen westlich des Lech ist nach Befragung aller schriftlicher Quellen erst in den 60er Jahren des 6. Jhs. existent[362].

Die Nichtexistenz eines alamannischen Ein-Königtums zeigt sich besonders deutlich in den „alamannischen" Gesetzbüchern des 6., 7. und 8. Jhs. Diese

360 Agathias stellt zwar Butilin und die Alamannen im fränkischen Heer als marodierende Kirchenplünderer dar (II, 1). Die Färbung seines Berichts ist jedoch zu erkennen. Siehe B. Behr, S. 85 ff.; A. Cameron, Merovingians, S. 95 ff., besonders S. 136 f. An anderer Stelle berichtet Agathias: „Aber der Umgang mit den Franken wirkt wohltuend und bekehrt sie, zieht schon die Vernünftigeren herüber zu sich und ich denke, daß das in nicht allzu langer Zeit bei allen geschehen sein wird." (I, 2) Daß unter den „Vernünftigeren" Angehörige der Führungsschicht zu verstehen sind, ergibt sich schon aus deren Rolle im fränkisch-alamannischen Heer, im fränkischen Königsdienst.

361 C. Schott, S. 135 ff.

362 F. Beyerle, ebd., und C. Schott, S. 137 ff.; Venantius Fortunatus, Carm. praef. und Vita S. Martini; Jordanes, De origine actibusque getarum, c. 55, § 280; L. Steinberger, S. 97 f.

Gesetze wurden in den letzten Jahrzehnten mehr und mehr als Kompilationen fränkisch-merowingischer, burgundischer, römischer und kirchlicher Rechtssätze erkannt[363]. Dieser Umstand zeigt deutlich, daß im alamannischen Bereich vor der Unterwerfung durch die Franken keine gesetzgeberische zentrale Macht in der Person eines Königs als Kristallisationspunkt vorhanden war. Bewegen wir uns doch in einer Epoche der Rechtskodifizierung, die ausgelöst wurde durch die enge Verflechtung germanischer Gesellschaft und Herrschaftsformen mit römischem Staat und römischen Herrschaftsmechanismen, in Erkenntnis der Bedeutung formaler Voraussetzungen institutionalisierter Herrschaft als vorstaatliche Kategorie durch die germanischen Könige (Westgoten, Ostgoten, Franken)[364]. Diese gering einzuschätzende Entwicklung bei den Alamannen liegt in der qualitativ und quantitativ nur schwachen Existenz und Kontinuität römischer Kultur- und Verwaltungselemente in den alamannischen Räumen und ebenso in der immer wieder angesprochenen dezentralisierten Stammesstruktur, in der sich der Herrschaftswille eines Einkönigtums nicht durchsetzen konnte. Rechtskodifizierung oder Verfassungsgebung ist immer, bis in die Gegenwart, Ausdruck von Herrschaftswillen und realer Herrschaftsmacht. Gerade in der fränkisch-merowingischen und in der fränkisch-karolingischen Epoche wird Rechtskodifizierung, d. h. in unserer Epoche Rechtskompilation und begrenzt Rechtsschöpfung, zu dem Mittel herrschaftlicher Überlagerung, Eingliederung, man möchte sagen Gleichschaltung. Beidem, Herrschaftsanspruch und Herrschaftsausübung, sahen sich die Alamannen ausgesetzt. Auch wenn um 500 die Eingliederung der Alamannen noch nicht im Wege der Rechtskodifizierung vorgesehen war, können wir mit großer Sicherheit annehmen, daß die fränkische Herrschaft alsbald schwerwiegende Eingriffe in alamannische Rechtsvorstellungen vornahm. Diese Eingriffe betrafen fast ausschließlich die alamannische Ober- und Führungsschicht. Die daraus resultierenden Reaktionen lassen sich unschwer absehen. Zeitlich und räumlich nicht allzu weit entfernt, bietet die langobardische Geschichte ein vergleichbares Beispiel. Die im langobardischen Heer und Volk mitziehenden Sachsen verlassen die Langobarden, weil es ihnen verwehrt worden sei, nach ihrem Recht zu leben[365]. Unter ähnlichen Gesichtspunkten kann auch die alamannisch-fränkische Konfrontation gesehen werden. Die gesetzgeberische Eingliederung, die systematisch von fränkischer Seite seit dem 6. Jh., wenn wir die fränkische Außenpolitik verfolgen, versucht wurde – Burgunder, Ala-

363 F. Beyerle, ebd., S. 84 ff., C. Schott, S. 135 ff.; siehe auch K. Bosl, Grundlagen, S. 98.

364 Die politische Ausrichtung der Rechtskodifizierung gegen den Adel und damit gegen Aristokratie als Herrschaftsform wird betont bei K. Bosl, Grundlagen, I, S. 98.

365 Paulus Diaconus, II, 6; R. Wenskus, Stammesbildung, S. 493.

mannen, Bajuwaren, Thüringer – hatte nicht nur herrschaftstechnologischen Sinn, sondern auch ideologische Aspekte im Hintergrund. Die Gesetzgebung spiegelt an manchen Stellen die Ansprüche fränkischer Herrscher aufgrund christlicher Herrschaftslegitimierung. In dieser Herrschaftsideologie verbanden sich römische (Konsulsrang, Selbstverständnis als Cäsar bei Theudebert), neutestamentliche (analog Heliand) und alttestamentliche (Davids-Königtum) Elemente und Vorstellungen[366].

Der Name Theudeberts auf Goldmünzen, das Weglassen des byzantinischen Kaisernamens, zeigt den Anspruch Theudeberts auf das deutlichste. Die Reaktion in Byzanz unterstreicht die Bedeutung seines Handelns[367].

Dieses Programm fränkischer gesetzgeberischer Eingliederungspolitik wurde wohl allgemein erkannt bei germanischen wie bei nichtgermanischen Zeitgenossen[368]. Agathias gibt uns einen eindeutigen Beleg für die Kenntnis der berüchtigten fränkischen Integrationspraxis sogar bei den Ostgoten, wenn Aligern, der Bruder Tejas, seine Ablehnung der Frankenherrschaft mit der Erwartung fränkischer Gesetzeswillkür gegen gotisches Recht und Herkommen begründet. Er zieht demgegenüber die byzantinische Herrschaft vor.

Agathias läßt diese fränkische Politik durch Aligern darstellen: „Selbst im Falle eines Sieges über die Römer wollten sie den Goten Italien nicht überlassen, sondern diejenigen, denen sie angeblich zu Hilfe gekommen seien, erst unterwerfen, dann Franken zu ihren Herren bestellen und sie schließlich ihrer väterlichen Sitten berauben“[369].

Größtes Gewicht im Rahmen der „väterlichen Sitten“ liegt auf dem autonomen, gentilen Recht, das vom fränkischen Königtum stets im ersten Anlauf grundlegend gewandelt, aufgehoben oder ersetzt worden zu sein scheint[370]. Die fränkische Eingliederungs- und Gleichschaltungspolitik ist ohne religiös-weltanschauliche Unterwerfung zumindest der Führungsschicht undenkbar. Unterwerfung, Anspruch auf Gesetzestreue, Treueidschwur beim gleichen Gott, gehören funktional und im ideologischen Überbau zusammen. Den typischen Formen fränkischer Überlagerungs- und Herrschaftspraxis geht die Wertassimilation, hier die Übernahme weltanschaulicher Werte durch die Unterworfenen, voraus. Versuche zwangsweiser religiös-weltanschaulicher Wertassimilation durch die Franken finden wir in den alamannischen Gesetzen, im dem Pactus legis Salicae nahestehenden Praeceptum Childeberts I. (511–558). Das Praeceptum beschäftigt sich zwar mit Heidentum im fränkischen Volks-

366 K. Bosl, Grundlagen, I, S. 57 und S. 98.
367 Prokop, Bell. Goth. III, 33; siehe auch J. Werner, Herkunft, S. 243.
368 Siehe auch B. Behr, S. 95 f.
369 I, 20.
370 Siehe auch Prolog der Lex Baiuvariorum.

bereich, hat jedoch auch programmatisch für die alamannischen Verhältnisse Gültigkeit.

Beispielhaft für die Durchdringung weltlich-politischer und religiös-kirchlich-politischer Bereiche in der frühmerowingischen Zeit sind die Strafen, die die Lex Alamannorum für die Nichteinhaltung der Sonntagsruhe androht. Diese Passagen der Lex mögen vielleicht ein Produkt des 7. Jhs. darstellen, stehen jedoch politisch auch im 6. Jh. vor Augen. Im Praeceptum von Childebert I. wird die Ausübung heidnischer Bräuche unter schwere Strafe gestellt. Das Praeceptum wurde vor 558 erlassen[371]. Das weltliche Gesetz bestraft die Nichtbeachtung kirchlicher Gebote. „Die Arbeitsruhe am ‚Tag des Herrn' ist Manifestation christlicher Gesinnung und wird von der die Christianisierung betreibenden weltlichen Gewalt als Prüfstein ‚staatsfreundlichen' Verhaltens betrachtet. Ignorieren des Sonntags bedeutet Verharren im Heidentum und Obstruktion gegen den herzoglichen Willen"[372]. Dieser Ausführung schließe ich mich an und beziehe sie auch auf das 6. Jh.[373], wobei der herzogliche Wille dem königlichen fränkischen Willen entspricht. Die „Ausscheidung aus der sozialen Stellung"[374] stellt die Konsequenz der Nichterfüllung königlicher, politisch-religiöser Ansprüche dar. Gerade die Alamannennamen sind lange Zeit vom Christentum wenig berührt worden. Die Besiedlung des Dekumatenlandes seit der zweiten Hälfte des 3. Jhs. fand eine nichtchristliche keltisch-romanische Bevölkerung vor. Damit wird der „eiserne Besen" der fränkischen Gesetzgebung besonders hinsichtlich der „gesetzlichen Christianisierung" verständlich. Es ist auch die Interessenlage des gallorömischen Senatorenadels, namentlich der Kleriker in der Reichsverwaltung, heranzuziehen. Ihre Beteiligung an den Rechtskodifizierungen kann nicht hoch genug eingeschätzt werden. Das gilt schon für die Zeit unmittelbar nach Chlodwigs Taufe. „Durch Chlodwig wurde" das Christentum „ ‚Reichs' – und Herrschaftsreligion"[375].

Inwieweit die fränkischen Erobererkönige auch versuchten, die alamannische Gesellschaft durch terminologische Eingriffe in den Leges zu schichten, zu klassifizieren und zu kategorisieren, soll im folgenden angesprochen werden.

Intensive Herrschaft kann nur ausgeübt werden, wenn das gesamte Herrschaftsobjekt, hier die alamannische Gesellschaft, durch Repräsentanten nicht nur in ihrer Gesamtheit, sondern auch in Schichten und Gruppen greifbar ge-

371 MG Cap. 1, 2, p. 2 f.

372 C. Schott, S. 147.

373 Seit frühmerowingischer Zeit Thema der fränkischen Konzilien. Siehe E. Loenig II, S. 454 ff. Siehe auch oben und Anm. 371.

374 Schott, ebd.

375 K. Bosl, Grundlagen, S. 60.

macht wird. Dieser Teil einer „Herrschaftstechnologie" hatte für die Franken die empirische Basis im gallorömischen Raum. Dazu dienten Kategorisierungsversuche mit dem Ziel der Schaffung bzw. Festlegung einer Statushierarchie[376]. Letztere lehnt sich wohl an Strukturen alamannischen Gesellschaftsaufbaus an, wobei wir mit regional uneinheitlicher Formierung und Festigung dieser Strukturen rechnen müssen. Die festgelegten Kategorien treten uns in der Terminologie der Gesetzeswerke entgegen. Die darauf aufbauende Statushierarchie ist im Pactus Alamannorum, der für die früheste Zeit der alamannischen Eingliederung maßgebend wurde, wie folgt konstruiert:

I. ingenuus
II. litus
III. servus

Die ingenui werden weiter klassifiziert in:

a) primus; meliorissimus
b) medianus
c) minofletus

Die entsprechende Wergeldabstufung der ingenui ergibt für a) 240 solidi, für b) 200 solidi, für c) 160 solidi[377].

Auch beim Monachus sangallensis[378] finden wir, wenn auch spät, im 8. Jh., den Niederschlag einer Klassifizierung der Ober- und Führungsschicht: nobilissimi – mediocres – infimi. So erscheint denn auch in der Lex Alamannorum eine gestaffelte horizontale Einteilung der alamannischen Gesellschaft[379]:

I. Alamannus meliorissimus, primus, optimatus;
Alamannus medianus, baro minoflidis.
II. Liber, ingenuus Alamannus, colonus.
III. Letus, servus, mancipium.

Die Lex Burgundionum zeigt ebenfalls eine Unterscheidung der ingenui in optimates – mediocres – inferiores[380].

Der Frankenkönig oktroyiert also auch den Alamannen eine Statushierarchie auf. Eine solche hatte bei diesen nur in groben Umrissen existiert. Nun wird eine schriftlich fixierte, gestufte Ordnung der Ungleichheit gesellschaft-

376 Der Pactus Alamannorum entspricht in seinen Bezeichnungen gesellschaftlicher Status' denen des salfränkischen Gesetzes, des Pactus Legis Salicae. Die nahe liegende Abfassungszeit, teminologische Ähnlichkeit und politische Situation unterstreichen meine These. MGH Leges nat. Germ. IV, 1.

377 Pactus Alamannorum, II, 36–40; C. Schott, S. 153; RGA, Art. „Alemannen", S. 157. Zur Herkunft von minofletus aus dem Salfränkischen siehe E. F. Otto, S. 150 f.; E. Meyer, S. 70; H. Brunner, S. 343 f.

378 MG SS 2, S. 731 f.

379 RGA, Art. „Alemannen", S. 157.

380 Tit. II und XXVI; E. F. Otto, S. 156.

lichen Ansehens und Wertes im sozialen System der alamannischen Gesellschaft festgeschrieben, die in grundlegenden Punkten an die fränkische angeglichen wird[381]. Dieses fränkische Ordnungsschema kann bestenfalls als „idealtypische Konstruktion" Bedeutung gewinnen und so zum Ausgangspunkt der Erarbeitung der jeweils realen gesellschaftlichen Strukturen dienen[382].

Auch bei vorsichtiger Beurteilung fränkischer Kategorisierungspostulate i. S. eines Herrschaftsinstruments läßt sich der fränkische, man ist geneigt zu sagen „totale" Herrschaftsanspruch, auch hierbei, zumindest symptomatisch erkennen. Die Divergenz der „gesetzlichen" Statushierarchie und der wohl weniger schematischen Gliederung alamannischer Stammesgruppen wird unterstützt von der sehr viel zurückhaltender als noch vor kurzem urteilenden Archäologie[383]. Aussagen der Leges und archäologischer Befund sind nicht kongruent. Eine gesellschaftliche Schichtung entsprechend der verfügten Statushierarchie ist im Boden nicht nachzuweisen[384]. Die politischen, wirtschaftlichen, gesellschaftlichen und religiösen Entwicklungen und Hintergründe der Bestattungssitten, die mittelfristig und kleinräumig sich wandelnden Waffenbeigaben, ließen verfeinerte Erkenntnisse über gesellschaftliche Schichtung und Abstufung in schematischer Ordnung scheitern. Bis heute werden Schichtungsmodelle der alamannischen Gesellschaft in der vorfränkischen Zeit entworfen, die der Vorstellungswelt des 19. Jhs. verhaftet sind und aus unkritischer Quellenauswertung genährt werden[385]. So wird die schematisierte Statushierarchie des Pactus Alamannorum für die Realität alamannischer Gesellschaftsstrukturen als verbindlich hingestellt[386].

Diese Vorstellungen setzen mit der Annahme „volksfreier Reiterkrieger" in militärischen Verbänden ein[387]. Die Alamannen waren jedoch nicht mehr oder weniger „Reiterkrieger" als die Franken, und in der ersten Hälfte des 6.

381 Vgl. dazu F. Irsigler, Frühfränkischer Adel, S. 175 und Anm. 139. Sehr viel eher als Nivellierung wirkte die Aufzeichnung der „Stammesrechte" als Fixierung einer Statushierarchie. „Statushierarchie" ist „die gestufte Ordnung der Ungleichheit sozialen Ansehens verschiedener Positionen in einem sozialen System" (Lexikon zur Soziologie, Art. Statushierarchie). Die Begriffe „meliores" und „minoflidis" werden auch im „Pactus pro tenore pacis" verwendet; siehe Kap. III, tit. 94–105, entstanden zwischen 524 und 557. Siehe K. A. Eckhardt, Gesetze der Merowingerreiches I, S. 10. Nach F. Beyerle, Leges, S. 369, entstand dieses Kapitular schon bald nach dem Herrschaftsantritt Childeberts I. (511–558).

382 Siehe auch O. Hintze, S. 20.

383 Vgl. R. Koch, Main-Tauber-Gebiet, S. 103.

384 W. Hübener, Archäologie, S. 34; siehe auch F. Beyerle, Kulturportrait, S. 145.

385 So z. B. W. A. Boelcke, S. 23 f.

386 Ebd., S. 38.

387 Ebd., S. 36 f.

Jhs. erfahren wir zuverlässig, daß sogar weittragende militärische Unternehmungen (Italien) hauptsächlich von Fußsoldaten getragen wurden[388]. In früheren Epochen wird das ebenso deutlich, wenn wir Ammian folgen. Die Schlacht von Straßburg, das Verhalten des Heeres gegenüber Chnodomar und den anderen Angehörigen der Führungsgruppen sprechen das deutlich aus[389]. Das soll nicht die gesellschaftlich bedeutende Rolle des reitenden schwerttragenden Kriegers verringern, aber dieser ist eben eine Kategorie neben anderen, die zahlenmäßig gering, in der gesellschaftlichen Dynamik und in der zeitlichen Reichweite ihrer Wirkung schwer wog[390]. Solche Prozesse von Elitebildung führten eben nicht zu säuberlich getrennten, in einer Skala abgestuften Schichten, erst recht nicht zu einer „volksfreien" Schicht. Vielmehr sind die Schichten als relativ offen zu sehen. Gesellschaftlicher Aufstieg durch kriegerische Leistung und „Kriegsheil" waren auch und gerade im gefolgschaftlichen Bereich möglich[391]. Auch der Abstieg ist denkbar. Mit herkömmlichen Vorstellungen verbunden ist planmäßige systematische „militärische Kolonisation"[392]. Der gesamte Landnahmevorgang sei demnach in institutionalem Rahmen zu verstehen als „Spiegelbild der Heeresgliederung"[393]. „Das Primat des Militärischen und die hierarchische Ordnung" drückt ebenso wie das Vorhergehende aus, daß Boelcke nicht nur die neueste Forschung außer acht läßt[394].

Auch die Auffassung von den „Volksfreien" mit Berufung auf F. Lütge[395] bildet den Hintergrund für die gesellschaftlichen Ordnungsschemata, die hier extrem einseitig zugrunde gelegt werden. Die gesellschaftliche Entwicklung vor der fränkischen Zeit kennt nun einmal keine „Privilegien einer Oberschicht"[396] in institutionellen Ordnungsprinzipien, außer man faßt sie ganz allgemein als Statusprivileg auf, das ein Individuum oder eine Gruppe, gegebenenfalls eine Schicht aufgrund der mit seiner gesellschaftlichen Position verbundenen Wertung erlangt hat bzw. sich beimißt. Institutionelle Ordnungs-

388 Agathias, II, 5.
389 Ammianus Marcellinus, 16, 12.
390 Beim ersten Auftreten werden die Alamannen zwar als Reiter vorgestellt. Wir müssen jedoch beachten, daß es sich um kleine, gefolgschaftliche Gruppen gehandelt hat und um einen „Beutekrieg"; auch diese Alamannen waren nicht ausschließlich Reiter. Aurelius Victor, De Caes, 21, 2.
391 W. Schlesinger, Herrschaft und Gefolgschaft, S. 9 ff.; Ders., Sippe, S. 286 ff., R. Wenskus, Stammesbildung, S. 346 ff.; K. Bosl, Reges, S. 62 ff.
392 W. A. Boelcke, S. 36.
393 Ebd.
394 Ebd.; Boelcke zitiert gleichwohl Th. Meyer, W. Schlesinger, K. Bosl.
395 Ebd., S. 38.
396 Ebd., S. 37.

prinzipien sind dazu nicht Voraussetzung. „Waffenberechtigung“, Ausstattung mit „Waffendienst“, „Vorrechten und Grundbesitz“, entspringen begrifflich und vorstellungsmäßig einem wissenschaftlichen Anachronismus, der Lehenswesen in entwickelter Form auf das 5., 6. und 7. Jh. projiziert. Die gefolgschaftliche Gliederung der Alamannen ist ein für gesellschaftliche Dynamik offenes Gerüst, in dessen Rahmen wir Kriegsführung, Landnahme, Landverteilung und Besiedelung sehen müssen. Das Institutionelle ist diesen Strukturen und Verhaltensweisen weitgehend fremd[397].

Auch die Terminologie spätantiker Autoren kann der Realität rechtsrheinischer Stammes- und Gesellschaftsgliederung, Brauchtum usw. oft nicht annähernd gerecht werden. Ein alamannischer „Rex“, ein „Regulus“ ist nicht Institution, hat nicht die politische und rechtliche Basis und Reichweite in dem Umfang und in der Qualität wie ein „Rex“ im mittelmeerischen Raum nach römischem Verständnis. Auch „optimates“, „maiores“, „principes“ usw. entsprechen nur einer gesellschaftlichen Annäherungsterminologie vor dem Hintergrund eigener politisch-historischer Erfahrung. Die bei den Germanen genannten „reges“ der taciteischen Zeit, die principes, die nobiles, besitzen jeweils ganz andere Funktionen und ein anderes Selbstverständnis, anderes gesellschaftliches Gewicht und andere Legitimationsgrundlagen in der Zeit Caesars, in der Zeit Chnodomars, in merowingischer Zeit. Der Status dieser Eliten wie auch der Erkenntnisstand der römischen Autoren ist daneben von geographischen Faktoren (vor allem Nähe oder Ferne des Erkenntnisobjektes) und der historisch-politischen Situation abhängig, die in Zeiten verdichteten politischen Geschehens auffällige, außerordentliche Phänomene zeitigt.

14. OBERSCHICHT – FÜHRUNGSSCHICHT – ADEL. BEGRIFFS- UND STRUKTURPROBLEME BEI FRANKEN UND ALAMANNEN

Aus der Oberschicht ragen Führerpersönlichkeiten heraus, die nicht ohne weiteres in einer „Führungsschicht“ zusammengefaßt werden können. Zunächst lassen sich nur Einzelpersonen, einzelne Familien, Sippen erkennen, die sich in typischen, gemeinsamen Merkmalen (Führungsqualitäten, Hervorhebung durch Charisma) von einer Oberschicht abheben. Auch in der „Führungsschicht“ sind Exponenten und Abstufungen erkennbar (reges, reguli, regales, optimates usw.). Aus der Führungsschicht heraus entwickelt sich bei den Franken – bei den Alamannen nur im Ansatz erkennbar – König-

397 Der Wert des Aufsatzes von Boelcke besteht vor allem darin, daß er an sich selbst demonstriert, wie Dogmen auch über „tausend Jahre“ hinweg resistent bleiben können.

tum und schließlich Einkönigtum. Bei der Oberschicht und der Führungsschicht etwa ist die Anerkennung durch einen König bis zum 5. Jh. noch kein bestimmendes Merkmal. Der Status namentlich der Führungsschicht beruht auf dem jeweiligen Charisma, auf dem Nimbus der Familie, also auf zugeschriebenem Status, der immer wieder neu begründet werden muß durch besondere Leistung: Kriegstüchtigkeit, Kriegsglück, Beute an Siedlungsland, an Leuten (Kriegsgefangene, Handwerker, Bauern etc.)[398]. Diese Ergebnisse der Leistung kommen der gesamten Gruppe zugute. Diese Gruppe ist im Zeitraum des 3./4./5. Jhs. der Gefolgschaftsverband in verschiedenster quantitativer Größenordnung. Verlust des Charisma bedeutet Verlust des Status durch mangelnde Anerkennung und Gefolgschaftsleistung[399]. „Herrschaft über eigenes Land und eigene Leute, vor allem aber die Möglichkeit, über den Bereich der engeren hausherrlichen Gewalt hinaus freie Gefolgsleute zu binden" ist nach F. Irsigler ein wesentliches Merkmal für „Adel"[400].

Darin besteht ein wesentlicher Merkmalsunterschied zwischen den Führungsschichten des 3./4./5. Jhs. und denen des 6. Jhs. bei Alamannen und Franken. Permanenter Leistungsbeweis, Heilsbeweis ist unabdingbar für Angehörige von Familien der Führungsschicht im 3. – 5. Jh. Diese sind seit dem 6. Jh. z. T. von der Anerkennung durch das Königtum abhängig, was Führungsqualität, Funktionszumessung und „öffentlichen" Status anbetrifft. Wie sehr die Statusanerkennung durch das Königtum erforderlich und sanktionierend war, zeigt die Schaffung bzw. Förderung von konkurrierenden Gruppen in unmittelbarer Königsnähe. Die Antrustionen – pueri regis, convivae regis – sind eine trotz ihres angeglichenen Status heterogene gesellschaftliche Gruppe, in der die Angehörigen der Führungsschicht mit Angehörigen der Oberschicht – beide Schichten sehe ich nicht in sich abgeschlossen; die Grenzbereiche verschwimmen – konkurrieren[401].

H. Grahn-Hoek sieht die Nichtexistenz eines Adels u. a. darin bewiesen, daß die fränkischen Könige die antrustiones aus den ingenui nahmen[402]. Daß dafür machtpolitische Gründe vorgelegen haben könnten, wie z. B. die Schaffung einer Gruppe und Schicht, die als Verbündete gegen die Konkur-

398 Zu den Unterschichten, allerdings primär auf Gallien bezogen, siehe J. Schneider, Bemerkungen, S. 237 ff.; Ders., Pauperes, S. 57 ff.

399 W. Schlesinger, Herrschaft und Gefolgschaft, S. 9 ff.; Ders., Sippe, S. 286 ff., K. Bosl, Reges, S. 62 ff.; Ders., Grundlagen, S. 98 f.; R. Wenskus, Stammesbildung, S. 346 ff.; F. Irsigler, Frühfränkischer Adel, S. 237 ff.; siehe auch die kritische Auseinandersetzung H. Grahn-Hoeks mit Irsigler, zusammengefaßt S. 118 ff. und in ihrer Rezension im HessJbLG 22, 1972, S. 431 ff.; siehe auch M. Weber, S. 140 ff.

400 F. Irsigler, Frühfränkischer Adel, S. 253; siehe auch ebd., S. 228 ff.

401 J. Fleckenstein, Entstehung, S. 18 f.

402 S. 156.

renz eines mächtigen Adels gewonnen werden und mit diesem um Gunst, Ämter und verliehenen Status wetteifern sollten, wird nicht erwogen. Dieser Trend beginnt in dem Augenblick, wo das Königtum in Phasen der Landnahme im weitesten Sinne, wie z. B. das fränkisch-merowingische Königtum, einen bedeutenden Inhaltswandel erfährt und über Herrschafts-, Land- und Güterverteilung verstärkte Bestimmungs- und Verfügungsgewalt bekommt[403]. Schon in taciteischer Zeit hatte der Königsdienst besondere dynamische Wirkung für gesellschaftliche Aufstiegsbewegungen. „Super ingenuos et super nobiles ascendunt", schreibt Tacitus[404] über Freigelassene, wobei wir es wohl mit Einzelfällen zu tun haben, die nicht als Gruppe greifbar werden. Dieser Prozeß setzt in der hier behandelten Epoche an dem Ort und zu der Zeit ein, wo ehemals römisches Fiskalgut fast selbstverständlich in königlichen Besitz übergeht, wo obrigkeitliche, staatliche Rechte, Institutionen, Einkünfte dem Königtum neue wirtschaftliche, politische Prägung und Machtmittel und auch neue bzw. zusätzliche Merkmale des Selbstverständnisses vermitteln[405].

Jetzt werden parallel zur Machterweiterung auch Abhängigkeiten neu geregelt, neu geschaffen, intensiviert und institutionalisiert. Hier ist ein ganz wesentlicher Angelpunkt, in dem die Ausformung des späteren fränkischen Lehenswesens u. a. ihre Wurzeln hat[406].

Damit werden „Königtum" und „Adel" zu einem Begriffspaar, das in vielfältiger, aber unabdingbarer Zuordnung phänomenologisch existiert. Die Absetzung von Adel und Institutionalisierung des Königtums, womit Monopolisierungsprozesse verbunden sind, schafft neue Kategorien, neue Merkmale für Schichten und Gruppen. Monopolisierung bedeutet dabei Rechtsnachfolge des Königs im römischen Staat, d. h. Verfügung über Fiskus, Heer, geistliche Heilsanstalt und infrastrukturelle Bastionen wie Städte, Häfen, Straßennetz, Befestigungen etc.[407].

Dennoch bleiben Grundlagen der „germanischen Wurzeln" des Königtums in intensiver und weitreichender Wirkung erhalten[408]. Nobilitas und virtus sind immer noch ein gültiges Begriffspaar, das hinter rex und dux steht[409].

403 R. Buchner, Königtum, S. 147 ff,; E. Ewig, Reichsbildung, S. 250 ff.; Ders., Frankenreich, S. 402 ff.
404 Germania, c. 25.
405 Siehe z. B. Königsornat, verliehen vom oströmischen Kaiser.
406 K. Bosl, Staat, S. 707 f.; W. Schlesinger, Sippe, S. 296 ff.; R. Günther, Feudalismus, S. 427 ff.; H. Kuhn sieht keinen Zusammenhang zwischen Lehenswesen und Gefolgschaftswesen, S. 52 ff. Er sieht in der Darstellung der Gefolgschaft bei Schlesinger einen „Abklatsch des vasallischen Baus", S. 34.
407 A. Bergengruen, S. 86 ff.
408 Siehe R. Buchner, Königtum, S. 147; vgl. H. Mitteis, Staat, S. 40.
409 Tacitus, Germania, c. 7: „Reges ex nobilitate, duces ex virtute sumunt."

Beides schließt sich jedoch nicht aus, wie H. Grahn-Hoek[410] postulieren möchte. Nobilitas ist nicht für den König reserviert. Die reges werden aus der nobilitas geschöpft. Das setzt eine entsprechende Gruppe oder Schicht, der nobilitas zugemessen wird, voraus[411]. Die entsprechenden Ausführungen W. Schlesingers[412], auf die sich H. Grahn-Hoek zu stützen meint, behandeln die Zeit Caesars und Tacitus', setzen jedoch nicht den damaligen „dux" mit dem merowingischen „dux" in völlig gewandelter Form und Funktion gleich[413].

Die angeführten Prozesse haben im alamannischen Stamm nicht oder nur in kleineren Gruppen und geographischen Räumen stattgefunden. Die Phasenverschiebung der Entwicklung gegenüber den Franken wird erst nach der Eingliederung in das Frankenreich, wenn überhaupt, ausgeglichen (der Zeitpunkt ist offen, liegt jedoch keinesfalls vor der karolingischen Epoche). Ganz wesentliche Merkmale unterscheiden also Struktur, Funktion, Status, Selbst- und Fremdverständnis der Führungsschichten um 500. Das letzte Viertel des 5. Jhs. hat im Frankenreich das Großkönigtum herausgebildet, das, an den Formen römischer Staatlichkeit gewachsen und herausgebildet, für Mitteleuropa nördlich der Alpen ein Novum darstellt. Die Führungsschicht nach 500 stellt damit auch etwas anderes dar als die Führungsschicht vor 500. Die des 6. Jhs. hat Irsigler mit guten Gründen mit „Adel" bezeichnet[414]. Für das 5. und die vorhergehenden Jhe. können wir diesen Begriff wohl nicht unbesehen verwenden. Die Begriffe „Ober- und Führungsschicht" sind dafür einerseits genügend offen, andererseits lassen sich damit Gruppen mit vergleichbaren Merkmalen in einer Kategorie erfassen, die quellenadäquat ist. Auch die Ober- und Führungsschicht des Frankenreiches wird mitgeformt vom „vorgefundenen" Adel des römischen Reiches (Senatorenadel)[415]. Umgekehrt lassen sich Vorgänge der Anpassung an die fränkische Ober- und Führungsschicht feststellen. Selbstverständnis, Verhaltensformen, Mentalität, Funktion und Lebensweise gleichen sich in der Folgezeit zunehmend an, sodaß die gesellschaftlichen Merkmale i. w. nur in der Position gegenüber dem Königtum, nicht einmal in der regionalen Herkunft, differieren.

410 S. 156.

411 Dieses Thema ist von K. Bosl, Reges, S. 62 ff. einschlägig behandelt.

412 Heerkönigtum, S. 78 und besonders S. 57.

413 H. Grahn-Hoek, Anm. 131.

414 F. Irsigler, Frühfränkischer Adel, bes. S. 221 ff., S. 253 f.; W. Schlesinger und J. Werner, Adel, S. 545 ff. Dazu kritisch: Grahn-Hoek.

415 K. F. Stroheker, Der senatorische Adel; F. Irsigler, Frühfränkischer Adel, S. 253, stellt dazu fest: „Durch das Zeugnis der archäologischen Quellen kann eine solche Oberschicht (Adel im Sinn der Definition Irsiglers, ebd.) bis vor die Mitte des 5. Jhs. zurückverfolgt werden." Die Begriffe Oberschicht-Führungsschicht werden bei Irsigler nicht getrennt.

Die Führungsschicht hat sich von der Oberschicht zunehmend abgesetzt. Die Oberschicht war ein Reservoir, aus der sich zunächst Individuen, dann zunehmend darum herumkristallisierende Gruppen – Familien, Sippen – heraushoben. Dieser beginnende Abschichtungsprozeß ist historisch verbunden mit Gefolgschaftsunternehmungen und zunehmender Auflösung der ethnischen und politischen Strukturen etwa der taciteischen Zeit. Gesellschaftliche vertikale Mobilität war damals schon vorgezeichnet und ihre Weiterentwicklung und Dynamisierung kam in der Westbewegung – aus dem Mittel- und Unterelbraum – zur Entfaltung. Das Programm war eingegeben: „reges ex nobilitate, duces ex virtute sumunt"[416].

Die Oberschicht, die wir im 4. und 5. Jh. vorfinden, besteht aus Gefolgsleuten, die ihre Nähe zum Gefolgschaftsherrn in horizontaler Distanz – räumlich, geographisch – und in vertikaler Distanz – gesellschaftlicher, politischer, charismatischer Rang – immer mehr verlieren. In der „zerstreuten Gefolgschaft"[417] findet diese Entwicklung ihre Verfestigung. Damit befinden wir uns in einer Phase, in der die angesprochenen Prozesse nicht in kleinen Gefolgschaftsverbänden ablaufen, sondern in Gefolgschaftsagglomeraten, in denen mehrere Gefolgschaften aneinander gelagert sind. Die Exponenten dieser größeren Gefolgschaften treten als reges, reguli, regales aber nicht nur in diesen Termini greifbar in den schriftlichen Quellen namentlich des 4. Jhs. auf (Ammianus Marcellinus). Damit ist ein Abschichtungsprozeß eingeleitet und für uns sichtbar. Mit der Seßhaftwerdung, mit dem Zustandekommen der zerstreuten Gefolgschaft, setzt zunehmend „soziale Abhängigkeit" vom Gefolgschaftsführer, soweit nicht schon vorher vorhanden, ein[418]. Gleichzeitig damit wird auch relativ großen Gruppen aus dem Gefolgschaftsverband, die nicht zu Angehörigen der Führungsschicht werden, die Möglichkeit gegeben, wirtschaftliche Grundlagen zu erlangen, die ihnen die Lebensweise in gehobenem Status ermöglichen. Diese Grundlage stellt Großgrundbesitz und, damit verbunden, Herrschaftsausübung über Abhängige dar. Die Abhängigen können sich dabei rekrutieren aus Sklaven, Kriegsgefangenen, unterworfener Vorbevölkerung (Keltoromanen) und miteingebrachten Bevölkerungsgruppen aus dem Altsiedelland. Am Ausgangspunkt der Gesellschaftsstrukturierung der Siedlungsphase steht also eine gewisse Abspiegelung der Gesellschaftsstrukturen vor und während der Wanderphase.

Oberschicht und Führungsschicht unterscheiden sich in diesen Phasen der Abschichtung nicht grundsätzlich und greifbar in Besitz und Rechtsstel-

416 Tacitus, Germania, c. 7; siehe K. Bosl, Reges, S. 62 ff.

417 K. Bosl, Staat, S. 707 ff.; R. Wenskus, Stammesbildung, S. 346 ff. mit Darstellung der Kontroverse Kuhn-Schlesinger, siehe M. Weber, S. 142 ff.

418 K. Bosl, ebd., R. Wenskus, ebd., M. Weber, ebd.

lung[419], sondern durch politisch-gesellschaftliche Dynamik, durch mehr oder weniger Charisma, durch Erhaltung und Erhöhung des Charisma-Niveaus über längere Zeiträume. Diese Schichtenbildung führt zu nur relativ stabilen Gesellschaftsstrukturen, deren Durchbrechen immer wieder durch Kriegsglück, kriegerisches Verhalten, Beute und damit Machtgewinn bzw. Machtverlust ermöglicht wird.

Diskontinuität erfahren diese Abschichtungsprozesse durch die Herausbildung eines Großkönigtums wie im Frankenreich oder durch die herrschaftliche Eingliederung und – bezüglich gesellschaftlicher Strukturen – Anlagerung an die fränkischen bei den Alamannen. Nun, da Leistungsfähigkeit und Charisma nicht mehr allein durch fortgesetzten Beweis anerkannt sein wollen, weil ein anderes relevantes Anerkennungssubjekt und damit andere Anerkennungskriterien auftreten, finden sich neue Legitimierungsmomente ein:

1. Institutionalisierung durch königlichen Willen und königliche Gesetzgebung.
2. Funktionalisierung im Königsdienst, in der trustis dominica, mit der sich aufs engste der Königsschutz verbindet.

Ältere Anerkennungskriterien überleben unbestritten als eine wesentliche Grundlage für Adelsverständnis; sie brechen in der Zukunft oft vehement hervor. In Konkurrenz dazu steht der königliche Wille, das königliche Gesetz, als Faktoren gesellschaftlicher Statusausformung und Strukturbildung.

Die sich abzeichnende Schichtung wird durchbrochen bzw. aufgeweicht durch die Konkurrenz zwischen Führungsschicht und Oberschicht um den vom König durch Königsdienst vergebenen gleichsam „verordneten" Status. Es geht nicht nur um Statuserhaltung einerseits, Statusgewinn andererseits, sondern um einen neu zu begründenden Status, in neuen Funktionen, mit neuen, zusätzlichen Merkmalen, die allesamt an die Verbindung des Königtums mit dem römischen Reichserbe geknüpft sind. Die Merkmale des neuen Status lassen spätestens jetzt den Begriff „Adel" zu[420].

Die Minimalforderung für die Existenz von „Adel" ist nach F. Graus die Abgrenzbarkeit von Gruppen in einer Gesellschaft von anderen „Sondergruppen". „Wenn dieser Begriff überhaupt einen Sinn haben soll, müssen wir ihn auf solche Fälle beschränken, wo eine soziale Schicht mit besonderer Rechtsstellung auftaucht, wobei diese Stellung nicht an die Person gebunden ist, sondern entweder erblich ist oder von einem Herrscher gewissen Familien zugestanden wird"[421]. Diese Forderung kann im 6. Jh. als erfüllt angesehen

419 J. Fleckenstein, Entstehung, S. 18 f.
420 F. Irsigler, Frühfränkischer Adel, S. 253.
421 F. Graus, Volk, Herrscher und Heiliger, S. 201.

werden. Gerade die Anerkennung einer solchen Schicht durch den König mittels bestimmter Willensäußerungen ist greifbar. Wenn immer wieder das Recht als gesellschaftlich konstituierend angesprochen wird, erfahren wir in dem Zusammenhang die Wirkung der gesetzlichen Fixierung gesellschaftlich-politischen Status durch königlichen Willen = Gesetz. Und mit vollzogener Institutionalisierung der Führungsschicht und der Oberschicht können wir Grahn-Hoek beipflichten: „Die Kontinuität des Adels haftet an der Kontinuität des Rechts oder doch des Rechtsempfindens des Menschen“[422]. Ob jedoch die „tatsächlich vererbten Vorrechte“ einer solchen Adelsschicht entscheidendes Kriterium für die Anerkennung durch Herrschende und Zeitgenossen waren[423], möchte ich, angesichts der „gesellschaftspolitischen Kreativität“ z. B. der Merowingerkönige wie Chlodwig, bestreiten.

Die Ablehnung der Existenz von „Adel“ im 6. Jh. bei den Franken[424] beruht auf der fast ausschließlichen Hervorhebung königlichen Willens und der Nichtberücksichtigung der Rechtswirklichkeit im Gegensatz zum geschriebenen Gesetz. Daß beim zentralistisch-königlich gesonnenen Romanen Gregor von Tours wenig Verständnis und Raum aufgebracht wird für germanische Wurzeln und Verhaltensformen der Führungsschicht, dürfte einleuchten. Gerade Gregor ist Vertreter einer antiheidnischen, antibarbarischen Tendenz, die der charismatisch begründeten, außerhalb von „Staat“ und spätantiker Denkweise stehenden Führungsschicht entgegenwirkte. Auch das Königtum hatte die Tendenz, die mit ihm konkurrierende Führungsschicht zurückzuschneiden, weil es vor und nach dem ungeheuren Machtgewinn durch Nutzbarmachung römischer Staatlichkeit in ständigem Kampf mit dieser Führungsschicht stand. Zugehörigkeit zur trustis dominica, Dienstleistung für den König, ob in größerer oder besser, geringerer Entfernung von ihm, schuf eine „neue Rechtsform für die Erhaltung der Adelsprärogative“[425]. Eigengesetzlichkeit und Selbstverständnis der Führungsschicht des 6. Jhs. hat das Königtum maßgeblich mit beeinflußt und geformt. Mit den neuen Merkmalen versehen, haben wir nun auch eine neue Schicht – hervorgegangen aus der alten Ober- und Führungsschicht – vor uns, die gegen Einwände Grahn-Hoeks als „Adel“ im Sinne Irsiglers bezeichnet werden kann[426].

422 S. 20.
423 Ebd., S. 21.
424 Ebd., S. 118 ff., besonders S. 123, gegen F. Irsigler.
425 H. Mitteis, Adelsherrschaft, S. 644.
426 Bei H. Grahn-Hoek kann man sich des Eindrucks nicht erwehren, daß sie im Dschungel der Terminologie die Realität der Gesellschafts- und Herrschaftsstrukturen nicht sieht.

Die Erkennbarkeit der neuen Führungsschicht, des „Adels“, wird seit dem 6. Jh. durch ein kennzeichnendes Merkmal erleichtert. Die „Tendenz, die Sonderstellung nicht nur faktisch, sondern auch rechtlich und soziologisch abzusichern“[427] ist daran ganz eindeutig abzulesen. Die Situation der durch ihre „reiche“ Ausstattung gekennzeichneten Gräber innherhalb von Reihengräbern beginnt zunehmend exponierte, abgesonderte Lagen einzunehmen; später finden sie sich in räumlicher Nähe zu frühen Kirchenbauten. Gesellschaftliche Schichtenbildung spiegelt sich in der Bestattungssitte, wie letztere überhaupt ein Indikator für gesellschaftlichen Status und gesellschaftliche Prozesse ist[428]. Ein weiteres kennzeichnendes Merkmal sind die weitreichenden Beziehungen dieser Führungsschichten[429].

Solitäre Bestattungsplätze von Angehörigen der Führungsschichten sind seit dem 3./4. Jh. hinlänglich bekannt[430]. Die Verbindung zwischen Ausstattung des Toten und gesellschaftlichem Rang und Funktion im Diesseits steht ebenso – von exakten Schichtungsversuchen abgesehen – außer Zweifel. Die zunehmende Christianisierung zumindest der Führungsschicht (s. Unterwerfungsmechanismen) bietet dieser die Möglichkeit der Inanspruchnahme, wenn auch veräußerlichter Formen, von Symbolen und Bräuchen der neuen Religion, hier also der Begräbnissitte. Die Führungs- und Oberschicht macht sich die Heilsabstrahlung des heiligen Ortes, des Kirchenbaues, der Sakramentspräsenz für ihr eigenes Selbstverständnis, ihr Statusbewußtsein und ihr Sozialprestige zunutze[431]. Eine Vielfalt von kategorialen Merkmalen der Oberschicht, aber ganz besonders der greifbar herausragenden Führungsschicht, wird zu Beginn des 6. Jhs. – im Frankenreich früher, im süddeutschen Eroberungsgebiet später – sichtbar. Und immer wieder läß sich ein innerer Zusammenhang zum fränkisch-merowingischen Großkönigtum und seinen ihm zuzuschreibenden kreativen Momenten erkennen.

427 F. Graus, Hagiographie, S. 160 ff.

428 G. Kossack, Prunkgräber, S. 2 ff.; H. Zeiß, Fürstengrab, S. 281 ff.; R. Christlein, Besitzabstufungen, S. 147 ff.; H. Ament, Flonheim, S. 114 ff. und S. 130 ff.; H. Steuer, S. 18 ff.; J. Werner, Bewaffnung, S. 95 ff.

429 W. Störmer, Früher Adel.

430 H. W. Böhme; H. Zeiß, Fürstengrab, S. 281 ff.; R. Pirling, Krefeld-Gellep 1966; Dies., Krefeld-Gellep 1974; Dies., Gräberfelder; Dies., Fürstengrab; H. Ament, Flonheim; J. Werner, Wittislingen.

431 O. Doppelfeld, Knabengrab, S. 156 ff.; K. Böhner, Kölner Dom, S. 124 ff.; R. Christlein, Kirche von Staubing, S. 51 ff.; H. Dannheimer, Christentum, S. 182 ff.; V. Milojčić, Christentum, S. 231 ff.; Ders., Oratorium von Mühltal, S. 117 ff.

ZUSAMMENFASSUNG

Vom ersten Auftreten der Alamannen an (213) können wir gefolgschaftlich gegliederte Gesellschaftsstrukturen erkennen. Die Gefolgschaft ist auch für die folgende Zeit der Rahmen gesellschaftlicher und politischer Dynamik. In ihm bilden sich Gruppen- und Stammesbewußtsein ebenso aus wie Ordnungsschemata, die bei weiterer kultischer und politischer Konsolidierung alamannischer Stammesgruppen die Abhebung von Schichten deutlicher erkennen lassen. Diese Schichtenbildung muß sets in Anlehnung an die fränkisch Nachbarn und im Zusammenhang gesellschaftlicher Grundlagen und Wechselwirkungen mit dem Herkunftsraum gesehen werden.

Die gesellschaftliche Strukturierung alamannischer Gruppen ist an regional begrenzte Räume gebunden. Sie verläuft, soweit erkennbar, gleichförmig, wobei die Entfernung vom römischen, später fränkischen Machtbereich zu Phasenverschiebungen geführt haben mag. Wesentliche Unterschiede zu jenen Räumen ergeben sich in wirtschaftlicher, gesellschaftlicher und politischer Hinsicht aus den sehr verschiedenen strukturellen Grundlagen im links- bzw. rechtsrheinischen Gebiet.

Vor diesem Hintergrund läuft die alamannische Landnahme in Südostdeutschland ab. Zentrifugale politische Verhältnisse liegen der kriegerischen und friedlichen Expansionstendenz zugrunde. Dahinter stehen in keiner Weise gelenkte Aktionen, die als Symptom eines gesamtalamannischen Königtums gedeutet werden könnten. Solche Vorstellungen sind nicht aufrechtzuerhalten. Ganz im Gegenteil erkennen wir eine stark gegliederte geographische Siedlungslandschaft alamannischer Stammesgruppen, der eine entsprechende Gliederung von Herrschaftsräumen entspricht. Die Gemeinsamkeit, das Stammesbewußtsein, läßt sich nur schwer erschließen. Ein gemeinsames Feindbild sowie gemeinsames Abstammungsbewußtsein – dem die ethnische Herkunft der verschiedenen Gruppen nicht unbedingt entsprechen muß – das von offensichtlichen Verbindungen zum Altsiedelland wohl des größten Teiles dieser Gruppe gestützt wurde, stehen dabei im Mittelpunkt.

Unter dem Vorzeichen dieser Stammes- und Gesellschaftsstrukturen geraten die Alamannen in den Konflikt mit den weiter entwickelten Franken und den politischen Ansprüchen deren Großkönigtums. Diesen sind sie organisatorisch in jeder Beziehung unterlegen. Auch die ideologische Verfestigung des fränkischen Königtums durch Übernahme des Christentums und Ausformung einer „politischen Religiosität“, die eine nicht zu unterschätzende politische und gesellschaftsbildende Dynamik erzeugen, ist auf Seiten der Alamannen nicht erkennbar. Die Zeit der ostgotischen Schutzherrschaft bleibt in der politischen Geschichte eine Episode. Von besonderer Bedeutung in diesem Zusammenhang ist jedoch die Bevölkerungsbewegung, die nach

496/506 verstärkt aus Südwest- nach Südostdeutschland und in die heutige Schweiz einsetzt. Diese quantitativ und – bezüglich der gesellschaftlich-politischen Gruppen – qualitativ bedeutsame Migration ist namentlich in den Bodenfunden zu ermessen und steht im Einklang mit den Aussagen der schriftlichen Quellen.

Es ist sehr auffällig, daß mit dem Ende der von Böhme festgestellten Gräberstufe III (400 – 450, 500), die wie die Stufen I und II parallele Entwicklungen rechts und links des Mittelrheins durchmachen, auch in Süddeutschland diese Gräbersitte sich durchzusetzen beginnt. Altenerding und das Donautal sind dafür eindeutige und herausragende Belege. Weil das Fundbild zwischen den mittelrheinischen Gebieten und Oberbayern unter Einbeziehung einer geographischen Brücke, dem alamannischen Raum, sich mit Hilfe der Fundkarten schließen läßt, ist die Wahrscheinlichkeit der Ausbreitung von Reihengräbern von Westen her, genauer Nordwesten, sicher und die ethnische und vor allem herrschaftliche Trägerschaft weitgehend auf Alamannen festzulegen.

Ab dieser Zeit, ganz besonders nach 536/37, muß Süddeutschland als zusammenhängender fränkischer Eroberungsraum gesehen werden, der zwar in mehreren Phasen – 496/506/536 – von den Franken gewonnen, dennoch relativ gezielt und systematisch mit jeweils vergleichbaren Herrschaftsmethoden unterworfen wurde. Die gesetzgeberische Eingliederung, verbunden mit politischer, kulturell-kultischer „Gleichschaltung", die religiöse Unterwerfung, sind Grundlagen für die herrschaftliche Überlagerung.

Diese fränkische Herrschaft greift ein in die Entwicklung der gesellschaftlichen Strukturen der Unterworfenen mittels der Aufoktroyierung einer Statushierarchie, die in den „Stammesgesetzen" zu erkennen ist. Wohl haben sich vor der fränkischen Einverleibung gesellschaftliche Schichten herausgeformt. Die willkürliche Differenzierung in fein abgestufte Schichtunterteilungen dient jedoch dem herrschaftlichen Pragmatismus des Eroberers. Bis dahin haben sich in der Realität eine Oberschicht und, daraus als Elite hervorgehend, eine Führungsschicht von der heterogenen Unterschicht, der jedoch niederer Status, Hörigkeit und z. T. Charakter einer „Sache" eignet, deutlich abgesetzt.

Die weitgehende Gleichschaltung gesellschaftlicher Gruppen und Schichten im fränkischen Gesamtreich eröffnet der Ober- und Führungsschicht auch der Alamannen neue Funktionen und neues Selbstverständnis in mehr oder weniger großer Nähe zum Königtum und seiner Vertreter. Das ist spätestens der Zeitpunkt, in dem wir vom „Adel" sprechen können, den Irsigler im Frankenreich nachgewiesen hat. Mit guten Gründen können wir die herausgearbeitete Führungsschicht auch schon vor 500 als „adelig" bezeichnen.

III. DIE ALAMANNEN ALS POLITISCHES UND ETHNISCHES ELEMENT BAIERNS IM ARCHÄOLOGISCHEN BEFUND

1. ETHNIKA, SIEDLUNG UND HERRSCHAFT IM SÜDBAIERISCHEN RAUM IM SPIEGEL DER GRABFUNDE (5. UND 6. JH.)

Bisher wurden den alamannischen Bevölkerungsteilen in Baiern zu Unrecht fast ausschließlich die westlichen Gebiete, also die Räume in Angrenzung an die „bajuwarisch-alamannische" Trennungslinie am Lech zugewiesen. Dabei konnte bis heute in den Reihengräberfunden eine Unterscheidung von alamannischen und bajuwarischen Ethnika nicht vorgenommen werden, und das hat wohl seinen Grund: Entsprechende Aussagekraft gewinnen die Funddeutungen in umfassenderer Weise erst, wenn wir neben die Funduntersuchung, die Klassifizierung und statistisch-kartographische Darstellung die Aussagen der schriftlichen Quellen stellen. Das gefundene Skelett mit seinen Beigaben wird hauptsächlich dadurch zum Alamannen, Bajuwaren, Langobarden etc., wenn es historisch, d. h. durch schriftliche Quellen belegt, in alamannischem, bajuwarischem, langobardischem Siedlungs- und Herrschaftsgebiet liegt. Die historische Forschung hat z. T. bis heute die politische und ethnische Grenzziehung zwischen „Alamannen" und „Baiern", die „natürliche Grenze" des Lechs, aufgegriffen und daran festgehalten, wie sie in der zweiten Hälfte des 6. Jhs. dargestellt wurde[1], ohne die am zeitlichen und räumlichen Abstand gemessene Qualität der Aussagen zu prüfen und in Frage zu stellen. Die „Bajuwaren" und die „Alamannen", die wir nach der Mitte des 6. Jhs. in den schriftlichen Quellen vorfinden, haben den Prozeß fränkischer Eingliederungs- und Teilungspolitik schon durchgemacht, der mitnichten ethnische Verhältnisse, dafür mehr strategische und herrschaftstechnische Gesichtspunkte berücksichtigte. Die geographische Darstellung der Stammesgebiete des 6. Jhs. beruht also auf einem Spätzustand, teilweise nach abgeschlossener politischer Eingliederung und nicht auf einem Stadium, das noch frei von fremdherrschaftlicher Intention und strukturänderndem Machtwillen war. Es ist ja auch nicht einzusehen, warum die expandierenden alamannischen Gruppen ausgerechnet am Lech haltgemacht haben sollen. Die Iller hätte viel eher als der langzeitige und damit noch im Bewußtsein vorhandene Limes als Grenze ge-

1 Venantius Fortunatus, Carmina, MG AA 4, 1 (Praefatio) und Vita S. Martini, ebd.

dient haben können[2]. Die einheitlichen Merkmale der Bodenfunde gehen bezüglich fertigungstechnischer, künstlerisch-stilistischer Kriterien über diese Grenzziehung hinweg, und die Sprache tut es ebenso[3]. Wenn wir jedoch die Kartierungen von Bodenfunden studieren, erleben wir die Grenzziehung immer noch an Iller und Lech, weil moderne Länder- und Zuständigkeitsgrenzen von Landesämtern die überregionalen Darstellungen verhindern. Bei der Beobachtung von Fundverteilungen über den ganzen süddeutschen Raum hinweg stellen wir die kaum gebrochene Fortsetzung der Funde über die „magische Grenze" hinaus fest[4].

Man zwängt weitgehend politische Grenzen des 19. und 20. Jahrhunderts den politisch-ethnischen Verhältnissen des 5. und 6. Jhs. auf. In neueren Veröffentlichungen, z. B. bei Hübener, werden diese Vorstellungen kritisch überprüft[5]. Und er sagt ganz bezeichnend: „Was als alemannischer Raum zu gelten hat, ist kaum je strittig gewesen"[6]. Der alamannische Raum der Jahrzehnte um 500 wird nicht vom Lech begrenzt. Auch umfassende Untersuchungen und Darstellungen der Siedlungsgeschichte in größeren Räumen haben Kartenblätter benützt, die mit den heutigen Landesgrenzen abschließen und so helfen, neuzeitliche Abgrenzungen auf die Frühgeschichte zu projizieren[7].

Der Versuch, die politischen Grenzen des 19. und 20. Jhs. hintanzusetzen wie die Aussagen der schriftlichen Quellen nach der Mitte des 6. Jhs., die also nach der Epoche fränkischer Eingliederung über „Alamannen" bzw. „Bajuwaren" sprechen und von daher ohne Vorgabe die archäologischen Funde mit archäologischen Erkennungs- und Deutungsmethoden auszuwerten, dürfte nicht fruchtlos bleiben. Als Grundlage hierfür möchte ich Teilergebnisse der Arbeit von Ursula Koch heranziehen[8].

Die Chronologie merowingerzeitlicher Funddeutung unterlag in den letzten Jahren manchen Modifizierungen seit J. Werner[9]. Ein wesentliches Merkmal

2 Die Illerlinie hatte wohl noch Grenzfunktion, solange der spätantike Limes gehalten wurde (bis ca. 400). Zum Lech als Grenze alamannischer Ansiedlung durch die Goten siehe Dietze, S. 87 ff.; L. Schmidt, Westgermanen, S. 278 ff.

3 Siehe W. Hübener, Absatzgebiete; R. Roeren; W. Mitzka, S. 37 ff.

4 Siehe Karten bei H. W. Böhme, R. Roeren, U. Koch, Merowingische Grabfunde. Im gleichen Zusammenhang wird der eindeutige starke westliche „fränkisch-alamannische" Einfluß in Schmuck- und Trachtformen ohne hinreichende Begründung beiseitegeschoben (ebd., S. 234 f.). Damit wird dem Eindruck nachgeholfen, daß Baiern im Bereiche des „östlichen merowingischen Reihengräberkreises" liege und die Landnahme der „Bajuwaren" von dort erfolgt sei.

5 W. Hübener, Archäologie, S. 27 ff.

6 Ebd., S. 28.

7 Zum Beispiel K. Weidemann, Siedlungsgeschichte, S. 99 ff.

8 Merowingische Grabfunde; historisches Urteil: „Versuche, den Alamannen einen Hauptanteil an der Stammesbildung zuzuweisen, sind aber unbegründet." S. 6.

9 Grabfunde.

ist die zeitliche Rückverlagerung innerhalb des Schemas mit besonderer Gültigkeit für die behandelte Epoche. Das betrifft besonders die Gruppe bzw. Stufe III, die nach Werner den Zeitraum von 520–600, nach Böhner die Zeit von 525–600 umfassen soll. Damit ist genau die kritische Phase dieser Untersuchung berührt[10].

Im Südosten, in Baiern, ist die ethnische und herrschaftliche Vielfalt besonders ausgeprägt. Aus den schriftlichen Quellen erfahren wie von Alamannen, Rugiern, Thüringern etc. sowie von einem keltoromanischen Grundsubstrat, die alle ohne eindeutige feste Zuordnung nebeneinander oder politisch-herrschaftlich übereinander, mehr oder weniger langzeitig, den später baierischen Raum bevölkern[11].

Der archäologische Befund bestätigt z. T. diese schriftlichen Nachrichten weitgehend. Allerdings ist Vorsicht geboten bei der Zuordnung von Fundgegenständen aus Reihengräbern und ethnischer Herkunft. Provenienz von einzelnen Fundgütern muß sich nicht mit der ethnischen oder stammesmäßigen Herkunft des Toten decken. Die Bestattungen der Reihengräber von Altenerding/Klettham, von München-Aubing und dem Donautal um Regensburg weisen jedoch in ihrer Summe auf ethnische Vielfalt hin[12].

Zumindest germanische und nichtgermanische Bevölkerung läßt sich unterscheiden[13]. Die gemeinsame lokale Grablege und Grabsitte – ob sie auch als gleichzeitig angenommen werden kann, ist noch zu klären – deutet auch auf ein Nebeneinander zu Lebzeiten hin. Die Fundgegenstände stammen aus allen Teilen Mitteleuropas, aus dem nordostgallischen Raum, vereinzelt auch aus östlicher Richtung, auch aus dem böhmischen Kessel[14]. Die Provenienz der Beigaben weist jedoch in ihrem Schwergewicht – unter quantitativen und qualitativen Gesichtspunkten – eindeutig nach dem Westen, in den alamannischen und fränkischen Raum. Bisher wurden die Funde östlicher Provenienz überbewertet[15], weil zum einen die quantitativen Verhältnisse vernachlässigt,

10 Zur merowingerzeitlichen archäologischen Chronologie: J. Werner, ebd.; K. Böhner, Trierer Land; Ders., Chronologie, S. 999 ff.; W. Hübener, Methodische Möglichkeiten, S. 34 f. und Anm. 27.

11 F. Prinz, Salzburg, S. 10 ff.; Ders., Frühes Mönchtum, S. 317 ff.; F. Lotter, Severinus von Noricum, besonders S. 201 ff.; K. Reindel, Agilolfinger, S. 93 ff. mit reichlichen Quellen- und Literaturangaben (bis 1971); Ders., Raetien und Noricum, S. 29 ff.; E. Keller, Grabfunde, S. 184 ff.; Ders., Neuburg II.

12 U. Koch, Merowingische Grabfunde; W. Sage, Reihengräberfeld, S. 254 ff.; H. Dannheimer, Feldmoching/Sendling; Ders., Alamannen, S. 178 ff.

13 W. Sage, Reihengräberfeld, S. 254 ff.; R. Christlein, Kirche von Staubing, S. 51 ff.

14 B. Svoboda, Böhmen; Ders., Zum Verhältnis, S. 97 ff.; J. Werner, Herkunft, S. 229 ff.

15 Überhaupt herrscht die Annahme einer Herkunft der Bevölkerung Südbaierns aus dem „östlich-merowingischen Kreis“ noch allgemein vor. Siehe auch RGA, Art. „Bajuwaren“, besonders S. 611 ff.

zum anderen Vorstellungen einer Einwanderung und „Landnahme" aus dem Osten gängig sind. Die geographische Verteilung von Stammesgruppen in Baiern ist allerdings schon greifbar. Gewisse Schwerpunkte lassen sich skizzieren und neu setzen. Die siedlungsfreundlichen und damit siedlungsdichten Räume im 6. Jh. können relativ leichter dargestellt werden. Sie sind an die Flußniederungen, zum Teil auch an das im 6. Jh. noch bestehende römische Straßennetz gebunden. Inwieweit diese Niederlassungen an römerzeitlichen Siedlungen, agrarischen Anbaugebieten oder militärischen Schlüsselstellungen erfolgten, ist noch nicht völlig geklärt[16]. Im Westen ist das alamannische Element wohl am dichtesten[17]. Das gilt ganz sicher für den Raum zwischen Iller und Lech, im Süden ausgreifend über Amper und Isar hinweg (der Umfang der Augsburger Diözese steht vielleicht damit im Zusammenhang).

Auf eine breit angelegte Vorstellung und Diskussion der kontroversen Theorien zur Stammesbildung der Baiern glaube ich verzichten zu können, weil solche aus neuerer Zeit vorliegen. Ich verweise besonders auf K. Reindel, R. Wenskus, K. Bosl[18].

2. DIE BEVÖLKERUNG DER UMGEBUNG VON REGENSBURG (CA. 450–500)

Der historische Ansatz aus dem Beigabenfund der Reihengräber ist primär durch die chronologisch verwertbaren Beigaben gegeben. Die zeitliche Funddeutung in der Arbeit von Ursula Koch ist dabei noch von der nicht korrigierten merowingerzeitlichen Chronologie bestimmt (1969)[19]. Das bedeutet, daß die absolute Datierung zum Teil um 30 oder mehr Jahre, also mindestens eine Generation zurückverlegt werden muß. Dieser korrigierten Chronologie kommt im Zusammenhang mit der Datierung von historischen Ereignissen zum Teil ausschlaggebende Bedeutung zu. Das betrifft alamannische Einbrüche und evtl. Niederlassung im Zusammenhang mit den Unternehmungen Gibulds (ca. 460/

16 K. Reindel, Agilolfinger, S. 86 ff.; R. Gradmann, Süddeutschland I, S. 17 f.; A. Helbok, Volksgeschichte, S. 306 ff. und Kartenband; siehe auch Bayerischer Geschichtsatlas, Karte 8a (Siedlungsland und Wald im 6. Jh.) und Karte 9a (Reihengräber 6.–8. Jh.); H. Dachs, Römerkastelle, S. 44 ff.

17 M. Franken.

18 K. Reindel, Agilolfinger, S. 75 ff.; R. Wenskus, Stammesbidlung, S. 560 ff.; K. Bosl, Bayern; Ders., Bayerische Geschichte, S. 20 ff.

19 J. Werner, Münzdatierte Grabfunde, S. 30 ff., besonders S. 63; siehe dazu auch K. Böhner, Chronologie, S. 999 ff. Es muß auch betont werden, daß die von U. Koch behandelten Gräberfelder nicht vollständig haben ausgegraben werden können. Teile dieser Bestattungsplätze waren zerstärt durch Kiesabbau o. ä.

70, Regensburg), „Alamannenschlacht" (496/97, 506) und Auslösung von verstärkter horizontaler Mobilität von evtl. näher bestimmbaren gesellschaftlichen Gruppen nach 506, die sich in den schriftlichen Quellen niederschlagen. Der zeitliche Anschluß von Funden und gesellschaftlichen Gruppen im baierischen Raum an den Fundabbruch besonders in exponierten Herrschafts- sowie Gewerbe- und Produktionszentren im südwestdeutschen Raum und an deren tragende gesellschaftliche, insbesondere führende Gruppen fällt ins Auge (Runder Berg, Gelbe Bürg; Abbruch um 500)[20].

Nach Koch bricht die Belegung des Gräberfeldes von Irlmauth noch vor der Mitte des 6. Jhs. ab[21]. Von besonderer Aussagekraft sind die Frauengräber, wie z. B. Grab 19. Der Reichtum des Grabes weist auf eine Angehörige des Adels hin[22]. Der massive silberne Kolbenarmreif am linken Handgelenk, Bügelfibelpaar, Vogelfibelpaar, Wadenbinden mit silbernen Riemenzungen, Ohrringe, silberne Löffel, Haarnadel deuten zum einen auf die Zugehörigkeit zum Adel, der gleiche Merkmale über weite geographische und politische Räume hinweg aufweist[23]. Die Dame aus Grab 19 kann in ihren Beigaben, jedoch nicht ethnisch mit der aus Köln, St. Severin, und einer Dame aus Köln-Müngersdorf, Grab 105, verglichen werden. Die Bügelfibeln von Irlmauth finden vereinzelte Parallelen am Niederrhein und in Nordgallien, eine eindeutige Konzentration am Mittelrhein und besonders in Südwestdeutschland. Dort werden Herstellungszentren lokalisiert und anhand einzelner Formen – kleine Bügelfibeln (5-Knopf-Fibel) mit Bogenornamentik auf der Kopfplatte – sogar auf das Neckar- und obere Donaugebiet eingegrenzt[24].

Der Fibeltyp Westhofen, der selten erscheint, zeigt eine ganz ähnliche Verbreitung wie die Fibeln mit Bogenornamentik[25]. Die Beigabe des massiven silbernen Kolbenarmreifes weist zwar in einen Fundraum, der von Nordostgallien als Ausgangspunkt bis Oberitalien reicht, ist jedoch in der verzierten Variante geographisch auf Mittelrhein und Südwestdeutschland schwerpunktmäßig eingeengt. Ausläufer dieses Kolbenarmreiftypus lassen sich über Iller, Lech, Isar und über Regensburg (Irlmauth) hinaus feststellen[26]. Auch die Vogelknopfnadeln erscheinen verdichtet, wenn auch nicht ausschließlich, in Südwestdeutschland und noch eindeutiger der Silberlöffel im Irlmauther

20 R. Christlein, Der Runde Berg I, S. 15 ff.; Ders., Der Runde Berg II, S. 75 ff.; V. Milojčić, Der Runde Berg; H. Dannheimer, Mittelfranken.

21 U. Koch, Merowingische Grabfunde, S. 117 ff.

22 Nach den Ausführungen von Kap. II, besonders II, 14 ist der Begriff „Adel" gerechtfertigt.

23 F. Irsigler, Frühfränkischer Adel, besonders S. 221 ff. und S. 253 f.

24 U. Koch, ebd., S. 119 und Tafel 91, Karte 2.

25 Ebd., S. 92, Tafel 92, Karte 3.

26 Ebd., S. 119, Tafel 96, Karte 11.

Frauengrab, der zu dieser Zeit als Beigabe auf Frauengräber Süddeutschlands begrenzt ist[27]. Dazu tritt das Merkmal der Verbindung dieser Silberlöffel mit Frauengräbern reicher Ausstattung, also gesellschaftlich gehobener Gruppen. Die Beigabe von Silberlöffeln ist schon im 4./5. Jh. mit Schwerpunkt in Nordostgallien und Belgien bei sozial gehobenen Germanen und Romanen üblich[28]. Diese Männer- und Frauengräber zeichnen sich durch reichen Edelmetallschmuck, Fibeln und Waffen aus. Neben Silberlöffeln erscheinen formal gleiche, große Löffel[29]. Der Zusammenhang der Löffelbeigabe mit Eßgeschirr – Bronze- und Zinngefäße – und Speiseresten deutet diese Eßwerkzeuge als Merkmale einer gesellschaftlich vorrangigen Schicht an, deren Selbstverständnis als eine solche in diesem Beigabentypus erkennbar ist und auch zu Lebzeiten hervorgehoben werden sollte. Von den Bronzegefäßen wissen wir, daß sie nicht nur als Nutzgeräte angesehen werden dürfen.

Es ist noch nicht geklärt, ob den Silberlöffeln liturgischer oder profaner Charakter zugeschrieben werden muß[30]. Bierbrauer entscheidet sich für den Zweck als Eßgeschirr[31]. Daneben ist noch ein dritter Aspekt hinzuzuziehen: Die Silberlöffel, wie auch Sieblöffel und Metallgeschirr sind Gegenstände, die den Status der Eigentümer heben, ohne daß sie Benutzung erfahren müssen. Liturgische Bedeutung kann in Verbindung mit alamannischem Ethnos des 5. und weitgehend auch des 6. Jhs., abgesehen von den mit den Franken kollaborierenden Gruppen der Führungsschicht, ausgeschlossen werden. So auch im zu behandelnden Bereich. Diese Silberlöffel weisen also wieder deutlich auf westlich-nordwestliche Herkunft der entsprechenden Gruppen hin[32]. Das in Irlmauth aufgedeckte Kriegergrab 36 zeitigte als wichtiges Ergebnis eine gewisse Einfachheit der Waffenbeigaben. Zierbeschläge an der Spathascheide und silberplattierte Niete am Schild fehlen wie beim Kölner Knabengrab (etwa gleichzeitig im Gegensatz zu den reich ausgestatteten Gräbern der Stufe Flonheim-Gültlingen)[33]. Ob die kostbare Ausstattung außer Gebrauch gekommen ist oder aber andere Ursachen gesucht werden müssen, wie z. B. der Abbruch von gewerblichen Produktionszentren in räumlicher und herrschaftlicher Verbindung mit den entsprechenden Führungsschichten (z. B. Runder Berg), kann wohl noch nicht entschieden werden. Jedenfalls ist diese Ent-

27 Ebd., Tafel 11 und Karte 12.
28 Siehe auch V. Bierbrauer, Grab- und Schatzfunde, S. 180 ff.
29 H. W. Böhme, S. 131.
30 H. v. Petrikovits, Silberlöffel, S. 176 ff.; H. Dannheimer, Silberlöffel, S. 278; V. Milojčić, Silberlöffel, S. 111 f.; H. W. Böhme, Löffelbeigabe, S. 172 ff.
31 Ebd., S. 185 ff.
32 H. W. Böhme, S. 130; vgl. auch Verbreitungskarte der Silberlöffel nach V. Bierbrauer, ebd., S. 184, Abb. 15.

wicklung nicht auf Irlmauth beschränkt. Die auffallend komplette kriegerische Ausrüstung, durch die sich Führungsschichten auszeichnen – so auch das Irlmauther Grab 36 – passen sich historisch in bewegte Kriegszeiten ein, in denen politisch-ethnische oder zumindest gesellschaftliche Existenzbedrohung großen Raum im Bewußtsein der Träger einnehmen. Diese Sitte der kompletten Waffenbeigabe ist ebenfalls im südwestdeutschen Raum verbreitet[34].

So wie die Funde der Männergräber und, besonders gewichtig, die der Frauengräber, größte Affinität zur südwestdeutschen Nachbarschaft zeigen, erbringt die Keramik ein ähnliches Bild. Die nicht mit der Scheibe gedrehten Töpferwaren von Irlmauth stehen in unmittelbarer Verbindung zu Südwestdeutschland. Daß die Träger der Verbreitung obiger Fundstücke nicht in erster Linie Händler und Handwerker waren, zeigt die „Vielfalt der Beziehungen zum südwestdeutschen Gebiet, vornehmlich zur oberen Donau und zum Neckartal“[35]. „Mit großer Wahrscheinlichkeit darf deshalb angenommen werden, daß die östlich von Regensburg siedelnde Gruppe selbst aus dem Westen, und zwar aus dem alamannisch-fränkischen Südwestdeutschland kam“[36]. Die nähere Bestimmung „alamannisch-fränkisch“ ist dabei allerdings nicht gerechtfertigt[37]. Nur eine zu späte chronologische Festlegung kann die fränkische Komponente einer entsprechenden politischen Situation zumessen.

U. Koch grenzt die pauschal fränkischen Einflüsse zum Teil als Warenimport ein (Glasbecher, Glasschale)[38]. Die künstlerisch-handwerklichen Beziehungen zwischen dem baierischen Raum und Südwestdeutschland stehen eindeutig fest aufgrund des Vergleiches archäologischen Fundmaterials.

Die intensiven Bezüge der Funde innerhalb Süddeutschlands und insgesamt zu nordostgallischen Gebieten (Kulturzone) kommen auch in anderen Nekropolen im baierischen Raum zum Ausdruck (München-Feldmoching, München-Aubing, Augsburg-Lechhausen, Lenting, Lkr. Ingolstadt, Irsching, Lkr. Pfaffenhofen verdichten das Bild vergleichbarer Beigaben-, Tracht- und Bevölkerungsstruktur)[39].

Ein anderer typischer Fundstoff sind die Vogelfibeln, die sich im südöstlichen Gebiet zu konzentrieren scheinen. Die Typen ohne Steineinlagen lassen sogar einen Verbreitungsschwerpunkt feststellen unter gleichzeitigem, jedoch

33 U. Koch, ebd., S. 118.

34 K. Weidemann, Siedlungsgeschichte, S. 99 ff.; G. Fingerlin, Siedlungsgeschichte, S. 45 ff.; R. Roeren, S. 214 ff.

35 U. Koch, ebd., S. 119; vgl. Rez. von W. Sage, in: BVBll 36, 1971, S. 193 ff.

36 U. Koch, ebd., S. 119 f.

37 Ebd., S. 121 ff.

38 Ebd., S. 120.

39 H. Zeiß, Irsching; H. Dannheimer, Bayrisch-Schwaben; Ders., Alpenvorland; ders. und G. Ulbert, Feldmoching/Sendling; Ders., Untersuchungen; U. Koch, Alamannische Gräber, mit verbesserter Chronologie!

vereinzeltem Vorkommen in rheinischen Gebieten von Basel bis Köln[40]. Im 5. Jh. scheinen sich links des Mittelrheins im gallischen Raum kleine Bügel- und Vogelfibeln ohne rechtsrheinische Vorläufer feststellen zu lassen, die weit nach Süddeutschland verbreitet wurden[41]. Aus der Fundkonzentration dieses Typus lassen sich sehr wohl entsprechende Produktionsstätten in Südbaiern ableiten, die auf rheinische Übermittler zurückgehen können. Die daran mittelbar anschließende Folgerung, daß „nur eine eindeutige Orientierung nach der fränkischen Mode . . . die Beliebtheit von Vogelfibeln im Regensburger Raum erklären" kann[42], stimmt zwar von der Sache her, geht jedoch von der Prämisse fränkischer Macht oder zumindest von Aufgabenträgern im bezogenen Raum zum fraglichen Zeitpunkt in eben diesen Gräbern von Irlmauth aus. Der Satz: „für die historische Integration sind daher die Vogelfibeln als deutliches Zeichen einer Zugehörigkeit ihrer Träger zum fränkischen Reich von besonderer Bedeutung"[43] hat keine Gültigkeit. Mit Sicherheit entstammen die in Irlmauth auftretenden Gruppen dem südwestdeutschen, nach 497/536 fränkischen Raum. Entsprechend waren sie dort vielleicht schon vor 497 und von da an, wie andere auch, fränkischen Einflüssen ausgesetzt. Eine institutionalisierte oder funktionalisierte Zugehörigkeit zum Frankenreich ist chronologisch und damit historisch widerlegt. Die Eindeutigkeit der Bestimmung des Kriegergrabes aus dem Reihengräberfriedhof von Inzing (Lkr. Griesbach am Inn) als einem Mann „innerhalb einer fränkischen Führungsschicht" zugehörig[44] ist ebenso, nicht zuletzt wegen chronologischer Bestimmungskriterien, zu hinterfragen. Die Datierung wurde für die erste Hälfte, spätestens für die Mitte des 6. Jhs., vorgenommen[45].

3. DIE KLEINEN GRÄBERGRUPPEN VON IRLMAUTH UND STRAUBING

Die hier entdeckten zahlenmäßig kleinen Grabfunde unterscheiden sich in Provenienz und Qualität der Fundgüter von denen des größeren Grabfeldes. Auch hier finden wir eine Belegung in der ersten Hälfte des 6. Jhs.[46]. Die Provenienz einzelner Stücke weist nicht nur in westliche Richtung, wie überwiegend im größeren Gräberfeld festgestellt wurde, sondern auch nach Osten und

40 U. Koch, Merowingische Grabfunde, Tafel 93, Karte 5.
41 H. W. Böhme, S. 188.
42 U. Koch, ebd., S. 121.
43 Ebd.
44 Ebd., S. 121.
45 J. Pätzold – H. P. Uenze – H. Dannheimer, Tafel 43.
46 U. Koch, ebd., S. 122.

Norden in den böhmischen bzw. thüringischen Raum[47]. Grundsätzlich lassen sich keine durch reiche Beigaben herausragende Bestattungen ausmachen. Grab 2 und 3 verweisen mit einer Kerbschnittscheibenfibel (1. Drittel, 6. Jh.) mit Vogelkopfprotomen bzw. einer Miniaturfibel auf Thüringen. Weitere Beigaben in Grab 2 lassen keine Aussagen zu. In den Gräbern 4, 6, 7, 8, 9 können wir nur geringe Anhaltspunkte gewinnen, wie anhand von zwei Tongefäßen aus Grab 8 und 9, die aus Thüringen oder Böhmen, zumindest östlicher Herkunft, sein sollen. Dannheimer[48] weist jedoch darauf hin, daß doppelkonische Becher in Mittelfranken[49] und Mitteldeutschland ebenso anzutreffen sind wie in München-Aubing und Wittislingen. Solche Fundprovenienzen weisen auch Grabungen in München-Aubing und im Donau-Moos auf (Schretzheim bei Dillingen). U. Koch sieht den thüringischen bzw. „allgemein östlich-merowingischen" Anteil am Fundgut der kleinen Irlmauther Nekropole als „beachtlich" an[50]. Das Frauengrab (Grab 1) deutet jedoch wiederum eindeutig auf dieselbe ethnische Herkunft wie die der Frauen im größeren Gräberfeld hin. Ein Paar Bügelfibeln und eine mit der Töpferscheibe hergestellte Kanne, die nach Westen weisen, belegen diese Tatsache[51]. R. Christlein vergleicht das Fundgut von Bittenbrunn mit dem von Irlmauth und kann z. T., etwa bei Bügelfibeln, Zikadenfibeln und fränkisch gefärbten Kleinfibeln werkstattgleiche Entsprechungen feststellen. Auch andere „Dinge, die auf enge Verbindungen zum Westen weisen", wie z. B. die Franziska aus Grab 13 (Bittenbrunn), Spatha, Schild, Lanze, Ango aus Grab 16 (ebd.) widersprechen der Auslegung durch U. Koch.

4. DIE FUNDE VON STRAUBING-WITTELSBACHER HÖHE

Das Fundgut dieses ebenfalls sehr kleinen Gräberfeldes besitzt stärkeren östlich-merowingischen Einschlag[52]. Die Bügelfibel eines Mädchens aus Grab 5 weist auf den östlich-merowingischen Kreis (langobardisch oder thüringisch). Sie ist stark abgenutzt. Zugleich fand sich in diesem Grab eine Vogelfibel, die in Südbaiern hergestellt wurde. Das Kindergrab (Grab 3) enthielt Reste eines Rüsselbechers aus Glas fränkischer Provenienz, sowie einen kleinen doppel-

47 Dazu, als Warnung vor Überbewertung: B. Svoboda, Böhmen, S. 357: „Keine überzeugenden Beweise für die Verbindung zwischen den Funden in Mittelböhmen und in Bayern."
48 H. Dannheimer, Bayrisch-Schwaben, S. 196.
49 Ders., Mittelfranken; Ders., Untersuchungen, S. 224 ff.
50 U. Koch, ebd., S. 122.
51 Ebd., siehe auch R. Christlein, Bittenbrunn, S. 87 ff., besonders S. 92 f.
52 Ebd., S. 122.

konischen Becher westlicher Herkunft. Die Dame aus Grab 1 weist durch ein Bügelfibelpaar auf den östlich-merowingischen Kreis (nicht eindeutig!). Die künstliche Schädeldeformation ist jedoch ein ziemlich eindeutiges Zeichen für die Herkunft aus dem thüringisch-böhmischen oder langobardischen Osten. Dort ist dieser Kult im späten 5. und 6. Jh. nachgewiesen[53].

Ein Überblick über die Verteilung der Fundprovenienzen in den kleineren Nekropolen läßt trotz der relativ häufigen Hinweise auf den östlich-merowingischen Kreis kein Überwiegen dieser Fundstücke erkennen. Die Herkunftshäufigkeit der Fundstücke, die nicht unbedingt ethnische Trägerschaft voraussetzt, speziell aus Böhmen oder aus dem pannonischen Gebiet (Langobarden), tritt weiter zurück, wenn wir die Hinweise auf den Norden, auf das Thüringische, davon abspalten.

Ethnische Vielfalt im baierischen Raum existiert ganz sicher. Der thüringischen Komponente steht zweifelsohne eine gewisse Beachtung zu[55]. Ethnische oder politische Schwerpunktbildung, die sich mit Siedlungstätigkeit verbindet, wie die Landnahmetheorien vorsehen, ist jedoch nicht zu erkennen. Die zahlenmäßigen Relationen entsprechender frühgeschichtlicher Funde scheinen bisher eher das Gegenteil zu beweisen. Ebenso ist die Einengung der Provenienz auf „thüringisch" sehr problematisch, weil die Archäologie eine solche Spezifizierung kaum vornehmen kann[56].

Die östliche Fundprovenienz findet unverhältnismäßige Berücksichtigung vor dem Hintergrund der Annahme „bajuwarischer Einwanderung" und politischer Herrschaftsbildung hauptsächlich aus dem Osten zugewanderter ethnischer Gruppen. Dabei zeigt das archäologische Fundgut den sehr dünnen Bevölkerungszustrom aus dem Osten. Die vage ethnische Zuordnungsmöglichkeit zu den materiellen Gütern, die sehr häufig auf vorherige lange Benutzungszeit hinweisen, verringert die erkennbare östliche Bevölkerungssubstanz noch weiter. Das eindeutige, nach Osten weisende ethnische Merkmal, die artifizielle Schädeldeformation, ist bei alten Leuten belegt[57]. Die Erkenntnis, daß die kleinen Gräberfelder auf östliche Einflüsse hinweisen, ist verbunden mit zwei weiteren Gesichtspunkten.

53 Siehe auch K. Werner, Schädeldeformation, S. 162 ff.; ders., Pannonien, S. 179 f.; W. Sage, Reihengräberfeld, S. 268 ff.; V. Bierbrauer, Alteglofsheim, S. 94 ff. und B. Heukemes, Dossenheim. Es wird wohl niemand auf den Gedanken kommen, um 500 die schwerpunktmäßige Ansiedlung von Ostgermanen im Raum Heidelberg annehmen zu wollen.

54 Siehe auch Frauengräber von Irlmauth-Irler Weg; U. Koch, ebd., S. 122 f.

55 H. Dannheimer, Bayrisch-Schwaben, S. 179 ff.

56 Zu den archäologischen Ergebnissen für Süddeutschland nördlich der Donau siehe R. Koch, Main-Tauber und H. Dannheimer, Mittelfranken, S. 78 ff.; Ders., Neue Reihengräberfunde; Ders., Untersuchungen, S. 224 ff.

57 Siehe oben, Anm. 1.

1. Die Beobachtungen östlich-merowingischer Merkmale werden z. T. an zahlen- und flächenmäßig kleinen Bestattungsplätzen gemacht, die zudem nicht vollständig ausgegraben worden sind.
2. Die Qualität und die Anzahl der Beigaben ist geringer. „Bisher ist kein Grabfund mit östlich-merowingischen Beigaben der Zeit um 500 bekannt, der einer sozial und damit auch politisch führenden Persönlichkeit zugeschrieben werden könnte. Dafür wird umso deutlicher, daß die führende Schicht in Südbaiern den Alamannen und Franken als den Exponenten des fränkischen Reiches angehörte“[58].

Diese Aussage unterstreicht meine Argumentation, wenn wir von den „Alamannen und Franken als den Exponenten des fränkischen Reiches“ absehen und die herrschaftlich-politische Situation in Süddeutschland zeitlich analog den historischen Entwicklungen differenzieren[59].

Die ostgotische Zwischenepoche bis 536/37 läßt wohl keinen Raum für Vertreter fränkischer Machtansprüche und fränkischer Königsgewalt. Die veränderte, rückdatierte merowingerzeitliche archäologische Chronologie zwingt uns zu diesen Überlegungen.

Aus 1. und 2. läßt sich das gesellschaftliche und politische Übergewicht im merowingerzeitlichen Donautal um Regensburg in qualitativer und quantitativer Hinsicht des westlichen, vor 536/37 alamannischen, Einflusses erkennen. Besonders zu beachten ist dabei die Tatsache der politisch-staatlichen Bedeutung des Raumes in und um Regensburg in römischer Zeit, sowie die auf die Zukunft projizierte Schwerpunktbildung in den folgenden Jahrhunderten. In diese Projektion paßt sich auch eine evtl. Diskontinuität der Reihengräberbelegung im untersuchten Raum ein. Die kurzfristige Siedlung, erkennbar an der nur etwa eine Generation lang benützten Nekropole[60], läßt sich mit der vorläufigen Niederlassung nach der Emigration – vielleicht Flucht – bis zu einer weiteren Orientierung oder Veränderung der politischen Verhältnisse erklären. Die nach 536/37 belegte Einverleibung auch des baierischen Raumes in das Frankenreich hat sicher eine Rolle gespielt[61].

58 U. Koch, Merowingische Grabfunde, S. 123.
59 Siehe oben, merowingerzeitliche Archäologie.
60 Der Belegungsabbruch ist wohl nicht eindeutig nachweisbar, weil die Gräberfelder im Untersuchungszeitraum nicht vollständig haben ausgegraben werden können.
61 Die Aufgabe von Bestattungsplätzen im behandelten Teil des Donautals könnte im Zusammenhang mit der Herrschaftsübernahme des agilolfingischen Herzogs gesehen werden. Schwerpunkte agilolfingischer Herrschaft in der Zukunft sind für diesen Raum bezeugt; F. Prinz, Innere Entwicklung, S. 270 ff.; Ders., Herzog und Adel, S. 283 ff.; aber auch K. Reindel, Agilolfinger, S. 89; E. Schwarz, Namenkundliche Grundlagen, S. 25 ff.; H. Dachs, Römerkastelle, S. 44 ff.; E. Klebel, Fränkischer Adel, S. 195 f.

Dabei möchte ich mich hüten, von einem geographisch engen Raum auf das gesamte baierische Gebiet südlich der Donau zu schließen. Die östliche Lage im Untersuchungsraum erhöht jedoch den Wert der Aussagen, die Fundanteil, ethnischen Anteil und den politisch-herrschaftlichen Machtanteil, die auf Einwanderung aus dem Osten schließen lassen könnten, als gering ausweisen.

Auch an anderer Stelle zeigte sich, daß sich zwischen typischen Fundstücken in baierischen Reihengräbern und solchen aus östlichen Gebieten wenige Vergleiche erbringen lassen[62]. Der Formenreihe ostgotischer Bügelfibeln, wie wir sie in Ungarn antreffen, entsprechend, finden wir in Italien und nördlich der Alpen keine Exemplare.

Die politische Entwicklung um und nach 536/37, das Vordringen der Franken nach Süddeutschland über die Alpen nach Italien, der intensive und extensive fränkische Herrschaftsausbau, wie er besonders in der Einsetzung von „duces“ zum Ausdruck kommt, macht es wenig wahrscheinlich, daß in dieser Zeit nennenswerte und qualitativ bedeutende Bevölkerungsgruppen in den fränkischen Machtbereich einwanderten. Dies umso weniger, als die Franken einen „schlechten Ruf“ besaßen hinsichtlich ihrer „Gleichschaltungsmethoden“, wie andernorts vermerkt wird[63]. Erst die Auflösung des östlich-merowingischen Kreises nach 568, die einherging mit dem Abzug der Langobarden aus dem pannonischen Raum nach Italien, könnte einen Einzug von Splittergruppen aus östlichen Gebieten begünstigt haben. Langobarden[64] brauchen deshalb nicht vermutet zu werden, weil solche Gruppen, wenn sie sich schon in Bewegung setzen, eher ihrer ethnischen und kulturellen Affinität zum Gesamtstamm gefolgt wären und sich dem Hauptkontingent nach Italien angeschlossen hätten. Zwischen 536/37 und 568 – diese Jahre werden nicht absolut, sondern nur als Fixpunkte angesprochen – lassen sich nur geringe Zuwanderungen annehmen, die z. B. auf Verdrängung oder Fluchtbewegungen gründen könnten. Die Grabanlagen von Irlmauth und Straubing sind dagegen im wesentlichen als alamannisch zu typisieren[65]. Zum anderen zeichnen sich die Fundstücke in den Gräbern „östlich-merowingischen“ Charakters durch ihr hohes Alter aus, so daß diese Indizien den Eindruck einer Zuwanderung aus dem Osten, wenn überhaupt, in früherer Zeit, jedenfalls lange vor 536, hinterlassen. Dieser Eindruck wird unterstützt von den wenigen Funden deformierter Schädel, die obendrein alten Menschen zugeordnet werden. Das

62 J. Werner, Bügelfibeln, S. 79.

63 Agathias I, 20: Aligern: siehe das Verhalten von Aligern gegenüber dem fränkischen Expeditionsheer in Italien.

64 J. Werner, Herkunft, S. 12 ff., besonders S. 33 ff.

65 Vgl. U. Koch, Alamannische Gräber, S. 162 ff. und W. Sage, BVBll. 36, 1971, S. 193 ff.

Vorkommen der Schädeldeformation stellt die Funde neben das Frauengrab von Alteglofsheim, wo 1970 ein bisher einzelnes Frauengrab mit demselben Phänomen entdeckt wurde[66]. Der Vergleich ist auch in bezug auf den beigegebenen Bronzearmreif mit den abgeplatteten Tierkopfenden sinnvoll. Er weist auf spätrömische Gräber des 4. Jhs. hin. Im Frauengrab 25 von Barbing-Irlmauth fand sich ein ähnliches Stück aus dem frühen 6. Jh.[67]. In beiden Fällen scheint es sich um ein Altstück zu handeln. Das Alter der Toten mit Schädeldeformation von Alteglofsheim war hoch. Das deutet auch der abgenützte Zustand der vergoldeten Bügelfibeln an. Das Grab ist ebenfalls früher, auf Anfang des 6. Jhs., zu datieren. Die Fibelprovenienz ist eindeutig im italischen Ostgotenreich anzusetzen, wobei diese Fibelgruppe (gegittertes Rautendekor auf der Fußplatte) im norddanubisch-langobardischen und im gepidischen Stammesgebiet verbreitet ist. Die Fibel ist jedoch sicher nicht gepidischen Ursprungs, sie ist sogar als spätostgotisch in das erste Drittel des 6. Jhs. zu datieren[68]. Die den Toten beigelegten Gaben machen den Eindruck von herkunftsbezogenen Gütern, von aus der alten, vor mindestens einer Generation verlassenen Heimat mitgebrachten sächlichen Traditionsträgern. Die mittlere und jüngere Generation in den Gräbern zeigt keine Schädeldeformationen mehr. Die Frage der Spatha-Beigabe ist nicht eindeutig zu klären. Im Osten (Böhmen, östlich-merowingischer Kreis) wird die Spatha der linken Körperseite beigelegt. In Thüringen kennt man Rechts- und Linkslage. In Süddeutschland sei die Linkslage der Spatha sonst nicht nachweisbar[69].

5. DIE REIHENGRÄBER VON KEHLHEIM – GMÜND

Der Gräberfeldplan der Kehlheimer Funde wurde dahingehend ausgewertet, daß älteste Bestattungen in der Mitte des 6. Jhs. angenommen werden[70]. Diese Gräbergruppe liegt etwas abseits von den anderen[71]. Sie zeigt wieder die Existenz eines Adels westlicher, alamannischer Herkunft. Im belgischen Raum des 5. Jhs. läßt sich immer wieder eine gewisse Isolierung von

66 1,5 km nordöstlich von Alteglofsheim, Lkr. Regensburg; siehe V. Bierbrauer, Alteglofsheim, S. 94 ff.; siehe auch S. 151, Anm. 1.

67 Von U. Koch in die erste Hälfte oder Mitte des 6. Jhs., also relativ spät, datiert! U. Koch, Merowingische Grabfunde, S. 51, Tafel 37, 3; siehe auch V. Bierbrauer, ebd., S. 97.

68 Flechtbanddekor; V. Bierbrauer, ebd., S. 97 f.

69 U. Koch, ebd., S. 130; siehe jedoch die Angaben bei Agathias, II, 5.

70 Die korrigierte Chronologie veranlaßt zur früheren Datierung um 500, bzw. Anfang 6. Jh. K. Böhner, Entstehung, S. 283 ff.

71 U. Koch, ebd., S. 128, Abb. 14.

Gräbern mit reichen Beigaben von einem durchschnittlich ausgestatteten Gräberfeld beobachten[72]. Diese Feststellung ist ein wichtiges Indiz von über weite Distanzen hinweg existierenden Bräuchen und Verhaltensformen adeliger Führungs- und Oberschichten und für die Existenz von solchen überhaupt[73]. Auch im Gräberfeld von Kehlheim-Gmünd ist diese Situation greifbar. Ob dieser Befund verallgemeinert werden kann, ist jedoch noch offen[74]. Die auch in Irlmauth festgestellte Nachbarschaft gibt zu denken. In Kehlheim ist eine kontinuierliche Belegung bis in das 7. Jh. erkannt worden, sodaß eine Beziehung der zur Gräbergruppe 49 – 55 gehörenden Bevölkerung zu der übrigen vielleicht sogar in einem zunehmenden Abhängigkeitsverhältnis bis hin zur herrschaftlichen Überlagerung angenommen werden kann. Koch interpretiert die ältesten Kehlheimer Gräber im Vergleich mit denen von Barbing-Irlmauth und Straubing als einer eher bäuerlichen Bevölkerung zugehörig. Der Reichtum der Beigaben – Importgut, Edelmetallschmuck etc. – fehlt ersteren. U. Koch nimmt die „Kehlheimer als Beispiel für die breite Masse bajuwarischer Siedler" an[75]. Damit mag sie vielleicht nicht unrecht haben. Ich halte es nur für unzulässig, diese Siedler schon für die Zeit vor 536/37 oder 550 als „bajuwarisch" anzusprechen, eine Einwanderung als politisch-herrschaftliches Unternehmen in fränkischem Auftrag zu unterstellen. Auch die Folgerung aus der Beigabenarmut und damit der niederen sozialen Stellung der Leute des größeren Gräberfeldes, daß „der Bevölkerungsanteil der aus dem östlich-merowingischen Kreis stammte, zwar zahlenmäßig beträchtlich gewesen sein kann, aber im archäologischen Material schwerer zu fassen sein wird"[76], kann keinesfalls gezogen werden. Sicher ist die schlechtere Erfaßbarkeit dieser Gruppen ohne hervorstechende Beigaben. Eine ethnische Herleitung aus dem östlich-merowingischen Kreis stellt jedoch eine Überinterpretation dar[77].

Aufgrund des Auftretens einzelner Fundstücke aus dem Osten können wir von der Bevölkerung auch hier nicht analoge Herkunft annehmen. Der Versuch eines Nachweises geht aus von einer kleinen Almandinscheibenfibel und einer Kerbschnittfibel aus der Mitte des 6. Jhs. (Grab 44), einer Tierfibel, Typ Herpes, aus der ersten Hälfte des 6. Jhs. (Grab 45), einem Paar langobardischer S-Fibeln aus Grab 41 und 26 (nach der Mitte des 6. Jhs., nach U.

72 H. Roosens, Siedlung, S. 385 ff.
73 F. Irsigler, Frühfränkischer Adel, im Gegensatz zu: A. Bergengruen, Adel und Grundherrschaft im Merowingerreich; F. Steinbach, Rezension Bergengruen, S. 531 ff., H. Grahn-Hoek; siehe auch Kap. II, 14.
74 U. Koch, ebd., S. 128, Abb. 14.
75 Ebd., S. 129.
76 Ebd.
77 Siehe dazu R. Christlein, Kirche von Staubing, S. 51 ff.

Koch)[78]. U. Koch kennzeichnet diese Fibel als „östlich-merowingische Mode", die „in ganz Süddeutschland bis zum Rhein hin Verbreitung fand". Gerade zu den langobardischen Fibeln ist zu bemerken, daß sie auf den Handelswegen aus Italien in den baierischen aber auch und besonders in den alamannischen Raum gelangt sind[79]. Der Nachweis geht ferner aus von einem Paar Rosettenscheibenfibeln (Grab 2), einer Fibel vom Typ Schwechat-Mallersdorf (Grab 26). Ein beutelförmiger Becher in den beiden Männergräber 11 und 42 ist östlicher Herkunft. Auch die Potin-Schnalle mit rechteckigem Beschläg deutet auf den böhmisch-mährischen Raum. Die östliche Provenienz dieser Fundstücke steht wohl ziemlich fest. Eine Übertragung auf dieselbe ethnische Provenienz ist nicht zuletzt wegen der Seltenheit der Gegenstände unzulässig. Gerade aus der Existenz von zwei Beutelbechern versucht U. Koch mit Nachdruck die starke Bindung an den östlich-merowingischen Kreis zu beschwören, während sie gleichzeitig diesen Typus in seiner Form seit der Mitte des 6. Jhs. in „Süddeutschland östlich des schwäbischen Jura sowohl bei Alamannen und Bajuwaren" kennt[80]. Dort wird wohl nicht ohne weiteres Bevölkerungssubstrat aus dem östlich-merowingischen Reihengräberkreis angenommen werden können[81].

In eben dieser Gräbergruppe stellt U. Koch fest, daß trotz mancher nach Osten weisender Merkmale „die westlichen Beziehungen deutlicher erkennbar sind als die zum östlich-merowingischen Kreis"[82]. Belege dafür sind folgende: eine Tierfibel, vermutlich aus dem württembergisch-baierischen Gebiet längs der Donau oder Mittelrhein (Grab 45); Almandinscheibenfibeln (Grab 44); Rosettenscheibenfibeln (Grab 2), letztere beide nach westlicher Mode; eine Schnalle mit fazettiertem Rahmen und vorgezogenem gekerbtem Rand (Grab 10) aus dem Westen, noch weiter westlich als Typ Hailfingen. Nach U. Koch bezeugen diese „Einzelstücke, besonders der Frauenschmuck"

78 Die Tendenz der späten Datierung bei U. Koch steht offensichtlich auch im Zusammenhang mit dem Versuch, die Abwanderung der Langobarden nach Italien 568 in Verbindung mit „bajuwarischer Landnahme" zu bringen. Siehe J. Werner, Pannonien; Ders., Herkunft, S. 33 ff.

79 J. Werner, Fernhandel, S. 307 ff. Für die langobardischen S-Fibeln gilt ähnliches wie für die gotischen Bügelfibeln, die nicht an die Tracht gebunden, als ethnisches Merkmal, sondern als Handelsware nördlich der Alpen Verbreitung gefunden haben. Siehe Ders., Bügelfibeln; V. Bierbrauer, Bügelfibeln, S. 164; Ders., Grab- und Schatzfunde, S. 226 f.

80 U. Koch, ebd., S. 130.

81 Siehe auch J. Werner, Gotterbarweg, S. 283 ff. Die Gräberfunde von Basel-Gotterbarmweg zeigen sehr starke Komponente aus dem Osten, aus den Donauländern. Die Beigaben, die als zu einer Bevölkerungsgruppe gehörig erkennbar sind, weisen jedoch nach Norden und nach Westen, in den alamannischen Raum. Die entsprechenden Gräber setzen schon um 450 ein.

82 U. Koch, ebd.

„schon für die Mitte des 6. Jhs. deutliche Abhängigkeit der bajuwarischen Bevölkerung vom fränkischen Westen“[83]. Die Bezeichnung „fränkischer Westen“ ist etwas überzogen, ebenso wie die „bajuwarische Bevölkerung“. Es ist wohl realistischer, Import oder Mitnahme alamannischer bzw. fränkischer Ware aus dem Westen, verbunden mit alamannischer Wanderung in das nach 550 als bajuwarisches Siedelland bekannte Gebiet anzunehmen und die Funde entsprechend den neueren Ergebnissen der merowingerzeitlichen archäologischen Chronologie, also auf den Anfang des 6. Jhs. zu datieren, womit als Träger der Gegenstände nur Alamannen in Frage kommen.

Zusammenfassend gelangt die archäologische Auswertung für das 6. Jh. zu folgendem Ergebnis, das nicht deutlich genug unterstrichen werden kann: „Im 6. Jh. konnten gegenüber der benachbarten alamannischen Bevölkerung keine spezifisch bajuwarischen Eigenarten herausgestellt werden“[84]. Die Fundverhältnisse sind vom Donautal bis zur Schwäbischen Alb relativ einheitlich. Daraus erhellt recht eindeutig, daß vor 550, also vor dem Einsetzen der schriftlichen Nachrichten, eine Aufteilung der Bevölkerung Süddeutschlands in „Bajuwaren“ und „Alamannen“ wenig sinnvoll ist.

Der Beginn eines gewissen Eigenlebens des nachmals bajuwarischen und alamannischen Raumes zeichnet sich in einzelnen Symptomen im archäologischen Fundgut erst für das 7. Jh. ab. Der verbreitete Grabraub bei den Bajuwaren im Gegensatz zu den Alamannen ist ein erster Unterschied, der noch nicht eindeutig ergründet ist. Die Beigabe von Sporen und Goldblattkreuzen (letzterer Brauch vermutlich aus dem Langobardischen) wird zunehmend im 7. Jh. zu einem Brauch in Südwestdeutschland, also bei den „Alamannen“, im Gegensatz zum „bajuwarischen“ Südostdeutschland[85]. Inwiefern seit seit dem 7. Jh. die Begegnung mit den Awaren und Slawen Sonderformen des Brauchtums, der Warenproduktion oder gar des Gemeinschafts- oder Stammesbewußtseins mitgebildet hat, ist noch nicht umfassend untersucht.

Wenn die merowingerzeitliche Archäologie für die Mitte des 6. Jhs.[86] in den Gräbern aus dem Westen stammende Fundstücke und nach dem Westen deutende Ethnika aufdeckt, wird die fränkische oder alamannisch-fränkische Herkunft der Toten immer wieder hervorgehoben. Solche Franken ließen in diesem Zeitraum christliche Symbole gerade im Bestattungskult als Trachtzubehör erwarten. Der historische Kontext macht das christliche Bekenntnis der Franken, gerade wenn sie, wie in den süddeutschen Gräbern,

83 Ebd.

84 Ebd., S. 131; siehe für das Ende des 6. Jhs. H. Bott, Bajuwarischer Schmuck; Ders., Körbchenohrringe.

85 U. Koch, ebd., S. 131.

86 Nach neuerer Chronologie Anfang des 6. Jhs.

als Führungsschicht aufgetreten sein sollen, unumgänglich notwendig. Zumindest das äußere Zeichen, hinter dem sich ohne weiteres eine „rudis christianitas“ verbergen mag, wäre, wenn auch nicht in allen Gräbern, zu erwarten. Ebenso unverständlich wäre eine Form der zwischenmenschlichen Beziehungen, nämlich die gemeinsame Grablege politisch gegensätzlicher Gruppen im Zeitraum des 6. Jhs.

Wenn wir fränkischen Adel in Südostdeutschland nach 536/37 aufsuchen wollen – in der Zeit vorher ist das wenig sinnvoll –, müssen wir uns in den machtpolitischen und strategischen Schlüsselstellungen umsehen, die im Zentrum des fränkischen Machtansatzes standen. Im Zusammenhang mit der fränkischen Italienpolitik bieten sich hierfür am unmittelbaren Rand der Alpen gelegene Positionen vor Alpenübergängen an[87]. Nicht von ungefähr können wir die Ausbreitung und Verdichtung fränkischer Reichskultur, die ich nicht nur als von Franken getragen sehe, anhand von Bistümern und Klöstern im Vorfeld wichtiger Alpenstraßen im 7./8. Jh. feststellen[88]. Weitere Kristallisationspunkte fränkischer Herrschaftsbildung sind an der Donau zu suchen (Regensburg-Passau-Lorch) und im Salzburger Raum. Das Aufsuchen ehemaliger Römerstädte, deren Kontinuität in den letzten Jahren zunehmend nachgewiesen wurde, entspricht dem politischen Grundkonzept fränkischer Herrschaftsübernahme und Herrschaftsausbaus. Wie im mittel- und niederrheinischen Gebiet, in Nord- und Ostfrankreich[89], zentriert sich der merowingisch-fränkische Herrschaftsansatz in ehemals römischen Städten, deren urbane Strukturen noch, wenn auch nur rudimentär, erhalten waren. Diese Städte waren nicht nur infrastrukturelle Stützpunkte, sie boten sich auch an als Handelszentren, als Einnahmequellen und nicht zuletzt als kultisch-religiöse Anknüpfungspunkte, die die Beherrschbarkeit zumindest der Stadt, aber auch des Umlandes erleichterten, förderten oder gar überhaupt bedingten (Kontinuität in Augsburg, Regensburg, Passau, Lorch, Salzburg usw.)[90]. Der Raum um Regensburg zeigt um 600 ganz deutliche Spuren fränkischen Einflusses. U. a. wurde indirekt eine Töpferei festgestellt, die in Ablösung der beutelförmigen Keramiktöpfe des 6. Jhs. schei-

87 G. Löhlein, Alpen- und Italienpolitik; R. Egger, Alpenraum, S. 15 ff.; R. Heuberger, Raetia Prima.

88 Siehe unten, Kap. IV, 6; W. Störmer, Fernstraße; Ders., Früher Adel, S. 118 ff.; F. Prinz, Frühes Mönchtum, S. 317 ff.; Ders., Innere Entwicklung, S. 268 ff.

89 E. Ewig, Reichsbildung, S. 250 ff.

90 K. Reindel, Agilolfinger, S. 93 ff., H. v. Petrikovits, Fortleben, S. 72 ff.; H. Koller, S. 11 ff.; A. Bigelmair, S. 140 ff.; F. Lotter, Severinus von Noricum, S. 270 ff.; H.-J. Kellner, S. 64 ff.; F. Prinz, Innere Entwicklung, S. 268 ff.; Ders., Frühes Mönchtum, S. 318 ff.; H. Vetters, Ostalpenraum, S. 29 ff.; Ders., Österreich; H. Klein, Juvavum; Ders., Salzburg; L. J. Weber, S. 113 ff.; J. Werner, St. Ulrich und Afra.

bengedrehte Ware fränkischer Prägung produzierte[91].

Die in den Südosten emigrierten Alamannen zielten nicht auf diese Städte als herrschaftlich-politische Bezugspunkte, weil ihrer politischen Erfahrung die Stadt zumindest in der Form der ehemaligen Römerstadt als Herrschaftsbasis fremd war. Die in den alamannischen Räumen gelegenen Römerstädte hatten einstmals weniger urbanen Charakter als vielmehr den von kleinräumigen militärischen und Verwaltungszentren. Die Städte in Randlagen, z. B. am Rhein (Basel-Augst), zeichnen sich durch die Kontinuität der keltoromanischen Bevölkerung, der wirtschaftlichen Aktivität und des christlichen Kultes aus. Die Anlagerung alamannischer Gruppen an solche Städte geht nur zögernd vor sich. Stadtansässig und von hier aus herrschaftsausübend erscheinen sie nicht[92].

Zusammenfassend können wir also zum fränkischen Bevölkerungsanteil vor der Mitte des 6. Jhs. negativ Stellung nehmen. Franken existieren als greifbare ethnisch-politische Substanz nirgends in den Reihengräbern. Das erste Auftreten ist in den ehemaligen römischen Städten und in deren Umkreis zu erwarten in Verbindung mit christlichen Erkennungsmerkmalen und evtl. christlicher Architektur (Grablegen, Kirchen). Dazu ist die Archäologie zu befragen[93]. Das erste Auftauchen von Franken im Südosten Deutschlands im 6. Jh. ist im Gruppenverband zu erwarten, wobei eine spätere Vermischung mit Alamannen und Angehörigen einer hauptsächlich keltoromanischen Vorbevölkerung offen ist.

6. ARCHÄOLOGISCHE ERGEBNISSE AUS DEM SÜDBAIERISCHEN RAUM. ZUM BEISPIEL ALTENERDING/KLETTHAM

Eine besondere Schlüsselstellung bei Untersuchungen zu Stammes- und Herrschaftsbildung im baierischen und darüber hinaus im süddeutschen Raum dürfte das Gräberfeld von Altenerding/Klettham in Zukunft einnehmen. Gerade in einem Zeitraum, in dem traditions- und ideologiebeladene Vorstellungen von Landnahme, ethnischer Reinheit und politischer Integrität zunehmend auch gegen Widerstände abgebaut werden, geben die, wenn auch noch nicht abgeschlossenen, sondern nur vorläufigen Fundberichte der neueren historischen Forschung weitere Argumente an die Hand.

91 U. Koch, Merowingische Grabfunde, S. 134; H.-J. Kellner, ebd.

92 Es ist ganz im Gegenteil deutlich zu erkennen, daß die alamannischen Reihengräberfelder stets in einer gewissen Entfernung von städtischen Gebilden liegen. So z. B. die Friedhöfe von Basel-Augst etc.; siehe R. Moosbrugger-Leu, Die Schweiz; K. Weidemann, Siedlungsgeschichte, S. 99 ff.

93 V. Milojčić, Christentum, S. 231 ff.; Ders., Oratorium von Mühltal, S. 117 ff.; kritisch dazu: H. Dannheimer, Christentum, S. 182 ff. Siehe auch K. Reindel, Agilolfinger, S. 134 ff.

Die ganze „vielschichtige und komplizierte politische Entwicklung"[94] verdeutlicht sich an diesem Fixpunkt. Von den Altenerdinger Ergebnissen und Erkenntnissen ausgehend, tun sich zeitlich vorwärts und rückwarts zum Teil ganz neue Perspektiven auf. Sie bieten Anknüpfungspunkte an die politischen und gesellschaftlichen Strukturen des 7. und 8. Jhs. . Sonderformen der Entwicklung im baierischen Stammesgebiet, die sich z. T. in der Lex Baiowariorum niedergeschlagen haben (genealogiae), lassen sich von hier aus mit erschließen. Wir können, und soviel ist schon im Vorstadium des Abschlusses der Altenerdinger Auswertungen zu sagen, von hier aus zeitlich rückwärts ein Glied zum Anschluß an die spätrömische Zeit, an ethnische und politische Verhältnisse im Bereich der Raetia II, Noricums und darüber hinaus finden[95]. An die schriftlichen Quellen, die uns über die Ereignisse und Verhältnisse im Donauraum von Regensburg-Passau-Lorch um 470 relativ gut unterrichten (Vita Severini)[96], kann der archäologische Befund von Altenerding/Klettham, neben anderen Grabungsergebnissen, anschließen.

Die Vorbevölkerung, ihre Weiterexistenz über die römische Zeit hinweg, ihre gesellschaftlich-wirtschaftliche Stellung und Funktion in bezug auf germanische Herrschaftsüberlagerung, ihr kultureller, weltanschaulich-religiöser Hintergrund und anderes mehr kann von Altenerding aus eine ganz neue oder zumindest ergänzende Wertung und Einordnung finden. Auch eine evtl. soziale, wirtschaftliche, siedlungsmäßige Anlagerung germanischer Ethnika an die Vorbevölkerung mit gleichzeitiger funktionaler Verschmelzung zu einer abhängigen, schollegebundenen, agrarisch bestimmten Kategorie oder Schicht läßt sich anhand der Auswertungen vielleicht mehr als nur in groben Umrissen ermitteln.

7. DER FRÜHESTE BELEGUNGSZEITRAUM DES ALTENERDINGER REIHENGRÄBERFELDES UND DIE HERKUNFT DER BEVÖLKERUNG

Die Größe des Umfangs der Begräbnisstätte und die hohe Zahl der insgesamt zu erwartenden Bestattungen – sie werden auf 2200 bis 2300 geschätzt – ließ zunächst an das Vorliegen eines merowingerzeitlichen „Zentralfriedhofes" denken. Diese Annahme ist jedoch nicht wahrscheinlich wegen der großen Zahl von Bestattungsplätzen in der näheren und weiteren Umgebung Erdings, besonders verdichtet in Begleitung der Römerstraße, die grob der Geraden von Marktschwaben nach Moosburg folgt[97].

Die überdurchschnittlich reichen Grabbeigaben überraschten ebenso wie die schon zu Anfang der Grabungen (1966) gemachte Feststellung, daß die

94 W. Sage, Reihengräberfeld, S. 276.
95 Siehe E. Keller, Grabfunde; Ders., Chronologie; H.-J. Kellner, S. 45 ff.
96 F. Lotter, Severinus von Noricum, S. 261 ff.
97 W. Sage, ebd., S. 257.

Benutzung dieses Gräberfeldes schon sehr viel früher eingesetzt hat, als gemeinhin für merowingerzeitliche „bajuwarische" Reihengräber angenommen wird. Für Altenerding ergibt sich ein neues Schema der Datierung. Die früheste Belegung kann für die letzten beiden Jahrzehnte des 5. Jhs. sicher nachgewiesen werden. Einzelne Gräber aus dieser Zeit und ihr Befund[98] sind von Sage schon 1973 vorgestellt worden[99].

Die angesprochenen Männergräber 92 und 344 gehören mit zur ältesten Gräbergruppe und zeichnen sich zugleich durch besonders reiche und wertvolle Beigaben aus. Ein Frauengrab (Grab 485) steht den obigen Männergräbern im zeitlichen Ansatz sehr nahe und wird ebenfalls in die letzten Jahrzehnte des 5. Jhs. datiert. Auch das Frauengrab (Grab 618) wird früh, jedoch in den Anfang des 6. Jhs. eingeordnet; ebenso die reich ausgestattete Dame aus Grab 607 (das zweite Viertel des 6. Jhs. ist wohl nicht ganz sicher zu bestimmen). Darüber hinaus findet sich eine größere Zahl von Gräbern der Zeit von ca. 500 bis 530[100].

Ein nähere Untersuchung der Beigabenherkunft kann die ethnisch-stammesmäßige Provenienz der hier bestatteten Individuen und damit evtl. größerer Gruppen bestimmen helfen.

Das Kriegergrab 344 enthielt die nach dem Westen deutende Franziska und verbindet diesen Grabfund mit dem Reihengräberfeld von Pliening (Lkr. Ebersberg) in 15 km Entfernung[101].

Das Frauengrab 485 weist Bezüge nach dem Westen auf. Kleine Bügelfibeln alamannischer Herkunft und eine frühe Vogelfibel[102] erbringen wohl nicht nur zeitlich den Anschluß an das Kriegergrab 92.

Auch die Dame aus Grab 618 ist in Beziehung zum Westen zu bringen wegen ihres Fibelpaares, ihres sehr aussagekräftigen silbernen Kolbenarmreifs (massiv, vgl. Irlmauth), eines silbernen Sieblöffels, silbervergoldeter Riemenzungen von den Wadenbinden. Sie wird allerdings jünger geschätzt (2. Viertel des 6. Jhs.).

In den Gräbern 343, 447 und 625 stellt Sage thüringische, langobardische und ostgotische Einflüsse aufgrund des häufigen Vorkommens entsprechender Fibeln fest, die etwa in der Mitte des 6. Jhs. versiegen. Bis in die Zeit um 530/40 läßt Sage „östlichen" Einfluß, „mit Beigabengut thüringisch-böhmischer, ostgotischer oder früher langobardischer Provenienz zusammengenommen über fränkisch-alamannischen Formen" überwiegen[103]. Hierbei

98 Ebd., S. 258 ff.
99 Ders., Altenerding, S. 212 ff.
100 Ders., Reihengräberfeld, S. 268.
101 Grab 151; ebd., S. 260; siehe auch Ders.; Altenerding, S. 283, Anm. 146.
102 Ders., Reihengräberfeld, S. 260 f., Abb. 6 und 7.
103 Ebd., S. 260.

kann „Einfluß" sehr viel aber auch sehr wenig besagen. Damit überbewertet Sage m. E. das „östliche" Fundgut. Es erscheint zu vereinzelt. Quantitativ von Bedeutung sind die westlichen alamannischen und die Fundstücke thüringischer Provenienz. Mit diesen Beigaben aus dem Osten sind jedoch auch solche westlicher Herkunft im selben Grab verbunden. Gerade Grab 343 beinhaltet einen schlanken Glockenbecher mit Standfuß, wie er in Krefeld-Gellep in ähnlicher Form gefunden wurde[104]. Einschränkend muß festgestellt werden, daß Gläser weniger an ethnische Herkunft, sondern vielmehr auf Importgut verweisen. Der Krefeld-Gelleper Glockenbecher wird in das 5. Jh. datiert! Diese Glasbeigabe unterstützt eine frühere Datierung von Grab 343 und damit auch die anderer Gräber.

Die quantitative Überbewertung, die im endgültigen Fundbericht sicher Berichtigung findet, wenn die weiteren Ausgrabungen nicht wider Erwarten ein anderes Bild ergeben, darf keinesfalls dazu verleiten, den „östlichen" Fundstücken entsprechende Ethnika zuzuordnen.

Die Zäsur um 530/40 kommt nicht zuletzt zustande wegen des Versuchs, archäologischem Befund historische Ereignisse zuzuordnen, was durchaus legitim ist. Allerdings spielen in diesem Zusammenhang die Vorstellungen von größeren Wanderungs- und Landnahmebewegungen aus dem Osten, die nie – weder historisch noch arachäologisch – nachgewiesen werden konnten, eine Rolle[105].

Die Gleichsetzung von Beigabenherkunft und ethnischer Herkunft ist dort sicher gestattet, wo die Fundstücke im Rahmen der Tracht eine entsprechende Lage aufweisen. Angesichts der großen Anzahl ostgotischer Bügelfibeln wird wohl niemand auf Herleitung der „Bajuwaren" von den Ostgoten bestehen. Fibeln bei den Ostgoten waren gemäß der Tracht paarig in Schulterhöhe angebracht. Diesen Umstand können wir nur im thüringischen Bereich (Frauengrab bei Weimar) feststellen und sonst nirgends[106].

Die Fundprovenienz aus dem Westen ist relativ sicher mit der Herkunft des damit Begabten in Einklang zu bringen, weil wir die Fundstücke in dieser Anordnung und Zusammensetzung auch in dortigen Gräbern finden. Die

104 H. W. Böhme, S. 141 und Tafel 79, 8.

105 Solche Versuche von archäologischer Seite wurden gemacht von J. Werner, Pannonien, bes. S. 131 ff.; Ders., Herkunft; das negative Ergebnis seiner eigenen Thesen von 1963 hat B. Svoboda erkannt: Zum Verhältnis, S. 97 ff.; Ders., Böhmen, S. 357. Weitere Literatur bei K. Reindel, Agilolfinger, S. 75 ff.

106 V. Bierbrauer, Bügelfibeln, S. 131 ff.; Ders., Grab- und Schatzfunde; vor etwa 500 ist die Schultertragweise nicht spezifisch gotisch, sondern ein allgemein ostgermanisches Merkmal.

Gräber in alamannischen Räumen Südwestdeutschlands stehen in unmittelbarer Beziehung zu denen von Altenerding[107].

Auch die Reihengräber von Bairisch-Schwaben (Marktoberdorf, Mindelheim etc.), die anerkannt alamannisch sind – wenn auch aus einem etwas späteren Zeitraum – stellen den Anschluß und den Zusammenhang mit dem gesamt-alamannischen Charakter Süddeutschlands nach 500 her[108].

Der Eindruck wird noch verstärkt, wenn wir die frühesten Ansätze eines ersten Belegungsstadiums von Altenerding ins Auge fassen.

Die große Anzahl von Gräbern aus der Zeit um 500 im Altenerdinger Gräberfeld steht heute schon fest. Darüber hinaus haben die Grabungen Indizien für die Existenz von Gräbern und lokal und zeitlich entsprechenden Ansiedlungen gebracht, die u. U. weit in das 5. Jh. zurückdatierbar sein können. Während die obengenannten Gräber nach Sage in der Zeit von um 500 und 530 eingeordnet werden[109], glaubt er auch Anhaltspunkte für die Datierung einzelner Fundstücke und damit des Belegungshorizonts auf frühestens Mitte des 5. Jhs. zu erkennen[110].

Die Gräber 321 und 512 zeigen altersmäßig ähnliche Beigaben. Einen Bronzehalsreif mit birnenförmiger Öse und knopfartigem Haken als einzige Beigabe[111]; eine silbervergoldete Miniaturbügelfibel; eine Kette aus wenigen Überfangperlen und schwarzen Kleinstperlen[112].

Dieser Typ des Halsringes hat sehr enge Parallelen in rechtsrheinischen und süddeutschen germanischen Frauengräbern. Solche Halsringe sind im 3. bis 5. Jh. meist aus Silber und besitzen ebenfalls birnenförmige Ösen[113].

107 Vergleiche ermöglichen folgende Veröffentlichungen: R. Roeren, S. 214 ff.; G. Fingerlin, Siedlungsgeschichte, S. 45; Ders., Güttingen und Merdingen; K. Weidemann, Siedlungsgeschichte, S. 99 ff.; O. Veeck, Die Alamannen in Württemberg; F. Garscha, Die Alamannen in Südbaden; R. Moosbrugger-Leu, Die Schweiz; Ders., Gürtelbeschläge; R. Koch, Main-Tauber; H. Dannheimer, Mittelfranken.

108 R. Christlein, Marktoberdorf; J. Werner, Mindelheim; siehe auch H. Dannheimer und G. Ulbert, Feldmoching/Sendling. Zu München-Aubing: H. Dannheimer, Untersuchungen, S. 229 ff.

109 W. Sage, Reihengräberfeld, S. 259 ff.

110 Frauengräber 160 und 280, bronzene „Elbefibeln", streifentauschierte eiserne Armbrustfibeln mit Polyederknöpfen; W. Sage, ebd., S. 266 f. und Abb. 19 und 20.

111 Ebd., Abb. 21.

112 Ebd., S. 268.

113 Hassleben, Kreis Weimar, aus Gold; Nienburg, Kreis Bernburg, zwei Exemplare aus Silber; Reichelsberg, Landkreis Friedberg, aus Bronze; Spielberg bei Erlbach, Landkreis Nördlingen, aus Silber; Bergheim, Landkreis Villingen, aus Silber; Herthen, Landkreis Lörrach, aus Silber; Basel, Gotterbarmweg, 5 Exemplare aus Silber; vgl. auch die Nachweise von Bierbrauer aus Alcagnano in Oberitalien, Oberitalien, S. 559 ff.

Einen bronzenen Halsring finden wir in Brehmen-Mahndorf mit übergreifenden Enden ohne Verschluß, einen anderen linkshreinisch in Fel (Frankreich)[114], mit schlichtem Hakenverschluß. Diese Halsringe sind auch aus Männergräbern bekannt, und es erhebt sich die Frage, ob in Grab 321 tatsächlich eine Dame lag.

D ;e Gräber aus Altenerding sind nicht isoliert von denen der letzten beiden Dezennien des 5. Jhs.; Grab 1098 scheint eine zeitliche und herkunftsmäßige Verbindung herzustellen. Eine Kette aus zahllosen kleinsten schwarzen und grünen Perlen mit einem großen geschliffenen Bernstein bietet ein Indiz dafür; zugleich enthält es zwei eiserne Sieblöffelchen, die den Anschluß an Grab 607 erbringen[115]. Der Vergleich der beiden Sieblöffelpaare zeigt eindeutige Entwicklungsfortschritte in künstlerischer und materieller Qualität.

Zusammenfassend lassen sich ganz grundlegende Ergebnisse zur Herkunft der Bestatteten von ca. 470/80 bis 537 darstellen. Die Fundstücke, die weitgehend sichere Hinweise auf die Herkunft des Bestatteten geben, deuten insgesamt überwiegend qualitativ auf den in den schriftlichen Quellen als „alamannisch" bekannten Raum hin. Die Beigaben „östlichen Charakters" sind z. T. typische Importware, die nicht oder nur geringfügig ethnische Identität des Trägers implizieren[116]. Anders lautende Argumente stehen in Verbindung mit dem unvollständigen Grabungsergebnis und Reminiszenzen der historischen Betonung östlicher Komponenten in der bairischen Bevölkerungsstruktur.

Die noch vor der archäologisch-anthropologischen Bestimmung befindlichen frühesten Funde (ca. 450 bis 470) weisen nach Norden und Nordwesten. Das kann sehr wohl auf einen schon im 5. Jh. einsetzenden Trend der Zuwanderung aus kriegerischem oder friedlichem Anlaß und Niederlassung eingesickerter Gruppen und anschließender Ansiedlung hinweisen. Damit zeigen sich deutliche Indizien, die den südostdeutschen, baierischen Raum als Ziel germanischer Gruppen aus den alamannischen Räumen nahe an das Bild der schriftlichen Quellen (Vita Severini) rücken, die neben geringen ostgermanischen Stammessplittern besonders Alamannen nach Südbaiern, entlang der Donau und auch in das Voralpenland, ausgreifen lassen.

Auch in Altenerding zeigen sich keine Spuren einer gelenkten, nach einer zentralen Person oder gar Institution ausgerichteten Landnahme. Nur die hervorragende Stellung der ziemlich eindeutig als Alamannen identifizierbaren Toten und ihrer Gruppen steht hier wie anderswo fest. Dabei bin ich mir

114 H. W. Böhme, S. 118.
115 Siehe oben und W. Sage, ebd., S. 268.
116 Siehe auch J. Werner, Gotterbarmweg.

bewußt, daß Grab und Beigaben allein den Alamannen nicht identifizieren lassen. Erst der Vergleich mit Gräbern und Beigaben des südwestdeutschen Raumes in Verbindung mit der historischen Aussage, daß in diesen Gebieten Alamannen leben, weisen der Person und der entsprechenden Gruppe ihr Ethnos zu.

8. NACHWEIS EINER NICHTGERMANISCHEN BEVÖLKERUNGSGRUPPE IN ALTENERDING

Die anthropologischen Analysen zeigen uns eine relativ starke Dichte von Vorkommen eines bemerkenswerten Skelett-Typs, der als „mediterran" angesprochen wird. Die so gekennzeichneten Funde machen im Durchschnitt etwa 13 – 15% der Gräber Nr. 1 – 1070 aus[117]. Kennzeichen sind grazile Prägungen der Züge, wobei die Stirn-Nasenpartie besonders charakteristisch ist. In den südwestlichen Friedhofsbereichen erhöht sich der prozentuale Anteil dieses Skelett-Typs auf ca. 30%. Über die ethnische Herkunft dieser Leute können noch keine genauen Angaben gemacht werden. Das Beigabengut mitteldeutsch-böhmischer Provenienz in diesem Grabungsbereich ist erhöht. Zugleich sind die Skelette mit artifizieller Schädeldeformation (6 Frauen) diesen „mediterranen" Typen zugeordnet. Über das Alter dieser Personen ist für Altenerding nichts ausgesagt. In Barbing-Irlmauth[118] und Alteglofsheim[119] handelt es sich um alte Frauen, wie anthropologische und archäologische Analysen ergaben. Auch in Alteglofsheim erbrachte die skelettanatomische Geschlechtsanalyse eindeutig feminile Prägung und zum anderen ein auffallend schlankgliedrig-dünnknochiges, zierlich modelliertes Cranium. Der Gesichtsteil läßt sich wegen der Zerstörung, besonders des Gesichtsschädels, nicht rekonstruieren. Es bleibt auch bei dieser Dame die ethnische und geographische Provenienz offen. Sie weist jedoch auf nichtgermanische, vielleicht transdanubische Herkunft. Diese Herkunft ist allerdings, wie oben gesagt, nicht eindeutig geklärt. Das erste Auftreten dieses Skelettyps ließ zunächst Vertreter einer keltoromanisch-römischen Gruppe erwarten. Am Beispiel von Altenerding können Überschichtungsprozesse ethnischen, gesellschaftlichen und politischen Charakters betrachtet werden.

Die entsprechenden Funde von Barbing-Irlmauth, Alteglofsheim, Altenerding, in Süddeutschland insgesamt etwa 30, beweisen eindeutig zumindest die quantitative Seltenheit der Träger dieses Brauchs und damit der zugehörigen Gruppen.

117 W. Sage, ebd., S. 270.
118 U. Koch, Merowingische Grabfunde.
119 V. Bierbrauer, Alteglofsheim.

9. GESELLSCHAFTLICHE DIFFERENZIERUNG UM 500 IM RAUM VON ALTENERDING

Die Anzeichen für die Existenz politisch-gesellschaftlicher Führungsgruppen, von Angehörigen des Adels, treten bei den „westlich" geprägten Gräbern und ihren Beigaben deutlich auf. Der Reichtum kommt besonders in den oben angesprochenen Frauengräbern zum Ausdruck. Aber auch die dort genannten Kriegergräber der Zeit um 500 und wenig danach unterstreichen die Zugehörigkeit zu einer kriegerisch und damit politisch-gesellschaftlich hochstehenden Gruppe bzw. Schicht. In diesen Funden erweist sich die „westliche", in Abstimmung mit den schriftlichen Quellen und vergleichbaren Gräbern in Südwestdeutschland eindeutig alamannische Abstammung. Es ist noch keineswegs sicher, daß die „mediterranen" Skelette alle dieselbe Herkunft erweisen wie die diesen geographisch und anatomisch naheliegenden Skelette mit artifizieller Schädeldeformation. Kriegerstatus und gesellschaftliche Qualität der festgestellten Alamannen lassen uns mit Sicherheit annehmen, daß im Verband der in Altenerding nachgewiesenen ethnisch und gesellschaftlich vielfältigen Bevölkerungsgruppen, wobei sich auch Gleichzeitigkeit ihrer Existenz abzeichnet, dieser Gruppe auch Führungs- und Herrschaftsfunktionen im Umkreis des Gräberfeldes zukamen.

Der qualitative-künstlerische und der materielle Wert der Beigaben, besonders der Frauengräber, zeigt hier wie andernorts in Süddeutschland die Zugehörigkeit zu einer im merowingerzeitlich-mitteleuropäischen Raum in ihren gemeinsamen Merkmalen immer deutlicher hervortretenden, gleich oder ähnlich geformten Schicht überregionaler Prägung. Im Rahmen dieser Arbeit lassen sich solche Indizien und Tendenzen nur skizzenhaft herausarbeiten. Man kann jedoch jetzt schon erkennen, daß diese Ober- und Führungsschicht – Adel – ein mitteleuropäisches Phänomen darstellt mit Beziehungen in relative entfernte Räume. Auch die Altenerdinger Damen aus Grab 160 (bronzene „Elbefibel") und aus Grab 280 weisen darauf hin. Noch deutlicher wird überregionale Bedeutung und Horizont dieser Führungsschichten hervorgehoben durch die Dame in der Tracht des südlichen Ostseeraumes, die im frühen 6. Jh. verstorben ist[120].

Die Existenz des überregional geprägten und offensichtlich zumindest periodisch horizontal mobilen Adels läßt die Frage zu, ob sein Verhalten und seine Stellung von Stammesbewußtsein und politisch-herrschaftlich zentripetalem Denken geprägt waren. Die Tendenz zentrifugalen Verhaltens, wie sie für die alamannischen Gruppen und Stammesteile des 4. Jhs. in den schriftlichen spätantiken Quellen übereinstimmend festgehalten wird, scheint

120 W. Sage, Reihengräberfeld, S. 274 und Abb. 27; siehe Kap. II, 14.

auch das 5. Jh. über angehalten zu haben. Gefolgschafts- und Siedlungsbewegungen in burgundische Herrschaftsbereiche, nach Ostfrankreich (Langres)[121], sowie der Trend in den Bereich der Raetia II und nach Noricum lassen sich sprachlich und archäologisch nachweisen[122]; letzteres schon recht deutlich in den Funden von Altenerding, vom herkömmlich alamannischen Siedlungsraum recht weit entfernt. Nirgendwo haben wir auch nur den geringsten Anhaltspunkt, die alamannischen Expansionsbewegungen mit der Initiative eines alamannischen Einkönigtums in Verbindung zu bringen[123].

Das Vorkommen von Alamannen im ganzen Voralpenland, wobei der Adel durchgängig im Fundmaterial herausragt, ist nach 497/506 wieder unter anderen Voraussetzungen zu sehen. Die Niederlage durch die Franken und entsprechende Ausweichmanöver alamannischer Gruppen, die vermutlich ausgesprochene Fluchtunternehmen mit überstürztem Aufbruch waren, spiegelt sich in den sich verdichtenden Funden der ersten Hälfte des 6. Jhs., in denen diese Gruppen und besonders deutlich der Adel mehr und mehr in quantitativer und gesellschaftlich-qualitativer Hinsicht herausgearbeitet wird[124].

Diese zunehmende Alamannisierung des später baierischen Süddeutschlands tritt noch stärker hervor, wenn die Chronologie der Merowingerzeit von der Archäologie endgültig revidiert sein wird und frühere Datierungen, die in Verbindung mit „westlichen, fränkisch-alamannischen Gruppen"[125] gebracht wurden, näher an die Zeit um 500 bzw. vor 536/37 gerückt werden. Das gilt auch ganz besonders für bereits veröffentlichte Grabungsergebnisse.

Eine weitere Verdichtung des Eindrucks eines „alamannischen Voralpenraumes" entsteht, wenn die Überbewertung „östlicher" Funde (aus Böhmen, Pannonien), die unter dem Eindruck alter Landnahmevorstellungen und -ideologien entstanden ist, zurückgeht.

10. ZUR FRAGE DES TYPISCH BAJUWARISCHEN ELEMENTES IM FUNDSTOFF

Wenn wir anhand des bisher gefundenen Materials und der nur vorläufigen Fundberichte zum Altenerdinger Reihengräberfeld die Frage nach den bajuwarischen Kennzeichen stellen, so fällt die Antwort wie im Donautal,

121 W. v. Wartburg, Umfang und Bedeutung, S. 153 ff., besonders S. 175 f., S. 180.
122 W. Mitzka, S. 53 ff.; RGA, Art. „Bajuwaren", S. 602 f.; E. Kranzmayer, Lautgeographie; J. Werner, Spielberg, S. 164 ff.; E. Keller, Grabfunde; K. Reindel, Agilolfinger, S. 75 ff.
123 Siehe oben Kap. II, 8; siehe auch B. Behr, S. 31 ff.
124 Siehe Überblick bei J. Werner, Bayern; W. Sage, Reihengräberfeld, S. 254 ff.
125 Siehe u. a. U. Koch, ebd.

München-Aubing und überall sonst für die Zeit bis 536/37 und 550, negativ aus. Die erstmalige Bajuwarennennung ist bezogen auf eine politische Gliederungstendenz, die sich um 550 erst in groben Zügen vielleicht provisorischer Institutionalisierung fränkischen Herrschaftsausbaus abzeichnet.

Die Thesen Werners[126] zur Entstehung des Bajuwarenstammes, wie sie auch im Reallexikon für germanische Altertumskunde[127] übernommen wurden, halten einer systematischen Untersuchung ohne Prämisse der östlichen Herkunft nicht stand.

Die Reihengräber, die nach Werner in Baiern in der ersten Hälfte des 6. Jhs. einsetzen, können nicht von vorneherein als „bajuwarisch" angesprochen werden. Außerdem ist eindeutig erwiesen, daß die „Bajuwaren" in der zweiten Hälfte des 6. Jhs. erstmalig namentlich auftreten[128]. Dagegen ist sicher, daß die Reihengräbersitte von Volksgruppen – „Bajuwaren" im Reallexikon – als Träger eingeführt wurde.

11. ZUR HERKUNFT DER BEVÖLKERUNG MIT VEREINZELT FESTSTELLBARER SCHÄDELDEFORMATION

Joachim Werner hat mehrmals[129] die westliche Verbreitung der artifiziellen Schädeldeformation aufgezeigt. Dieses Phänomen, das seine Ursprünge im südöstlichen Europa in Anlehnung an die bei den hunnischen, wohl zumeist mongolischen Steppenvölkern besitzt, erscheint vereinzelt in Südostdeutschland und auch im alamannischen Gebiet. Inzwischen vermehrten sich die entsprechenden Funde in diesem Raum (Frauengrab 1 von Straubing, Männergrab 33 von Barbing-Irlmauth und von Eltheim[130], sowie sechs Frauen in Altenerding[131]), so daß heute ca. 18 Funde bekannt sind. Die Gegend um Altenerding weist ein häufiges Auftreten dieses Deformationsbrauches auf.

Die Herkunft der zugeordneten Volksgruppen wurde ebenso wie das feststellbare Zentrum dieser Sitte in den Osten, in den pannonischen Raum

126 Herkunft, S. 12 ff.

127 RGA, Art. „Bajuwaren", S. 612 ff.

128 Jordanes, c. 55 § 280; Jonas von Bobbio, II, 8; Venantius Fortunatus, Vita S. Martini. Die Bezugnahme Jordanes' auf die verlorene Gotengeschichte Cassiodors und damit auf Verhältnisse der Zwanzigerjahre des 6. Jhs. hat in diesem Zusammenhang geringe Wahrscheinlichkeit. Eine Erwähnung der Bajuwaren auch an anderer Stelle bei Cassiodor wäre wohl zu erwarten.

129 J. Werner, Schädeldeformation, S. 162 ff.; Ders., Pannonien, S. 179 f.; siehe auch V. Bierbrauer, Alteglofsheim, S. 94 ff. und besonders S. 99; H. Helmuth, S. 30 ff.

130 U. Koch, Merowingische Grabfunde, S. 123.

131 W. Sage, Reihengräberfeld, S. 254 ff.

des Hunnenreiches gelegt. Die in starker politischer und auch kultureller Abhängigkeit lebenden, von den Hunnen unterworfenen Völkergruppen, Stämme, Stammesgruppen, gleichgültig, ob germanischen oder nicht germanischen Ethnos', unterwarfen sich z. T. in freiwilliger oder unfreiwilliger Übernahme diesem Brauch.

Die Existenz der zum Teil mit diesem Merkmal ausgestatteten Bevölkerungsgruppen in Süddeutschland wurde bisher immer durch Herkunft und Einwanderung unmittelbar aus dem pannonisch-hunnischen Umkreis erklärt. Das lag nahe, da durch die Auflösung des östlich-merowingischen Kreises Gruppen mit entsprechender Prägung für einen Zug nach Westen freigeworden sein können[132].

Dabei erheben sich Bedenken. Zugleich bieten sich nicht weniger naheliegende Erklärungsmöglichkeiten für die historische Ableitung dieser Gruppen an:

Die Bedenken ergeben sich aus der Frage, ob der, wenn auch nicht schlagartige Untergang des hunnischen Reiches von der mehr oder weniger aufoktroyierten Sitte der Schädeldeformation langzeitig überlebt worden ist. Die Abwanderung der Langobarden aus Pannonien ist für das Jahr 568 belegt. Schon oben habe ich angezweifelt, daß diese Wanderbewegung, die auch eine gewisse Sogwirkung verursacht, tatsächlich Gruppen abspaltet, die nicht sitzen bleiben, sondern eine fast entgegengesezte Richtung einschlagen, wie die bei Paulus Diakonus geschilderte Sachsen-Gruppe[133]. Dem sächsischen Beispiel steht die Wanderungsrichtung in die inzwischen von den Franken eingenommene Herrschaftszone des nun bajuwarischen Gebietes zusammen mit den in die Franken gesetzten negativen Vorstellungen entgegen[134].

Daneben ist das Alter der mit Schädeldeformation versehenen Personen häufig als hoch festgestellt worden, besonders das der Männer aus Irlmauth (Grab 33, mongoloid!) und Eltheim, sowie das der Frau aus Alteglofsheim und aus Grab 1108 von Altenerding[135]. Das anthropologische Gutachten ergab für diesen letzteren Fund eine Datierung in das letzte Viertel des 5. Jhs., während die Beigabenanalyse auf eine frühere Zeit weist (frühe Zangenfibel aus Weißmetall, Kamm, Messer)[136]. Die im Vergleich zum Bestattungszeitpunkt alten Beigaben sind ein Indiz dafür, daß sie schon lange im Besitz der Bestatteten waren.

132 J. Werner, Pannonien, S. 131 ff.; Ders., Herkunft, S. 12 ff.

133 III, 6; siehe dazu R. Wenskus, Stammesbildung, S. 38 und S. 43.

134 Agathias, I, 20.

135 W. Sage, Reihengräberfeld, S. 268; V. Bierbrauer, Alteglofsheim, S. 99 f.; U. Koch, Merowingische Grabfunde, S. 123.

136 W. Sage, ebd., Abb. 24.

Die Alterseinstufungen der anderen vier Frauen wurde in „adult" (viermal) und "matur" (einmal) vorgenommen. Von diesen ist vor allem Grab 1350 – „adult" hervorzuheben, dessen Beigaben ein kleines Webschwert sowie ein Fibelpaar ähnlich dem Typ "Gelbe Bürg" enthielten. Diese Beigabenprovenienz weist ebenso wie die wohl sicher Germaninnen zugehörigen Halsringe, die ganz ähnlich schon mehrmals festgestellt wurden[137], nach dem Norden und Nordwesten[138].

Gerade der, wenn auch lockere, Zusammenhang der Beigabenprovenienz zwischen germanischen und nichtgermanischen Toten weist relativ deutlich nach den nördlichen Gebieten Süddeutschlands. Diese Gebiete werden von der Erscheinung der „Reihengräberprototypen" wie sie Böhme in Ausdehnung, Entwicklung und historisch-gesellschaftlichem Hintergrund untersucht hat, erfaßt. Der Mittelrhein und die angrenzenden Gebiete, in die auch das Umland von Gelber Bürg und Kipfenberg eingeschlossen werden können, sind den neueren Ergebnissen zufolge, die die Archäologie, wenn auch vorerst zum Teil noch skizzenhaft, darstellt, eine Kreuzung für Bevölkerungs- und Kulturaustausch zwischen Nordostgallien, dem Mittel- und Niederelbraum und Süddeutschland[139].

Wenn die bisher zwar nur in wenigen Fällen vergleichbaren Beigaben der angesprochenen germanischen und nichtgermanischen Damen in Provenienz und Alter übereinstimmen, so öffnet sich eine Alternative für eine Erklärung von Wanderungsweg und Herkunft beider. Die Germaninnen (Gräber 280, 160, 321, 512) lassen sich im Kontext der Beigaben mit der Bevölkerung der rechten aber auch der linken Mittelrheingebiete vergleichen, wo wir in der Mitte des 5. Jhs. mit ähnlichen Beigaben zu tun haben. Die „mediterranen" oder besser „transdanubischen" Bevölkerungsteile können zwar die entsprechenden Beigaben gerade von den naheliegenden Germanen erworben haben. Wenn jedoch diesen Beigaben, wie in Barbing-Irlmauth, lange Tragezeit bestätigt wird, so deutet das auf evtl. aus einer früheren Heimat mitgebrachtes Gut hin. Wie geraten diese transdanubischen, mit der hunnischen Kultur eng verbundenen Gruppen in den mittelrheinischen bzw. in den süddeutschen Raum? Die historische Chronologie paßt sich hier nahtlos in die der Archäologie des 5. Jhs. ein. Der „Hunnensturm" in der Mitte des 5. Jhs., der eine Vielfalt von in seiner Abhängigkeit stehenden Völkergruppen und Stammessplitter verschiedener Ethnika mit sich gerissen und sicher eine „geographisch-politische Unruheschneise" geschaffen hat – man denke in diesem Zusammenhang an die Burgunder – hinterließ kleine und kleinste

137 W. Sage, ebd., S. 268 und Anm. 20; H. Dannheimer, Mittelfranken.
138 Von Altenerding aus.
139 Siehe H. W. Böhme, Germanische Grabfunde; R. Roeren, S. 214 ff.

Völkergruppen auf dem Weg nach Ostfrankreich und noch mehr in der Phase der wohl wenig geordneten Rückzugsbewegung. Auch außerhalb des hunnischen Machtbereiches erkennen wir Hunnengruppen, die sich selbständig machten, so z. B. im Heere des Aetius, das hunnische Söldner aufgenommen hatte. In diesem Umkreis kann die Herkunft der norddanubischen Gruppen und entsprechender Beigaben gesucht werden. Somit widerspricht dieser Erklärungsversuch den hergebrachten Vorstellungen nicht absolut, da wir diese Gruppen als relativ klein ansehen können. Wenn wir die Verbreitung von Schädeldeformation über den südwestdeutschen Raum und die Herkunft einzelner herausragender Beigaben heranziehen, so deuten diese Fakten auf Ablagerungen einzelner kleiner Gruppen im Zusammenhang mit der Auflösung „hunnisch-pannonischer" Heereszüge und – wir können diesen Gedanken wohl mit einbringen – vielleicht damit verbundener Siedlungsgruppen.

ZUSAMMENFASSUNG

Die Frage nach den bestimmenden Ethnika und politischen Gruppen, die den Baiern zugrunde liegen, richtet sich an den archäologischen Befund und seine evtl. Übereinstimmung mit den Aussagen der nicht sehr umfangreichen schriftlichen Quellen. Dazu eignen sich besonders die Auswertungen von bedeutenden Gräberfeldern, von denen ich die des Donautales (U. Koch) und von Altenerding/Klettham (Sage) ausgewählt habe. In allen Fällen zeigt sich ein deutliches Überwiegen der Fundanteile westlicher, meist als „alamanisch-fränkischer" Provenienz bezeichneter Beigaben. Das gilt nicht nur in quantitativer Hinsicht, sondern ganz besonders für den qualitativen Wert der Fundstücke, der neben der Funktion der beigegebenen Waffen ein Indikator für gesellschaftlichen Status ist. Die Tendenz der Überbewertung von Funden östlicher Provenienz hält immer noch an wegen des „Zwanges", die östliche Herkunft der Bajuwaren beweisen zu müssen. Die Beigaben des Childerichgrabes (481) zeigen ganz eindeutig aus dem Osten importierte Ware an, ohne daß versucht worden wäre, daraus Konsequenzen für das Ethnos der Franken oder Merowinger zu ziehen. Dieser Einwanderung aus dem Osten, verbunden mit romantischen Landnahmevorstellungen, ist eine wesentliche Grundlage entzogen worden mit der Korrektur der merowingerzeitlichen archäologischen Chronologie namentlich für das 6. Jh. . Gerade die Grabungsergebnisse aus dem Donautal waren nicht in die historiographischen Aussagen der Zeit einzuordnen, weil zu spät datiert. Nun lassen sie sich zeitlich einordnen in die Vorgänge der alamannischen Migration nach Osten, die nach 496 und 506, wie bei Cassiodor und Ennodius dargestellt, verstärkt einsetzt. In Altenerding/Klettham wurde eine modifizierte Chronologie angewandt, die einen früheren zeitlichen Ansatz vornimmt. Damit schält sich als Zeitraum verdichteter alamannischer Niederlassung der Anfang und die erste Hälfte des 6. Jhs. heraus. Ähnliche Ergebnisse zeichnen sich auch für frühe Reihengräberfelder, die noch nicht publiziert sind, wie z. B. das von München-Aubing, ab. Von besonderer Bedeutung ist das Nebeneinander von germanischen, in meinem Sinne alamannischen Gräbern und solcher ethnisch nicht greifbarer Gruppen, die als „mediterran" bzw. „transdanubisch" bezeichnet werden. Die ethnische Vielfalt im südbaierischen Raum wird von allen Seiten betont. Auch die Archäologie belegt das inzwischen nicht nur für Altenerding, sondern ebenso für das Donautal.

Zumindest das qualitativ herausragende Hauptkontingent stellen jedoch Alamannen dar. Auf der Suche nach einem typischen bajuwarischen Element finden sich nur negative Ergebnisse. Erst für das Ende des 6. Jhs. und den Anfang des 7. Jhs. erkennen wir Indizien für bestimmte Eigentümlichkeiten, die jedoch, wie z. B. die Körbchenohrringe, nur regional ausgebildete, noch dazu von außen beeinflußte handwerkliche Produkte ohne ethnische Bedeutung sind.

IV. ALAMANNISCHE STAMMESGRUPPEN, FRÄNKISCHE EINGLIEDERUNGSPOLITIK UND DIE GENESE DES BAIERISCHEN STAMMES

1. DIE SPRACHE ALS INDIZ FÜR WEITGEHENDE IDENTITÄT VON „ALAMANNEN“ UND „BAJUWAREN“ IN SÜDOSTDEUTSCHLAND

Eine besondere Stütze findet die Annahme eines alamannischen Übergewichtes im baierischen Raum durch die engen sprachlichen Beziehungen zwischen dem Alamannischen und dem Baierischen. Für langobardische Spracheinflüsse ist wahrscheinlich, daß diese aus der nord-südlichen Nachbarschaft in der Zeit seit der zweiten Hälfte des 6. Jhs. oder eher nach 600, vielleicht gar erst im 8. Jh., in Zeiten politischer Verbindungen, herrühren. Die geringen langobardischen Sprachreste verhindern überhaupt verbindliche Aussagen[1]. Diese politischen Bindungen haben ihren Anfang zur Zeit Garibalds, der, in fränkischer Abhängigkeit, mit Waldarada, der Tochter des Langobardenkönigs Wacho, verheiratet wird[2].

Politisch-kulturelle Verbindungen waren es wohl ausschließlich, die langobardische Einflüsse in die Sprache einbrachten. Ethnische Trägerschaft muß, von einzelnen Individuen im Umkreis des Herzogs abgesehen, verneint werden. Langobardisches Ethnos ist in Baiern weder in den schriftlichen Quellen, noch archäologisch nachgewiesen[3]. Diese Feststellung wird unterstützt durch die gotischen Sprachelemente im „Baierischen“, die ebenfalls nicht an ethnische Trägerschaft im baierischen Raum gebunden sind. Dieses Ergebnis widerspricht also der Annahme, daß größere langobardische Gruppen in Baiern gesiedelt hätten. Ebenso schwächt die Tatsache des langobardischen literarischen Einflusses im Baierischen das ethnische Gewicht von Langobarden ab. Die entsprechenden Lehnwörter sind erst seit dem 7. und 8. Jh. in das Baierische eingedrungen. Insofern spiegelt also der sprachliche Befund ethnische Vielfalt im baierischen Raum nur bedingt.

Die zeitlich und politisch und auch geographisch begrenzte Reichweite langobardischen Einflusses ergibt sich aus der offensichtlichen Fortentwicklung der Sprache im altbaierischen Raum, die bis zum 13./14. Jh. den heutigen

1 W. Mitzka, S. 53 ff.; RGA, Art. „Bajuwaren“, S. 602 ff.; E. Kranzmayer, Lautgeographie; E. Schwarz, Alamannen, S. 51.

2 W. Goez, S. 145 ff., vertritt mit Nachdruck die langobardische Abstammung der Agilolfinger.

3 J. Werner, Pannonien; Ders., Herkunft, S. 12 ff.

Dialekt im Lautstand ergibt. Das Langobardische ist ein nicht weiter entwickeltes „Fossil"[4]. Die gotischen Einschlüsse im Baierischen sind ebenfalls nicht sicher auf die kurze gotische Herrschaft bzw. den Herrschaftsanspruch im Voralpenland – frühestens seit 494 bis 536/37 – zurückzuführen. Wir finden keine gotische Bevölkerung, vielleicht nicht einmal gotisches Militär, nördlich der Alpen, wie wir aus den einschlägigen Untersuchungen der frühgeschichtlichen Archäologie erfahren[5]. Fundgegenstände gotischer Provenienz sind zwar weit verbreitet. Die ethnische Zuordnung, d. h. die Verwendung namentlich von ostgotischen Fibeln als Trachtbestandteil, weist eindeutig auf Nichtgoten hin. Allerdings haben sich einige wenige ostgermanische, im wesentlichen gotische und langobardische Einsprengsel in entsprechenden Lehnwörtern bis in die Gegenwart im Baierischen erhalten[6]: „ „Pfinztag" – Donnerstag, got. pintadags (der 5. Tag); „Ergetag" – Dienstag, got. arjansdags; „Maut" – Maut, Zoll, got. mota. Diese Lehnwörter werden „in ihrer Bedeutung oft überbewertet". Sie täuschen nicht darüber hinweg, daß das Baierische im ganzen eindeutig dem West- und nicht dem Ostgermanischen zugehört"[7].

Die Geschichte baierisch-langobardisch-ostgotischer sprachlicher Beziehungen wird ergänzt durch die literarischen Verbindungen, namentlich durch die Rezeption gotischer Sagen- und Heldenepik (Dietrich von Bern)[8]. Dieser Umstand kann vielleicht als Indiz für eine nicht ausgeprägte Eigentradition der Stammesgruppen im südostdeutschen Raum und ihre Bereitschaft zur Übernahme von Nachbartraditionen sein, die noch auf die politische Situation der ersten Jahrzehnte des 6. Jhs. zurückgeht. Die Übernahme von Traditionen im Bereich der Überlieferung, der Legendenbildung, der Heroenverehrung, selbst über weite Räume hinweg, ist bis in das Hochmittelalter keine Seltenheit[9].

Ganz deutlich muß auf die enge Verbindung zwischen dem Alamannischen und dem Baierischen hingewiesen werden. Das zeigt sich eindeutig in althochdeutscher Zeit, in der „das Alamannische mit dem Bairischen eine Einheit intensivster Lautverschiebung" bildet[10]. J. Reiffenstein stellt zum Baierischen fest: „Seine Stellung innerhalb des Althochdeutschen ist – in enger Verwandt-

4 Nur einzelne Wörter und Namen sind enthalten. RGA, Art. „Bajuwaren", S. 603; W. Mitzka, S. 53.

5 V. Bierbrauer, Bügelfibeln, S. 131 ff.

6 I. Reiffenstein, Das Althochdeutsche, S. 15 ff. und S. 87 ff.; RGA, Art. „Bajuwaren", S. 603.

7 I. Reiffenstein, Mundarten, S. 711.

8 H. Schneider, Germanische Heldensage I, 1927, S. 383 ff.

9 R. Wenskus, Stammesbildung; Ders., Sächsischer Stammesadel, S. 475 f.; E. Zöllner, Markgraf; K. Hauck, Sippengebundene Literatur, S. 165 ff.; W. Störmer, Früher Adel, S. 39.

10 W. Mitzka, S. 56 f.

schaft und Nachbarschaft zum Alemannischen durch das oberdeutsche Laut- und Formensystem bestimmt. Der Unterschied zwischen dem Bayerischen und dem Alemannischen liegt im Laut- und Formenbestand in erster Linie darin, daß das Alemannische früher und stärker von den Frankonisierungsvorgängen erfaßt wurde als das Bayerische, obgleich auch dieses nicht frei ist von solchen schreibsprachlichen Überschichtungen. Auch im Wortschatz überwiegen Gemeinsamkeiten zwischen Baierisch und Alemannisch die Gegensätzlichkeiten“[11]. Mitzka, der vom Einzug der Baiern nach Süddeutschland spricht, kommt nicht auf die Idee, daß sie großenteils Alamannen sein könnten, obwohl er einen wichtigen Beleg dafür beibringt: „Die Baiern müssen . . . ohne Lautverschiebung eingezogen sein“. Er greift zur Hilfskonstruktion eines baierischen Schutzbedürfnisses bei den westlichen Nachbarn[12]. Nachdrücklich wird betont, daß die Baiern „in jenen Anfängen nach ihrer Landnahme die von uns hier als alamannisch gewertete Grundlegung der althochdeutschen Sprachgeschichte ganz und bis auf ihren Ostrand so getreulich übernommen haben“[13]. Damit bietet die Sprachwissenschaft fundierte, nicht übersehbare Beweise für einen relativ einheitlichen Sprachraum in Süddeutschland und damit für eine entsprechende vergleichbare Bevölkerung. Die Last der Hypothesen von Einwanderung und Landnahme aus dem Osten, von Archäologen und Historikern gleichermaßen aufgebürdet, verhindert die entsprechende konsequente Äußerung.

2. ZUR HERKUNFT DER „BAJUWAREN“

Über die Herkunft der Bajuwaren ist eine große Menge von Literatur entstanden, die eine Vielzahl von Theorien und Hypothesen und ebenso viele Ablehnungen erzeugt hat[14]. Die kritische Auseinandersetzung mit den verschiedenen Theorien schließt mit dem heute wohl weitgehend anerkannten Problemstand ab, der in den Bajuwaren nicht „einen Stamm von einheitlicher ethnischer Zusammensetzung“ annimmt[15]. So sieht Bosl in den Bajuwaren ein Mischvolk, dessen „Ursubstrat und Kern Keltoromanen waren“[16]. Aller-

11 I. Reiffenstein, Mundarten, S. 710.

12 W. Mitzka, S. 60 und S. 62.

13 Ebd., S. 62; zur archäologischen Provenienz der Funde im östlichen, später baierischen Siedelraum, siehe H. Ladenbauer-Orel, Linz-Zizlau; E. Beninger – Ä. Kloiber, S. 125 ff.

14 Dieses Stück Wissenschaftsgeschichte ist dargestellt mit entsprechender Literatur bei K. Reindel, Agilolfinger, S. 75 ff.

15 Ebd., S. 83.

16 K. Bosl, Bayerische Geschichte, S. 24.

dings legt er den Akzent zu sehr auf die keltisch-romanischen, norischen und rätoromanischen Elemente. Germanisches Gepräge und germanisches Idiom sei diesem Mischvolk – das allerdings vorher schon eine gering veranschlagte germanische Komponente beinhaltet habe – erst „unter fränkischer Führung" und dem von den Franken eingesetzten Herzog vermittelt worden[17].

Während alle bisherigen Erklärungsversuche von einer Einwanderung eines irgendwie organisierten Verbandes – das Herkunftsland wurde fast ausschließlich im Osten vermutet – nicht im entferntesten befriedigen, vertrat Bosl erstmals die Auffassung, daß der Prozeß der Stammesbildung im späteren baierischen Gebiet selbst zu suchen sei. Reindel kann sich nicht von der Vorstellung einer Einwanderung aus dem Osten – „Männer aus Baia" – freimachen[18]. „Ein solcher wohl aus Böhmen stammender Kern ist jedenfalls stark genug gewesen, dem neuen Land und Volk seinen Namen zu geben"[19]. Diese Verhaftung an der Theorie einer Einwanderung aus dem Osten rührt u. a. von der wechselseitig sich in ihren Schlüssen beeinflussenden Wirkung der Geschichte und der Archäologie her. Die östliche, germanische Herkunft, die die Geschichtsschreibung postulierte[20], wurde von der Archäologie aufgenommen und gestützt. Sie konnte zahlreiches östliches Fundgut auf baierischem Boden nachweisen. Solche Provenienzen erhärteten wiederum die grundsätzliche Annahme einer bajuwarischen Einwanderung aus dem Osten, wiewohl die hierzu eingebrachten Theorien alle möglichen Varianten umfaßten. Östliches Fundgut, gar in Verbindung zum östlich-merowingischen Kreis (Werner) und die Überbewertung entsprechender Beziehungen stehen noch heute im Vordergrund[21]. Dabei kann das Verdienst der Reihengräberforschung in den östlichen Gebieten und der Darstellung dieser Kulturräume im Zusammenhang mit dem süddeutschen Raum nicht hoch genug eingeschätzt werden. Nicht zuletzt diesen Forschungen ist es zuzuschreiben, daß eine Herleitung der Bajuwaren aus dem Osten heute negativ zu bewerten ist[22]. Parallel dazu ist auch die Suche nach einem Stamm oder Volk im Arsenal der germanischen Völkergruppen östlich des heutigen Baiern von Seiten der Historiker fehlgeschlagen. Dazu mußten nicht zuletzt germanisierende Ideologien abgebaut

17 Ders., Grundlagen, S. 44.
18 K. Reindel, ebd., S. 84.
19 Ebd.
20 Seit C. Zeuss, 1837. Frühere Abstammungstheorien siehe A. Kraus, Abstammung, S. 53 ff.
21 So auch neuerdings R. Wenskus, Elb-Donau-Raum, S. 224 f.
22 B. Svoboda, Zum Verhältnis, S. 97 ff.; Ders., Böhmen, besonders S. 357; W. Sage, Reihengräberfeld, S. 254 ff.

werden, was nicht unmittelbar nach 1945 geschah[23]. Paradox mag es erscheinen, wenn ausgerechnet Helbok als Vertreter einer von den östlichen Einwanderungstheorien abweichenden Stammesgenese in diesem Zusammenhang gewürdigt werden muß[24]. Unter einer Schutthalde ideologisierter, rassistischer Darstellung vertritt er die These einer alamannischen Grundlage der späteren Bajuwaren[25]. Helbok steht jedoch im Banne germanischer Landnahme und Reichsgründungen und konstruiert deshalb u. a. auf der Grundlage der Severinsüberlieferung eine alamannische Landnahme unter „König" Gibuld. Aber auch er greift zurück auf die Einwanderung einer „markomannischen Herrenschicht aus dem Lande Baia", die das „Land politisch einigte und damit die Führung gewann"[26]. Damit will er auch den Herkunftsnamen der Baiern berücksichtigt haben. Reindel wird dem Problem der Helbok'schen These nicht gerecht, wenn er in seiner Kritik die Gemeinsamkeiten in Sprache und Ortsnamenbildung zwischen Bajuwaren und Alamannen mit dem Hinweis auf die „elbgermanische Herkunft beider Stämme" abtut. Das Hauptargument Reindels „gegen eine alamannische Abstammung ist der Bayernname"[27]. Gerade diese Frage kann im folgenden in ein Argument für die Behauptung umgewandelt werden, daß das politisch und gesellschaftlich relevante Bevölkerungselement im baierischen Raum alamannischer Herkunft ist.

3. DER NAME „BAIUWARII"

Daß der Name Baiuwarii in Verbindung mit Böhmen – Boiohaemum – zu setzen ist, wurde nach manchen Irrwegen mit großer Wahrscheinlichkeit nachgewiesen[28]. Nach meiner Meinung sind die Baiuwarii solche süddeutsche Bevölkerungsgruppen, die im Vorfeld Böhmens anzusetzen sind. Die Relation dazu stellen die westlichen Gruppen dar, die im Gegensatz zu ihnen am Rande

23 K. Bosl, Frühformen; W. Schlesinger, Herrschaft und Gefolgschaft; Ders., Sippe; Ders., Heerkönigtum; R. Wenskus, Stammesbildung; H. Kuhn, Gefolgschaft; W. Störmer, Früher Adel.

24 A. Helbok, Volksgeschichte (1937).

25 Siehe auch Ders., Markomannen.

26 A. Helbok, Volksgeschichte, S. 309.

27 K. Reindel, Agilolfinger, S. 79.

28 RGA, Art., „Bajuwaren", S. 601 f.; E. Schwarz, Völkerwanderungszeit; Ders., Baiern; Ders., Problem; Ders., Stammeskunde; R. Much, Germanische Völkernamen, S. 31 ff.; Ders., NA 46, 1926, S. 385 ff.; H. Löwe, Herkunft, S. 6 ff.; J. Schnetz, Baias, S. 1 ff.; L. Steinberger, Noricum, S. 87 ff. Weitere namenkundliche Herleitungen mit Literatur siehe K. Reindel, Agilolfinger, S. 77 ff.; L. Schmidt, Westgermanen, S. 194 ff. R. Wenskus, Stammesbildung, S. 560 ff. diskutiert die bisherigen Herleitungen des Namens.

Raetiens, im Ries und zum Teil auf raetischem Boden sitzen – raetobarii – und die im Breisgau ansässigen Brisigavi. Es bleibt noch zu fragen, wann der Begriff Baiuwarii entstanden ist. Zwei Möglichkeiten bieten sich an. Zum einen kann der Name synchron zur Entstehung und zum Gebrauch des Begriffs „raetobarii“ aufgekommen sein, also um 420–430[29]. Die Indizien für Anwesenheit germanischer Gruppen seit dem 4. und 5. Jh. häufen sich gerade im heutigen südbaierischen Raum[30].

Dieses germanische Bevölkerungselement neben dem keltoromanischen und römischen darf heute nicht mehr unterschätzt werden. Die ethnische oder stammesmäßige Herkunft dieser germanischen Komponente ist ebenso schwer zu ermitteln wie ihr gesellschaftlicher und politischer Status. Die Aussagen der archäologischen Fundgüter lassen zumindest keine Schwerpunkte hinsichtlich Ethnos und Stamm erkennen. Gesellschaftlicher und politischer Status sind z. T. aus den Grabbeigaben zu erschließen. Die Waffenbeigaben weisen auf militärische Funktionen. Die historische Situation vor allem des 5. Jhs., nach Stilicho und ganz besonders in der Zeit des Aetius und danach, lassen die Annahme von Ansiedlungen in Gruppen im mehr oder weniger weit gestreuten Verbund etwa in Form von Gefolgschaften, u. U. mit der Rechtsstellung von Foederaten, zu[31]. Selbständigkeit und Eigenmächtigkeit solcher Gruppen war sicher bedeutend größer als im dichten Rahmen römischer Staatsmacht, politischer, militärischer und nicht zuletzt logistischer Kontrolle und Sanktion. Für die Erhaltung der außenpolitischen und der militärischen Lage im Süddonauraum des römischen Reiches war die Überlassung des Voralpenlandes zumindest eine Minimallösung. Staatsrechtlicher Anspruch und staatliche Kontrolle über die Zeit des Aetius hinaus werden von der staatsrechtlichen Bedeutsamkeit ostgotischer Befehlsgewalt um 500 letztmalig demonstriert. Die Befehlsgewalt des „dux raetiarum“ bezieht sich auch auf diese Gruppen[32]. Die Möglichkeit zur Durchsetzung solcher Ansprüche berührt uns in diesem Zusammenhang nur mittelbar.

Wir haben Grund, als ein wesentliches Element dieser Foederaten Alamannen anzunehmen. Die schriftlichen Quellen berichten im 4. und 5. Jh. einhellig

29 Notitia dignitatum, or. 5, 17, 58.

30 E. Keller, Grabfunde; Ders., Neuburg II; Ders., Chronologie, S. 247 ff.; Ders., Flußfunde: H.-J. Kellner, Römische Herrschaft, S. 45 ff.; F. Lotter, Severinus von Noricum, S. 261 ff.; R. Roeren, S. 214 ff.; W. Sage, Reihengräberfeld, S. 254 ff.; J. Werner, Epfach; Ders., Spielberg.

31 K. F. Stroheker, Alamannen, S. 43 f. Die Archäologie hat jedoch noch keine größeren Gräberfelder vor der Mitte des 5. Jhs. nachweisen können. Das Einzelgrab scheint in diesem Zeitraum zu überwiegen. Siehe z. B. J. Werner, Spielberg.

32 Cassiodor, Var. I, 11. K. Reindel, Bistumsorganisation, S. 277 ff.; Ders., Raetien und Noricum, S. 23 ff.

vom Vordringen solcher Gruppen aus dem Raum nördlich der Donau[33]. Die Anwesenheit von östlichem Volkssubstrat soll nicht in Frage gestellt werden[34]. Jedoch werden diese Germanengruppen südlich der Donau offensichtlich nicht als Raetobarii bezeichnet[35]. Der spätantike Limes schließt die Gebiete nördlich der Donau nicht mehr ein. Daher sind die raetobarii solche Gruppen, die im Vorfeld der Provinz Raetia siedeln. Für die Gruppen südlich der Donau, zur Differenzierung und Unterscheidung von den nordwestlich anzusetzenden, an Raetia heranreichenden Alamannen – raetovarii – einen entsprechenden Begriff zu prägen, wäre nur folgerichtig. Eine etwa von den Franken ausgehende Fremdbenennung ist denkbar. Diese südöstlichen Gruppen leben und siedeln im Vorfeld in Richtung Böhmen, auf Böhmen zu, nach Böhmen hin. Das Zustandekommen der Bezeichnung unterstreicht die uneinheitliche Struktur dieser Gruppe, deren Stammestradition wohl nicht ungeschwächt weiterexistierte. Es ist ziemlich sicher, daß in diesen Gruppen Juthungen zu finden sind, die sich von den Alamannen kaum absetzen lassen[36].

Das Ausgreifen alamannischer Unternehmungen kriegerischer Art nach Osten verstärkt sich kurzfristig in der zweiten Hälfte des 5. Jhs. Es wird eindrucksvoll demonstriert in der Person Gibulds der Vita Severini[37]. Ob diese bei Eugippius „Alamannen" genannten Heere Juthungen waren, ist nicht geklärt und spielt in unserer Fragestellung keine entscheidende Rolle. Wir erfahren nichts über den weiteren Verbleib der Alamannen Gibulds, abgesehen von der zweifelhaften Stelle in der Vita Lupi (s. o.). Die Existenz von Alamannen bei Langres ist dadurch nicht in Frage gestellt, sondern nur die Person Gibulds (topische Übernahme). Es ist sehr wohl möglich, Reste der Alamannen Gibulds in der näheren und weiteren Umgebung anzunehmen[38]. Ihre Niederlassung im Donautal und zu beiden Seiten darüber hinaus kann ebenso eine differenzierende Namengebung bewirkt haben, deren Kriterium landschaftlich-geographischen Inhalts war. In diesem Fall gewinnt die Bezeich-

33 Letztmalig bis über die Alpen nach Oberitalien 457. Apoll. Sid., Carm. 5, S. 373 ff.; K. F. Stroheker, Alamannen, S. 44.

34 Siehe z. B. J. Werner, Spielberg, besonders S. 169.

35 „Raetobarii" in: Not. dign. or. 5, 17, 58; vgl. J. Wais, Die Alamannen, S. 21, Anm. 4 und S. 32, Anm. 2; H. Zeiß, Baiernstamm, S. 24. K. F. Stroheker betont zu Recht: „Auffallend ist dabei, daß es sich in allen drei Fällen (bei Brisigavi, Bucinobantes und Raetobarii, Anm. d. Verf.) um unmittelbare Grenznachbarn handelt . . .", Alamannen, S. 31.

36 H. Meyer, Die Juthungen, S. 1 ff.; E. Schwarz, Stammeskunde; Ders., Juthungen, S. 1 ff.; RGA, ARt. „Alemannen", S. 138 f.

37 Vita Severini, c. 19.

38 B. Eberl, S. 152 f.; A. Helbok, Volksgeschichte, S. 306 ff. Ein entsprechender Niederschlag könnte evtl. bei Bittenbrunn gesehen werden; siehe R. Christlein, Bittenbrunn, S. 87 ff.

nung „Baiuwarii" an Plausibilität, weil die räumliche Nähe Böhmens die entsprechende Assoziation und geographische Zuordnung erleichtert. Eine dritte Möglichkeit der Namensgenese ist an die Zeit nach dem Sieg der Franken über die Alamannen von 496/506 gebunden. Das Ausweichen von Alamannen vor der fränkischen Expansion verursachte einen starken Zustrom nach Osten in den später baierischen Donauraum und in die Gebiete südlich davon[39]. Diese Absetzungsbewegung kann sehr leicht neben dem dynamischen Effekt auch einen terminologischen mit sich gebracht haben, der von der staatsrechtlichen Abgrenzung und Eingrenzung von theoderizianischer Interessenssphäre und Reichsgebiet mit verursacht wurde. Gerade jetzt, und besonders nach 506, war es naheliegend, die östlich der herkömmlichen alamannischen Räume sich Niederlassenden begrifflich zu trennen und zu kennzeichnen. Auch in diesem Fall entspricht der geographisch-richtungsweisende Bezug auf die Uneinheitlichkeit der als „Bajuwarii" bezeichneten Gruppen und besonders auf das Fehlen eines zur Landnahme organisierten, mit hervorragender Macht versehenen Traditionskerns, der historischen Situation.

Die Namengebung „Bajuwarii" muß parallel zum Begriff „Raetobarii" oder besser „Raetovarii" gesehen werden. Über das Zustandekommen dieses Begriffes besteht wohl Einigkeit[40]. Das Grundwort bezieht sich auf die römische Provinz Raetien, bzw. das Ries. Die Raetovarii sind also Bevölkerungsgruppen, die im Osten des alamannischen Stammesgebietes unterschieden werden aufgrund ihres geographischen Siedlungsraumes, der sich wohl auch durch politisch-herrschaftliche Merkmale von anderen Alamannengruppen insgesamt abhebt[41]. Eine ähnlich zu verstehende alamannische Untergruppe sind die Lentienses mit ihrer latinisierten Namensform (Linzgau, nördlich des Bodensees). Auch die Cyuuarii können in diesen Rahmen gestellt werden als Gruppen, die im Umfeld des geographisch und urban bedeutenden Mittelpunktes Augsburg (alte germanische Bezeichnung Ciesburc)[42] zu suchen sind[43]. Neben dem Bezug zu Augsburg wird immer wieder der Gottesname Ciu genannt. So auch von Förste[44], der damit eine Stütze für seine Deutung der – varii – Namen zu finden glaubt[45]. Ein Hintergrund für diese Annahme ist der Versuch, mit dieser Ciu-Etymologie das verstockte Heidentum der Alamannen bis in das 8. Jh. – denn aus dieser Zeit stammt die entsprechende

39 Cassiodor, Var. II, 41; III, 50.
40 K. F. Stroheker, Alamannen, S. 20 ff.
41 RGA, Art. „Alemannen", S. 138.
42 Ebd.
43 Siehe London etc. bei W. Förste, S. 65 ff.
44 Ebd., S. 64 f. und S. 69.
45 Siehe auch R. Wenskus, Stammesbildung, S. 61.

althochdeutsche Glosse – darzustellen[46]. Bis zu diesem Zeitpunkt ist der Verlust des zweiten Namenteils von Ciesburc sehr leicht vorzustellen. Es ist sicher erlaubt, diesen Begriff in das 5./6. Jh. zurückzudatieren und schon zu diesem Datum die Kurzform Ciuuarii anzunehmen. Der Bajuwarenname böte eine parallele Entwicklung.

Raetowarii – Ciuwarii – Baiuwarii. Dieses Begriffstrio läßt sich in seinem Sinngehalt verbinden. So wie die Raetowarii im näheren Umfeld der Raetia siedelten und Herrschaft ausübten und dazu analog die Ciuwarii im Umfeld von Augsburg und beide allgemein als alamannische Gruppen anerkannt sind, können die Baiuwarii als Bevölkerungsgruppen gelten, die im Vorfeld des böhmischen Raumes, in einer gewissen geographischen Nachbarschaft Herrschaft- und Siedlungsgebiet einnehmen. Der Zusammenhang zwischen Baiuwarii und Boiohaemum ist mit großer Sicherheit hergestellt worden. Das „mit großer Wahrscheinlichkeit erschlossene *baihaimoz macht es möglich, den Namen der Baiern über *Bai(a)warjoz auf *Bai(a)-heim-warjoz, Nachkommen der in *Bai(a)-haim Wohnenden zurückzuführen“[47]. Der Wegfall von „-haim-“ bietet eine Analogie zu ciuwarii und dem Wegfall von „-burc-“. Nicht zwingend erscheint die Verengung der Anwendung des Namens Baiuwarii auf „Nachkommen der in Böhmen Wohnenden“. Mit Baiuwarii ist eher auf eine geographische Landschaft Bezug genommen als auf eine nicht zu identifizierende Völkerschaft. Auch die Raetovarii sind am Rande und nicht innerhalb der Provinz Raetia – nicht identisch mit einer raetischen Bevölkerung – zu suchen.

„Der Haupteinwand gegen eine alamannische Abstammung“ sei nach Reindel der „Bayernname“[48]. Dieser Haupteinwand verkehrt sich in ein nicht unwesentliches Indiz für die gegenteilige Behauptung. Die Deutung des Namens Baiuwarii fügt sich m. E. nahtlos in den historisch-politischen und den archäologischen Befund ein. Alle Versuche, und es waren deren viele und intensive, eine quantitativ und gesellschaftlich qualitativ bedeutsame Einwanderung aus dem böhmischen Kessel nachzuweisen, sind gescheitert[49]. Mit den Ergebnissen B. Svobodas ist J. Werners Herleitungsversuch aus Böhmen weitgehend widerlegt[50]. Es ist damit nicht nur nicht sicher, sondern geradezu unwahrscheinlich, daß die „Landnahme der Bajuwaren mit der Auflösung des ‚östlich-merowingischen‘ Kreises im Zusammenhang steht“, wie Werner an-

46 Das gilt unabhängig davon, ob Ciuuari und Ciesburg besser als Reciuuari und Reciesburg zu lesen wären. RGA, Art. „Alemannen“, S. 139; siehe auch K. Helm, I, S. 308; II, 2, S. 237 f.

47 RGA, Art. „Bajuwaren“, S. 602.

48 K. Reindel, Agilolfinger, S. 79.

49 B. Svoboda, Böhmen; Ders., Zum Verhältnis.

50 Herkunft, S. 244 ff.

nimmt[51]. Andere Herleitungen, z. T. bis vom Schwarzen Meer[52], sind heute nur noch ein Stück Wissenschaftsgeschichte[53].

Historisch taucht der Name Baiuwarii zu einem Zeitpunkt auf, in dem horizontale Mobilität von quantitativ und gesellschaft qualitativ bedeutenden Alamannengruppen im raetischen und norischen Alpenvorland und im Donautal erkennbar ist. Diese nicht unbedeutenden Alamannengruppen – die schriftlichen Quellen bei Cassiodor, Ennodius, Agathias, Jordanes rechtfertigen diese Bewertung[54] – lassen sich nicht unter einem einheitlichen Gruppennamen, der sich etwa politisch an einem institutionellen Gebilde orientieren könnte, erfassen. Bei Jordanes (um 551) finden wir die früheste namentliche Nennung. Die Baibari (andere Lesart Baiobari) sind ihm zufolge Nachbarn der Suavi (= Alamanni) im Osten[55]. Hier ist als Kriterium des Unterschieds und zugleich der Gemeinsamkeit die geographische Komponente der Nachbarschaft angesprochen. Die unmittelbare Verbindung zu den in die ostgotische Interessenssphäre Raetia II und Noricum geflohenen Alamannen ist relativ leicht vorzunehmen. Auch das -b- von -bari der beiden Lesarten „Baibari“ und „Baiobari“ könnte eine Anlehnung an Begriff und Form „Raetobarii“ zulassen[56].

51 Ebd., S. 245.

52 Siehe den kritischen Bericht bei K. Reindel, ebd., S. 75 ff.

53 Aus dem „rassefremden Habitus“ der Dachauer Bevölkerung wurde auf illyrischen Einschlag geschlossen. Dazu (negativ!) L. Schmidt, Westgermanen, S. 198.

54 Ebenso die archäologischen Ergebnisse; siehe oben.

55 „Post certum vero tempus instanti hiemali frigore amnemque Danubii solite congelato – nam istiusmodi fluvius ille congelascit, ut in silicis modum pedestrem vehat exercitum plaustraque et traculas vel quidquid vehiculi fuerit, nec cumbarum indigeat lintres – sic ergo eum gelatum Thiodimer Gothorum rex cernens pedestrem ducit exercitum emensoque Danubio Suavis inprovisus a tergo apparuit. nam regio illa Suavorum ab oriente Baibaros habet, ab occidente Francos, a meridie Burgundzones, a septentrione Thuringos. quibus Suavis tunc iuncti aderant etiam Alamanni ipsique Alpes erectos omnino regentes, unde nonnulla fluenta Danubium influunt nimio cum sonu vergentia. hic ergo taliterque munito loco rex Thiudimer hiemis tempore Gothorum ductavit exercitum, et tam Suavorum gente quam etiam Alamannorum utrasque ad invicem foederatas, devicit, vastavit et pene subegit“ (Getica, c. 55, § 280). Daß der Begriff „Baibari“ nicht von Cassiodor stammt, sondern von Jordanes, dem er geläufig war – die Getica wurde ca. 551 verfertigt – wurde von E. Sievers nachgewiesen. (Bei E. Schwarz, Beiträge zur Geschichte der deutschen Sprache und Literatur, 50, S. 257.) Neben „Baibari“ gibt es eine weitere Lesart „Baiobari“. Jordanes gibt die geographisch-politischen Verhältnisse nach dem Kenntnisstand der Abfassungszeit wieder, wobei er Sueben und Alamannen als identisch und in Südwestdeutschland sieht.

56 In diesem Zusammenhang erachte ich die Fremdbenennung von Seiten der Franken für wahrscheinlich. Die staatsrechtliche Terminologie der Ostgoten hat nur altbekannte Begriffe aus römischer Zeit verwendet. Zudem wäre es sehr verwunderlich, daß die „baibari“ sonst nirgends Erwähnung gefunden hätten.

Der Reisebericht von Venantius Fortunatus spricht ebenfalls von der Nachbarschaft der Bajuwaren und Alamannen mit dem Lech als Grenze[57]. Die Erkenntnis Reindels[58], damit neben klaren und verlässigen zeitlichen und örtlichen auch genaue ethnische Angaben gefunden zu haben, bleibt mir verschlossen. Denn Venantius Fortunatus sagt mit keinem Wort, daß die Baiern rechts des Lechs nicht den Alamannen links des Lechs zuzurechnen sind. Zum anderen liegt in diesem späten Zeitpunkt der Erwähnung des Bajuwarennamens eine völlig verschiedene historische und politische Situation vor: Seit der Abtretung des nördlichen Voralpenlandes an die Franken sind etwa 30 Jahre – eine Generation – vergangen. Inzwischen ist durch herrschaftliche Gewalt des fränkischen Großkönigs eine wie auch immer geartete Herrschaftsteilung Süddeutschlands, das heißt im wesentlichen alamannischer Siedlungsgebiete, vorgenommen worden. Daher rührt auch unmittelbar die „Lechgrenze", die Venantius Fortunatus anspricht.

Die Gründe für die alamannische Fluchtbewegung sind ja hinlänglich dargelegt. So stellt sich uns auch ein Gegensatz dar in der politischen Bevölkerungsgliederung: die Alamannen unter fränkischer Herrschaft einerseits im Südwesten und die, der fränkischen Herrschaftsüberlagerung anfangs ausgewichenen, im Südosten, im Vorfeld Böhmens. Die Erklärung K. Bosls[59] für den Bajuwarennamen und zugleich für die Stammeskonsolidierung geht von W. Förste[60] und dem Grundwort -varii, womit Leute gemeint seien, „die sich im Verband um Herrschaftszentren oder Kultheiligtümern angesiedelt haben", aus. „Baio(v)arii, Boiovarii sind also Boier (Kelten), die sich in der vorbezeichneten Art angesiedelt haben"[61]. Wo sind die Herrschaftszentren und Kultheiligtümer dieser Kelten zu suchen? Können wir denn bei diesen Kelten, auch wenn sie „sich mit Römern und Germanen bereits assimiliert hatten" Siedlungsunternehmungen im Verband vorstellen und das in einem Umfang, der sich namengebend ausgewirkt hätte? Bosl lehnt sich an ein (Teil-) Ergebnis Förstes an[62], das mit historischen, dynamischen Kategorien nicht in Einklang zu bringen ist: „... weder Größe der Gruppe noch der Umfang ihres Siedlungsgebietes noch dessen Lage oder die Vorbevölkerung (waren) für den Bedeutungsinhalt des Namenswortes von Belang ... Die Verschiedenartigkeit der Gruppen, die mit diesem Wort bezeichnet wurden, deutet vielmehr darauf hin, daß das Gemeinsame und Verbindende ein korporatives Element gewesen

57 Vita Sancti Martini, S. 368 f., MG AA 4, 1881, 2 und Vorrede zur Gedichtsammlung, ebd.
58 Agilolfinger, S. 76.
59 Bayerische Geschichte, S. 24.
60 W. Förste, S. 60 ff.
61 K. Bosl, ebd.
62 W. Förste, S. 64.

sein wird". Bosl vernachlässigt weitgehend das alamannische Element im Rahmen der bajuwarischen Stammesgenese. „Daß die Baioarii aber zum althochdeutsch sprechenden Stamm wurden, ist die Folge der Überlagerung durch die Franken . . . "[63]. Daß die Alamannen schon früher und sicher zahlreicher in das bayerische Voralpenland einwanderten und ein entsprechender alamannischer Niederschlag, ja sogar die Grundlage, beruhend auf qualitativ und quantitativ beachtlicher Bevölkerung, das Baierische kennzeichnet, ist hierbei ausgeklammert[64]. Der in den Vordergrund gerückte Bojerbegriff, der direkt für das Namenswort von Baiuwarii verantwortlich sein soll, konnte sich real nicht über Jahrhunderte hinweg so konserviert haben, daß er jetzt, in der Mitte des 6. Jhs. (!) erstmals wieder namengebende Relevanz besäße. Die Hauptquelle, die Vita des heiligen Columban[65], um 624 im oberitalienischen Kloster Bobbio, einem Reservat spätantiker Gelehrsamkeit, von Jonas niedergeschrieben, zeigt eindeutig die etymologischen Bemühungen des Autors. Daß die Bojer „als Begriff" an der Namengebung für Böhmen beteiligt sind, ist jedoch sicher[66].

4. EIGENBEZEICHNUNG – FREMDBEZEICHNUNG

Der Name „Bajuwaren" ist mit großer Sicherheit als Fremdbezeichnung zu erklären. Es ist nicht denkbar, daß eine relativ vage geographisch-großraumbezogene Kennzeichnung das eigene Selbstverständnis zum Ausdruck bringen sollte[67]. Die Uneinheitlichkeit politisch-gesellschaftlicher Gebilde im süddeutschen Raum östlich von Iller und Lech und im Donautal, das um 500 noch nicht gefestigte Nebeneinander und Übereinander von Stammesgruppen und ethnischen Gruppen, erzeugte zu recht nicht den Anschein einer stammesmäßig-politischen Einheit. Der Name „Baiuwarii" stellt daher eine Art von „Verlegensheitslösung" dar. Die geographisch-räumliche, wie auch die historisch-politische Differenzierung gewinnt nach 506, nach der staatsrechtlichen Abgrenzung durch Theoderich, an Bedeutung und kann jetzt erst im Selbst-

63 K. Bosl, ebd., siehe auch Ders., Grundlagen, S. 43 ff.

64 Siehe H. Mitzka, S. 53 ff., besonders S. 56 f. und S. 62.

65 Jonae vitae sanctorum Columbani, Vedastis, Johannis. MG SS rer. Merov. 4, 122: „ad Boias, qui nunc Baioarii vocantur".

66 Die Lehre der Abstammung von den Bojern wurde vor allem im 18. Jh. vertreten; siehe A. Kraus, Abstammung, S. 53 ff. Der Trend zur Auffassung germanischer Herkunft ist u. U. mit der bayerischen Staatsgründung und Einflüssen der Romantik in Zusammenhang zu bringen.

67 Allgemein zum Problem von Stammesnamen: R. Wenskus, Stammesbildung, S. 59 ff.

verständnis der im Voralpenland Lebenden wirksam geworden sein. Nach 506 setzt ein Verschmelzungsprozeß der zahlreichen Ethnika, wenn auch vorerst nur langsam, ein. Die besonderen Katalysatoren sind der von der ostgotischen Interessenssphäre eingegrenzte Raum, das bei quantitativ beachtlichen Gruppen vorhandene gemeinsame Feindbild, die Existenz schwerttragender Ober- und Führungsschichten – eines Adels – mit diesem gemeinsamen Feindbild, das Bewußtsein ethnischer Gemeinsamkeiten, sogar der gleichen Abstammung, gruppenspezifischer Tradition (s. Beigaben der Reihengräber), bei eben diesen Führungsgruppen.

In welchem Ausmaß die ostgotische Schutzherrschaft politisch assimilierend gewirkt hat, kann heute noch nicht entschieden werden. Die fränkische Herrschaft nach 536/37 hat dagegen eindeutig integrierende Wirkung durch die von „oben" ausgehende, vom Frankenkönig eingesetzte Herrschergewalt des „dux baiuwariorum". Diese fränkische Herrschaftspraxis ist genügend bezeugt durch die Akte gesetzgeberischer Eingliederung der unterworfenen Alamannen und Bajuwaren. Die Versuche, mit Hilfe der Gesetzgebung eine Klassifizierung und Schichtung der Unterworfenen festzuschreiben[68], die zwar vielfältig und in keiner Weise klar umrissen oder statisch schon vorhanden war, haben die gestufte Nivellierung zur Folge, die für kommende Jahrhunderte die gesellschaftlichen Strukturen mitbestimmte[69]. Besonders deutlich kommt diese vertikale Schichtungs- und Ordnungstendenz in der Lex Alamannorum zum Ausdruck[70]. Diese Schichtung schließt in den einzelnen Schichten in etwa vergleichbare gesellschaftliche Status ein, wobei ethnische Kategorien zurücktreten, wie am eindeutigsten in der untersten Schicht der coloni und servi festzustellen ist. In diesen Zusammenhängen und Dimensionen geht die Stammesbildung und Verschmelzung der süddeutschen ethnischen und politischen Gruppen vor sich. Die feste Integration der romanischen Restbevölkerung zeigt sich noch im Herrschaftsaufbau des späteren agilolfingischen Herzogtums. „Romani tributarii", „romani et eorum mansos", „tributales", erscheinen in den Salzburger Güterverzeichnissen und zeugen so von der keltoromanischen Bevölkerungskontinuität[71]. Auch das Überleben einer romanischen Grundbesitzerschicht, die in die bajuwarische Oberschicht integriert wurde, weist Friedrich Prinz für den Salzburger Raum exemplarisch nach[72]. Die Starken politischen Bindungen und Beziehungen zwischen dem alamannischen

68 Siehe Kap. II, 13.

69 Zusammenfassend zur Institutionalisierung des Großkönigtums auch in den östlichen Gebieten des Merowingerreichs siehe K. Bosl, Grundlagen I, S. 42 f.

70 Siehe Kap. II, 13.

71 F. Prinz, Salzburg, S. 18.

72 Ebd., S. 19; siehe auch Ders., Innere Entwicklung, S. 270 ff.; Ders., Herzog und Adel, S. 225 ff.; vgl. auch R. Christlein, Kirche von Staubing, S. 51 ff.

und dem baierischen Herzogtum, denen im 8. Jh. von den Karolingern ein Ende bereitet werden sollte, demonstrieren eindeutig ein Gemeinschaftsgefühl, das auch von stammesfremden, vom König eingesetzten Herzögen (Garibald) nicht gebrochen werden konnte[73].

5. FRÄNKISCHE HERRSCHAFTSBILDUNG IN BAIERN

Die fünf genealogiae, die Huosi, Drozza, Fagana, Anniona, Hahilinga erscheinen besonders hervorgehoben in der Lex Baiuwariorum: „De genealogia qui vocantur Hosi, Drazza, Fagana, Hahilinga, Anniona: isti sunt quasi primi post Agilolvingas, qui sunt de genere ducali“[74]. Hinter diesen Adelsfamilien können wir die Nachfolger bzw. Reste adeliger Ober- und Führungsschichten sehen, denen wir in den reichen Reihengräbern des 6. Jhs. begegnen. Sie deuten nicht „auf ursprüngliche Sonderstellung mit dem Bayernvolk vereinigter Kleinstämme hin“[75], sondern sind ethnisch und herrschaftlich relevante Strukturelemente der späteren Gesellschaft in Baiern. Auch in Baiern ist die Existenz einer zentralen Herrschaftsgewalt vor der fränkischen Eingliederung nicht anzunehmen (s. Alamannien). Dagegen spricht als argumentum e silentio die Nichterwähnung eines baierisch-fränkischen Krieges, eines vorfränkischen baierischen Königtums in den schriftlichen Quellen. Dafür sprechen auch nicht die archäologischen Funde, wobei ich insbesondere auf Altenerding/Klettham hinweise[76]. Mit der Einverleibung des ostgotisch beanspruchten Voralpenlandes durch die Franken, wobei wir expressis verbis vom alamannischen Siedlungsbereich erfahren[77], müssen wir die gleichzeitige Beherrschung des Gebietes von Raetia II und Noricum annehmen. Die Herrschaft Theudeberts über Venetien[78] ist strategisch nur denkbar, wenn auch die Ostalpen-

73 Paulus Diaconus, I, 21; III, 10; Or. Langob., c. 6; W. Goez, S. 145 ff.; K. Bosl, Luitpoldinger, S. 145; E. Zöllner, Agilolfinger, S. 107 ff.

74 Titel III, 1 der Lex Baiuwariorum.

75 E. Zöllner, Österreich, S. 41: siehe dazu auch: E. Klebel, Fränkischer Adel, S. 193 ff.; H. Dannenbauer, Adel, S. 166 f. J. Sturm, Preysing, S. 210, sieht die genealogiae als taciteischen Uradel an. B. Behr, S. 34, vermutet in den genealogiae „Königsfähige Geschlechter“, die früher durch „eine Art Volkswahl“ Anwartschaft auf das Königtum hatten. Diese Hypothese ist wenig wahrscheinlich. Von grundlegender Bedeutung für die künftige Erforschung der genealogiae und vergleichbarer Gruppen sind R. Wenskus, Sächsischer Stammesadel, besonders S. 470 ff., und W. Störmer, Früher Adel; Ders., Adelsgruppen.

76 W. Sage, Reihengräberfeld, S. 254 ff. Siehe auch U. Koch, Merowingische Grabfunde.

77 Agathias, I, 4; I, 6.

78 Prokop, III, 33, etwa 545.

pässe und das nördliche Alpenvorland in fränkischer Hand sind. Die zeitliche Abfolge diplomatisch-politischer Ereignisse spricht den Gang der Abläufe deutlich aus: 536 offizielle Abtretung beider Raetien durch Witigis. Nach 539 Herrschaft Theudeberts über Venetien – 555 wird der baierische Herzog erwähnt, ein Zeichen für die Festigung der fränkischen Herrschaft. Im Schreiben Theudeberts an Justinian werden Umriß und Gehalt der fränkischen Herrschaft und des fränkischen Herrschaftsanspruches ausgebreitet[79]. Die Herrschaft über das Voralpen- und Ostalpenland – das heißt auch über die künftigen Baiern – erscheint zu diesem Zeitpunkt vorbereitet. In die Systematik fränkischer Machtexpansion reiht sich nahtlos die Einverleibung des Thüringerreiches 531, die strategisch die Flankendeckung für südostdeutsche, venetische und evtl. pannonische Ziele und Unternehmungen erbrachte[80]. Diese werden von Theudebert anschaulich dargestellt: „per Danubium et limitem Pannoniae usque in Oceanis litoribus custodiente deo dominatio nostra porrigitur“[81].

6. HERZOG UND GENEALOGIAE. DIE AUFTEILUNG DER HERRSCHAFTSPOSITIONEN IN BAIERN

Unabhängig von der ethnischen Zugehörigkeit des dux baiuwariorum Garibald I. steht fest, daß er vom fränkischen Großkönigtum eingesetzt worden ist[82]. Der von Zöllner aufgestellten These, Garibald und die Agilolfinger ent-

79 F. Beyerle, Süddeutschland, S. 69 ff.; B. Behr, S. 68 ff. datiert den Brief Theudeberts auf die Zeit zwischen 533 und 536. „Id vero, quod dignamini esse solliciti, in quibus provinciis habitemus aut quae gentes nostrae sint, Deo adiutore, dicione subiecte: Dei nostri misericordiam feliciter subactis Thoringiis et eorum provinciis adquisitis, extinctis ipsorum tunc tempore regibus, Norsavorum itaque gentem nobis placata maiestate, colla subdentibus edictis ideoque, Deo propitio, Wesigotis, incolomes Franciae, septentrionalem plagam Italiaeque Pannoniae cum Saxonibus, Euciis, qui se nobis voluntate propria tradiderunt, per Danubium et limitem Pannoniae usque in oceanis litoribus custodiente Deo dominatio nostra porrigetur.“ (MG Epist. 3, Nr. 20.)

80 F. Geldner, S. 13 ff.

81 MG Epist. 3, Nr. 20.

82 K. Reindel, Agilolfinger, S, 105, hält das Problem für nicht lösbar.

stammten dem burgundischen Adel[83], wurde unlängst durch eine neue widersprochen, die besagt, daß die Agilolfinger und damit das baierische Herzogsgeschlecht langobardischer Herkunft seien[84]. Auch bei Goez findet sich die Vermutung, die namengebende „Volksschar" sei aus Böhmen über Nordpannonien gekommen. In der Behandlung der fünf genealogiae der Lex Baiuvariorum (Tit. III) geht er von einer Einwanderung größerer Gruppen von Osten her aus. Demnach seien die genealogiae, die Huosi, Drozza, Fagana, Hahilinga, Anniona die übrig gebliebenen Sippen von an der Landnahme beteiligten Kleinkönigen[85]. Abgesehen von den Begriffen „Kleinkönige" und „Sippen" und der Behauptung östlicher Herkunft stimme ich damit überein[86]. Ihre Herrschaftsräume sind jedoch nicht zum „bayerischen Stammesverband" zusammengeschlossen worden[87], sondern waren als Faktoren von Macht und Herrschaft, gleichwohl sie vom fränkischen Reich „geschluckt" worden waren, vom fränkischen Statthalter, dem dux, und vom fränkischen Großkönig zu berücksichtigen. Ich glaube auch nicht, daß, wie Goez[88] bemerkt, die Zahl der genealogiae einmal größer gewesen ist, weil die Wahrscheinlichkeit der Aufnahme der genealogiae in die Lex schon im 6. Jh. gegeben ist[89]. Damit ist ein früher Zeitpunkt ihrer Existenz in Baiern erfaßt. Goez geht in dieser Frage von den genealogiae und ihrer Situation im 8. Jh. aus. In dieser Phase unterliegen sie tatsächlich dem fortgeschrittenen Trend eines Rückgangs der politischen Bedeutung einzelner genealogiae, zugleich zeigt sich jedoch die Stärkung anderer, z. B. der Huosi. Die Behauptung einer vertraglichen Übereinkunft älterer Kleinreiche zur Bildung des Baiernstammes ist ebenfalls eine nicht notwendige und noch dazu falsche Konstruktion[90]. Das Ausgreifen des Bereiches der Huosi, die bis in das 8. und 9. Jh. eine Tendenz zur Eingliederung benachbarter genealogiae, z. B. Fagana und Hahilinga zeigen, steht eventuell in Konkurrenz zu den Agilolfingern.

83 S. E. Zöllner, Agilolfinger, S. 107 ff., H. Löwe, Bajuwaren, S. 60 f.; K. F. Werner, S. 106 f. und R. Wenskus, Sächsischer Stammesadel, S. 404 ff., stehen für fränkische, K. Bosl, Bayerische Geschichte, S. 24 f., für fränkisch-burgundische Abstammung der Agilolfinger ein. Nach N. Wagner, S. 19 ff., besonders S. 47, sind „thüringische, langobardische, fränkische, baierische Verzweigungen" feststellbar.

84 W. Goez, S. 145 ff. Gegen E. Zöllner auch K. A. Eckhardt, Merowingerblut II, S. 96 ff. und W. Schlesinger, Heerkönigtum, Nachwort S. 340: „So scheint mir dies auf einen Kompromiß zwischen fränkischem und einem schon bestehendem Königtum hinzudeuten." Hierzu fehlt jegliche Grundlage!

85 Die von L. Steinberger, S. 96 f. aufgestellten Hypothesen können z. T. als haltlos abgetan werden.

86 W. Goez, S. 149.

87 Ebd.

88 Ebd., S. 150.

89 C. Schott, S. 138 ff.

90 W. Goez, S. 150.

Die Einsetzung eines dux baiuvariorum ist eindeutig ein fränkischer, großköniglicher Akt, der nur insoweit auf autonome Herrschaftsansprüche, wirtschaftliche und gesellschaftliche Positionen der Unterworfenen Rücksicht nimmt, als es der fränkischen Politik nützt[91]. Die fränkische Politik hat in ihrem weitreichenden Engagement der Jahre zwischen 536/37 (Überlassung des Voralpenlandes durch die Ostgoten) und 539 (italische Unternehmungen – Butilin und Leuthari) Ungewißheit und Risiko eines vielleicht jahrelangen Kleinkrieges gegen die alamannischen Gruppen, als deren Ober- und Führungsschicht ich die genealogiae ansehe, vermieden und durch eine weitgehende Unversehrtheit deren gesellschaftlichen Status, wie er in der Lex Baiuwariorum erscheint, sich die Oberherrschaft im noch übrigen süddeutschen Raum und die politische und militärische Bewegungsfreiheit für den italischen und pannonischen Raum mit politischen Mitteln erworben. Dieses Verhalten des fränkischen Königs wird umso deutlicher, wenn man sich die Situation des Wettlaufs um Italien zwischen Byzanz und Franken vor Augen hält und gleichzeitig den fränkischen Trend nach Pannonien beachtet[92]. Das weitgehende Scheitern der fränkischen Italienpolitik im 6. Jh. verwischt das große Interesse und die Anstrengungen fränkischer Machtpolitik, als deren Realisierung die Entsendung von Heeren, die unschlüssige abwartende Haltung der für die Goten bestimmten Hilfstruppen und die zeitweise Besetzung Venetiens anzusehen sind[93]. Besonderes Gewicht kommt der relativ engen diplomatischen Verbindung mit Byzanz zu. Vor diesem Hintergrund wird die „Verschonung" der alamannischen Adelsgruppen, der genealogiae, plausibel. Hinzu kommt wohl die Einsicht dieser traditionell den Franken widerstrebenden Gruppen, vor der Wahl zu stehen zwischen Eliminierung oder Unterwerfung, da ihnen jegliche Aussicht auf Unterstützung fehlte. Der ostgotische Protektor fiel aus und auch das Thüringerreich war schon von den Franken unterworfen (531).

Die weitgehende Wahrung von Status, Macht, Prestige und Autonomie erleichterte auch die staatsrechtlich „ordentliche" Übertragung der ostgotischen Ansprüche auf die Franken. Das Schutzverhältnis zwischen Ostgoten und alamannischen Gruppen in Süddeutschland wurde nun abgelöst durch eine wie auch immer verabredete „politisch-staatsrechtliche" Konstruktion, Franken und Alamannen betreffend. Es ist durchaus möglich, daß entsprechende Ver-

91 F. Prinz, Herrschaftsstruktur, S. 120, sieht die Huosi nicht als baierischen Uradel an, sondern besonders stark fränkisch orientiert (im 8. Jh.). W. Störmer, Adelsgruppen, S. 90 ff.; Ders., Früher Adel, S. 45, vermutet „eher Angehörige der altfränkischen trustis dominica". Siehe dazu auch K. Schmid, Familie, Sippe, S. 53 f.; siehe auch M. Neumann.

92 Siehe Brief Theudeberts an Justinian. MG Epist. 3, Nr. 20. Zur politischen Entwicklung siehe K. Reindel, Agilolfinger, S. 102 ff.

93 E. Ewig, Reichsbildung, S. 262 f.; K. Reindel, ebd.

einbarungen zwischen den drei Beteiligten getroffen wurden. An dieser Stelle ist auch zu fragen, ob die Einsetzung eines dux in Südostdeutschland nicht in diese Zeit fallen könnte. Die ersten Erwähnungen Garibalds für das Jahr 555 sagen nichts darüber aus. Wir können also vermuten, daß er einen Vorgänger, ebenfalls einen „Agilolfinger", hatte[94].

Eine weitere politische Übereinkunft liegt wohl im Bereich der Verteilung von politischer, herrschaftlicher und wirtschaftlicher Macht und ihrer Schwerpunkte im südostdeutschen Gebiet. Eine entsprechende Verteilung ist anhand der Arbeiten von F. Prinz recht eindeutig festzustellen[95]. Seine Forschungen zeigen, vom 8. Jh. ausgehend, in fast allen Berührpunkten gleiche, bzw. annähernd übereinstimmende Ergebnisse wie mein vom 5./6. Jh. ausgehender Ansatz. Die Rückzugsgebiete und Siedlungsräume der Alamannen, die nach 496 und 506 in Südostdeutschland aufgesucht worden waren und z. T. bis in das östliche Noricum[96] sich erstreckten, verdünnten sich in der Dichte der Ansiedlung und Herrschaftsausübung im ostbaierischen Raum. Im Westen, auch um Altenerding und im Donautal[97], haben wir Schwerpunkte in der östlichen Ausbreitung der alamannischen Niederlassungen vor uns. Das bedeutet jedoch nicht, daß weiter im Osten keine alamannische Niederlassung mehr stattgefunden hätte[98]. Es ist wohl nicht zu vermuten, daß die Alamannen in ihren Ausweichbewegungen vor den Franken, im Bereich ostgotischer Kontrolle, die romanische Bevölkerung und deren Besitzstand im besonderen Maße geschädigt oder unterworfen und herrschaftlich überlagert hätten. Ennodius sagt nachdrücklich, daß die Ansiedlung der Alamannen ohne Schmälerung römischen (romanischen) Besitzes vorgenommen worden sei: „A te Alamanniae generalitas intra terminos sine detrimento romanae possessionis inclusa est"[99]. L. Schmidt[100] bezieht das allerdings nur auf den Bereich der

94 Um 590 werden Garibald I. und sein Sohn Grimoald von Childebert I, abgesetzt (Paulus Diaconus, II, 30; IV, 7). Diesen Vorgang als Ursache und damit Erklärungsversuch für die Existenz bajuwarischer Traditionsgruppen westlich des Rheins heranzuziehen ist nicht notwendig. Die Herkunft von agilolfingischen Elementen aus dem Westen betont Wenskus, ebd., S. 404 ff. Damit ist ein entsprechender Traditionsfluß schon früher, mindestens seit 555, gegeben. Dazu ist die Verbindung einer oder mehrerer genealogiae zum oberrheinischen Gebiet sehr wahrscheinlich. Siehe W. Störmer, Adelsgruppen, S. 105; S. 119; M. Mitterauer, S. 57 ff.

95 F. Prinz, Herzog und Adel, S. 225 ff.; Ders., Innere Entwicklung, S. 270 ff.; Ders., Herrschaftsstruktur; Ders., Herzogtum der Agilolfinger.

96 Siehe Cassiodor, Rindertausch, Var. III, 50; Reihengräber z. B. von Linz-Zizlau.

97 Siehe W. Sage, Reihengräberfeld, S. 254 ff. und U. Koch, Merowingische Grabfunde.

98 Siehe oben.

99 Ennodius Panegyricus, c. 15; dieses Moment kommt auch zum Ausdruck bei Cassiodor, Var. VII, 4 und I, 11.

100 Westgermanen, S. 284.

Raetia I. So erklärt sich die geringe Dichte alamannischer Gräber und alamannischen Besitzstandes im Raum östlich und südlich von Inn und Salzach. Darüber hinaus nach Osten, in den Raum des heutigen Oberösterreich zeigen sich ebenfalls Anzeichen alamannischer Präsenz[101]. Theoderich lag sehr an der ungestörten Existenz der romanischen Bevölkerung. Eine entsprechende Fürsorge unterstreicht die Bestellung des dux Raetiarum zwischen 507 und 511: „... ideoque ... ducatum tibi credimus Raetiarum, ut milites et in pace regas et cum eis fines nostros solemni alacritate circumeas ... ut nec gentiles sine discussione suscipias nec nostros ad gentes sub incuriositate transmittas[101a].

Wir haben nun in Gebiet zwischen Inn und Isar, etwa auf der Hälfte der Linie Freising-Gars einen Grenzraum, der von verschiedenen Phänomenen gekennzeichnet ist[102]:

1. Bis hierher reichen Orte mit romanischen Namen, Orte, die auf romanische Personennamen hinweisen, laut Breves Notitiae. In diesem Raum, der sich von Salzburg her erstreckt, hat F. Prinz die Kontinuität von romanischer Bevölkerung, romanischer Namengebung, zum Teil romanischer Sprache, nachgewiesen[103]. Von besonderer Bedeutung ist die Weiterexistenz von Besitz und Rechten der Romanen in diesem Gebiet, die auch noch im 8. Jh. gesellschaftlich differenziert in den Quellen erscheinen (Indiculus Arnonis; Breves Notitiae). Neben „romani tributales" finden wir „romani possessores"[104]. Im Zusammenhang mit den Konsensschenkungen in dem umrissenen Bereich stellt Prinz einen geographisch-herrschaftlichen Raum vor, der als Schwerpunkt agilolfingisch-herzoglicher Machtausübung, wenn nicht überhaupt als die Grundlage der Herrschaft des fränkischen „Statthalters" gelten kann. Diese Machtgrundlage hatte ihre Reichweite etwa von Salzburg bis Regensburg und evtl. darüber hinaus[105]. Im Gegensatz dazu fällt der Herrschaftsbereich der Huosi dadurch auf, daß der baierische Herzog hier wenig Eigenbesitz innehat[106]. Solcher Eigenbesitz tritt in Traditionen an Klöster zutage. Im Herrschaftsraum der Huosi fehlen auffällig

101 Siehe H. Ladenbauer-Orel, Linz-Zizlau.

101a Cassiodor, Var. VII, 4.

102 Karten bei F. Prinz, Salzburg; siehe Ders., Herzog und Adel, S. 225 ff. Linie Kehlheim-Moosburg; siehe dagegen A. Kraus, Zweiteilung, S. 16 ff.; siehe auch L. Steinberger, S. 98; E. Klebel, Bajuwaren.

103 F. Prinz, Bayern, Salzburg; Ders., Salzburg; siehe auch J. Sturm, Personennamen, S. 61 ff.; Ders., Preysing; K. Reindel, Agilolfinger, S. 93 ff.

104 F. Prinz, Salzburg, S. 19 ff.

105 Nordgau; siehe romanische Ortsnamen.

106 M. Mitterauer, S. 78 ff.; F. Prinz, Herzog und Adel, S. 225 ff. mit Karte; Ders., Herzogtum der Agilolfinger; ders., Frühes Mönchtum, S. 364.

„Spuren einer agilulfingischen Pagusorganisation"[107]. Auch das Phänomen der Barschalken ist in diesem Raum nicht anzutreffen[108].

Nicht ganz geklärt ist die Frage nach dem Konsens des Herzogs für Schenkungen der Gründerfamilien von Scharnitz und Schäftlarn[109]. Die Möglichkeit einer relativ späten Eingliederung des Adels im Westen in das Herzogtum bzw. die spätere Niederlassung in diesem Gebiet unter Übernahme agilolfingischer Positionen ist nirgendwo nachzuweisen. Auf jeden Fall sind ältere Verhältnisse als die der Zeit um die Mitte des 8. Jhs. zu berücksichtigen.

Auch um Regensburg lebten romanische Ortsnamen fort, und es zeichnet sich eine gewisse Kontinuität der ehemaligen Römerstadt über Severin hinaus ab[110]. Der vollständige Abzug romanischer Bevölkerung aus römischen Städten (Quintanis/Künzing, Batavis/Passau, Lauriacum/Lorch) im Donauraum gehört zu einem immer wieder verwendeten Topos spätantiker Literatur. Die angedrohten Sanktionen und ganz besonders der „Beweis" der Vorhersehungskraft Severins, der das Zurückbleiben von Bevölkerungsgruppen in gefährdeten Städten in Abrede stellt und die „Strafe Gottes" in Gestalt der Thüringer an den wenigen Ungehorsamen, zeigen die frühe Geburt einer Katastrophentheorie[111]. Die Elemente der nunmehr allenthalben nachgewiesenen Kontinuität waren, der fränkischen Herrschaftspraxis entsprechend, sicher ein Hauptansatzpunkt für den von den Franken eingesetzten Herzog und seine Machtbasis.

2. An der Linie zwischen Freising und Gars am Inn haben wir einen deutlichen Beweis für die reale Machtgrenze des „bajuwarischen" Herzogs im Begriff des „Westergaues", der mitnichten ein Beweis für das Vordringen der Bajuwaren aus dem Osten ist. Hier nämlich endet der unmittelbare Macht- und Herrschaftsbereich des Herzogs; hier endet der mit dichtem „Fiskalgut" versehene Raum, der gekennzeichnet ist durch den Anspruch und die Realität der Verfügungsgewalt des Herzogs. Das geht u. a. aus den Traditionen von Salzburg, Mondsee, Freising, Niederaltaich, Regensburg und Passau hervor. Die Schenkungen werden z. T. „per licentiam", „per comeatum", „per consensum" des fränkisch bestimmten Herzogs vergeben[112]. F. Prinz[113] zeigt eine feste Randposition des Herzogs „im Erdin-

107 F. Prinz, Herzog und Adel, S. 245; G. Diepolder, In Pago, S. 383 f. und S. 398.
108 Th. Mayer, Barschalken, S. 155; K. Lechner; A. Janda; RGA, Art. „Barschalken".
109 F. Prinz, ebd., S. 245 f.
110 F. Prinz, Salzburg, S. 10 ff.; H. Dachs, Römer-Kastelle, S. 44 f.; E. Schwarz, Namenkundliche Grundlagen, siehe besonders die Karten S. 34 und S. 56; F. Lotter, Severinus von Noricum, S. 261 ff.
111 Ebd., S. 277 ff.
112 F. Prinz, Herzog und Adel, S. 225 ff.; besonders S. 230.
113 Ebd., S. 245; siehe auch Karte.

ger Raum und im Gebiet Münchens", die durch Herzogsgut, herzogliche Synodalorte und „villae publicae" (Aschheim, Neuching, Langenpreising), sowie durch das herzogliche castrum Freising gekennzeichnet ist. Von hier bezieht er neben der machtvollen Rückendeckung „von oben", vom fränkischen Großkönig, die Grundlagen seiner politischen Macht und seiner wirtschaftlich-gesellschaftlichen Existenz als unabdingbaren Faktor seines Status.

P. Fried hat die Entstehung der „alamannisch-baierischen Grenze" in der Zeit nach 500 veranschlagt, als geschlagene Alamannen bei Theoderich bis hin zum Lech Aufnahme fanden „und der vielleicht gleichzeitig vor sich gehenden Ansiedlung der Baiovarii-Leute aus Böhmen der Lech als Grenze ausgewiesen wurde". „Es hat in vielem den Anschein, daß die Lechgrenze bis zum 8. Jh. politisch eher ein ‚fränkische' Grenze zwischen dem mehr unter fränkischer Oberhoheit stehenden alamannischen Raum und dem relativ selbständig oder nur in lockerer Abhängigkeit von den Franken befindlichen baierischen Herzogtum gewesen ist"[114].

Der Lech mag sehr wohl Teil der Ostgrenze des Herzogtums gewesen sein. Über die Ostausbreitung von Alamannen ist damit jedoch noch nichts ausgesagt. Nach 496/97 bzw. 506 können wir Alamannen im Südwesten (links und rechts des Oberrheins, südlich des Hochrheins) und, jenseits von Iller bzw. Lech, im Südosten feststellen. Insofern trifft die Feststellung von Fried das Richtige, als er den politischen Charakter dieser Grenze hervorhebt. Die stärkere Abhängigkeit des alamanischen Raumes gegenüber der „lockeren" Abhängigkeit des im folgenden baierischen ist wohl nicht zu beweisen[115].

Die „politische" Lechgrenze wird jedoch räumlich weit und intensiv überschritten vom alamannischen Element. Augsburger Bistumsgrenze, sprachlicher[116] und archäologischer Befund bringen das eindeutig zum Ausdruck.

Die Position von fränkischem Königtum und baierischem Herzogtum unterstreicht nachdrücklich meine These von der Namensgebung für die Bajuwaren. Das in unmittelbarer Nähe zu Böhmen gelegene Machtzentrum des „baierischen Herzogtums" und der Machtanspruch der Franken legt eine entsprechende Bezeichnung für den Böhmen vorgelagerten Herrschaftsraum und seine unterworfene Bevölkerung nahe. Ganz besonders plausibel wird dadurch die Fremdbezeichnung durch die Franken. Insofern hat G. Mayr richtig dargelegt, „daß der Beginn der Stammesbildung eine Folge der

114 P. Fried, S. 5.
115 Siehe dazu auch R. Sprandel, Merovingischer Adel, S. 113 f.
116 P. Fried, S. 5 ff. Zu den Ergebnissen der Sprachforschung siehe I. Reiffenstein, S. 709 ff.

herrschaftlichen Zusammenfassung war"[117]. Die Terminologie ostgotischer Schutzherrschaft verwandte ausschließlich die Begriffe römischer Tradition und staatsrechtlich üblicher Sprache, wie z. B. Raetia(e) und Noricum[118].

Im Westen dieses unmittelbaren herzoglichen Machtbereiches schließen die Herrschaftsräume der fünf genealogiae an. Die genauen Bereiche sind nicht eindeutig festzulegen. E. Klebel[119] bestimmt den Huosi-Gau als jenseits von Wester- und Sundergau gelegen[120], im Gebiet zwischen Alpen und Augsburg, Starnberger See und Lech. Er sieht in den Huosi einen Sonderstamm und wohl auch in den übrigen genealogiae. Die Räume der Fagana und der Hahilinga werden um Freising und München angenommen[121]. Inwieweit Wald- und Moosgürtel zu einer Begrenzung der Herrschafts- und Siedlungsräume beigetragen haben, bleibt dahingestellt[122]. 750 werden die Fagana erwähnt mit Grundherrschaften in Freising und Erching[123]. Auch nach Aibling scheint eine Spur zu führen[124].

Die Sonderstellung des westbaierischen Raumes im Herzogtum, zwischen Alamannien und Baiern gelegen, bringt Venantius Fortunatus recht eindeutig zum Ausdruck, wenn er in der Vita sancti Martini[125] berichtet, daß am Lech die Baiern eine nicht immer freundliche, sogar gelegentlich feindselige Haltung nach außen einnehmen. „Si vacat ire viam neque te Baiuvarius obstat". Man kann sich fragen, ob diese Haltung der Baiern am Lech, also in Westbaiern, im Raume der genealogiae, wohl der Huosi, besonders Angehörigen des engeren fränkischen Reiches bzw. der fränkischen Reichskultur entgegengebracht wurde.

Die nähere Identifizierung der Drozza mit einem bestimmten Raum gelingt nicht. Für die Anniona gibt es zumindest namenkundliche Verbindun-

117 S. 268; dieser Aufsatz ist leider an etwas abgelegener Stelle erschienen. Nach R. Wenskus, Stammesbildung, S. 569, „kann keine Rede davon sein, daß die Bildung des bairischen Stammes erst durch den fränkischen Staat ihren Rahmen erhalten hätte."

118 Siehe Cassiodor.

119 Bajuwaren, S. 60 ff.

120 Zu „Wester-" und „Sundergau" siehe P. von Polenz, Namenschichten, S. 173; Ders., Landschaftsnamen, S. 83 ff. Die für Ostfranken getroffene zeitliche Differenzierung der Namengebung – „Ostergouwe", „Westergouwe" vorfränkisch – ist nicht auf den altbaierischen Raum um 550 übertragbar.

121 E. Klebel, Fränkischer Adel, S. 195 ff., möchte die Hahilinga in und um Regensburg nachweisen.

122 E. Klebel, Bajuwaren, S. 61.

123 Ebd., S. 64.

124 Ebd.

125 MG AA 4, S. 368.

gen in den westfälischen Raum, was ich nicht wie Klebel[126] zur Deutung eines Volkssplitters als langobardischer Anhang benütze, sondern als Indiz für alamannisch-suebisch-mittelelbische Tradition ansehe. Für den Namen Huosi nennt Klebel eine Fülle von vergleichbarem Ortsnamenmaterial, das in wohl allen Fällen zumindest auf ehemalige alamannisch-suebische Durchzugsgebiete oder auf das Herkunftsgebiet im Mittelelberaum selbst hindeutet[127]. Diese namenkundlichen Hinweise sind weitere Indizien für die Annahme alamannischer Substanz der – wahrscheinlich aller – fünf genealogiae.

Der Versuch, die gesellschaftliche Stellung von in Reihengräbern Bestatteten zu erschließen[128], erbrachte gerade für den südostdeutschen Raum beachtliche Ergebnisse[129]. Demnach ergibt sich für die Zeit von ca. 530 bis 680 eine grobe Zweiteilung Baierns. Gräber von Angehörigen der C-Gruppe, die Christlein als „adelsähnliche Bevölkerung" bezeichnet[130], also der Ober- bzw. Führungsschicht, d. h. dem Adel[131], angehören, sind fast ausschließlich auf westbaierisches Gebiet beschränkt. Christlein will in dieser Linie sogar die Grenze zwischen Alamannen und Bajuwaren sehen[132]. Nach Osten, nach Altbayern vorgeschobene Fundstellen, die solche Bevölkerungsgruppen erweisen, sind in Barbing-Irlmauth[133], Regensburg[134] und Altenerding/Klettham[135] nachgewiesen. Die Gräber von Staubing bei Weltenburg, die in Verbindung mit romanischer Bevölkerung stehen, können im gleichen Zusammenhang gesehen werden[136].

So verstärkt auch das archäologische Fundbild die Annahme einer „Zweiteilung" Baierns vom 6. Jh. an. Denn die Linie, die das vermehrte Auftreten von Angehörigen der Ober- und Führungsschicht vom östlichen Baiern trennt, entspricht mit relativer und doch frappierender Genauigkeit

126 E. Klebel, ebd., S. 65; Ders., Fränkischer Adel, S. 195 f., vermutet die Drozza und Anniona in Niederösterreich.
127 Ebd., S. 65 ff.
128 R. Christlein, Besitzabstufungen, S. 147 ff.
129 Zu verschiedenen Versuchen der Festlegung von Qualitätsgruppen und – damit verbunden – von gesellschaftlichen Abstufungen K. Böhner, Trierer Land, S. 268 ff.; J. Werner, Bewaffnung, S. 95 ff.; R. Koch, Main-Tauber, S. 101 ff.; H. Steuer, S. 56 ff.; H. Ament, Flonheim, S. 114 ff. und S. 130 ff.; F. Stein, S. 153 ff., allerdings mit Schwergewicht auf dem 7. und 8. Jh.
130 R. Christlein, Besitzabstufungen, S. 172.
131 Siehe F. Irsigler, Frühfränkischer Adel, S. 186 ff.
132 Ebd.; F. Prinz, Herzog und Adel, S. 225 ff.; Ders., Herzogtum der Agilolfinger; siehe dagegen A. Kraus, Zweiteilung, S. 16 ff.
133 U. Koch, Merowingische Grabfunde.
134 H. Bott, Bajuwarischer Schmuck.
135 W. Sage, Reihengräberfeld.
136 R. Christlein, ebd., S. 172 und Ders., Kirche von Staubing, S. 51 ff.

der „Grenze", die die Ergebnisse von Prinz bestätigen[137]. Damit schält sich ein mit besonderen Merkmalen gekennzeichneter Raum im südöstlichen Baiern auch archäologisch heraus. Gegen Prinz und Diepolder wendet sich neuerdings A. Kraus[138], der den Aufsatz von R. Christlein offenbar nicht kennt. Die geringe Zahl von „Adelsgräbern" wird auch von Christlein bestätigt. Die archäologischen Ergebnisse für das 8. Jh. (F. Stein) und das 6. – 7. Jh. (R. Christlein) decken sich in wesentlichen Aussagen für das östliche Baiern.

Verhältnisse und politische Konstellationen des 7. und 8. Jhs. allein können also nicht ohne weiteres die Anfangssituationen des fränkischen Großreiches bezüglich Süddeutschlands erhellen. Das Auftreten der Alamannen in relativ gegliederten Gruppen läßt schon die politische Lage zur Zeit Theoderichs und der Aufnahme der angesprochenen Alamannengruppen[139] mit Sicherheit annehmen. Wild flüchtende, ungeordnete Haufen allein waren es nicht, die die Grenzen überschritten und vorher Widerstand und Aufruhr organisiert hatten. Mit solchen Gruppen hätte eine ostgotische Seite nicht verhandeln und Garantien entgegennehmen bzw. geben können, wie wir aus der diplomatischen Korrespondenz[140] unbedingt annehmen müssen. Auch der Befehl Theoderichs an die Noriker[141], die durchziehenden Alamannen zu unterstützen, belegt relativ geordnete und geplante Bevölkerungsbewegungen. Dazu braucht es Vertreter, Garanten, Repräsentanten als Ordnungsfaktoren, Führer großer Gruppen. Diese Führer waren die Führungsschicht, der Adel, aus dem „Altsiedelland" Südwestdeutschlands, das seit der Zeit der dortigen Landnahme eine politische Strukturierung erfahren hatte, eine grobe Einteilung in Siedlungs- und Herrschaftsräume mit der entsprechenden Zuordnung von Schichten. Aus der zerstreuten Gefolgschaft und ihrem Gefolgschaftsführer[142] hat sich eine im einzelnen nicht zu beschreibende politische, gesellschaftliche Ordnung, eine Statushierarchie, herausgebildet, deren innere und äußere Form und Funktion, wenn auch nicht unverändert, die Niederlagen von 496/97 und 506 überdauert haben. Niederlassung und in gewissem Sinne „Rekonstituierung" vorher südwestdeutscher „Gaue" in Südostdeutschland, im späteren Baiern, ist durchaus plausibel. „Bei der Landnahme und bei der Verteidigung des erworbenen

137 F. Prinz, Herzog und Adel, S. 225 ff.; Ders., Herzogtum der Agilolfinger; Ders., Salzburg; Ders., Innere Entwicklung; Ders., Kontinuität; G. Diepolder, In Pago.
138 A. Kraus, Zweiteilung, S. 16 ff.; Ders., Herkunft.
139 Cassiodor, Var. II, 41; Ennodius, Panegyricus, c. 15.
140 Cassiodor, Var. II, 41.
141 Cassiodor, Var. III, 50.
142 Siehe K. Bosl, Staat, S. 707.

Bodens aber trat zum personalen ein räumlich-territoriales Element; der Führer der Wandergefolgschaft(en) wird auch zum Gebietsherrn; die Seßhaftigkeit schafft ein festes Verhältnis zum Boden, die in der Wanderzeit rein personalen Gebilde von Sippe (Haus) und Gefolgschaft, Stand und Stamm (= Bund) werden bodengebunden"[143]. „In solcher Weise muß man sich die Entstehung der gens Baioariorum denken, die im neuen Siedelland aus verschiedenstämmigen Gefolgschaftshaufen zusammenwuchs, deren Gefolgschaftsführer dem von den Franken gesetzten dux genossenschaftlich gegenübertraten, der zunächst im Namen des Großkönigs, dann kraft eigener Gewalt Herrschaft über Land und Leute ausübte . . ."[144]. Daß der historische Abbruch im alten Siedelland abrupt stattgefunden hat, belegen nicht nur schriftliche Quellen, sondern auch neueste archäologische Ergebnisse aus Zentren herrschaftlich-wirtschaftlicher Macht und Bedeutung, wie z. B. dem Runden Berg bei Urach[145]. Die vage erkennbare, wenngleich „reiche" aber doch hinter den Fundplätzen Baden-Württembergs vor ca. 500 zum Teil zurückstehende Beigabensituation in den Reihengräbern Baierns[146] weist auf eine gewisse „Verarmung" der geflohenen Ober- und Führungsschicht hin. Die Ausstattung der Frauen allerdings ist nicht erkennbar zurückgegangen (Wertobjekt). Unabhängig davon sind jedoch Gegenstände, die im weitesten Sinne Insigniencharakter tragen, wie z. B. silberne Kolbenarmreife, Halsringe, Goldgriffspathen in den Gräberfeldern Baierns nach 500 zutage getreten.

Die Verpflanzung eines solchen „Gaues" in Gestalt seiner gesellschaftlichen Schichtung, in seiner gesellschaftlichen und auch, soweit gediehen, institutionellen Substanz in Form einer Statushierarchie läßt sich am Beispiel der Huosi und des „Huosi-Gaues" hinreichend plausibel nachvollziehen:

Die territoriale Abgrenzung der genealogiae scheint ein wesentliches Merkmal zu sein; daher „Huosi-Gau". Nach meiner These ist das ein Beleg für die Übertragung eines alamannischen pagus der Zeit vor 496/506 auf das neue Siedelland im Fluchtgebiet[147]. Gesellschaftliche und politische Strukturen bleiben erhalten. Das Territorium wechselt. Zugehörigkeit zu den Huosi

143 Ders., Luitpoldinger, S. 150.

144 Ebd., S. 151; siehe dazu auch R. Wenskus, Ethnosoziologie.

145 V. Milojčić, Der Runde Berg; Ders., Herrensitz; R. Christlein, Der Runde Berg; Ders., Spathabeschläge; Ders., Fibelproduktion; Ders., Der Runde Berg II.

146 Nach ca. 500. Belege siehe U. Koch, Merowingische Grabfunde, S. 117 ff.

147 W. Störmer, Früher Adel, S. 388 ff., zeigt ganz deutlich noch für das 8. Jh., „daß der schwäbische Baarraum sogar einige Kontakte zum bayerischen Stammesgebiet aufweist" (S. 388). In Anlehnung an H. Jänichen, S. 84 ff., kommt er zum Ergebnis: „Der Begriff ‚Baar' ist in Bayern nicht gebräuchlich, doch ist anzunehmen, daß die Huosi, die selbst verschiedene pagi im westbayerischen Raum hatten, in weiten Teilen des Gebietes zwischen Isar und Lech eine Art politischer Oberherrschaft über verschiedenste kleine Adelsherrschaften ausübten" (ebd.).

z. B. bedeutet Zugehörigkeit zur Gefolgschaft, zum Verband, zur strukturierten Großgruppe, „zu einem Traditionsverband“[148]. Ein etablierter Gefolgschaftskreis trägt und beinhaltet einen eigenen Traditionskomplex, der im Gegensatz zum Traditionskomplex eines späteren Reichsadels und seiner Vorformen stehen kann[149]. Huosi sind[150] nicht mit fränkischem Reichsadel gleichzusetzen. K. Schmid weist mit Nachdruck auf die Schwierigkeiten hin, die die fünf genealogiae für die Adelsforschung namentlich des 8. Jhs. bedeuten[151]. Das 6. Jh. zeigt ein gegenteiliges Bild. Als „Reichsadel“ im Sinne von Störmer treten die Huosi erst im 8. Jh. auf, wo sie sich gegen das Herzogtum stellen und zugleich Partei für das fränkische Königtum ergreifen: für eine schwache Zentralgewalt in der Ferne, gegen eine starke, wenn auch nur delegierte Gewalt, die sich allerdings in der Zwischenzeit verselbständigt hat, im näheren Bereich ihrer Herrschaft. Dieses Motiv kann die Annahme eines „Reichsadels“ der Huosi leicht ersetzen bzw. ergänzen. R. Wenskus verweist auf die Tendenz der Heiratssitte beim Reichsadel, „einen möglichst königsnahen Partner zu finden“[152]. Gerade dieses Phänomen ist bei den genealogiae, namentlich bei den Huosi, besonders in der früheren Zeit fraglich.

Einstufung und Charakterisierung der genealogiae geht fast immer von Quellen und Verhältnissen des 8. Jhs. aus. Der zwischen 500 und der Karolingerzeit eingetretene Wandel von politischen Konstellationen wird dabei nicht genügend berücksichtigt. Ausgangspunkt muß die Wende vom 5. zum 6. Jh. sein. Spätere Verhältnisse haben nur sekundäre Aussagekraft. K. Schmid[153] und R. Wenskus[154] sehen das Problem der Strukturunterschiede zwischen Adelshäusern vor 1100 und danach sehr deutlich. Wenskus bietet grundlegende Lösungsmöglichkeiten für unseren Zeitraum. Sicher ist, daß Gruppen wie die genealogiae den Rahmen von Dynastien und Sippen nach unserem Verständnis, das von Vorstellungen einer Adelswelt, wie sie seit dem Hochmittelalter existiert, geprägt ist, zahlenmäßig überschreiten bzw. sich strukturell unterscheiden. K. Schmid weist auf die relativ kleine Anzahl von ämterbekleidenden Personen innerhalb von solchen Gruppen (Adelsgruppen) hin[155]. Diese Adelsgruppen könnten also sehr wohl über den Kreis einer

148 R. Wenskus, Sächsischer Stammesadel, S. 464 ff.
149 Ebd.
150 Im Gegensatz zu W. Störmer, Adelsgruppen, S. 90 ff.
151 Epfach, S. 120 ff.
152 R. Wenskus, ebd., S. 469.
153 Epfach, S. 131.
154 Ebd., S. 470.
155 K. Schmid, Hirsau, S. 112 und S. 114. Bei H. Jänichen, Neckargau, wird noch mit Begriffen wie „große Blutsgemeinschaft“ gearbeitet.

Verwandtschaft, einer Dynastie, im engeren Sinne hinausgehen, wobei künstlicher Verwandtschaft – Waffensohnschaft, Waffenbruderschaft – und enger traditioneller Gemeinschaft – Abstammungsglaube, -mythos, -wissen – in einem gemeinsamen Siedlungsraum ausgebildetem Wir- Bewußtsein[156], entsprechende Funktionen zukommen.

Die Ansiedlung in geschlossenen Räumen wie auch die Existenz von inneren Strukturen als typische Merkmale der behandelten Gruppen, also besonders der genealogiae, unterstreichen meine Ansicht über geographische Herkunft und historische Ausformung. „In confinio hosiorum"[157] und „Huosigau"[158], Regelungen „inter duas genealogias de termino terrae eorum"[159], „placita" und „consilia" der Huosi[160] weisen eindeutig auf Familien- oder Sippenverband im herkömmlichen Sinn überschreitende Strukturen hin. Die Existenz entsprechender Institutionen läßt die Anfänge der genealogiae im baierischen Raum und ihren Ursprung im alamannischen Siedelland Südwestdeutschlands in meinem Sinne zu. Hierin spiegelt sich das Phänomen der zerstreuten Gefolgschaft[161] nach Phasen der Etablierung und Verfestigung, deren erste Formen wir im 4. Jh. zur Zeit eines Chnodomar deutlich erkennen können. Von diesem Zeitraum her hat sich kein umwälzender gesellschaftlicher Wandel vollzogen[162]. Ein Königtum konnte sich nur kurzfristig, zweckgebunden und dazu noch ohne fortune[164] in Form eines Heerkönigtums ausbilden. Die größte Organisationseinheit bleiben die „Gaue", die pagi, auch regna genannt, von denen wir allerdings nur festhalten können, daß sie relativ abgeschlossen Herrschafts- und Siedlungsräume sind.

Über die Argumente W. Störmers zur Feststellung einer fränkischen Reichsaristokratie hinaus – Störmer stützt sich vor allem auf die politische Haltung der Huosi – bezieht sich R. Wenskus auf den „in Namen faßbaren Traditionskomplex an verschiedenen Stellen innerhalb und außerhalb des Stammesgebietes"[165]. Die entsprechenden Stellen liegen im Neckargau, wie z. B. „Huosinga" (Jesingen bei Kirchheim/Teck); die miterwähnten Orte Bissingen und Weilheim finden wir auch in eindeutigen Huosi-Räumen Westbaierns[166]. Im gleichen Zusammenhang zeigt Wenskus auch Beziehungen in

156 R. Wenskus, Stammesbildung, S. 64, S. 89 und Anm. 452.
157 Trad. Fris. 736.
158 Siehe W. Störmer, Adelsgruppen, S. 90 ff., und G. Diepolder, In Pago, S. 405.
159 Lex Alamannorum, c. 81.
160 Trad. Fris, 142; R. Wenskus, Sächsischer Stammesadel, S. 472.
161 K. Bosl, Staat, S. 707; M. Weber, S. 142 ff.
162 Siehe auch B. Behr, S. 30 ff.
163 Gegen O. Feger, Herzogtum.
164 Siehe die Schlacht von 496/97.
165 R. Wenskus, Sächsischer Stammesadel, S. 473.
166 Ebd., S. 522.

den Wormser Raum, in den Lobdengau und in das fränkische Gebiet, sogar zum ehemaligen thüringischen Königshaus. Das sind keine Indizien für fränkischen Reichsadel, sondern, in meiner Argumentationsreihe, Belege für die alamannische Herkunft der Huosi.

Damit läßt sich auch der frühere Siedlungsraum der Huosi in weitem Rahmen abstecken: Neckargau und Mittelrhein. Diese Auffassungen werden weiter gestützt und verdichtet, wenn wir neueste Forschungen zu Trägern der Nibelungen-Tradition heranziehen[167]. Bischof Pilgrim von Passau, der angebliche Initiator einer lateinischen Niederschrift des Nibelungenliedes, wird der genealogia der Huosi zugeordnet. Die zahlreichen Klostergründungen dieser genealogia bieten großes Namenmaterial an, das uns auch in mittelrheinische Gebiete führt[168].

Konstruktionen von fränkischer Reichsaristokratie mit baierischer Hausüberlieferung sind problematisch, wenn wir die Huosi als ehedem alamannische Gruppe sehen. Der Huosi-Name Nibelunc erscheint in den Freisinger Traditionen[169] und bei Mainz[170] als Nibelungus (773/4, Bretzenheim). Der Name Gailswind bzw. Kaylswinda, „fundatrix in Cochel"[171] verbindet Bretzenheim mit dem Huosi-Kloster Kochel[172], der Huosiername Irminfried Scharnitz-Schlehdorf mit thüringischer Tradition. Zahlreiche andere Beispiele sind angefügt[173]. Die Huosi sind die Hauptträger der Nibelungen-Tradition im baierischen Raum. Zugleich gibt es gute Gründe, sie als Alamannen anzusehen, die ja u. a. am Mittelrhein saßen. Zusammen mit den Aussagen des Geographus Ravennas[174], der mittelrheinische Gebiete um Worms und südlich Mainz als alamannisch bezeichnet, verdichtet sich das Bild der Huosi als eine ehemalige Gruppe des alamannischen Siedlungsraumes, die, ausgehend von den Strukturen der Gefolgschaft über die zerstreute Gefolgschaft hinaus, zusammen mit Ober- und Führungsschicht, zumindest in Umrissen innere Organisationsformen ausgebildet und zur Zeit der Niederlage gegen die Franken in ihrem Gau Traditionen und Sonderformen entwickelt hatte, die in neue Räume verpflanzt werden konnten. Dem entspricht auch die Vermu-

167 R. Wenskus, Sächsischer Stammesadel, Exkurs I: Die Nibelungen-Überlieferung im Norden, am Mittelrhein und in Bayern, S. 477 ff.

168 F. Prinz, Frühes Mönchtum, S. 365 ff.; W. Störmer, Fernstraße, S. 311; Ders., Adelsgruppen, S. 91 ff.; Ders., Früher Adel; G. Diepolder, Aribonen, S. 100 ff.; M. Mitterauer, S. 148 f.; O. Mitis.

169 Trad. Fris. 142, siehe oben.

170 R. Wenskus, ebd., S. 518; Codex Laureshamensis 1822.

171 MG Necr. 1, 4.

172 R. Wenskus, ebd.

173 Ebd., S. 518 ff.

174 IV, 26; siehe L. Schmidt, Westgermanen, S. 276 ff.; K. Beyerle, Süddeutschland, S. 65 ff.

tung, daß es vor allem Alamannen der nördlichen Siedlungsräume waren, die in intensiven Konflikt mit den Franken geraten waren, der schließlich zur Niederlage führte. Damit kann auch die Frage aufgeworfen werden, ob als „typisch fränkisch" angesehene „Adelsgräber" in Rheinhessen, z. B. von Flonheim, auch tatsächlich fränkische Angehörige der Ober- und Führungsschicht aufgenommen haben[175]. Gerade für die früheste Belegungszeit, in den letzten Jahrzehnten des 5. Jhs. (ca. 480 bis 500), halte ich die Anwesenheit von fränkischer Ober- bzw. Führungsschicht für ungewisser als Ament[176]. Die Verbindung zwischen Flonheim in Rheinhessen und Gültlingen in Württemberg ist anhand charakteristischer Beigabemerkmale schon hergestellt worden (Horizont Flonheim-Gültlingen), also zeitlich, räumlich und qualitativ[177]. Ein Vergleich Flonheim-Gültlingen und z. B. Altenerding würde diesen Anschauungen nicht widersprechen[178]. Vergleichbare Beigabentypen finden wir in reichem Umfang auf dem Runden Berg bei Urach [179], in Bittenbrunn bei Neuburg/Donau[180] und im weiteren Verlauf des Donautals bei Irlmauth bei Regensburg[181]. Die Ausgrabungen des Reihengräberfeldes von München-Aubing zeigen jetzt schon Indizien für einen relativ homogenen Reihengräberkreis in Süddeutschland um 500, der zur Deckung zu bringen ist mit dem Migrationsbereich alamannischer Gruppen, namentlich Angehörigen des Adels. Dieser süddeutsche Kulturkreis unterscheidet sich wenig vom linksrheinischen und fränkischen Raum, wenn wir von einzelnen besonders reichen Grabausstattungen etwa unter dem Kölner Dom oder von Morken sowie vom früheren Abbruch der Beigabensitte in Nordostgallien absehen. Die Ausbreitung der Reihengräbersitte aus dem fränkischen Nordwesten, wobei

175 H. Ament, Flonheim, S. 126 ff.

176 „Alle diese Indizien deuten auf einen gewissen Synoikismos des ostfränkischen Reichsadels in der Kernlandschaft am Mittelrhein, auch wenn der Schwerpunkt ihrer Tätigkeit in anderen Räumen lag." (R. Wenskus, Sächsischer Stammesadel, S. 517.) Der von Wenskus unmittelbar behandelte Zeitraum ist zwar das 8. Jh. Zahlreiche Indizien lassen jedoch auch für den Anfang des 6. Jhs. eine rein fränkische Besiedlung mit rein fränkischem Adel bezweifeln. Vgl. Ennodius Pannegyricus IV, 26; F. Beyerle, Süddeutschland, Karte nach S. 76!

177 J. Werner, Grabfunde, S. 30 ff.

178 Wenn R. Wenskus, ebd., S. 404 ff., Verwandte der Agilolfinger links des Rheins im Zusammenhang mit „den Familien um Weißenburg" nachweist und fränkische Herkunft annimmt, so ist damit wohl nicht das letzte Wort gesprochen. Die Frage nach der Zugehörigkeit der Agilolfinger zu Gruppen mit alamannischem Traditionskomplex und entsprechenden ethnischen Zusammenhängen wäre noch zu stellen!

179 R. Christlein, Der Runde Berg, S. 15 ff. und Ders., Der Runde Berg II, S. 75 ff.

180 Ders., Bittenbrunn, S. 87 ff., besonders S. 92 f. mit Verweisen auf Irlmauth und den Westen.

181 Ebd. und U. Koch, Merowingische Grabfunde.

das Mittelrheingebiet als besonders auffällige Verdichtungs- und Verteilungszone erscheint, zeigt das Kartenbild[182].

Die Vermutung, daß alle oder einige der fünf genealogiae aus dem Raum der frankonisierten Zone (s. Oos-Linie) stammen, liegt nahe. Denn gerade aus diesem Raum müssen wir eine Abwanderung durch Flucht und Vertreibung nach 496/97 und insbesondere auch nach 506 annehmen. Daß diese Umstände zu einem Bevölkerungsvakuum geführt haben, kann wohl niemand behaupten. Unterwerfung, verbunden mit Christianisierung, bot eine Möglichkeit des Überlebens, gegebenenfalls unter Beibehaltung des Status[182a]. Somit war auch die Aufrechterhaltung familiärer Beziehung und von Traditionsbewußtsein ermöglicht, namentlich seit mit der offiziellen Eingliederung des gesamten süddeutschen Raumes in das Frankenreich (seit 536/37) eine Beruhigung und Entspannung im Verhältnis zwischen Franken und Alamannen eingetreten war, sodaß wir sogar mit der Rückkehr einzelner Gruppen in ihre alte Heimat rechnen können. Es ist sehr wohl möglich, daß die Struktur der „Gaue", der Herrschafts- und Wirtschaftsverhältnisse bei den Alamannen vor 500 sich im Zusammenhang mit den Ausgrabungen von gesellschaftlichen und wirtschaftlichen Zentren, wie beim Runden Berg bei Urach schon jetzt zu erkennen ist, weiter erhellt und aufgeschlossen werden kann. Daraus ergeben sich neue und erweiterte Kenntnisse für die Neugruppierung im baierischen Raum. Die Abbruchphase in Südwestdeutschland um 500 läßt eine Kontinuitätserwartung im neuen Herrschafts- und Siedlungsraum zu.

Auch im zukünftig baierischen Raum haben die Frankenkönige mit gesetzgeberischen Mitteln versucht, eine politische und gesellschaftliche Integration und Assimilation in das fränkische Großreich durchzusetzen. Auch hier wird primär auf den Adel gezielt. Voraussetzungen und politische Konstellationen, die gegenüber dem alamannischen Westen verändert sind, haben jedoch besondere Formen herrschaftlicher Überlagerung ausgebildet, die namentlich in der gesetzgeberischen Auseinandersetzung mit der Führungsschicht, den genealogiae, zu greifen sind.

Die Begründung von „Adel im Rechtssinn" durch Festsetzung von Wergeld kann heute als überholt gelten. R. Wenskus und F. Irsigler haben das eindeutig herausgearbeitet[182b]. Ein ganz wesentliches Bestimmungsmerkmal für Angehörige des Adels ist die Macht, die Tradition, das Recht und der immer wieder unter Beweis und Zugzwang gestellte Wille, den Wert und die

182 In diesem Zusammenhang wird die suggerierende Wirkung des Kartenausschnittes zur „Herkunft der Bajuwaren" und dem Zusammenhang mit dem östlich-merowingischen Reihengräberkreis offenbar (J. Werner, Herkunft, S. 17, Abb. 1).

182a Siehe Anm. 178.

182b R. Wenskus, Stammesbildung; Ders., Amt und Adel, S. 41 ff., F. Irsigler, Frühfränkischer Adel, besonders S. 180 ff.

Sühne eines ihrer verwandten Mitglieder selbst festzulegen und selbst beizutreiben. Ein ganz entscheidendes Moment spielt das Recht der Wahl von Blut oder materieller Leistung als Kompensation für Ehrverlust.

Existenz von Wergeldbestimmungen und Existenz von Adel sind nicht unbedingt aneinander gekoppelt wie bisher oft angenommen. Beides schließt sich im Prinzip gegenseitig aus. Das Überwiegen von Interesse und damit verbundener Macht von Seiten des fränkischen Königtums hat bestimmten Adelsgruppen, z. T. zeitlich und räumlich begrenzt, Wergeld zudiktieren können. Im Pactus Legis Salicae wird der Adel im Zusammenhang mit Wergeld nicht genannt – ein Argument für die Leugnung der Existenz von Geburtsadel bzw. einer rechtlich abgehobenen Adelsschicht um 500 überhaupt[183].

In den sogenannten „süddeutschen Volksrechten" sind jedoch Adel und Wergeld miteinander verknüpft. Den genealogiae wie auch den Agilolfingern wird in der Lex Baiuvariorum (Tit. III) Wergeld zugestanden oder besser, ersteren die Annahme von Wergeld aufgezwungen zusammen mit einem vom König zugeordneten Status: "De genealogia qui vocantur Hosi Drazza Fagana Hahilinga Anniona isti sunt quasi primi post Agilolfingos qui sunt de genere ducali. Illis enim duplum honorem concedamus et sic duplam conpositionem accipiant".

Diese Aussage in der Lex geht sicher auf die erste Redaktion der Lex Baiuvariorum[184] des 6. Jhs. zurück. Diese Annahme ist begründet in der herausragenden Bedeutung der gleichwertig dargestellten und gewerteten fünf genealogiae. Ihr Status, ihre Bedeutung und wohl auch ihre Macht stehen dem Herzog und dem Geschlecht der Agilolfinger kaum nach. Es ist auch auffallend, daß der Statusunterschied zwischen genealogiae und Agilolfingern als relativ gering dargestellt wird. Letztere sind zwar „de genere ducali", andererseits nur die „summi principes inter vos". M. E. werden hier keine fremdstämmigen duces im Gesetz erwähnt, sondern solche, die gesellschaftlich und in ihren traditionellen Bindungen den generalogiae nahe stehen. Fast scheint es, als wären die Agilolfinger eine genealogia neben den anderen, primi inter pares, ausgestattet jedoch mit der Funktion des dux, mit dem „duplex honor" und damit mit der „dupla composition" durch den Frankenkönig. „Dux vero praeest in populo, ille semper de genere Agilolfingarum fuit et debet esse, qui sic reges antecessores nostri concesserunt eis; ut

183 E. Zöllner, Politische Stellung, S. 64 ff.; A. Bergengruen, S. 183; R. Sprandel, Merowingischer Adel, S. 1; Ders., Struktur, S. 37 f. und S. 58; kontrovers zu Sprandel: B. Claude, Untersuchungen, S. 70 und S. 79; Ders., Fragen, S. 273 f.; K. Bosl, Volksrechte, S. 129 f., siehe hierzu F. Irsigler, Frühfränkischer Adel.

184 Siehe den Prolog zur Lex Baiuwariorum; C. Schott, S. 135 ff.

qui de genere illorum fidelis regi erat et prudens, ipsum constituerent ducem ad regendum populum illum. . ."[185]. Die Begründung für die Bindung der Herzogsfunktion an die Agilolfinger ist eine doppelte: 1. war der dux immer de genere Agilolfingarum, 2. haben die Agilolfinger sich durch Treue gegenüber dem König und ihre Tatkraft ausgezeichnet. Von den Ausführungen R. Wenskus' ausgehend[186] ist es denkbar, daß die Agilolfinger in Baiern in engster Verbindung zu Adelsgruppen links des Rheins, zwischen oberer Saar und dem Wormser Raum standen, d. h. von dort her stammten und – mit aller Vorsicht – vielleicht Alamannen waren, die schon früh, evtl. unmittelbar nach 497 bzw. 506 sich den Franken unterworfen und sich in ihren Dienst gestellt haben.

Eine Rangabstufung innerhalb der genealogiae ist nicht erkennbar. Rechts-, Besitz-, Güterstand und Status der genealogiae sind im 8. Jh. nur noch bei den Huosi als besonders herausragend zu erkennen. Von den Hahilinga und Fagana erfahren wir nur wenig, von den Anniona und Drozza nichts. Dementsprechend deute ich auch ihre politisch-gesellschaftliche Stellung. Sie scheinen z. T. in den Huosi, unberücksichtigt dessen, was der Begriff im 8. Jh. noch bedeutet, aufgegangen oder vom Herzog in seinen Herrschaftsbereich eingegliedert zu sein. Für letzteres spricht die Lokalisierung der Hahilinga im Donautal zwischen Regensburg und Straubing, einem Raum intensivster fränkisch-herzoglicher Herrschaft. Die Fagana hingegen kamen wohl in den Machtbereich zwischen Huosi und Herzog zu liegen (Freising) und erfuhren so von beiden Seiten Eingliederung bzw. Assimilierung in verschiedensten Formen. Bei Drozza und Anniona ließe sich spekulativ an Räume östlich des herzoglichen Gebietes denken, etwa an Oberösterreich[187]. Erstes Auftreten der genealogiae im 7. oder 8. Jh., und die starke Stellung, die die Lex Baiuvariorum demonstriert, stünden in Widerspruch zeinander. Die genealogiae können also kaum im 8. Jh. aus dem Westen importierter fränkischer Reichsadel sein[188]. Es ist als sicher anzunehmen, daß sie schon im 6. Jh. existierten und als „genealogiae" in der Lex Baiuvariorum vom Frankenkönig institutionalisiert worden waren. Die Bedeutung, die ihnen in der Lex beigemessen wird, und zwar allen fünf gleichermaßen, widerspricht eindeutig dem so nicht erklärbaren Macht- und Bedeutungsverfall von wenigstens drei der genealogiae, wie im 8. Jh. nachzuweisen ist.

185 Lex Baiuwariorum, III, 1.
186 R. Wenskus, Sächsischer Stammesadel, S. 404 ff.
187 Siehe archäologische Ergebnisse bei H. Ladenbauer-Orel; E. Beninger – Ä. Kloiber.
188 Siehe neuerdings F. Prinz, Herzogtum der Agilolfinger.

Die besondere Heraushebung der genealogiae diente der gesetzgeberischen Eingliederung und damit der gesellschaftlich-herrschaftlichen Unterordnung der bedeutendsten alamannischen Adelsgruppen im baierischen Raum durch die Franken. Es ist m. E. sicher, daß ähnliche, jedoch viel härtere legislative Maßnahmen schon die verbliebenen Alamannen der nördlichen alamannischen Sprachräume nach 496 getroffen haben, sofern diese sich nicht den Franken unterworfen, in ihren Dienst gestellt und sich auch anderweitig arrangiert hatten. Das Recht, mit dem die Frankenkönige diese Gesetze erlassen, ist das Recht des Eroberers an den Unterworfenen. Das wird auch nicht gemildert durch den Umstand, daß zahlreiche und grundlegende Elemente alamannischen, bisher ungeschriebenen Rechtes, wohl in die süddeutschen Leges eingegangen sind.

Die Wergeldbestimmung für den Herzog und seine „parentes" ruht auf dem Abhängigkeitsverhältnis des dux, das gesichert ist, aus welchen Gründen auch immer[189]. Der dux als fernes Mitglied der trustis dominica ist der Gewalt des Königs ebenso wie seinem Schutze unterworfen. Das fränkische Königtum schützt – seiner Absicht nach – in erster Linie den königlichen Amtsträger als Stellvertreter, als Repräsentanten königlicher Gewalt, in zweiter Linie den Adeligen als Angehörigen seiner trustis. Insofern soll dieselbe Maßnahme der Wergeldfestsetzung zwei Wirkungen zeitigen. Zum einen wird der königliche Amtsträger durch intensive Sanktionsandrohungen vor Unbotmäßigkeit und Rebellion geschützt. Zum anderen werden konkurrierende Elemente um Macht und Herrschaft in ihrem autochthonen Recht und Anspruch auf legitime Gewaltsausübung eingeschränkt. Der Wegfall des Adelswergeldes in der Lex Alamannorum im Gegensatz zum Pactus Alamannorum ist ein Zeichen für Machtgewinn des Adels gegenüber dem Herzog, ein Zeichen für Zugeständnisse des Herzogs gegenüber dem Adel, „um seine Unabhängigkeit den Franken gegenüber erhalten zu können"[190]. Das besagt ganz deutlich, wie das Wergeld und seine Festlegung eine Frage der politischen – der innen- und außenpolitischen – Konstellation ist und ein Indikator für das Kräfteverhältnis zwischen Führungsschicht – also Adel – und Königtum.

Im baierischen Raum bleibt so noch immer die Frage offen nach der Existenz von Führungs- bzw. Oberschicht bzw. Adel außer den genealogiae. In den südwestdeutschen Siedlungsgebieten der Alamannen, deren nördlicher Teil seit 496 den fränkischen Eroberern völlig unterworfen und ausgeliefert ist, finden wir keine in Gesetzgebung oder erzählenden Quellen ähnlich hervorragenden Gruppen wie in Baiern, abgesehen von Individuen wie Butilin

189 Siehe neuerdings W. Goez, S. 145 ff. und N. Wagner, S. 19 ff.
190 F. Irsigler, Frühfränkischer Adel, S. 185.

und Leuthari[191]. Die Erklärung liefert der Abzug solcher Gruppen eben dahin. Verbliebene Teile der Ober- und Führungsschichten wurden vom Frankenkönig nivelliert bzw. in eine gesetzgeberische Schichtungs- und Zuordnungsschablone, eine Statushierarchie, gezwängt zur leichteren Beherrschbarkeit. Die Frage nach der Oberschicht im baierischen Raum, die neben bzw. unter der Führungsschicht der genealogiae existiert, ist wohl auch im Zusammenhang mit dem Problem des Wergeldes zu stellen. F. Irsigler[192] und F. Prinz[193] verweisen auf Indizien für die Existenz solcher adeliger Familien. Das kann besagen, daß außerhalb der genealogiae Adel existiert hat, zum Teil alamannischer, zum Teil nichtalamannischer, kaum fränkischer Herkunft. Eine nicht alamannische Oberschicht erscheint verstärkt im weiteren Vorland von Salzburg und ist romanischer Abkunft (romani possessores, genealogia Albina)[194]. Auch im Umkreis anderer ehemaliger Römerstädte können wir Angehörige der romanischen Oberschicht vermuten[195]. In der nicht romanischen und nicht alamannischen Oberschicht sind, wenn überhaupt vorhanden, evtl. Angehörige germanischer Splittergruppen zu vermuten, die schon seit römischer Zeit im Land ansässig waren oder vor und um 500 sich niedergelassen haben[196]. Diese Angehörigen einer Oberschicht scheinen, abgesehen von den Romanen, an Zahl und Macht nicht bedeutend gewesen zu sein. Es ist zu vermuten, daß sie dem Herzog unmittelbar unterworfen waren. Auch archäologisch sind die Hinweise auf östliches Einwanderungssubstrat gering, obwohl es, östlichen Einwanderungshypothesen folgend, nicht an entsprechender Überbewertung solcher Funde fehlt. Eine Möglichkeit bliebe noch offen, bzw. ergänzt Vorhergehendes: Oberschichten haben überwiegend im Bereich der genealogiae existiert. Demnach haben die alamannischen Siedlungs- und Herrschaftsbereiche der genealogiae gesellschaftliche Strukturen aus Alamannien nach Baiern verpflanzt unter evtl. Umformung und Eingliederung von fremden Gruppen. Die unmittelbare Zuordnung solcher Gruppen wird eindrucksvoll demon-

191 Im Pactus Alamannorum wird nirgends von einem alamannischen Herzogtum gesprochen (siehe auch B. Behr, S. 97). Behr, S. 75 ff., sieht Butilin und Leutharis „als militärische Führer fränkischer und alemannischer Einheiten in fränkischem Heer" (S. 98). „Ihre Angehörigkeit zu einer alemannischen Oberschicht ist anzunehmen, aber letztlich nicht beweisbar" (ebd.).

192 Ebd., S. 182.

193 F. Prinz, Herrschaftsstruktur, S. 26.

194 Siehe ebd.; Ders., Salzburg, S. 10 ff.

195 Siehe L. J. Weber, S. 113 f.; J. Werner, St. Ulrich und Afra; K. Reindel, Agilolfinger, S. 93 ff.

196 Siehe Vita Severini; Rugier, Thüringer; Juthungen und Alamannen der Zeit Gibulds; K. Reindel, ebd.

striert im Reihengräberfeld von Altenerding/Klettham[197]. Demnach kann es sehr wohl zutreffen, daß, der Führungsschicht zu- bzw. untergeordnet, eine Oberschicht im Rahmen der jeweiligen genealogia existiert hat, die vom fränkischen königlich-herrschaftlichen Willen nicht expressis verbis genannt worden ist, weil ein solcher Eingriff unvermeidlich den Konflikt mit der Führungsschicht herbeigeführt hätte, die sich wohl nicht bedingungslos der fränkischen Oberhoheit unterworfen hat. Man denke nur an die strategisch wichtige Lage dieses südbayerischen Voralpenlandes. Waren die Franken doch ganz besonders an den von hier aus beherrschbaren Alpenübergängen interessiert. Die Alpenübergänge im Westen blieben trotz der Gebietsabtretungen der Ostgoten in ostgotischer Hand. Deshalb mußten die Alpenübergänge in Süddeutschland unbedingt von den Franken kontrolliert werden können[198]. Die bündischen Alpenübergänge Julier, Splügen, Kleiner St. Bernhard etc. in Raetien waren wegen der Sonderstellung der Raetia prima unsicher bzw. sie führten nicht direkt nach Venetien, ein Kernland der Ostgoten[199].

Der bald nach 536/37 vorgenommene Einfall der Franken in Oberitalien zeigt deutlich, daß sie an einer raschen Lösung der süddeutschen Verhältnisse, d. h. also mit den Alamannen interessiert waren. Hier stießen die Franken auf die in den baierischen Raum übertragenen Gebilde alamannischer „Gaue“ bzw. auf ihre wiedergeformten Herrschafts- und Gesellschaftsstrukturen. Indizien für das Erstarken einzelner genealogiae, zumindest der Huosi, nach der ersten Unterwerfungsphase sind genügend gegeben. Daß der Niedergang nicht intensiv war, zeigen die Merkmale von Kontinuität des Besitzes, der Traditionen, der verwandtschaftlichen Beziehungen zu den alten Siedlungs- und Herrschaftsräumen[200]. Diese Verhältnisse belegt auch der Umstand, daß im Raum der Huosi ein Machtbereich erhalten blieb bis über die Karolingerzeit hinaus, frei von bedeutenden Zugriffen des Herzogs. Im Westen Baierns kann „nicht sehr viel Fiskalgut im unmittelbaren Besitz der Agilolfinger nachgewiesen werden“[201]. Die nur schwach erkennbaren Positionen der vier genealogiae neben den Huosi im 8. Jh. können dabei nicht als Gegenbeweis für Herrschaft und Machtverteilung im 6. Jh. herangezogen werden. Die Gebiete der genealogiae waren also relativ „autonome“ Räume der Führungsschichten alamannischer Abstammung, in denen gesellschaftliche Zuordnungen und Abhängigkeiten relativ wenig berührt

197 W. Sage, Reihengräberfeld, S. 254 ff.

198 Prokop, I, 13, 71 und III, 33; E. Zöllner, Franken, S. 88 f.

199 H. Zeiß, Bemerkungen, S. 352; R. Heuberger, Raetien, S. 160.

200 Siehe z. B. die Huosi: Mittelrhein-Neckargebiet; Nibelungentradition; siehe R. Wenskus, Sächsischer Stammesadel, S. 464 ff.; W. Störmer, Adelsgruppen, S. 90 ff.

201 G. Diepolder, In Pago, S. 383.

von fränkischen Eingriffen weiterexistieren konnten. Die gesetzgeberische Eingliederung hat wohl nur die Führungsschicht namentlich erfaßt, soweit Existenz und Fortbestand fränkischer und agilolfingischer Herrschaft betroffen waren[202]. Eine wesentliche Voraussetzung für einen solchen Unterwerfungs- und Eingliederungsakt war die Annahme des Christentums zumindest durch die Führungsschicht und im Anschluß daran der Oberschicht. Diese Christianisierung ging offenbar nur zögernd vor sich[203]. Unterwerfungseid und damit verbundene Sanktionen realer und transzendentaler Art waren Garantien, die nur darauf basieren konnten. Die „Immunität" der Herrschaftsräume der genealogiae schließt nicht die Anwendung der Lex Baiuvariorum in diesen Herrschaftsräumen aus. Sie kann durchaus als schriftlich fixiertes Machtinstrument der nichtfränkischen Führungsschicht verwendet worden sein, zumal darin ja auch sogenanntes Volksrecht alamannischen Ursprungs enthalten ist.

Im engeren Bereich agilolfingischer Herzogsherrschaft, in dem Raum, „der eine durchgebildete pagus-Organisation und eine stattliche Anzahl rein agilolfingischer Klostergründungen besaß", fällt auf, daß „nur geringe Spuren adeliger Reitergräber zu finden sind"[204]. Damit und im folgenden werden meine Thesen erhärtet. Die Funde lassen auf quantitativ und qualitativ höher zu bewertenden Adel im Raum der genealogiae, besonders der Huosi, schließen. Man könnte ferner daraus schließen, daß im unmittelbaren herzoglichen Raum zwar vielleicht Angehörige einer Oberschicht, nicht jedoch der Führungsschicht anzutreffen sind. Und wenn die Beigabe von östlich-merowingischem Fundgut sich gerade in diesen Gräbern verdichten sollte, ließe sich hieraus ebenfalls die Ansicht von der relativ geringen Bedeutung östlicher Einwanderungsgruppen auch hinsichtlich ihres Status, wenn sie nicht überhaupt eine quantité négligeable darstellen, erhärten. Die Ausbildung von Führungsschichten, wie überhaupt von Gruppen mit gehobenem Status, setzt – je differenzierter und distanzierter die Schichten voneinander abgesetzt sind, desto mehr – eine entsprechende Größe der gesamten Gruppe voraus. Das gilt unter gesellschaftlichen Aspekten ebenso wie unter wirtschaftlichen. Die Rolle der Führungsschicht hat im herzoglichen Schwerpunktgebiet zweifellos das Geschlecht der Agilolfinger inne, das kleine, ethnisch vielleicht verschiedene Bevölkerungsgruppen wohl leicht in seine Herrschaft eingliedern konnte, zumal im fraglichen Raum außer den Romanen keine größeren Gruppen mit politisch-herrschaftlich bedeutender Organisation greifbar sind. Die in diesem Raum vorhandenen Alamannen sind

202 Siehe Lex Baiuvariorum; Garantie der Herzogswürde für das Agilolfingergeschlecht!
203 K. Reindel, Agilolfinger, S. 142 ff.
204 F. Prinz, Herzog und Adel, S. 249.

entweder ausgewichen, worauf der Abbruch früher Gräberfelder im Donautal deuten kann[205], oder sind der herzoglichen Herrschaft zunehmend eingegliedert worden. Die weniger dichte alamannische Niederlassung nach 496/506 im Donautal, zwischen Regensburg und Passau, sowie nordöstlich Salzburgs, habe ich mit besonderen Rücksichten erklärt, die alamannische Flüchtlinge besonders nach 506 auf den von Theoderich zumindest beanspruchten Reichsboden und die Bevölkerung zu nehmen hatten. Romanisches Siedlungs- und Ackerland war damit in weiten Bereichen, sofern es noch beansprucht bzw. bearbeitet wurde, als Herrschaftsraum für die landnehmenden Flüchtlinge ungeeignet. So war auch die Ausbildung zusammenhängender Siedlungs- und Herrschaftsräume dort erschwert und von der fränkischen Machtübernahme gestoppt worden. Von besonderem Interesse in diesem Zusammenhang ist die Verteilung von nutzbaren landwirtschaftlichen Flächen und Waldlandschaften[206]. Die Verfügungsgewalt des Herzogs über die Reste von ehemals römischer „Infrastruktur" – vom Straßennetz über Reste römischer Städte in deren unmittelbarem Zusammenhang Kult- und Bevölkerungskontinuität und damit auch Kontinuität von kirchlicher Organisation oder vielleicht nur Tätigkeit frommer Einzelgänger zunehmend erkannt und entsprechend bewertet wird – gibt dem fränkisch-baierischen Herzogtum seine Machtgrundlagen. Räumliche Abgrenzung und Festschreibung des Machtbereiches, sogar die Macht staatsrechtlich gültiger Namengebung für die Bevölkerung und damit den Raum, verfestigen Herrschaftsanspruch und Realität der Herrschaft. Die neue Formgebung und zielgerichtete Anknüpfung an alte, zur Herrschaft nötige oder zumindest nützliche Elemente – romanische Vorbevölkerung, Reste der Kirchenorganisation[207] – stabilisieren den baierischen Raum, namentlich den herzoglichen, nach innen und außen. Hier setzt die eigentliche Phase der Stammesbildung in Baiern ein.

ZUSAMMENFASSUNG

Die Frage nach der Entstehung des baierischen Stammes hat nicht zuletzt bei Sprache und Literatur und Traditionen – besonders der Ober- und Führungsschichten, also des Adels – und vor allem der Namensbildung von „Baiuwarii" anzusetzen.

205 U. Koch, Merowingische Grabfunde.

206 Diese können wir bei A. Helbok, Volksgeschichte, im Kartenteil ersehen; siehe auch Bayerischer Geschichtsatlas, Karte 8a.

207 Literatur bei F. Prinz, Frühes Mönchtum, S. 320, Anm. 2.

Vom Baierischen steht schon lange fest, daß es engste Affinität, wenn nicht gar Identität in seinem frühen Bestand mit dem Alamannischen besitzt. Das Vorurteil von der östlichen Einwanderung der Bajuwaren ließ dem Alamannischen jedoch nur den Stellenwert von Einsprengseln und beeinflussendem Element. Das schlagendste Argument wurde im Namen „Baiuwarii" selbst gesehen, der die Einwanderung aus Böhmen oder einem sonstigen Lande gewährleisten sollte. Thesen und Antithesen, die letztlich alle auf den Osten verwiesen, wurden seit Zeuß konstruiert und konnten alle nicht befriedigen. Der Zusammenhang einer Fremdbezeichnung für ein neu entstehendes politisches Gebilde mit einem geographischen Zuordnungsmerkmal – nach Osten ausgewichene alamannische Stammesgruppen im Vorfeld von Böhmen – läßt sich herstellen vor dem analogen Hintergrund des Begriffes „Raetowarii".

Die strukturellen Herrschaftsverhältnisse des 8. Jhs. wurden von G. Diepolder und F. Prinz vom zeitlichen Ansatz des 8. Jhs. her erschlossen. Dieser Ansatz, zusammen mit darauf aufbauenden oder ihn bestätigenden Arbeiten wurde neuerdings mit massiver Kritik belegt[208]. Diepolder und Prinz werden weitgehend von meinen Ergebnissen herrschaftlicher, politischer und ethnischer Strukturanalyse, vom 5./6. Jh. ausgehend, bestätigt.

Existenz von Herzogsgut als Fiskalbesitz im Westen wird von niemandem bestritten. Die Fiskalsukzession der Agilolfinger wurde durch den ostgotischen Schutz der Romanen – Beanspruchung als Reichsangehörige – vorbereitet. Deren Dichte ist von Nähe oder Ferne germanischer, besonders alamannischer Einfallzonen bestimmt (Massierung am Alpenrand, Kontinuität in einzelnen Römerstädten: Regensburg – Salzburg – Augsburg – Passau).

Die Reste der genealogiae sind im 8. Jh. und weit darüber hinaus eindeutig greifbar, besonders in den Huosi, die namentlich in Vertretern von überregionaler Bedeutung auftreten. Über „Vermutungen" sind wir weit hinaus, wenn wir R. Wenskus, Sächsischer Stammesadel, und W. Störmer, Früher Adel, gelesen haben[209].

Vorstellungen von Adelsfamilie, Sippe, Dynastie dürfen für unsere Epoche nicht mit denen des Hochmittelalters vermengt werden[210]. So stellen die genealogiae nicht nur eine adelige Führerfamilie oder dergleichen dar, sondern auch eine politisch-gesellschaftlich-ethnisch bestimmte Gruppe, einen Clan mit dem Kristallisationskern einer adeligen Führungsschicht sowie einem

208 A. Kraus, Herkunft; Ders., Zweiteilung, S. 16; siehe dazu die Replik von F. Prinz, Herzogtum der Agilolfinger.

209 Siehe A. Kraus, Zweiteilung, S. 19.

210 K. Schmid, Familie, Sippe.

Traditionskomplex mit herrschaftsräumlichem Umfeld. Substanz und Organisationsform dieser genealogiae sind aus Südwestdeutschland nach 496/506 transferiert worden. Nur von dieser Voraussetzung her sind die genealogiae und die Adelsgeschichte des Frühmittelalters in Baiern zugänglich.

Die „Zweiteilung“ des Herzogtums – ein Reizwort allerdings, das weniger der wissenschaftlichen Kontroverse dient, als polemischer Auseinandersetzung – spiegelt sich eindeutig in den Grabfunden, wenn wir vom 6. Jh. ausgehen. Im 8. Jh. scheinen mir diese gesellschaftlichen und politischen Indikatoren zum Teil von einer zeitlich und politisch bedingten Nivellierung verwischt zu sein.

Diese Sachverhalte werden auch in den Bänden des Historischen Atlas von Bayern richtig widergegeben ohne eine zu absolute Festlegung. „Schon die Lage des Untersuchungsgebietes im Osten des agilolfingischen Bayern sowie seine Zugehörigkeit zum Rottachgau sind nach Ansicht der neueren Forschung Kriterien, die für eine intensive herzogliche Macht in diesem Raum sprechen, im Gegensatz zu dem mehr von großen Adelsgeschlechtern beherrschten Westen des Landes“[211].

Es ist wohl weitgehend belegt, daß die Erscheinungen, die F. Prinz für das 8. Jh., die Zeit Tassilos, aufgezeigt hat, ganz besonders auf den Strukturen des Herzogtums beruhen, die in den Entstehungsprozessen des 6. Jhs. begründet sind. Sogar die Diplomatik gibt ein positives Argument in dieser Sache zur Hand: Im Schwerpunktgebiet agilulfingischer Herrschaft läßt sich der Gebrauch eines Urkundenformulars feststellen, das sich in grundsätzlichen Formen und Elementen abhebt von dem des Freisinger Umfelds, also Westbaierns[212]. Damit setzen sich, wenn nicht zwei Rechtslandschaften, so doch zwei Räume unterschiedlicher Formen des Rechtsgebrauches voneinander ab. Das sind zusätzliche Indizien für unterschiedliche gesellschaftliche Strukturierung des Herzogtums in zwei abgrenzbaren Herrschaftsräumen.

211 R. Blickle, S. 13.
212 H. Fichtenau, S. 15 ff.; F. Prinz, Frühes Mönchtum, S. 344.

ABKÜRZUNGEN

AKBl.	=	Archäologisches Korrespondenzblatt
AKG	=	Archiv für Kulturgeschichte
Beitr.	=	Beitrag
BllDtLdG	=	Blätter für Deutsche Landesgeschichte
BonnJbb	=	Bonner Jahrbücher
BVBll	=	Bayerische Vorgeschichtsblätter
DA	=	Deutsches Archiv für Geschichte des Mittelalters
DALV	=	Deutsches Archiv für Landes- und Volksforschung
FMSt	=	Frühmittelalterliche Studien. Jahrbuch des Instituts für Frühmittelalterforschung der Universität Münster
FS	=	Festschrift
FuF	=	Forschungen und Fortschritte
GDVWZ	=	Germanische Denkmäler der Völkerwanderungszeit
Hg./hg.	=	Herausgeber/herausgegeben
HistVjschr	=	Historische Vierteljahrsschrift
HJb	=	Historisches Jahrbuch
HZ	=	Historische Zeitschrift
JbFLF	=	Jahrbuch für Fränkische Landesforschung
JbObÖsterrMusV	=	Jahrbuch des Oberösterreichischen Musealvereins
JbSchweizG	=	Jahrbuch für schweizerische Geschichte
MBVF	=	Münchner Beiträge zur Vor- und Frühgeschichte
MIÖG	=	Mitteilungen des Instituts für Österreichische Geschichtsforschung
MittGesSalzbLdKde	=	Mitteilungen der Gesellschaft für Salzburger Landeskunde
NDtForschMAG	=	Neue Deutsche Forschungen. Abteilung Mittelalterliche Geschichte
NJb„Adler"	=	Neues Jahrbuch der Heraldisch-Genealogischen Gesellschaft „Adler"
Protokoll	=	Protokoll über die Arbeitstagung auf der Insel Reichenau
RBPhH	=	Revue Belge de Philologie et d'Histoire
RGA	=	Reallexikon der germanischen Altertumskunde, 2. Aufl., hg. von H. Jankuhn, K. Kuhn u. a. 1968 –
RGK	=	Bericht der Römisch-germanischen Kommission. Deutsches Archäologisches Institut
RGZM	=	Jahrbuch des Römisch-Germanischen Zentralmuseums Mainz
RhVBll	=	Rheinische Vierteljahrsblätter
SchrrRBLG	=	Schriftenreihe zur bayerischen Landesgeschichte
SchweizZG	=	Schweizerische Zeitschrift für Geschichte
Stud.u.Mitt.	=	Studien und Mitteilungen zur Geschichte des Benediktionerordens und seiner Zweige
VHVO	=	Verhandlungen des Historischen Vereins für Oberpfalz und Regensburg

VSWG	=	Vierteljahrschrift für Sozial- und Wirtschaftsgeschichte
VuF	=	Vorträge und Forschungen. Hg. vom Institut für Geschichtliche Landesforschung des Bodenseegebietes in Konstanz
WdF	=	Wege der Forschung
WürttVjh	=	Württembergische Vierteljahreshefte für Landesgeschichte
ZfG	=	Zeitschrift für Geschichtswissenschaft
ZBLG	=	Zeitschrift für Bayerische Landesgeschichte
ZGORh	=	Zeitschrift für die Geschichte des Oberrheins
ZHistVSteierm	=	Zeitschrift des Historischen Vereins für Steiermark
ZHVS	=	Zeitschrift des Historischen Vereins für Schwaben (und Neuburg)
ZKG	=	Zeitschrift für Kirchengeschichte
ZRG	=	Zeitschrift der Savignystiftung für Rechtsgeschichte GA = Germanistische Abteilung RA = Romanistische Abteilung
ZSchweizG	=	Zeitschrift für Schweizerische Geschichte
Zs.f.Arch.	=	Zeitschrift für Archäologie
ZWLG	=	Zeitschrift für Württembergische Landesgeschichte

QUELLEN

Agathias von Myrina, Auszüge aus den Historien, im Anhang zu: Prokop, Gotenkriege, ed. O. Veh, München 1966,
zitiert: Agathias.
Ammianus Marcellinus, Römische Geschichte, ed. W. Seyfarth, 5 Bde., 1971 –
Appollinaris Sidonius episcopus Arvernicus Carmina, ed. Chr. Luetjohann 1887 (MG AA 8),
zitiert: Appollinaris Sidonius
Aurelius Victor, Historiae abbreviatae (de Caesaribus Liber), ed. J. Arntzen, 1733,
zitiert: Aurelius Victor, De Caes.
Breves Notitiae, ed. W. Hauthaler, 1910 (Salzburger Urkundenbuch I).
Breviarius Urolfi, ed. P. Roth, 1854 (Beitr. zur deutschen Sprach-, Geschichts- und Ortsforschung, Bd. 3).
Bündner Urkundenbuch (BUB) I. Bearb. v. E. Meyer-Marthaler u. F. Perret, 1955.
Cassii Dionis Cocceiani Historiarum Romanorum quae supersunt, ed. U. Ph. Boissevain, 5 Bde., 1895–1931,
zitiert: Cassius Dio.
Cassiodor, Chronica, ed. Th. Mommsen, 1894 (MG AA 11).
Cassiodor, Variae, ed. Th. Mommsen, 1894 (MG AA 12),
zitiert: Cassiodor, Var.
Codex Laureshamensis, 3 Bde., hg. v. K. Glöckner, 1929–36.
Cornelii Taciti de origine et situ Germanorum, rec. H. Furneaux, it. rec. J. G. C. Anderson, 1958 (Cornelii Taciti opera minora),
zitiert: Tacitus, Germania.
Dexippi fragmenta, ed. L. Dindorf, Historici Graeci minores 1, 1870,
zitiert: Dexippos.
Ennodius, Panegyricus dictus Theoderico, ed. F. Vogel, 1885 (MG AA 7),
zitiert: Ennodius, Panegyricus.
Eutropius, Breviarium ab urbe condita, ed. H. Droysen, 1879 (MG AA 2),
zitiert: Eutropii Breviarium.
Fredegar, Chronicarum quae dicuntur Fredegarii scholastici libri IV cum continuationibus, ed. B. Krusch, 1888 (MG SS rer. Merov. 2),
zitiert: Fredegar.
Gregorii episcopi Turonensis historiarum libri X, ed. alt. cur. B. Krusch et W. Levison, 1951 (MG SS rer. Merov. I, 1),
zitiert: Greg. Tur.
Indiculus Arnonis, ed. W. Hauthaler, 1910 (Salzburger Urkundenbuch I).
Jonae vitae sanctorum Columbani, Vedastis, Johannis, ed. B. Krusch, 1905 (MG SS rer. Germ. i. u. schol.).
Jordanis, De origine actibusque Getarum, ed. Th. Mommsen, 1882 (MG AA 5),
zitiert: Jordanes.
The Works of the Emperor Julian, with an English Translation by W. C. Wright, 1969.
Leges Alamannorum, ed. K. Lehmann, 1888 (MG LL V, 1).
Leges Alamannorum, ed. K. A. Eckhardt, Bd. 1, 1958, Bd. 2, 1962.

Lex Baiuwariorum: K. Beyerle, Lex Baiuvariorum. Lichtdruckwiedergabe mit Transscription und Übersetzung, 1926.
Lex Salica. 100-Titel-Text, hg. von K. A. Eckhardt (Germanenrechte N. F., Westgermanisches Recht), 1953.
Libanius. Selected Works with an English Translation, Introduction and Notes, Vol. I, The Julianic Orations, ed. A. F. Norman, 1969.
Liber historiae Francorum, ed. B. Krusch, 1888 (MG SS rer. Merov. 2).
Marius episcopus Aventicensis, Chronica, ed. Th. Mommsen, 1894 (MG AA 11, Chron. min. 2),
zitiert: Marius von Avenches, Chronica.
Notitia dignitatum accedunt Notitia urbis Constantinopolitanae et Laterculi prouinciarum, ed. O. Seeck, 1876,
zitiert: notitia dignitatum.
Origo Langobardorum, ed. G. Waitz, 1878 (MG SS rer. Langob. et Ital.).
Pactus Legis Alamannorum, ed. K. A. Eckhardt, 2. Aufl. 1957.
Pactus Legis Salicae, ed. K. A. Eckhardt (MG LL sectio I, Bd. IV, 1).
Paulus Diaconus, Historia Langobardorum, ed. L. Bethmann – G. Waitz, 1878 (MG Script. rer. Lang.).
Prokop, Gotenkriege. Griechisch-Deutsch, ed. Otto Veh, 1966.
Ravennatis Anonymi Cosmographia et Guidonis Geographica, ed. J. Schnetz (Itineraria Romana II, 1940),
zitiert: Geographus Ravennas.
Salzburger Urkundenbuch, ed. W. Hauthaler, 1. Bd. Traditionscodices, 1910.
Die Traditionen des Hochstifts Freising, hg. von Th. Bitterauf, 2 Bde., 1905–1909 (Quellen und Erörterungen zur bayerischen und deutschen Geschichte, NF 4, 5),
zitiert: Trad. Fris.
Venanti Honori Clementiani Fortunati Presbyteri Italici opera pedestria, rec. et emend. B. Krusch, 1885 (MG AA IV, 2).
Venanti Honori Clementiani Fortunati Presbyteri Italici opera poetica, rec. et emend. F. Leo, 1881 (MG AA IV, 1).
Vita Lupi episcopi Trecensis, ed. B. Krusch, 1896 (MG SS rer. Merov. 3).
Vita Severini, R. Noll, Das Leben des hl. Severin, 1963^2 (Schriften und Quellen der Alten Welt 11).
Flavius Vopiscus, Aurelianus, ed. H. Peter, Script. historiae Augustae 2, 1884^2,
zitiert: Vopisc. Aurel.
Zosimos, Historia nova, ed. L. Mendelssohn, 1887,
zitiert: Zosimus.

LITERATUR
(KURZZITAT IN KLAMMERN)

A. Aign (Favianis): Favianis und der heilige Severin. In: Ostbairische Grenzmarken 5, 1959.

Ders. (Zeugnisse): Zeugnisse aus Passaus römischer Zeit. In: Ostbairische Grenzmarken 15, 1973.

A. Alföldi: Über die Juthungeneinfälle unter Aurelian. In: Serta Kazaroviana, 1950.

P. Allard: Les origines du servage. In: Revue des questions historiques 89, 1911.

H. Ament (Flonheim): Fränkische Adelsgräber von Flonheim = GDVWZ Ser. B 5, 1970.

H. Aubin – Th. Frings – J. Müller: Kulturströmungen und Kulturprovinzen in den Rheinlanden, 1926.

K. S. Bader: Volk – Stamm – Territorium. In: HZ 176, 1953.

W. Baer: Frühmittelalterliche Verwaltungsorganisation im alam.-schwäb. und bayerischen Raum. In: ZVHS 69, 1975.

A. Bauer: Gau und Grafschaft in Schwaben. Ein Beitrag zur Verfassungsgeschichte der Alamannen, 1927.

Bayerischer Geschichtsatlas. Hg. von M. Spindler; Red. G. Diepolder, 1968.

M. Beck: Die Schweiz im politischen Kräftespiel des merowingischen, karolingischen und ottonischen Reiches. In: ZGORh NF 50, 1937.

F. Behn: Ein vorfränkisches Gräberfeld bei Lampertsheim a. Rh. In: Mainzer Zs. 30 1935.

B. Behr: Das alemannische Herzogtum bis 750 (= Geist und Werk der Zeiten 41) 1975.

G. Behrens: Aus der frühen Völkerwanderungszeit des Mittelrheingebietes. In: Mainzer Zs. 17–19, 1921–24.

E. Beninger – Ä. Kloiber: Oberösterreichs Bodenfunde aus baierischer und frühdeutscher Zeit. In: JbObÖsterrMusv. 107, 1962.

A. Bergengruen: Adel und Grundherrschaft im Merowingerreich (= VSWG Beiheft 41) 1958.

F. Beyerle (Kulturportrait): Das Kulturportrait der beiden alamannischen Rechtstexte: Pactus und Lex Alamannorum. In: Hegau 1, 1956.

Ders. (Leges): Die süddeutschen Leges und die merowingische Gesetzgebung. In: ZRG GA, 49, 1929.

Ders. (Stammesrechte): Die beiden süddeutschen Stammesrechte. In: ZRG GA 73, 1956.

Ders. (Süddeutschland): Süddeutschland in der politischen Konzeption Theoderichs des Großen. In: Grundfragen der alamannischen Geschichte, hg. von Theodor Mayer, VuF 1, 1955.

V. Bierbrauer (Alteglofsheim): Ein Frauengrab des frühen 6. Jhs. aus Alteglofsheim, Ldkr. Regensburg. In: BVBll. 38, 1975.

Ders. (Bügelfibeln): Zu den Vorkommen ostgotischer Bügelfibeln in Raetia II. In: BVBll. 36, 1971.

Ders. (Grab- und Schatzfunde): Die ostgotischen Grab- und Schatzfunde in Italien, 1974.

Ders. (Oberitalien): Alamannische Funde der frühen Ostgotenzeit aus Oberitalien. In: FS Werner 1974.

Ders. (Ostgoten): Zur ostgotischen Geschichte in Italien. In: Studi medievali, serie terza, 14, 1973.

A. Bigelmair: Die Afralegende. In: Arch. f. Gesch. des Hochstifts Augsburg 1, 1909/11.

R. Blickle: Landgericht Griesbach (= Historischer Atlas von Bayern, Teil Altbayern, 30) 1972.

J.-P. Bodmer: Der Krieger der Merowingerzeit und seine Welt (= Geist und Werk der Zeiten 2) 1957.

H. W. Böhme: Germanische Grabfunde des 4. bis 5. Jhs. zwischen unterer Elbe und Loire. In: MBVF 19, 1974.

Ders. (Löffelbeigabe): Löffelbeigabe in spätrömischen Gräbern nördlich der Alpen. In: RGZM 17, 1970.

K. Böhner (Chronologie): Zur archäologischen Chronologie der Merowingerzeit. In: Actes du VIIe Congres International des Sciences Préhistoriques et Protohistoriques 1966, Prague. 1971.

Ders. (Entstehung): Die Entstehung des fränkischen Reiches als archäologisches Problem. In: Actes du VIIIe Congres International des Sciences Préhistoriques et Protohistoriques 1971, Bd. 3, 1973.

Ders. (Kontinuität): Probleme der Kontinuität zwischen Römerzeit und Mittelalter in West- und Süddeutschland. In: Ausgrabungen in Deutschland, Teil 2, Mainz 1975 = RGZM, Monographien, Bd. I, Teil 2.

Ders. (Laetengräber): Zur historischen Interpretation der sogenannten Laetengräber. In: RGZM 10, 1963 (1966).

Ders. (Merowingerzeitl. Altertümer): Die merowingerzeitlichen Altertümer des Saalburgmuseums. In: Saalburg Jahrbuch 15, 1956.

Ders. (Spätrömische Kastelle): Spätrömische Kastelle und alamannische Ansiedlungen in der Schweiz. In: Helvetia Antiqua, FS E. Vogt, 1966.

Ders. (Trierer Land): Die fränkischen Altertümer des Trierer Landes, 1958.

W. A. Boelcke: Zur Problematik der frühen alemannischen Landnahme im deutschen Südwesten. In: Wirtschaftliche und soziale Strukturen im saekularen Wandel, FS W. Abel, Bd. 1, 1974.

B. Boesch: Name und Bildung der Sprachräume. In: Die Alamannen in der Frühzeit, hg. von W. Hübener, Veröffentl. des Alemannischen Instituts Freiburg, 34, 1974.

K. Bohnenberger: Grundsätzliches zu den deutschen Ortsnamen. In: Germanisch-Romanische Monatsschrift 17, 1929.

K. M. Bolte: Einige Anmerkungen zur Problematik der Analyse von „Schichtungen" in sozialen Systemen, 1961.

W. J. de Boone: De Franke van hun eerste optreden tot de dood van Childerik, 1954.

H. Borger: Möglichkeiten und Grenzen der Archäologie des Mittelalters. In: FMSt 2, 1968.

K. Bosl (Bayerische Geschichte): Bayerische Geschichte, 1971.

Ders. (Hg.) (Bayern): Zur Geschichte der Bayern = WdF 60, 1965.

Ders. (Frühformen): Frühformen der Gesellschaft im mittelalterlichen Europa, 1964.

Ders. (Gesellschaftsentwicklung): Anfänge und Ansatzpunkte deutscher Gesellschaftsentwicklung. In: ders., Frühformen.

Ders. (Grundlagen): Die Grundlagen der modernen Gesellschaft im Mittelalter, 2 Teile = Monographien zur Geschichte des Mittelalters Bd. 4/I, II, 1972.

Ders. (Kontinuität): Die germanische Kontinuität im Mittelalter (Adel – König – Kirche). In: ders., Frühformen.

Ders. (Leitbilder): Leitbilder und Wertvorstellungen des Adels von der Merowingerzeit bis zur Höhe der feudalen Gesellschaft = SB München, 1974.

Ders. (Luitpoldinger): Das „jüngere" bayerische Stammesherzogtum der Luitpoldinger. In: ZBLG 18, 1955.

Ders. (Reges): Reges ex nobilitate, duces ex virtute sumunt (Tacitus, Germania c. 7). In: ders., Frühformen.

Ders. (Soziologie): Geschichte und Soziologie. Grundfragen ihrer Begegnung. In: ders., Frühformen.

Ders. (Staat): Staat, Gesellschaft, Wirtschaft im deutschen Mittelalter. In: B. Gebhardt/H. Grundmann, Handbuch der deutschen Geschichte, Bd. I, Stuttgart 1970[9].

Ders. (Volksrechte): Die ältesten sogenannten germanischen Volksrechte und die Gesellschaftsstruktur der Unterschichten. Bemerkungen zur Kulturkontinuität der Spätantike im fränkischen Reich der Merowinger und zu den Formen und Phasen ihrer Umwandlungen. In: Gesellschaft, Kultur, Literatur. FS Wallach = Monographien zur Geschichte des Mittelalters, 11, 1975.

K. Bosl/E. Weis: Die Gesellschaft in Deutschland I. Von der fränkischen Zeit bis 1848, München 1976.

H. Bott (Bajuwarischer Schmuck): Bajuwarischer Schmuck der Agilolfingerzeit. Formenkunde und Deutung. In: SchrrRBLG 46, 1952.

Ders. (Körbchenohrringe): Studien zu bajuwarischen Körbchenohrringen. In: BVBll. 26, 1961.

E. Brenner: Stand der Forschung über die Kultur der Merowingerzeit. In: RGK 7, 1912.

H. Bruckner: Helvetia Sacra, Abt. I, 1972.

H. Brunner: Deutsche Rechtsgeschichte, Bd. I, 1906[2].

O. Brunner: Land und Herrschaft. Grundfragen der territorialen Verfassungsgeschichte Südostdeutschlands im Mittelalter, 1965[5].

R. Buchner – F. Beyerle: Untersuchungen zu den fränkischen Stammesrechten 1. In: DA 9, 1951.

R. Buchner: Die Provence in merowingischer Zeit, 1933.

Ders. (Königtum): Das merowingische Königtum. In: Das Königtum. Seine geistigen und rechtlichen Grundlagen = VuF Bd. III, 1956.

H. Büttner (Alpenpolitik): Die Alpenpolitik der Franken im 6. und 7. Jh. In: HJb 79, 1960.

Ders. (Basel): Die Landschaft um Basel von der Einwanderung der Alamannen bis zur Mitte des 8. Jhs. In: Schwaben und Schweiz im frühen und hohen Mittelalter. Gesammelte Aufsätze von H. Büttner = VuF XV, Sigmaringen 1972.

Ders., (Christentum): Christentum und Kirche zwischen Neckar und Main im 7. und frühen 8. Jh. In: Bonifatius-Gedenkgabe, Fulda, 1954[2].

Ders. (Chur): Die Entstehung der Churer Bistumsgrenzen. Ein Beitrag zur fränkischen Alpenpolitik des 6.–8. Jhs. In: ZSchweizKG 53, 1959.

Ders. (Elsaß): Geschichte des Elsaß, 1939.

Ders. (Fränkischer Staat): Christentum und fränkischer Staat in Alemannien und Rätien während des 8. Jahrhunderts. In: ZSchweizKG 43, 1949.

Ders. (Franken): Franken und Alamannen in Breisgau und Ortenau. In: ZGORh NF 52, 1939.

Ders. (Frühes Christentum): Frühes Christentum in Wetterau und Niddagau. In: Jb. für das Bistum Mainz 1948.

H. Büttner – I. Müller (Alpenraum): Frühes Christentum im schweizerischen Alpenraum. 1967.

W. Bulst: Eugippius und die Legende des hl. Severin, Hagiographie und Historie. In: Die Welt als Geschichte 10, 1950.

A. Cameron: Agathias, 1970.

Dies. (Merovingians): Agathias on the Early Merovingians. In: Annali della Scuola Normale superiore di Pisa, ser. 2, 37, 1968.

M. Chaume: Les origines du duché de Bourgogne, 1927.

R. Christlein (Besitzabstufung): Besitzabstufungen zur Merowingerzeit im Spiegel reicher Grabfunde aus West- und Süddeutschland. In: RGZM 20, 1973.

Ders. (Bittenbrunn): Ausgrabung eines Gräberfeldes des 5.–7. Jh. bei Bittenbrunn, Ldkr. Neuburg/D. In: Jber. d. Bayer. Bodendenkmalpflege 8/9, 1967/68.

Ders. (Fibelproduktion): Anzeichen von Fibelproduktion in der völkerwanderungszeitlichen Siedlung Runder Berg bei Urach. In: AKBl. 1, 1971.

Ders. (Gräberfeld von Dirlewang): Das alamannische Gräberfeld von Dirlewang bei Mindelheim. In: Materialhefte z. Bay. Vorgesch. 25, 1971.

Ders. (Kirche von Staubing): Das Reihengräberfeld und die Kirche von Staubing bei Weltenburg. In: AKBl. 1, 1971.

Ders. (Marktoberdorf): Das alamannische Reihengräberfeld von Marktoberdorf im Allgäu = Materialhefte z. bay. Vorgesch. 21, 1966.

Ders. (Passau): Die Stadt Passau und ihre Topographie. In: Das neue Bild der Alten Welt. Kölner Römer-Illustrierte 2, 1975.

Ders. (Der Runde Berg): Der Runde Berg bei Urach. Die frühgeschichtlichen Kleinfunde außerhalb der Plangrabungen. In: AbhhAkad. Heidelberg 1974.

Ders. (Der Runde Berg II): Zu den Kleinfunden auf dem Runden Berg. In: Protokoll vom 18.–21.3.1975.

Ders. (Spathabeschläge): Spathabeschläge des späten 5. und frühen 6. Jhs. vom Runden Berg bei Urach, Württemberg. In: AKBl 1, 1971.

E. Christmann: Die Alamannen und die Franken im deutschen Südwesten. In: Saarpfälzische Abhandlungen z. Landes- und Volksforschung 3, 1939.

D. Claude (Untersuchungen): Untersuchungen zum frühfränkischen Comitat. In: ZRG GA 81, 1964.

Ders. (Verfassungsgeschichte): Zu Fragen frühfränkischer Verfassungsgeschichte. In: ZRG GA 83, 1966.

G. Clauß: Reihengräberfelder von Heidelberg-Kirchheim. 2 Bde. Text und Tafeln. In: Badische Fundberichte Sonderhefte 14, I und 14, II, 1971.

H. K. Claussen: Die Beziehungen der Lex Salica zu den Volksrechten der Alamannen, Bayern und Ribuarier. In: ZRG GA 56, 1936.

O. P. Clavadetscher (Rätien): Zur Verfassungsgeschichte des merowingischen Rätien. In: FMSt 8, 1974.

Ders. (Churrätien): Churrätien im Übergang von der Spätantike zum Mittelalter nach den Schriftquellen (Kurzfassung). In: Protokoll vom 5.–8. Oktober 1976.

J. Cramer: Die Geschichte der Alamannen als Gaugeschichte, 1899.

H. Dachs (Germanischer Uradel): Germanischer Uradel im frühbairischen Donaugau. In: VHVO 86, 1951 (WdF 60)

Ders. (Römerkastelle): Römerkastelle und frühmittelalterliches Herzogs- und Königsgut an der Donau. In: SchrrRBLG 62, 1962 (WdF 60).

Ders, (Zusammenhänge): Römisch-Germanische Zusammenhänge in der Besiedlung und in den Verkehrswegen Altbaierns. In: Die ostbair. Grenzmarken 13, 1924.

F. Dahn: Die Könige der Germanen IX: Die Alamannen, 1902.

H. Dannenbauer (Dörfer): Fränkische und schwäbische Dörfer am Ende des 8. Jahrhunderts. In: FS K. Bohnenberger, 1938.

Ders. (Adel): Adel, Burg und Herrschaft bei den Germanen. In: HJb 61, 1961.

Ders. (Bevölkerung): Bevölkerung und Besiedlung Alemanniens in der fränkischen Zeit. In: ders.: Grundlagen.

Ders. (Gallorömer): Die Rechtsstellung der Gallorömer im fränkischen Reich. In: ders.: Grundlagen.

Ders. (Grundlagen): Grundlagen der mittelalterlichen Welt, Skizzen und Studien, 1958.

H. Dannheimer (Alamannen): Alamannen, Baiern, Franken. In: Vor- und frühgeschichtliche Archäologie in Bayern, 1972.

Ders. (Alpenvorland): Funde der Völkerwanderungs- und Merowingerzeit im bayerischen Alpenvorland zwischen Isar und Salzach. In: Führer zu vor- und frühgeschichtlichen Denkmälern 18, 1971.

Ders. (Bayerisch-Schwaben): Neue Reihengräberfunde aus Bayerisch-Schwaben. BVBll. 25, 1960.

Ders. (Christentum): Zum archäologischen Nachweis merowingerzeitlichen Christentums in Bayern. In: BVBll. 29, 1964.

Ders. (Mittelfranken): Die germanischen Funde der späten Kaiserzeit und des frühen Mittelalters in Mittelfranken = GDVWZ Serie A Bd. 7, 1962.

Ders. (Neue Reihengräberfunde): Neue Reihengräberfunde der Merowingerzeit aus Mittelfranken. In: JbFLF 31, 1971.

Ders. (Untersuchungen): Untersuchungen zur Besiedlungsgeschichte Bayerns im frühen Mittelalter. In: Ausgrabungen in Deutschland Teil 2, 1975 = RGZM, Monographien, Bd. I, Teil 2.

H. Dannheimer – G. Ulbert (Feldmoching/Sendling): Die bajuwarischen Reihengräber von Feldmoching und Sendling. = Materialhefte z. bayerischen Vorgesch. Heft 8, 1956.

A. Dauber: Neue Funde der Völkerwanderungszeit aus Baden. In: Bad. Fundberichte 21, 1958.

I. Dienemann-Dietrich: Der fränkische Adel in Alamannien im 8. Jh. In: VuF I, 1955.

G. Diepolder (Aribonen): Die Herkunft der Aribonen. In: ZBLG 27, 1964.

Dies. (In Pago): Die Orts- und „IN PAGO"-Nennungen im bayerischen Stammesherzogtum zur Zeit der Agilolfinger. In: ZBLG 20, 1957.

Dies. (Laurentiuspatrozinien): Altbayerische Laurentiuspatrozinien. In: Aus Bayerns Frühzeit = FS F. Wagner, 1962.

H. Dietze: Rätien und seine germanische Umwelt in der Zeit von 450 bis auf Karl d. Gr. unter besonderer Berücksichtigung Churrätiens, 1931.

M. Doeberl: Entwicklungsgeschichte Bayerns, Bd. I, 1916³.

A. Dopsch: Wirtschaftliche und soziale Grundlagen der europäischen Kulturentwicklung aus der Zeit von Caesar bis auf Karl d. Großen I, 1918.

B. Eberl: Die Bajuwaren, 1966.

H. Ebner: Die Burg als Forschungsproblem mittelalterlicher Verfassungsgeschichte. In: H. Patze (Hg.), Die Burgen im deutschen Sprachraum I = VuF XIX, 1976.

K. Eckes – H. Zeiß: Bairische Reihengräber des 6. Jhs. bei Irlmauth BA. Regensburg, BVBll. 15, 1938.

K. A. Eckhardt: Merowingerblut II. Agilolfinger und Etichonen. In: Deutschrechtliches Archiv 11, 1965.

Ders.: Die Gesetze des Merowingerreiches. Übersetzt von K. A. Eckhardt. I. Pactus Legis Salicae, 1963. II, Leges Alamannorum, 1961.

L. Eckhardt: Die Grabungsergebnisse 1960–1963 in St. Laurenz zu Lorch-Enns. In: JbObÖsterrMusV 109, 1964.
R. Egger (Alpenraum): Der Alpenraum im Zeitalter des Übergangs von der Antike zum Mittelalter. In: Die Alpen in der europäischen Geschichte, VuF X, 1965.
H. J. Eggers: Methodik der Prähistorie. In: Enzyklopädie der geisteswissenschaftlichen Arbeitsmethoden. Methoden der Geschichtswissenschaft und der Archäologie, hg. von M. Thiel, 1974.
E. Ennen: Frühgeschichte der europäischen Stadt, 1953.
W. Ensslin: Theoderich d. Große, 1950².
Ders.: Zur Geschichtsschreibung und Weltanschauung des Ammianus Marcellinus. Klio, Beiheft 16, 1923.
E. Ewig (Civitas Ubiorum): Die Civitas Ubiorum, die Francia Rinensis und das Land Ribuarien. In: RhVBll 19, 1954, WdF 49.
Ders. (Fränk. Frühgeschichte): Probleme der fränkischen Frühgeschichte in den Rheinlanden. In: Historische Forschungen f. Walter Schlesinger. Hg. v. H. Beumann, 1974.
Ders. (Frankenreich): Das merowingische Frankenreich (561–687). In: Th. Schieder (Hg.), Handbuch der Europäischen Geschichte, Bd. I, 1977.
Ders. (Institutionen): Das Fortleben römischer Institutionen in Gallien und Germanien. In: Relazioni del X Congresso Internazionale de Scienze Storiche I, 1955.
Ders. (Reichsbildung): Die fränkische Reichsbildung. In: Th. Schieder (Hg.), Handbuch der Europäischen Geschichte, Bd. I, 1977.
Ders. (Teilreiche): Die fränkischen Teilungen und Teilreiche (511–613) = Abhandlungen der geistes- und sozialwiss. Klasse d. Akademie d. Wiss. u. d. Literatur, 9, 1952.
Ders. (Studien): Studien zur merowingischen Dynastie. In: FMSt. 8, 1974.
Ders. (Trier): Trier im Merowingerreich. Civitas, Stadt, Bistum, 1954.
Ders.: Descriptio Franciae. In: Karl der Große, Bd. I. Persönlichkeit und Geschichte, hg. v. H. Beumann, 1965.
M. Fastlinger (Hosi): Der Volksstamm der Hosi, 1911.
Ders. (Klöster): Die wirtschaftliche Bedeutung der bayerischen Klöster in der Zeit der Agilolfinger, 1903.
O. Feger (Bodenseeraum): Geschichte des Bodenseeraumes I, 1956.
Ders. (Herzogtum): Zur Geschichte des alamannischen Herzogtums. In: ZWLG 16, 1957 (WdF 100).
R. Feger: Virtus bei Tacitus. In: Würzburger Jb. f. Altertumswissenschaften 3, 1949.
K. Fehn: Die zentralörtlichen Funktionen früher Zentren in Altbayern, 1970.
H. E. Feine (Eigenkirchentum): Ursprung, Wesen und Bedeutung des Eigenkirchentums. In: MIÖG 58, 1950.
Ders. (Kirchliche Rechtsgeschichte): Kirchliche Rechtsgeschichte, Bd. I. Die katholische Kirche, 1964⁴.
H. Fichtenau: Die Urkunden Herzog Tassilos III. und der „Stiftsbrief" von Kremsmünster. In: MIÖG 71, 1963.
G. Fingerlin (Güttingen u. Merdingen): Die alamannischen Gräberfelder von Güttingen und Merdingen in Südbaden = GDVWZ Ser. A, Bd. 12, 1971.
Ders. (Siedlungsgeschichte): Zur alamannischen Siedlungsgeschichte des 3.–7. Jh. In: Die Alemannen in der Frühzeit. Veröff. des Alemannischen Instituts 34, 1974.
J. Fleckenstein (Grundlagen): Grundlagen und Beginn der deutschen Geschichte, 1974.
Ders. (Entstehung): Die Entstehung des niederen Adels und das Rittertum. In: ders. (hg.): Herrschaft und Stand. Untersuchungen zur Sozialgeschichte im 13. Jh. = Veröffentlichungen des Max-Planck-Instituts für Geschichte 51, 1977.

W. Förste: Die germanischen Stammesnamen auf – varii. In: FMSt 3, 1969.
F. Frahm: Die Entwicklung des Suebenbegriffs in der antiken Literatur. In: Klio 23, 1930.
M. Franken: Die Alamannen zwischen Iller und Lech = GDVWZ Bd. 5, 1944.
W. Fritze: Die fränkische Schwurfreundschaft der Merowingerzeit. In: ZRG GA 71, 1954.
A. Funk: Zur Geschichte der Frühbesiedlung des Hegaus durch die Alamannen. In: Aus Verfassungs- und Landesgesch. Bd. II, FS Th. Mayer, 1955.
J. Garbsch: Der spätrömische Donau-Iller-Rhein-Limes, 1970.
F. Garscha: Die Alamannen in Südbaden. Katalog der Grabfunde = GDVWZ Ser. A, Bd. 11, 1970.
F. Geldner: Zur Frühgeschichte des Obermain-Regnitz-Landes: Die „Fernstraße" von Ravenna nach Thüringen z. Zt. Theoderichs d. Gr. In: ZBLG 39, 1976.
A. Gibert: La porte de Bourgogne et d'Alsace, 1930.
P. Goeßler: Die Alamannen und ihr Siedlungsgebiet. In: DALV 7, 1943.
W. Goez: Über die Anfänge der Agilulfinger. In: JbFLF 34/35, 1975.
G. Gottlieb: Die Nachrichten des Agathias aus Myrina über das Christentum bei Franken und Alamannen. In: RGZM 16, 1969.
R. Gradmann: Schwaben und Alamannen. In: ZWLG 2, 1938.
H. Grahn-Hoek: Die fränkische Oberschicht im 6. Jh. Studien zu ihrer rechtlichen und politischen Stellung = VuF, Sonderband 21, 1976.
F. Graus (Gefangenenbefreiungen): Die Gewalt bei den Anfängen des Feudalismus und die Gefangenenbefreiungen. In: Jb. f. Wirtschaftsgesch. I, 1961.
Ders. (Hagiographie): Sozialgeschichtliche Aspekte der Hagiographie der Merowinger- und Karolingerzeit. Die Viten der Heiligen des südalemannischen Raumes und die sogenannten Adelsheiligen. In: Mönchtum, Episkopat und Adel zur Gründungszeit des Klosters Reichenau = VuF 20, 1974.
Ders. (Treue): Über die sogenannte germanische Treue. In: Historia 1, 1959.
Ders.: Volk, Herrscher und Heiliger, 1965.
H. Grünert: Zu den Anfängen und zur Rolle der Sklaverei und des Sklavenhandels im ur- und frühgeschichtlichen Mitteleuropa, speziell bei den germanischen Stämmen. In: Ethnographisch-archäologische Zs. 1969, H. 4.
R. Günther (Feudalismus): Zur Entstehung des Feudalismus bei den Franken. Die römisch-germanische Auseinandersetzung im 4. und 5. Jh. In: ZfG 20, 1972.
Ders. (Laeti, Foederati): Laeti, Foederati und Gentilen in Nord- und Nordostgallien im Zusammenhang mit der sog. Laetenzivilisation. In: Zs. f. Arch. 5, 1971.
Ders. (Reihengräberkultur): Die sozialen Träger der frühen Reihengräberkultur in Belgien und Nordfrankreich im 4./5. Jh. In: Helinium 12, 1972.
Ders. (Gallien): Einige neue Untersuchungen zu den Laeten und Gentilen in Gallien im 4. Jh. und zu ihrer historischen Bedeutung. In: Klio 59, Heft 2, 1977.
S. Gutenbrunner: Germanische Frühzeit in den Berichten der Antike, 1939.
V. Guttenberg: Stammesgrenzen und Volkstum im Gebiet der Rednitz und Altmühl. In: JbFLF 8/9, 1943.
E. Hamm: Herzogs- und Königsgut, Gau und Grafschaft im frühmittelalterlichen Baiern, 1949.
G. Hartfiel: Wörterbuch der Soziologie, 1972.
K. Hauck (Adelskultur): Alemannische Denkmäler der vorschriftlichen Adelskultur. In: ZWLG 16, 1957.

Ders. (Carmina): Carmina Antiqua. Abstammungsglaube und Stammesbewußtsein. In: ZBLG 27, 1964.

Ders. (Sippengebundene Literatur): Haus- und Sippengebundene Literatur mittelalterlicher Adelsgeschlechter von Adelssatiren des 11. und 12. Jhs. her erläutert. In: MIÖG 62, 1964.

A. Helbok (Markomannen): Die Bayern stammen nicht von den Markomannen ab. In: Zs. für sudetendeutsche Geschichte 5, 1941/42.

Ders. (Volksgeschichte): Grundlagen der Volksgeschichte Deutschlands und Frankreichs, 1937.

B. Helbling: Die Entstehung des christlichen Churrätien. In: SchweizZG 25, 1975.

K. Helm: Altgermanische Religionsgeschichte, 1913/53.

H. Helmut: Zur Paläodemographie der völkerwanderungszeitlichen Skelettserie von Altenerding bei München. In: HOMO 21, Heft 2, 1970.

F. Hertlein: Die Römer in Württemberg, 3 Bde. 1928.

R. Heuberger (Bodenseeraum): Der Bodenseeraum im Altertum. In: Aus Verfassungs- und Landesgeschichte Bd. II = FS Th. Mayer, 1955.

Ders. (Das ostgotische Raetien): Das ostgotische Raetien. In: Klio 30, 1937.

Ders. (Raetien im Altertum): Raetien im Altertum und Frühmittelalter. In: Schlernschriften 20, 1932.

B. Heukemes: Ein fränkisches Grab mit künstlicher Schädeldeformation. In: Germania 36, 1958.

M. Heuwieser (Nibelungenlied): Passau und das Nibelungenlied. In: ZBLG 14, 1943.

Ders. (Regensburg): Die Entwicklung der Stadt Regensburg im Frühmittelalter. In: VHVO 76, 1926.

O. Hintze: Feudalismus – Kapitalismus. Hg. von G. Oestreich, 1970.

Historischer Atlas von Bayerisch-Schwaben, hg. von W. Zorn = Veröff. d. Schwäbischen Forschungsgemeinschaft bei der Kommission für Bayerische Landesgeschichte, 1955.

O. Höfler (Sakralcharakter): Der Sakralcharakter des germanischen Königtums. In: VuF III, hg. v. Th. Mayer, 1956.

Ders. (Sakralkönigtum): Germanisches Sakralkönigtum, Bd. I, 1952.

Ders. (Semnonenhain): Das Opfer im Semnonenhain und die Edda. In: Edda, Skalden, Saga = FS F. Grenzmer, 1952.

W. Hübener (Absatzgebiete): Absatzgebiete frühgeschichtlicher Töpfereien in der Zone nördlich der Alpen. 2 Bde, 1969.

Ders. (Hg.) (Alemannen): Die Alemannen in der Frühzeit = Veröffentlichung d. Alemannischen Instituts Freiburg/Br. 34, 1975.

Ders. (Archäologie): Der Beitrag der frühgeschichtlichen Archäologie zur geschichtlichen Landeskunde des alemannischen Raumes. In: Ders. (Hg.), Alemannen, 1975.

Ders. (Augsburg): Zum römischen und frühmittelalterlichen Augsburg. In: RGZM 5, 1958.

Ders. (Methodische Möglichkeiten): Methodische Möglichkeiten der Archäologie zur Geschichte der Alemannen in spätrömischer Zeit. In: Zur Gesch. d. Alamannen, hg. von W. Müller, WdF 100.

Ders. (Wehranlagen): Die frühmittelalterlichen Wehranlagen in Südwestdeutschland nach archäologischen Quellen. In: Die Burgen im deutschen Sprachraum. Ihre rechts- und verfassungsgeschichtliche Bedeutung. Bd. II, VuF XIX, 1976.

F. Irsigler (Ergebnisse): Ergebnisse aus Untersuchungen zur Geschichte des frühfränkischen Adels. In: Siedlung, Sprache und Bevölkerungsstruktur im Frankenreich, hg. v. F. Petri, 1973 (WdF 49).

Ders. (Frühfränk. Adel): Untersuchungen zur Geschichte des frühfränkischen Adels. In: Rheinisches Archiv 70, 1969.
H. Jänichen (Baar): Baar und Huntari. In: Th. Mayer (Hg.), Grundfragen.
Ders. (Neckargau): Der Neckargau und die Pleonungen. In: ZWLG 17, 1958 (WdF 100).
A. Janda: Die Barschalken. Ein Beitrag zur Sozialgeschichte des Mittelalters = Veröff. d. Seminars f. Wirtschafts- und Kulturgesch. a. d. Univ. Wien 2, 1926.
F. Juraschek – W. Jenny: Die Martinskirche in Linz – ein vorkarolingischer Bau in seiner Umgestaltung zur Nischenkirche, 1949.
F. Kaphahn: Zwischen Antike und Mittelalter. Das Donau-Alpenland im Zeitalter St. Severins, 1947².
E. Keller (Chronologie): Zur Chronologie der jungkaiserzeitlichen Grabfunde aus Südwestdeutschland und Nordbayern. In: FS Werner 1974, Bd. I.
Ders. (Flußfunde): Frühalamannische Flußfunde aus dem Landkreis Nördlingen/Schwaben. In: BVBll 35, 1970.
Ders. (Grabfunde): Die spätrömischen Grabfunde in Südbayern = MBVF 14, 1971.
Ders. (Neuburg): Ausgrabungen im spätrömischen Bestattungsplatz von Neuburg an der Donau. In: AKBl 1, 1971.
Ders. (Neuburg II): Das spätrömische Gräberfeld von Neuburg a. d. Donau/Obb. (Materialhefte z. Bayer. Vorgesch. A 40) 1979.
H. Keller (Spätantike u. frühes MA): Spätantike und frühes Mittelalter im Gebiet zwischen Genfer See und Hochrhein. In: FMSt 7, 1973.
H.-J. Kellner (Römer): Die Römer in Bayern, 1971.
Ders. Die Zeit der römischen Herrschaft. In: Spindler, Bd. I, 1971.
E. Klebel (Attila-Epos): Das Attila-Epos aus Passau. In: Der Zwiebelturm 6, 1951.
Ders. (Bajuwaren): Langobarden, Bajuwaren, Slaven. In: Probleme der bayer. Verfassungsgeschichte. Gesammelte Aufsätze v. E. Klebel, 1957.
Ders. (Nibelungenlied): Baiern und das Nibelungenlied. In: Der Zwiebelturm 6, 1951.
Ders. (Fränkischer Adel): Bayern und der fränkische Adel im 8. und 9. Jahrhundert. In: Grundfragen der alemannischen Geschichte = VuF I, 1955.
Ders. (Noricum): Das Fortleben des Namens „Noricum" im Mittelalter. In: Carinthia I, 146, 1956.
W. Kleiber: Zwischen Antike und Mittelalter. Das Kontinuitätsproblem in Südwestdeutschland im Lichte der Sprachgeschichtsforschung. In: FMSt 7, 1973.
H. Klein (Juvavum): Juvavum – Salzburg. In: Studien zu den Anfängen des europäischen Städtewesens = VuF Bd. XIV, 1965.
Ders. (Salzburg): Beiträge zur Siedlungs-, Verfassungs- und Wirtschaftsgeschichte von Salzburg = Mitteil. d. Ges. f. Salzburger Landeskunde 5, Erg.-Bd., 1965.
W. Klein: Studien zu Ammianus Marcellinus. Klio, Beiheft 13, 1914.
H. W. Klewitz: Das alamannische Herzogtum bis zur Stauferzeit. In: F. Maurer, Oberrheiner, Schwaben, Südalamannen, 1942.
A. Klingsporn: Beobachtungen zur Frage der bayerisch-fränkischen Beziehungen im 8. Jh., 1965.
R. Koch (Main-Tauber): Bodenfunde der Völkerwanderungszeit aus dem Main-Tauber-Gebiet = GDVWZ Ser. A, Bd. 8, 1967.
U. Koch (Alamann. Gräber): Alamannische Gräber der 1. Hälfte des 6. Jh. In: BVBll 34, 1969.
Dies. (Merowingische Grabfunde): Die merowingischen Grabfunde aus dem Donautal um Regensburg = GDVWZ Ser. A, Bd. 10, 1968.

H. Koller: Der Donauraum zwischen Linz und Wien im Frühmittelalter. Kulturkontinuität und Kulturverlust des Romanentums nördlich der Alpen. In: Hist. Jb. d. Stadt Linz 1, 1960.

G. Kossack: Prunkgräber. Bemerkungen zu Eigenschaften und Aussagewert. In: FS J. Werner Bd. I. 1974.

E. Kranzmayer (Lautgeographie): Historische Lautgeographie des gesamtbairischen Dialektraumes, 1956.

A. Kraus (Abstammung): Die Abstammung der Bayern in der Historiographie des 18. Jhs. In: ZBLG 20, 1957.

Ders. (Zweiteilung): Zweiteilung des Herzogtums der Agilolfinger? Die Probe aufs Exempel. In: BllDtLdG 12, 1976.

Ders. (Herkunft): Die Herkunft der Bayern. In: Münchener Stadtanzeiger 98 und 99, 1977.

B. Krusch (Bayernname): Der Bayernname. Der Kosmograph von Ravenna und die fränkische Völkertafel. In: NA 47, 1928.

Ders. (Taufe I): Chlodowechs Taufe in Tours 507 und die Legende Gregor von Tours. In: NA 49, 1932.

Ders. (Taufe II): Nochmals die Taufe Chlodowechs in Tours 507. In: HistVjschr 28, 1934.

H. Kuhn: Die Grenzen der germanischen Gefolgschaft. In: ZRG GA 73, 1956.

M. Ladenbauer–Orel (Linz-Zizlau): Linz-Zizlau. Das baierische Gräberfeld an der Traunmündung, 1960.

R. Laser: Die Brandgräber der spätrömischen Kaiserzeit im nördlichen Mitteldeutschland. Bd. I, 1965.

R. Laur-Belart (Basel): Betrachtungen über das alamannische Gräberfeld am Bernerring in Basel. In: FS Tschumi, 1948.

Ders. (Schweiz): Römer und Germanen in der Schweiz. In: Congrès international des sciences préhistoriques et protohistoriques, Zurich 1950.

A. Layer: Von der Landnahme bis zum Ende des Frankenreiches. In: Spindler Bd. III, 2. Teil, 1971.

K. Lechner: „Potschalln" – „Parschalches" – „Paschaler". Ein Beitrag zur österreichischen Rechtsgeschichte und Volkskunde. In: FS Mayer, Aus Verfassungs- und Landesgeschichte I, 1954.

H. Lehmann: Bemerkungen zur frühmittelalterlichen Sklaverei in Bayern. In: ZfG 13, 1965.

Lexikon zur Soziologie. Hg. v. W. Fuchs u. a., 1973.

M. Lintzel: Germanische Monarchien und Republiken in der Germania des Tacitus. In: ZRG GA 54, 1934.

G. Löhlein: Die Alpen- und Italienpolitik der Merowinger im 6. Jh. = Erlanger Abhh. z. mittl. u. neu. Gesch. 17, 1932.

E. Loenig: Geschichte des deutschen Kirchenrechts, Bd. II: Das Kirchenrecht im Reiche der Merowinger, 1878.

H. Löwe (Bajuwaren): Die Herkunft der Bajuwaren. In: ZBLG 15, 1949.

Ders. (Cassiodor): Von Cassiodor zu Dante, 1973.

Ders. (Deutschland): Deutschland im fränkischen Reich. In: B. Gebhardt/H. Grundmann: Handb. d. Deutschen Geschichte I, Stuttgart 1970⁹.

F. Lot: La conversion et le baptême de Clovis. In: RBPhH 17, 1939.

F. Lotter (Endzeit): Severinus und die Endzeit römischer Herrschaft an der oberen Donau. In: DA 24, 1968.

Ders. (Antonius v. Lérins): Antonius von Lérins und der Untergang Ufernoricums. In: HZ 212, 1971.
Ders. (Inlustrissimus): Inlustrissismus vir Severinus. In: DA 27, 1970.
Ders. (Severinus von Noricum): Severinus von Noricum. Legende und historische Wirklichkeit. Untersuchungen zur Phase des Übergangs von spätantiken zu mittelalterlichen Denk- und Lebensformen = Monographien zur Geschichte des Mittelalters Bd. 12, 1976.
F. Lütge: Geschichte der deutschen Agrarverfassung vom frühen Mittelalter bis zum 19. Jh. In: Deutsche Agrargeschichte, hg. v. G. Franz, 1967².
O. Marti: Römer und Alamannen am Oberrhein im 4. und 5. Jh., 1954.
P. E. Martin: La fin de la domination romaine en Suisse et l'occupation germanique. In: Bulletin de la société d'hist. et d'archéologie de Genève, VI, 1, 1935.
Ders. (Etudes critiques): Etudes critiques sur la Suisse à l'époque Mérovingienne, 1910.
F. Maurer: Zur Sprachgeschichte des deutschen Südwestens. Oberrheiner, Schwaben, Südalemannen, 1942.
E. Mayer: Die oberdeutschen Volksrechte, 1929.
Th. Mayer (Barschalken): Baar und Barschalken. In: Mitt. des oö. Landesarchivs, Bd. 3, 1954.
Ders. (Grundlagen): Grundlagen und Grundfragen der Alemannischen Geschichte. In: Grundfragen der alemannischen Geschichte = VuF I, 1955.
Ders. (Königsfreie): Die Königsfreien und der Staat des frühen Mittelalters. In: VuF II, 1955.
Ders. (Reichenau): Die Anfänge der Reichenau. In: ZGORh 101, 1953.
Ders. (Ausbildung): Die Ausbildung der Grundlagen des modernen deutschen Staates im hohen Mittelalter, 1939.
G. Mayr: Zur Entstehung des Bayernstammes. In: Amperland, 8. Jg., Heft 2 und 3, 1972.
Ders.: Studien zum Adel im frühmittelalterlichen Bayern = Studien z. bayerischen Verfassungs- und Sozialgeschichte, Bd. V, 1974.
F. G. Maier: Die Verwandlung der Mittelmeerwelt. (= Fischer Weltgeschichte, Bd. 9), 1968.
W. Menghin (Schwertortbänder): Schwertortbänder der frühen Merowingerzeit. In: FS Werner, 1974.
Ders. (Langschwerter): Aufhängevorrichtung und Trageweise zweischneidiger Langschwerter aus germanischen Gräbern des 5.–7. Jhs. In: Anzeiger des german. Nationalmuseums Nürnberg, 1973.
E. Meyer (Räterforschung): Der heutige Stand der Räterforschung in geschichtlicher, sprachlicher und archäologischer Sicht. In: Schriftenreihe des Rätischen Museums Chur, Heft 10, 1971.
Ders. (Römische Zeit): Neuere Forschungsergebnisse zur Geschichte der Schweiz in römischer Zeit. In: Jb. der Schweizerischen Gesellschaft f. Ur- und Frühgeschichte 54, 1968/69.
H. Meyer: Die Juthungen. Ein Beitrag zur schwäbischen Frühgeschichte. In: ZWLG 9, 1949/50.
E. Meyer-Marthaler: Rätien im frühen Mittelalter. Eine verfassungsrechtliche Studie = Beiheft der ZSchweizG 7, 1948.
G. Mildenberger (Brandgräber): Die thüringischen Brandgräber der spätrömischen Zeit. In: Mitteldt. Forschungen 60, 1970.
Ders. (Mitteldeutschland): Germanische Burgen in Mitteldeutschland. In: FS Walter Schlesinger, Bd. I, 1973.

Ders. (Thüringen): Die Bevölkerungsverhältnisse im völkerwanderungszeitlichen Thüringen. In: Germania 42, 1964.
V. Milojčić (Christentum): Zur Frage des Christentums in Bayern. In: RGZM 13, 1966.
Ders. (Oratorium von Mühltal): Zur Frage der Zeitstellung des Oratoriums von Mühltal an der Isar und des Christentums zwischen 500 und 700 n. Chr. In: BVBll 28, 1963.
Ders. (Der Runde Berg): Der Runde Berg bei Urach. In: Ausgrabungen in Deutschland, Teil 2, Mainz 1975 = RGZM, Monographien, Bd. I, Teil 2.
Ders. (Herrensitz): Ein spätantiker und frühmittelalterlicher Alamannen-Herrensitz auf dem Runden Berg bei Urach/Württemberg. In: Protokoll vom 18.–21.3.1975, Nr. 196.
O. Mitis: Sippen im Traungau um 800. In NJb „Adler", Jg. 1945/46, 3. Folge, I. Bd., 1947.
H. Mitscha-Märheim: Die Herkunft der Baiern. In: Mitt. d. anthropologischen Gesellschaft Wien 80, 1950.
H. Mitteis (Adelsherrschaft): Formen der Adelsherrschaft im Mittelalter. In: Die Rechtsidee in der Geschichte, 1957.
Ders. (Staat): Der Staat des hohen Mittelalters. Grundlinien einer vergleichenden Verfassungsgeschichte des Lehnszeitalters, 1962[7].
Ders. (Konzentrationsbewegungen): Staatliche Konzentrationsbewegungen im großgermanischen Raum. In: FS A. Zycha, 1941.
H. Mitterauer: Karolingische Markgrafen im Südosten – Fränkische Reichsaristokratie und bayerischer Stammesadel im österreichischen Raum = Archiv f. österr. Gesch. Bd. 123, 1963.
W. Mitzka: Die Begründung der althochdeutschen Sprachgeschichte. In: Grundfragen der alemannischen Geschichte = VuF Bd. 1, 1955.
R. Moosbrugger-Leu (Gürtelbeschläge): Die Frühmittelalterlichen Gürtelbeschläge der Schweiz = Monographien zur Ur- und Frühgeschichte der Schweiz, Bd. XIV, 1967.
Dies. (Schweiz): Die Schweiz zur Merowingerzeit. Die archäologische Hinterlassenschaft der Romanen, Burgunder und Alamannen. 2 Bde, 1971.
R. Much: Deutsche Stammeskunde, 1920[3].
W. E. Mühlmann: Ethnologie und Geschichte. In: Stud. gen. 7, 1954.
I. Müller (Gotthard): Der Gotthard-Raum in der Frühzeit. In: SchweizZG 7, 1957.
Ders. (Rätien): Rätien im 8. Jh. In: SchweizZG 19, 1939.
W. Müller (Christianisierung 1974): Die Christianisierung der Alemannen. In: Die Alemannen in der Frühzeit = Veröff. d. Alemann. Instituts Freiburg/Br. 34, 1974.
Ders. (Christianisierung 1975): Die Christianisierung der Alemannen. In: Zur Geschichte der Alemannen. Hg. v. W. Müller (WdF 100).
W. Müller (Hg.): Zur Geschichte der Alamannen = WdF 100, 1975.
J. Muoth; Über bündnerische Geschlechtsnamen und ihre Verwertung für die Bündnergeschichte. I. Theil: Vornamen und Taufnamen als Geschlechtsnamen = Beilage zum Kantonsschulprogramm 1891/92. 1892.
H. Nachtigall: Das sakrale Königtum bei Naturvölkern und die Entstehung früher Hochkulturen. In: Zs. f. Ethnologie 83, 1958.
H. Nesselhauf: Die spätrömische Verwaltung der gallisch-germanischen Länder = Abhh. Akad. Berlin 1938, Nr. 2, 1938.
Ch. Neuffer-Müller und H. Ament: Das fränkische Gräberfeld von Rübenach, Stadt Koblenz = GDVWZ Ser. B, Bd. 7, 1973.
M. Neumann: Die baierische Volksordnung zur Karolingerzeit auf Grund genealogischer Untersuchungen, 1947.

E. Neuscheler: Ammianus Marcellinus als Quelle für die Alemannengeschichte. In: FS K. Bohnenberger, 1938.

R. Nierhaus: Das suebische Gräberfeld von Diersheim. Studien zur Geschichte der Germanen am Oberrhein vom Gallischen Krieg bis zur alamannischen Landnahme. In: Röm.-German. Forschungen Bd. 28, 1966.

R. Noll: Eugippius: Das Leben des hl. Severin = Schriften und Quellen der Alten Welt 11, 1963.

W. Oechsli: Zur Niederlassung der Burgunder und Alamannen in der Schweiz. In: JbSchweizG 23, 1908.

I. Ottinger: Waffenbeigabe in Knabengräbern. In: MBVF, Ergbd. 1/II, 1974.

E. F. Otto: Adel und Freiheit im deutschen Staat des frühen Mittelalters. Studien über nobiles und Ministerialen = Neue Deutsche Forschungen, Abt. Mittelalt. Gesch. 2, 1937.

J. Pätzold – H. P. Uenze – H. Dannheimer: Vor- und Frühgeschichte im Landkreis Griesbach, 1963.

P. Paulsen: Alamannische Adelsgräber von Niederstolzingen (Ldkr. Heidenheim) = Veröff. d. staatl. Amtes f. Denkmalpfl. Stuttgart, Reihe A, 12, 1967.

P. Périn: Trois tombes de „chefs“ du début de la période mérovingienne: Les sépultures N°s 66, 68 et 74 de la nécropole de Mézières (Ardennes). In: Bull. de la Soc. arch. Champenoise 65, 1972.

F. Petri (Hg.) (Siedlung): Siedlung, Sprache und Bevölkerungsstruktur im Frankenreich, 1973 (WdF 49).

F. Petri (Städtewesen): Merowingerzeitliche Voraussetzungen für die Entwicklung des Städtewesens zwischen Maas und Nordsee. In: BonnJbb 158, 1958.

H. v. Petrikovits (Fortleben): Das Fortleben römischer Städte an Rhein und Donau im frühen Mittelalter. In: Trierer Zs 19, 1950.

Ders. (Silberlöffel): Frühchristliche Silberlöffel. In: Corolla memoriae E. Swoboda. Röm. Forschungen in Niederösterreich 5, 1966.

R. v. Planta: Die Sprache der rätoromanischen Urkunden des 8.–10. Jhs. In: Regesten von Vorarlberg und Liechtenstein bis zum Jahre 1260, bearb. v. A. Helbok, 1920–25.

R. Pirling (Fürstengrab): Ein fränkisches Fürstengrab von Krefeld-Gellep. In: Germania 42, 1964.

Dies (Gräberfelder): Die Gräberfelder von Krefeld-Gellep. In: Neue Ausgrabungen in Deutschland Teil 2, 1975 = RGZM, Monographien, Bd. I, Teil 2.

Dies. (Krefeld-Gellep 1966): Das römisch-fränkische Gräberfeld von Krefeld-Gellep = GDVWZ Ser. B, 2, 1966.

Dies. (Krefeld-Gellep 1974): Das römisch-fränkische Gräberfeld von Krefeld-Gellep 1960–63 = GDVWZ Ser. B, 8, 1974.

J. O. Plassmann: Princeps und Populus. Die Gefolgschaft im ottonischen Staatsaufbau nach den sächsischen Geschichtsschreibern des 10. Jhs., 1954.

G. Pohl: Die Ausgrabungen auf dem Lorenzberg bei Epfach. In: Ausgrabungen in Deutschland, Teil 2, 1975 = RGZM, Monographien, Bd. I, Teil 2.

P. von Polenz (Landschaftsnamen): Landschafts- und Bezirksnamen im frühmittelalterlichen Deutschland. Untersuchungen zur sprachlichen Raumerschließung. 1. Bd.: Namentypen und Grundwortschatz, 1961.

Ders. (Namenschichten): Vorfränkische und fränkische Namenschichten in der Landschafts- und Bezirksbenennung Ostfrankens. In: JbFLF 20, 1960.

F. Popelka: Die Streitfrage über die Herkunft der Baiern. In: ZHistVSteierm 43, 1952 und 48, 1957.

F. Prinz (Bayern, Salzburg): Bayern, Salzburg und die Frage der Kontinuität zwischen Antike und Mittelalter. In: MittGesSalzbLdKde 115, 1975.

Ders. (Frühes Mönchtum): Frühes Mönchtum im Frankenreich, 1965.

Ders. (Herrschaftsstruktur): Die Herrschaftsstruktur Bayerns und Alemanniens im 8. Jh. In: BllDtLdG 102, 1966.

Ders. (Herzog und Adel): Herzog und Adel im agilulfingischen Bayern. Herzogsgut und Konsensschenkungen vor 788. In: ZBLG 25, 1962.

Ders. (Innere Entwicklung): Die innere Entwicklung: Staat, Gesellschaft, Kirche, Wirtschaft. In: Spindler Bd. I, 1975.

Ders. (Kontinuität): Fragen der Kontinuität zwischen Antike und Mittelalter am Beispiel Bayerns. In: ZBLG 37, 1974.

Ders. (Salzburg): Salzburg zwischen Antike und Mittelalter. In: FMSt 5, 1971.

Ders. (Stadtherrschaft): Die bischöfliche Stadtherrschaft im Frankenreich vom 5. bis zum 7. Jh. In: HZ 217, 1973.

Ders. (Vita Severini): Zur Vita Severini. In: DA 25, 1969.

Reallexikon der germanischen Altertumskunde (RGA), begr. von J. Hoops. 2. Auflage hg. von H. Jankuhn u. a. 1968 –

C. Redlich: Westgermanische Stammesbildung. In: Nachrichten aus Niedersachsens Urgeschichte 36, 1967.

I. Reiffenstein (Das Althochdeutsche): Das Althochdeutsche und die irische Mission im oberdeutschen Raum = Innsbrucker Beiträge zur Kulturwiss. 6, 1958.

Ders. (Mundarten): Mundarten und Hochsprache. In: Spindler IV, 2, 1975.

K. Reindel (Agilolfinger): Das Zeitalter der Agilolfinger. In: Spindler I, 1975.

Ders. (Bistumsorganisation): Die Bistumsorganisation im Alpen-Donau-Raum in der Spätantike und im Frühmittelalter. In: MIÖG 72, 1964.

Ders. (Herkunft und Landnahme): Herkunft und Landnahme der Bajuwaren in der neueren Forschung. In: B. Eberl, Die Bajuwaren, 1966.

Ders. (Raetien und Noricum): Staat und Herschaft in Raetien und Noricum im 5. und 6. Jahrhundert. In: VHVO 106, 1966.

H. Richter: Der Glauberg (Bericht über die Ausgrabungen 1933–34). In: Volk und Scholle 12, Heft 10, 1934.

S. Riezler: Die Landnahme der Bajuwaren. SB München 1921.

Ders.: Geschichte Bayerns, Bd. I, 1927².

R. Roeren: Zur Archäologie und Geschichte Südwestdeutschlands im 3. bis 5. Jh. n. Chr. In: RGZM 7, 1960.

H. Roosens (Laeti): Laeti, Foederati und andere spätrömische Bevölkerungsniederschläge im belgischen Raum. In: Die Kunde (NF) 18, 1967.

Ders. (Siedlung): Siedlung und Bevölkerungsstruktur im Spiegel merowingischer Gräberfelder. In: F. Petri, Siedlung.

H. Rosenfeld: Alamannischer Ziu-Kult und St. Ulrich- und Afra-Verehrung in Augsburg. In: AKG 37, 1955.

H. Roth: Handel und Gewerbe vom 6. bis 8. Jh. östlich des Rheins. In: VSWG 58, 1971.

W. Sage (Altenerding): Gräber der älteren Merowingerzeit aus Altenerding, Ldkr. Erding. In: RGK 54, 1973.

Ders. (Reihengräberfeld): Das Reihengräberfeld von Altenerding. In: Ausgrabungen in Deutschland, Teil 2, 1975 = RGZM, Monographien, Bd. I, Teil 2.

K. Schäferdiek: Ein neues Bild der Geschichte Chlodwigs. In: ZKG 84, 1973.

W. Schleiermacher: Der obergermanische Limes und spätrömische Wehranlagen am Rhein. In: RGK 33, 1943/50.

W. Schlesinger – J. Werner: Über den Adel im Frankenreich. In: RhVBll 35, 1971 (WdF 49).
W. Schlesinger (Beiträge): Beiträge zur deutschen Verfassungsgeschichte des Mittelalters, Bd. I, 1963.
Ders. (Franken): Die Franken im Gebiet östlich des mittleren Rheins. In: Hess. Jb. f. LG 15, 1965 (WdF 49).
Ders. (Heerkönigtum): Über germanisches Heerkönigtum. In: ders., Beiträge.
Ders. (Herrschaft und Gefolgschaft): Herrschaft und Gefolgschaft in der germanisch-deutschen Verfassungsgeschichte. In: ders., Beiträge.
Ders. (Sippe): Randbemerkungen zu drei Aufsätzen über Sippe, Gefolgschaft und Treue. In: ders., Beiträge.
Ders. (Thüringen): Geschichte Thüringens, Bd. I, Grundlagen und frühes Mittelalter, 1968.
W. Schlüter: Versuche einer sozialen Differenzierung der jungkaiserzeitlichen Körpergräbergruppe von Hassleben-Leuna anhand einer Analyse der Grabfunde. In: Neue Ausgrabungen u. Forsch. in Niedersachsen 6, 1970.
K. Schmid (Epfach): Bischof Wikterp in Epfach. Eine Studie über Bischof und Bischofssitz im 8. Jh. In: Studien zu Abodiacum-Epfach, hg. v. J. Werner, 1964.
Ders. (Familie, Sippe): Zur Problematik von Familie, Sippe und Geschlecht, Haus und Dynastie beim mittelalterlichen Adel. In: ZGORh 105, 1957.
Ders. (Hirsau): Kloster Hirsau und seine Stifter, 1959.
L. Schmidt (Die Baiern): Die Baiern und der Geographus Ravennas. In: MIÖG 54, 1941.
Ders. (Ostgoten): Die Ostgoten in der Schweiz. In: ZSchweizG 9, 1929.
Ders. (Westgermanen): Geschichte der deutschen Stämme bis zum Ausgang der Völkerwanderung II: Die Westgermanen, 1940.
R. Schmidt-Wiegand: Fränkische und frankolateinische Bezeichnungen für soziale Schichten und Gruppen in der Lex Salica = Nachrr. Akad. Göttingen, Nr. 4, 1972.
G. Schneider: Churrätien im 4. bis 8. Jh. auf Grund archäologischer Zeugnisse. Diss. Masch. München 1973/74.
H. Schneider: Germanische Heldensage, Bd. I, 1927.
J. Schneider (Bemerkungen): Bemerkungen zur Differenzierung der gallorömischen Unterschichten im sechsten Jahrhundert. In: Klio 48, 1967.
Ders. (Pauperes): Die Darstellung der Pauperes in den Historiae Gregors von Tours. Ein Beitrag zur sozialökonomischen Struktur Galliens im 6. Jh. In: Jb. f. Wirtschaftsgesch. 1966.
W. Schneider: Arbeiten zur alamannischen Frühgeschichte. Heft III/IV: Arbeiten zur allgemeinen Geschichte, 1976.
J. Schnetz: „Baias" und der Baiernname. In: ZBLG 16, 1951
Ders.: Flußnamen und vordeutsche Ortsnamen des Bayerischen Schwaben. = Studien zur Gesch. des Bayer. Schwaben II, 1953.
Ders.: Zur Beschreibung des Alamannenlandes beim Geographen von Ravenna. In: ZGORh NF 36, 1921.
Ders.: Untersuchungen über die Quellen des anonymen Geographen von Ravenna. = SB München 6, 1942.
S. von Schnurbein: Die Lampen des Gräberfeldes von Regensburg. In: BVBll 36, 1972.
Ders.: Zum Ango. In: FS Werner, 1974.
H. Schoppa (Fränkische Friedhöfe): Die fränkischen Friedhöfe von Weilbach-Maintaunuskreis = Veröff. d. Landesamtes f. kulturgeschichtliche Bodenaltertümer, Wiesbaden, Bd. I, 1959.

Ders. (Limesgebiet): Die Besitzergreifung des Limesgebietes durch die Alamannen. In: Nass. Annalen 67, 1956.
C. Schott: Pactus, Lex und Recht. In: Die Alamannen in der Frühzeit, hg. von W. Hübener = Veröff. des Alemannischen Instituts Freiburg 34, 1974.
P. E. Schramm: Herrschaftszeichen und Staatssymbolik. Beiträge zu ihrer Geschichte vom 3. bis zum 6. Jh., I, 1954.
H. v. Schubert: Die Unterwerfung der Alamannen unter die Franken, 1884.
R. Schützeichel: Das westfränkische Problem. In: Deutsche Wortforschung in europäischen Bezügen, 2, 1963.
W. Schulz (Hassleben): Das Fürstengrab von Hassleben. In: Röm.-Germ. Forsch. 7, 1933.
Ders. (Leuna): Leuna. Ein germanischer Bestattungsplatz der spätrömischen Kaiserzeit = Dt. Akademie d. Wiss. Berlin. Schriften d. Sekt. f. Vor- und Frühgeschichte I, 1953.
K. Schulze: Die Grafschaftsverfassung der Karolingerzeit in den Gebieten östl. des Rheins = Schrr. zur Verfassungsgeschichte, Bd. 19, 1973.
E. Schwarz (Alamannen): Die Herkunft der Alamannen. In: Grundfragen der alamannischen Geschichte = VuF I, 1955.
Ders. (Baiern): Herkunft und Einwanderungszeit der Baiern. In: Südost-Forschungen 12, 1953.
Ders. (Juthungen): Die Herkunft der Juthungen. In: JBFLF 14, 1954.
Ders. (Namenkundl. Grundlagen): Die namenkundlichen Grundlagen der Siedlungsgeschichte des Landkreises Regensburg. In: VHVO 93, 1952.
Ders. (Problem): Das Problem der Herkunft der Baiern. In: FuF 28, 1954.
Ders. (Regensburg): Die bairische Landnahme um Regensburg im Spiegel der Völker- und Ortsnamen. In: Beitrr. z. Namenf. 1, 1949/50.
Ders.: Germanische Stammeskunde, 1956.
Ders. (Völkerwanderungszeit): Das Ende der Völkerwanderungszeit in Böhmen und die Herkunftsfrage der Baiern. In: Bohemia 8, 1967.
Ders. (Walchen): Baiern und Walchen. In: ZBLG 33, 1970.
G. Schwarz (Alt-Regensburg): Der Nordosten von Alt-Regensburg. Legionslager, Bischofskirche, Niedermünster. In: Neue Ausgrabungen in Bayern, München 1970.
Ders. (Regensburg): Die Ausgrabungen in Niedermünster zu Regensburg. In: Führer zu archäologischen Denkmalen in Bayern 1, 1971.
K. Schwarz: Die Bodendenkmalpflege in Bayern in den Jahren 1966–68. In: Jber. d. Bayer. Bodendenkmalpflege 8/9, 1967/68.
O. Seeck: Zur Chronologie des Ammianus Marcellinus. In: Hermes 41, 1906.
W. Seyfarth: Ammianus Marcellinus. Römische Geschichte. Lateinisch und Deutsch und mit einem Kommentar versehen von W. Seyfarth, 1975[3].
M. Spindler (Hg.) (Spindler): Handbuch der Bayerischen Geschichte, 1967 –
R. Sprandel (Dux): Dux und Comes in der Merowingerzeit. In: ZRG GA 74, 1957.
Ders. (Grundherrlicher Adel): Grundherrlicher Adel, rechtsständische Freiheit und Königszins. Untersuchungen über die alemannischen Verhältnisse in der Karolingerzeit. In: DA 19, 1963.
Ders. (Merovingischer Adel): Der Merovingische Adel und die Gebiete östlich des Rheins = Forschungen z. oberrh. Landesgesch. 5, 1957.
Ders. (Struktur): Struktur und Geschichte des merovingischen Adels. In: HZ 193, 1961.
Ders. (Verfassung): Verfassung und Gesellschaft im Mittelalter, 1975.
C. F. Stälin: Wirtembergische Geschichte I, 1841.
F. Stein: Adelsgräber des 8. Jhs. in Deutschland. = GDVWZ, Ser. A, 9, 1967.

F. Steinbach (Frankenreich): Das Frankenreich. In: Brandt-Meyer-Just (Hg.), Handbuch der Deutschen Geschichte, Bd. I, Abschnitt 2, 1957.

Ders. (Merowinger): Die Zeit der Merowinger 400–751. In: Werdendes Abendland. Katalog der Ausstellung in Villa Hügel (Essen), Essen 1956 (WdF 49).

Ders. (Rezension Bergengruen): Rezension von: Alexander Bergengruen, Adel und Grundherrschaft im Merowingerreich. In: VSWG 47, 1960 (WdF 49).

Ders. (Studien): Studien zur westdeutschen Stammes- und Volksgeschichte, Jena 1926 (WdF 49).

L. Steinberger: Noricum, Baiern, Bayern – Namen, Sprache und Geschichte. In: ZBLG 18, 1955.

W. von den Steinen (Chlodwigs Taufe): Chlodwigs Taufe, Tours 507. In: HJb 53, 1933.

Ders. (Chlodwigs Übergang): Chlodwigs Übergang zum Christentum. Eine quellenkritische Studie. In: MIÖG Ergbd. XII, 1932.

H. Steuer: Zur Bewaffnung und Sozialstruktur der Merowingerzeit. In: Nachrichten aus Niedersachsens Urgesch. 37, 1968.

P. Stockmeyer: Die spätantike Kirchenorganisation des Alpen-Donau-Raums im Licht der literarischen und archäologischen Zeugnisse. In: Jb. f. altbayer. Kirchengesch. 1963.

W. Störmer (Adelsgräber): Adelsgräber im frühmittelalterlichen Bayern und Ostfranken. In: ZBLG 32, 1969.

Ders. (Adelsgruppen): Adelsgruppen im früh- und hochmittelalterlichen Bayern = Studien zur bayerischen Verfassungs- und Sozialgeschichte IV, 1972.

Ders. (Fernstraße): Fernstraße und Kloster. In: ZBLG 29, 1966.

Ders. (Früher Adel): Früher Adel. Studien zur politischen Führungsschicht im fränkisch-deutschen Raum = Monographien zur mittelalterlichen Geschichte 6, I/II, 1973.

Ders. (Fuldaer Äbte): Eine Adelsgruppe um die Fuldaer Äbte Sturmi und Eigil. In: Gesellschaft und Herrschaft = FS K. Bosl 1969.

H. Stoll: Welt als Geschichte, 1942.

R. Straub (Kontinuität): Zur Kontinuität der voralamannischen Bevölkerung. In: Badische Fundberichte 20. Jg. 1956 (WdF 100).

Ders. (Alemannen): Zur Geschichte der Alemannen in der Merowingerzeit, Diss. Masch. Freiburg 1952.

I. Striedinger: Wie alt ist der Baiernname? In: ZBLG 10, 1937.

K. F. Stroheker (Alamannen): Die Alamannen und das spätrömische Reich. In: Zur Geschichte der Alemannen, hg. v. W. Müller, 1975.

Ders. (Reichsdienst): Alamannen im römischen Reichsdienst. In: Germanentum und Spätantike, 1965.

Ders. (Der senatorische Adel): Der senatorische Adel im spätantiken Gallien, 1948.

J. Sturm (Personennamen): Romanische Personennamen in den Freisinger Traditionen. In: ZBLG 18, 1955.

Ders. (Preysing): Die Anfänge des Hauses Preysing. In: SchrrRBLG 8, 1931.

B. Svoboda (Böhmen): Čechy v době stěhování národů (Böhmen in der Völkerwanderungszeit) = Monumenta Archaeologica. Acta praehistorica, protohistorica et historica Instituti archaeologici Academiae Scientiarum Bohemoslovacae 13, 1965.

Ders. (Skelettgräber): Beziehungen zwischen den mitteldeutschen Skelettgräbern der Gruppe Leuna-Haßleben und den Böhmischen Funden aus dem 5. Jh. In: Germania 40, 1962.

Ders. (Zum Verhältnis): Zum Verhältnis frühgeschichtlicher Funde des 4. und 5. Jhs. aus Bayern und Böhmen. In: BVBll 28, 1963.

F. Taeger: Römer und Germanen im Rheinland. In: Hess. Jb. f. LG, 7, 1957.
G. Tessier (Conversion): La conversion de Clovis et la christianisation des Francs. In: Settimane di studio del centro Italiano di studi sull'alto medioevo 14, 1967.
Ders. (Babtême): Le baptême de Clovis, 1964.
E. A. Thompson: Slavery in Early Germany. In: M. J. Finley, Slavery in Classical Antiquity, 1960.
R. v. Uslar (Studien): Studien zu frühgeschichtlichen Befestigungen zwischen Nordsee und Alpen, 1964.
Ders.: Frühgeschichtliche Befestigungen zwischen Alpen und Nordsee. In: BllDtLdG 94, 1958.
W. Veeck: Die Alamannen in Württemberg = GDVWZ Bd. 1, 1931.
H. Vetters (Österreich): Das Problem der Kontinuität von der Antike zum Mittelalter in Österreich. In: Gymnasium 76, 1969.
Ders. (Ostalpenraum): Die Kontinuität von der Antike zum Mittelalter im Ostalpenraum. In: Die Alpen in der europäischen Geschichte des Mittelalters = VuF X, 1965.
F. Vogel: Chlodwigs Sieg über die Alemannen und seine Taufe. In: HZ 56, 1886.
J. Vogt: Konstantin d. Große und sein Jahrhundert, 1960².
P. Volk: Zur Identifizierung der The(o)doricopolis des Anonymus von Ravenna. In: AKBl 1, 1971.
A. van de Vyver (Chronologie): La chronologie du règne de Clovis. In: Le Moyen-Age 52/53, 1946/47.
Ders. (La victoire): La victoire contre les Alamans et la conversion de Clovis (en 506). In: RBPhH 15, 1936 (Teil I); 16, 1937 (Teil II).
Ders. (L'unique victoire): L'unique victoire contre les Alamans . . . In: RBPhH 17, 1938 (Teil III).
F. Wagner: Das Ende der römischen Herrschaft in Raetien. In: BVBll 18/19, 1951/52.
N. Wagner: Zur Herkunft der Agilolfinger. In: ZBLG 41, 1978.
E. Wahle (Zur ethnischen Deutung): Zur ethnischen Deutung frühgeschichtlicher Fundprovinzen. Grenzen d. frühgeschichtlichen Erkenntnis. SB Heidelberg 2, 1940.
G. J. Wais: Die Alemannen in ihrer Auseinandersetzung mit der römischen Welt. Untersuchungen zur germanischen Landnahme, 1943³.
N. Walke: Der Goldberg bei Türkheim in Bayerisch-Schwaben. In: Germania 41, 1963.
W. v. Wartburg: Umfang und Bedeutung der germanischen Siedlung in Nordgallien = Deutsche Akademie der Wissenschaften zu Berlin, Vorträge und Schriften, Heft 36. 1950 (WdF 49).
K. Weber: Kulturgeschichtliche Probleme der Merowingerzeit im Spiegel frühmittelalterlicher Heiligenleben. In: Stud. und Mitt., NF 17, 1930.
L. J. Weber: Die Ausgrabungen von St. Ulrich und Afra in Augsburg. In: Ausgrabungen in Deutschland, Teil 2, Mainz 1975 = RGZM, Monographien, Bd. I, Teil 2.
M. Weber: Wirtschaft und Gesellschaft, 1972⁵.
K. Weidemann (Denkmäler): Das Taunusvorland im frühen Mittelalter. In: Führer zu vor- und frühgeschichtl. Denkmälern 21, 1972.
Ders. (Eingliederung): Forschungen zur Eingliederung Süddeutschlands in das Frankenreich. In: Ausgrabungen in Deutschland, Teil 2, Mainz 1975 = RGZM, Monographien, Bd. I, Teil 2.
Ders. (Siedlungsgeschichte): Untersuchungen zur Siedlungsgeschichte des Landes zwischen Limes und Rhein vom Ende der Römerherrschaft bis zum Frühmittelalter. In: RGZM 19, 1972.
R. Weiss: Chlodwigs Taufe 508. Versuch einer neuen Chronologie für die Regierungszeit

des ersten christlichen Frankenkönigs unter Berücksichtigung der politischen und kirchlich-dogmatischen Probleme seiner Zeit (= Geist und Werk der Zeiten 29) 1971.

K. Weller (Alamannenland): Die Besiedlung des Alamannenlandes. In: Württ. Vjh., NF 7, 1898.

Ders. (Geschichte): Geschichte des schwäbischen Stammes, 1944.

Ders. (Württemberg): Besiedlungsgeschichte Württembergs vom 3.–13. Jahrhundert, 1938.

R. Wenskus (Alemannen): Die Alemannen. In: Th. Schieder (Hg.), Handbuch der Europäischen Geschichte, Bd. I, 1977.

Ders. (Amt und Adel): Amt und Adel in der frühen Merowingerzeit. In: Mitt. d. Marburger Universitäts-Bundes 1959.

Ders. (Elb-Donau-Raum): Die Stämme des Elb-Donau-Raumes. In: Th. Schieder (Hg.), Handbuch der Europäischen Geschichte, Bd. I, 1977.

Ders. (Ethnosoziologie): Probleme der germanisch-deutschen Verfassungs- und Sozialgeschichte im Lichte der Ethnosoziologie. In: Historische Forschungen für Walter Schlesinger, hg. von H. Beumann, 1974.

Ders. (Nibelungen): Wie die Nibelungen-Überlieferung nach Bayern kam. In: ZBLG 36, 1973.

Ders. (Sächsischer Stammesadel): Sächsischer Stammesadel und fränkischer Reichsadel, 1976.

Ders. (Stammesbildung): Stammesbildung und Verfassung, 1961.

J. Werner (Abodiacum): Abodiacum. Die Ausgrabungen auf dem Lorenzberg bei Epfach, Lkr. Schongau = Neue Ausgrabungen in Deutschland, 1958.

Ders. (Alamannische Burgen): Zu den alamannischen Burgen des 4. und 5. Jahrhunderts. In: FS J. Spörl 1965 (WdF 100).

Ders. (Antike): Von der Antike zum Mittelalter. In: Ders., Bayern.

Ders. (Attilareich): Beiträge zur Archäologie des Attila-Reiches = Bayer. Akad. d. Wiss. Phil. – Histor. Klasse, Abhandlungen N. F. Heft 38 A, 1956.

Ders. (Hg.) (Bayern): Vor- und frühgeschichtliche Archäologie in Bayern, 1972.

Ders. (Bewaffnung): Bewaffnung und Waffenbeigabe in der Merowingerzeit. In: Settimane di studio del Centro italiano di studi sull'alto medioevo XV, 1968 (WdF 49).

Ders. (Bronzegeschirrdepots): Die römischen Bronzegeschirrdepots des 3. Jh. und die mitteldeutsche Skelettgräbergruppe. In: FS Merhart, Marburger Studien, Hg. von E. Sprockhoff, 1938.

Ders. (Bügelfibeln): Ostgotische Bügelfibeln aus bajuwarischen Reihengräbern. In: BVBll 26, 1961.

Ders. (Bülach): Das alamannische Gräberfeld von Bülach = Monographien zur Ur- und Frühgesch. d. Schweiz 9, 1953.

Ders. (Childerichgrab): Neue Analyse des Childerichgrabes von Tournai. In: RhVBll 35, 1971.

Ders. (Gotterbarmweg): Zu den donauländischen Beziehungen des alamannischen Gräberfeldes am alten Gotterbarmweg in Basel. In: Helvetia Antiqua, FS Emil Vogt, 1966.

Ders. (Grabfunde): Münzdatierte austrasische Grabfunde = GDVWZ 3, 1935.

Ders. (Hassleben-Leuna): Bemerkungen zur mitteldeutschen Skelettgräbergruppe Hassleben-Leuna. In: FS Walter Schlesinger Bd. I, hg. v. H. Beumann, 1973.

Ders. (Herkunft): Die Herkunft der Bajuwaren und der „östlich-merowingische" Reihengräberkreis. In: SchrrRBLG 62, 1962 (WdF 60).

Ders. (Kriegergräber): Kriegergräber aus der ersten Hälfte des 5. Jhs. zwischen Schelde und Weser. In: BonnJb 158, 1958.

Ders. (Metallarbeiten): Zur Verbreitung frühgeschichtlicher Metallarbeiten (Werkstatt-Wanderhandwerk-Familienverbindungen). In: Early Med. Stud. 1. Antikv. Arkiv 38, 1970.

Ders. (Mindelheim): Das alamannische Gräberfeld von Mindelheim = Materialhefte zur bayer. Vorgesch. 6, 1955.

Ders. (Orthbänder): Spätrömische Ortbänder vom Typ Gundremmingen. In: BVBll 31, 1966.

Ders. (Pannonien): Die Langobarden in Pannonien = Abhl. d. Bay. Akad. d. Wiss. Phil. – Hist. Kl. N. F., Heft 55, 1962.

Ders. (Pfeilspitzen): Pfeilspitzen aus Silber und Bronze in germanischen Adelsgräbern der Kaiserzeit. In: HJb 74, 1955.

Ders. (Reihengräberzivilisation): Zur Entstehung der Reihengräberzivilisation. In: Archaeologia Geographica 1, 1950 (WdF 49).

Ders. (Schädeldeformation): Neue Daten zur Verbreitung der artifiziellen Schädeldeformation im 1. Jahrtausend n. Chr.. In: Germania 36, 1958.

Ders. (Spielberg): Die frühgeschichtlichen Grabfunde vom Spielberg bei Erlbach, Ldkr. Nördlingen und von Fürst, Ldkr. Laufen a. d. Salzach. In: BVBll. 25, 1960.

Ders. (Hg.) (St. Ulrich und Afra): Die Ausgrabungen in St. Ulrich und Afra in Augsburg 1961–1966 = MBVF 23, 1975.

Ders. (Schwerter): Zu fränkischen Schwertern des 5. Jahrhunderts (Oberlörick-Samson-Abington). In: Germania 31, 1953.

K. F. Werner: Bedeutende Adelsfamilien im Reich Karls des Großen. In: Karl der Große, Bd. I, Persönlichkeit und Geschichte, hg. von H. Beumann, 1965.

L. Wirtz: Franken und Alamannen in den Rheinlanden bis zum Jahre 496. In: BonnJb 122, 1912.

H. Zeiß (Baiernstamm): Von den Anfängen des Baiernstammes. In: BVBll. 13, 1936.

Ders. (Barschalken): Die Barschalken und ihre Standesgenossen. In: ZBLG 1, 1928.

Ders. (Bemerkungen I): Bemerkungen zur frühmittelalterlichen Geschichte Baierns, I. In: ZBLG 2, 1929.

Ders. (Bemerkungen II): Bemerkungen zur frühmittelalterlichen Geschichte Baierns, II. In: ZBLG 4, 1931.

Ders. (Burgunderreich): Studien zu den Grabfunden aus dem Burgunderreich an der Rhône = SB Bayer. Akad. d. Wiss. Phil. – Hist. Kl. 7, 1938.

Ders. (Donaugermanen): Die Donaugermanen und ihr Verhältnis zur römischen Kultur nach der Vita Severini. In: Die ostbaierischen Grenzmarken 17, 1928.

Ders. (Einwanderungssage): Die Anfänge der baierischen Einwanderungssage. In: ZBLG 4, 1931.

Ders. (Ethnische Deutung): Zur ethnischen Deutung frühmittelalterlicher Funde. In: Germania 14, 1930.

Ders. (Fürstengrab): Fürstengrab und Reihengräbersitte. In: FuF 12, 1936.

Ders. (Grabfunde): Die germanischen Grabfunde des frühen Mittelalters zwischen mittlerer Seine und Loiremündung. In: RGK 31, 1941.

Ders. (Irsching): Alamannische Gräber bei Irsching (Obb.). In: Germania 11, 1927.

Ders. (Kontinuationsproblem): Das Kontinuationsproblem im rätischen Flachland. In: BVBll. 11, 1933.

Ders. (Nordgrenze): Die Nordgrenze des Ostgotenreiches. In: Germania 12, 1928.

Ders. (Regensburg): Die vor- und frühgeschichtliche Besiedlung der Gegend um Regensburg. In: VHOR 77, 1927.

G. Zeller: Das Gräberfeld von Hahnheim. In: Mainzer Zs. 67, 1972.

Dies.: Zum Wandel der Frauentracht vom 6. zum 7. Jh. In: FS Werner Teil II.
C. Zeuß: Die Herkunft der Baiern von den Markomannen, 1839.
Ders.: Die Deutschen und die Nachbarstämme, 1837.
J. Zibermayr: Noricum, Bayern und Österreich. Lorch als Hauptstadt und die Einführung des Christentums, 1944.
E. Zöllner (Agilolfinger): Die Herkunft der Agilolfinger. In: MIÖG 59, 1951 (WdF 60).
Ders. (Franken): Geschichte der Franken bis zur Mitte des sechsten Jahrhunderts, 1970.
Ders. (Markgraf): Ein Markgraf des karolingischen Südostens im französischen Epos? In: Carinthia I, 1953.
Ders. (Österreich): Geschichte Österreichs von den Anfängen bis zur Gegenwart, 1961^2.
Ders. (Politische Stellung): Die politische Stellung der Völker im Frankenreich = Veröff. d. Inst. f. österr. Geschichtsforschung 13, 1950.
Ders. (Rugier): Rugier oder Russen in der Raffelstettener Zollurkunde? In: MIÖG 60, 1952.

VIERTELJAHRSCHRIFT FÜR SOZIAL- UND WIRTSCHAFTSGESCHICHTE

Beihefte

Herausgegeben von W. Conze, H. Kellenbenz, H. Pohl, W. Zorn

---

38. **Anton Ernstberger: Hans de Witte.** Finanzmann Wallensteins (vergriffen)
ISBN 3-515-03079-4

39. **Fritz Redlich: De Praeda Militari.** Looting and Booty 1500–1815. 1956. X, 79 S., kt. DM 17,– ISBN 3-515-00299-5

40. **Hermann Kellenbenz: Sephardim an der unteren Elbe.** Ihre wirtschaftliche und politische Bedeutung vom Ende des 16. bis zum Beginn des 18. Jahrhunderts. (vergriffen)
ISBN 3-515-00300-2

41. **Alexander Bergengruen: Adel und Grundherrschaft im Merowingerreich.** Siedlungs- und standesgeschichtliche Studie zu den Anfängen des fränkischen Adels in Nordfrankreich und Belgien. 1958. X, 219 S., 2 Ktn., kt. DM 40,– ISBN 3-515-00301-1

42. **Margareta Schindler: Buxtehude.** Studien zur mittelalterlichen Geschichte einer Gründungsstadt. (vergriffen) ISBN 3-515-00302-9

43. **Winfried Trusen: Spätmittelalterliche Jurisprudenz und Wirtschaftsethik,** dargestellt an Wiener Gutachten des 14. Jahrhunderts. 1961. VII, 245 S., kt. DM 34,–
ISBN 3-515-00303-7

44. **Ivo N. Lambi: Free Trade and Protection in Germany 1868–79.** 1963. XII, 267 S., kt. DM 48,– ISBN 3-515-00304-5

45. **Hans Pohl: Die Beziehungen Hamburgs zu Spanien und dem spanischen Amerika in der Zeit von 1740–1806.** 1963. XIII, 371 S., 1 Tab., 1 Taf., kt. DM 54,– ISBN 3-515-00305-3

46. **Subshi Y. Labib: Handelsgeschichte Ägyptens im Spätmittelalter (1171–1517).** 1965. XII, 586 S., kt. DM 88,– ISBN 3-515-00306-1

7./48. **Fritz Redlich: The German Military Enterpriser and his Work Force.** A Study in European and Social History
Part I: From the Embryonic to the Full-fledged Military Enterpriser 1350–1600. **Part II:** The Heyday of Military Entrepreneurship 1600–1650. 1964. XV, 532 S., kt. DM 92,– (Beih. 47) ISBN 3-515-00307-X
Part III: The Decay and Demise of Military Entrepreneurship 1650–1800. 1965. VIII, 322 S., kt. DM 66,– (Beih. 48) ISBN 3-515-00308-8

49. **Heinrich Rubner: Untersuchungen zur Forstverfassung des mittelalterlichen Frankreichs.** 1965. XI, 232 S., 2 Taf. u. 4 Abb. i. T., kt. DM 40,– ISBN 3-515-00309-6

50. **Erich von Lehe: Die Märkte Hamburgs von den Anfängen bis in die Neuzeit.** 1966. X, 98 S., 2 Faltktn., 9 Taf., kt. DM 26,– ISBN 3-515-00312-6
Ln. DM 32,– ISBN 3-515-00311-8

51. **Ulf Dirlmeier: Mittelalterliche Hoheitsträger im wirtschaftlichen Wettbewerb.** Zur Frage des Verhaltens staatlicher Gewalt gegenüber dem Bereich der Wirtschaft im Raum des Deutschen Reiches vom 12.–14. Jh. 1966. VIII, 239 S., kt. DM 50,– ISBN 3-515-00313-4

53. **Dieter Lindenlaub: Richtungskämpfe im Verein für Sozialpolitik.** Wissenschaft und Sozialpolitik im Kaiserreich, vornehmlich vom Beginn des „Neuen Kurses" bis zum Ausbruch des Ersten Weltkrieges (1890–1914). 1967. 2 Teilbde. m. zus. XII, VIII, 481 S., kt. DM 98,– ISBN 3-515-003415-3
(Beih. 52 – ISBN 3-515-00314-2; Beih. 53 – ISBN 3-515-00315-0

54. **Karl-Heinz Allmendinger: Die Beziehungen zwischen der Kommune Pisa und Ägypten im hohen Mittelalter.** Eine rechts- und wirtschaftshistorische Untersuchung. 1967. VIII, 109 S., kt. DM 32,– ISBN 3-515-00316-9

5.-57. **Wolfgang Frhr. Stromer von Reichenbach: Oberdeutsche Hochfinanz 1350–1450.** 1970. XXVI, 607 S. m. 18 Urkundenbeilagen, 2 Ktn., 2 Falttaf., kt. DM 106,–
ISBN 3-515-02903-6
(Beih. 55 – ISBN 3-515-00317-7; Beih. 56 – ISBN 3-515-00318-5;
Beih. 57 – ISBN 3-515-00319-3)

58. **Hansheiner Eichhorn: Der Strukturwandel im Geldumlauf Frankens zwischen 1437 und 1610.** Ein Beitrag zur Methodologie der Geldgeschichte. 1973. XVI, 437 S., 2 Taf, 11 Ktn. u. 44 Abb., kt. DM 72,– ISBN 3-515-00320-7

59. **Johann Hellwege: Zur Geschichte der spanischen Reitermilizen.** Die Caballeria de Cuantia unter Philipp II. und Philipp III. (1562–1619). 1972. VI, 183 S., kt. DM 28,–
ISBN 3-515-00321-5

60. **Frauke Röhlk: Schiffahrt und Handel zwischen Hamburg und den Niederlanden in der zweiten Hälfte des 18. und zu Beginn des 19. Jahrhunderts.** 1973. Teil I: X, 187 S., Teil II: VI, 209 S., 1 Faltkt., zus. kt. DM 54,– ISBN 3-515-01195-1

61. **Martin Kutz: Deutschlands Außenhandel von der französischen Revolution bis zur Gründung des Zollvereins.** Eine statistische Strukturuntersuchung zur vorindustriellen Zeit. 1974. XII, 395 S., kt. DM 56,– ISBN 3-515-01801-8

62. **Eberhard Schmauderer: Studien zur Geschichte der Lebensmittelwissenschaft.** Teil 1: Qualitätsbeurteilung und Versorgungsprobleme bis zur Renaissance. Teil 2: Das Lebensmittelwesen im Spiegel der frühen deutschen Literatur. 1975. X, 314 S. m. 14 Abb., kt. DM 60,– (Werk wird fortgesetzt) ISBN 3-515-01908-1

63. **Hans Pohl: Die Portugiesen in Antwerpen (1567–1648).** Zur Geschichte einer Minderheit. 1977. X, 439 S., 2 Faltktn., kt. DM 78,– ISBN 3-515-02380-1
Ln. DM 86,– ISBN 3-515-02381-X

64. **Hannah Rabe: Das Problem Leibeigenschaft.** Eine Untersuchung über die Anfänge einer Ideologisierung und des verfassungsrechtlichen Wandels von Freiheit und Eigentum im deutschen Bauernkrieg. 1977. XII, 128 S., kt. DM 28,– ISBN 3-515-02678-9

65. **Franz Irsigler: Die wirtschaftliche Stellung der Stadt Köln im 14. und 15. Jahrhundert.** Strukturanalyse einer spätmittelalterlichen Exportgewerbe- und Fernhandelsstadt. 1979. VIII, 413 S. m. 7 Ktn. u. 15 Graphiken, kt. DM 88,– ISBN 3-515-02743-2

66. **Ludolf Kuchenbuch: Bäuerliche Gesellschaft und Klosterherrschaft im 9. Jahrhundert.** Studien zur Sozialstruktur der Familia der Abtei Prüm. 1978. XVI, 443 S., 20 Ktn., 1 Abb., 4 Tab., kt. DM 64,– ISBN 3-515-02829-3

67. **Jörg Jarnut: Bergamo 568–1098.** Verfassungs-, Sozial- und Wirtschaftsgeschichte einer lombardischen Stadt im Mittelalter. 1979. X, 330 S. m. 6 Ktn., kt. DM 72,– ISBN 3-515-02789-0

68. **Erich Maschke: Städte und Menschen.** Beiträge zur Geschichte der Stadt, der Wirtschaft und Gesellschaft 1959–1977. 1980. XX, 532 S., kt. DM 88,– ISBN 3-515-03329-7

69. **Helmut Grieser: Die ausgebliebene Radikalisierung.** Zur Sozialgeschichte der Kieler Flüchtlingslager im Spannungsfeld von sozialdemokratischer Landespolitik und Stadtverwaltung. 1945–1950. 1980. XII, 185 S., 1 Taf., kt. DM 38,– ISBN 3-515-03110-3

70. **Reinhard Liehr: Sozialgeschichte spanischer Adelskorporationen.** Die Maestranzas de Caballeria (1670–1808). 1981. X, 380 S. m. 4 Abb., 4 Ktn. u. 3 Schaubilder, kt. DM 74,– ISBN 3-515-02923-0

71. **Wilfried Reininghaus: Die Entstehung der Gesellengilden im Spätmittelalter.** 1981. X, 361 S., kt. DM 68,– ISBN 3-515-03428-5

72. **Wolfgang Hartung: Die Spielleute.** Eine Randgruppe in der Gesellschaft des Mittelalters. 1982. VIII, 112 S. m. 5 Abb., kt. DM 38,– ISBN 3-515-03690-3

73. **Wolfgang Hartung: Süddeutschland in der frühen Merowingerzeit.** (Studien zu Gesellschaft, Herrschaft, Stammesbildung bei Alamannen und Bajuwaren. 1983. X, 227 S. m. 10 Abb., kt. DM 48,– ISBN 3-515-03418-8

74. **Klaus Zernack,** Hrsg.: **Schichtung und Entwicklung der Gesellschaft in Polen und Deutschland (16.–17. Jahrhundert).** Nebeneinanderstellungen, Verknüpfungen und Vergleiche. Referate der zweiten Konferenz des Verbandes der Historiker Deutschlands und der Polnischen Historischen Gesellschaft in Thorn vom 16.–21. März 1981. 1983. Ca. 320 S., kt. ca. DM 58,– ISBN 3-515-03805-1

FRANZ STEINER VERLAG GMBH WIESBADEN

ISSN 0506-9416